Gedruckt mit freundlicher Unterstützung von
der Rosa-Luxemburg-Stiftung und
der Norddeutschen Stiftung für Umwelt und Entwicklung

Bibliographische Information der Deutschen Nationalbibliothek

Die Deutsche Nationalbibliothek verzeichnet diese Publikation
in der Deutschen Nationalbibliographie; detaillierte bibliographische Daten
sind im Internet über http://dnb.d-nb.de abrufbar.

© 2007 oekom, München
oekom verlag, Gesellschaft für ökologische Kommunikation mbH
Waltherstrasse 29, 80337 München

Umschlagabbildung: Werner Schinko
Druck: DIP – Digital-Druck Witten
Gedruckt auf FSC-zertifiziertem Papier

Alle Rechte vorbehalten
ISBN 978-3-86581-059-5

Hermann Behrens, Jens Hoffmann (Bearb.)

Umweltschutz in der DDR

Analysen und Zeitzeugenberichte

Band 1
Rahmenbedingungen

Ausgeschieden von
Landtagsbibliothek
Magdeburg
am 6.5.25

07.0415

Institut für Umweltgeschichte und Regionalentwicklung e.V. (Hg.)
Hermann Behrens und Jens Hoffmann (Bearb.):

UMWELTSCHUTZ IN DER DDR

Band 1: Rahmenbedingungen

Vorwort

Hermann Behrens Rückblicke auf den Umweltschutz in der DDR nach 1990	1
Jens Hoffmann und Hermann Behrens Organisation des Umweltschutzes	41
Albrecht Krummsdorf Zur Terminologie für Landeskultur und Umweltschutz	49
Horst Tammer Zur Entwicklung der Rohstoffbasis	61
Ellenor Oehler (†) Zur Entwicklung des Umweltrechts	99
Karl Hermann Tjaden Natur, Mensch und Gesellschaft – Zur „Sozialistischen Reproduktionstheorie"	129
Herbert Hörz Philosophie und Ökologie – Erfahrungen eines Beteiligten	153
Rolf Löther Bemerkungen zum Verhältnis von Natur, Mensch und Gesellschaft in der Geschichte der marxistischen Philosophie	191
Hubertus Knabe Zivilisationskritik in der DDR-Literatur	201

Werner Herrmann 249
Umweltpolitik am Beispiel des Bezirkes Potsdam

Hermann Behrens 261
Umweltprobleme eines Agrarbezirks im Spiegel von
„Landschaftstagen" – Beispiel Bezirk Neubrandenburg

Grafiker für das Motiv des Einbandes, Autoren, Autorin 323

Abkürzungen

a	Jahr
AAT	Abproduktarme Technologie
ABI	Arbeiter- und Bauern-Inspektion
Abs.	Absatz
Abschn.	Abschnitt
Abt.	Abteilung
ABZ	Aufbereitungszentren
ACZ	Agrochemische Zentren
AdL	Akademie der Landwirtschaftswissenschaften
AdW	Akademie der Wissenschaften
AFT	Abproduktfreie Technologie
AfW	Amt für Wasserwirtschaft
AG (Z)	Zentrale Arbeitsgemeinschaft
AG	Arbeitsgruppe
AICB	Association International Contre le Bruit
AIV	Agrarindustrielle Vereinigung (Pflanzenproduktion)
AK	Arbeitskraft
AO	Anordnung
AROS	altrohstoffhaltiges (Papier)
Art.	Artikel
ASE	Arbeitsstab Elbe
ASP	Annahme-Stützpunkt
ASR	Akademie für Staats- und Rechtswissenschaften
AST	Aufgabenstellung
Az.	Aktenzeichen
BA / Barch	Bundesarchiv
BBergG	Bundesberggesetz
BBodSchG	Bundesbodenschutzgesetz
BFA	Bezirks-Fachausschuss
BfT	Büro für Territorialplanung
BGBl.	Bundesgesetzblatt
BGH	Bundesgerichtshof
BHI	Bezirkshygieneinspektion
BImSchV	Verordnung zur Durchführung des Bundes-Immissionsschutzgesetzes
BK	Braunkohle
Bl.	Blatt
BMBF	Bundesministerium für Bildung und Forschung
BPA	Bezirks-Parkaktiv
BPK	Bezirksplankommission
BRD	Bundesrepublik Deutschland
BSB	Biochemischer Sauerstoffbedarf
BStU	Bundesbeauftragte für die Unterlagen des Staatssicherheitsdienstes der ehemaligen Deutschen Demokratischen Republik
BTG	Brennstofftechnische Gesellschaft
Buchst.	Buchstabe
BUND	Bund für Umwelt und Naturschutz Deutschland
BVS	Bundesvereinigung gegen Schienenlärm
BVZ	Bundesvereinigung gegen Fluglärm

bzw.	beziehungsweise
C	Kohlenstoff
CDU	Christlich Demokratische Union
CDUD	Christlich-Demokratische Union Deutschlands
CKB	Chemisches Kombinat Bitterfeld
cm	Centimeter
CN	Cyanid
CO_2	Kohlendioxid
COMECON	Council of Mutual Economic Aid, englisch für: RGW, Rat für gegenseitige Wirtschaftshilfe
ČSFR	Tschechoslowakische Bundesrepublik, Tschechoslowakei
ČSSR	Tschechoslowakische Sozialistische Republik
$CuSO_4$	Kupfersulfat
d.h.	das heißt
DAL	Deutsche Akademie der Landwirtschaftswissenschaften
DAL	Deutscher Arbeitsring für Lärmbekämpfung e.V.
DB	Durchführungsbestimmung
DBA	Deutsche Bauakademie
DBD	Demokratische Bauernpartei Deutschlands
DDR	Deutsche Demokratische Republik
DDT	Dichlordiphenyltrichlorethan
DEFA	Deutsche Film AG
DGAW	Deutsche Gesellschaft für Abfallwirtschaft
DIN	Deutsches Institut für Normung e. V.
DK	Düngekalk
DKB	Deutscher Kulturbund
DM	Deutsche Mark
DSD	Duales System Deutschland
dto.	dito
DVO	Durchführungsverordnung
EAK	Eigenaufkommen
ebd.	ebenda
ECE	Economic Commission for Europe
EDV	Elektronische Datenverarbeitung
EG	Europäische Gemeinschaft
EGW	Einwohnergleichwerte
EU	Europäische Union
evtl.	eventuell
EW	Einwohner
f.	für
FAG	Facharbeitsgruppe
FB	Flussbereiche
FDGB	Freier Deutscher Gewerkschaftsbund
FDJ	Freie Deutsche Jugend
ff.	und folgende
FFH	Flora-Fauna-Habitat
FGW	Friedländer Große Wiese
FH	Fachhochschule
FN	Forstwirtschaftliche Nutzfläche
Fn.	Fußnote
FND	Flächennaturdenkmal

FZWT	Forschungszentrum für Wassertechnik
g	Gramm
GBl.	Gesetzblatt
GE	Grundsatzentscheidung
ggf.	gegebenenfalls
GHU	Gesellschaft für Hygiene und Umweltmedizin
GJ	Gigajoule
GmbH	Gesellschaft mit beschränkter Haftung
GNU	Gesellschaft für Natur und Umwelt
GST	Gesellschaft für Sport und Technik
GVS	Geheime Verschlusssache
GWR	Grundwasserregulierung
h	Stunde
H_2S	Schwefelwasserstoff
ha	Hektar
HAB	Hochschule für Architektur und Bauwesen (Weimar)
HEK	schlagbezogene Höchstertragskonzeption
Hg.	Herausgeber
HNO	Hals-Nasen-Ohren
HO	Handelsorganisation
HUB	Humboldt-Universität Berlin
i.d.R.	in der Regel
i.V.m.	in Verbindung mit
IAEA	International Atomic Energy Agency, Internationale Atomenergiebehörde
IBP	Industrielle Bruttoproduktion
ICSU	International Council of Scientific Union/Internationaler Rat der Wissenschaftlichen Union
IFG	Industriefachgruppe
IfK	Institut für Kommunalwirtschaft
IfS	Institut für Sekundärrohstoffwirtschaft
IfU	Institut für Umweltschutz
IfW	Institut für Wasserwirtschaft
IG	Interessensgemeinschaft
IGA	Internationale Gartenausstellung
IGBP	Internationales Geosphäre-Biosphäre-Programm
IGG	Institut für Geographie und Geoökologie Leipzig der AdW
ILN	Institut für Landesforschung und Naturschutz, später: für Landschaftsforschung und Naturschutz
IM	Inoffizieller Mitarbeiter des MfS, folgende Kategorien:
FIM	Führungs-IM
GMS	Gesellschaftlicher Mitarbeiter des MfS für Sicherheit
IMB	Inoffizieller Mitarbeiter des MfS zur Bearbeitung im Verdacht der Feindtätigkeit stehender Personen
IME	Inoffizieller Mitarbeiter des MfS im besonderen Einsatz
IMK	Inoffizieller Mitarbeiter des MfS zur Sicherung der Konspiration
IMK/KW	Inoffizieller Mitarbeiter des MfS, der konspirativ Räume zur Verfügung stellte
IMS	Inoffizieller Mitarbeiter des MfS zur Sicherung eines Objekts oder Bereichs
ISW	Ingenieurschule für Wasserwirtschaft
IUCN	International Union for Conservation of Nature

IUGR	Institut für Umweltgeschichte und Regionalentwicklung e.V. an der Hochschule Neubrandenburg (Mecklenburg-Vorpommern)
IWWU	Institut für Weiterbildung, Wasser und Umwelt
KAP	Kooperative Abteilung Pflanzenproduktion
Kap.	Kapitel
KB	Kulturbund (der DDR)
KDT	Kammer der Technik
KFA	Komplexe Forschungsaufgabe
KFA	Kraftwerks-E-Filterasche
KFA	Komplexe Forschungsaufgabe
kg	Kilogramm
KHI	Kreishygieneinspektion
KIM	Kombinat Industrielle Mast
KKW	Kernkraftwerk
KMU	Karl-Marx-Universität (Leipzig)
KPD	Kommunistische Partei Deutschlands
kWh	Kilowattstunde
KWP	Kombinat Wassertechnik und Projektierung
LäSG	Lärmschutzgebiete
LAWA	Länderarbeitsgemeinschaft Wasser
LDPD	Liberal-Demokratische Partei Deutschlands
L_{eq}	äquivalenter Dauerschallpegel
lfm.	laufender Meter
LKG	Landeskulturgesetz
LKW	Lastkraftwagen
LN	Landwirtschaftliche Nutzfläche
LPG	Landwirtschaftliche Produktionsgenossenschaften, (T) = Tierproduktion; (P) = Pflanzenproduktion
LSG	Landschaftsschutzgebiet
lt.	laut
M	Mark der DDR
m	Meter
m.E.	meines Erachtens
m.W.	meines Wissens
m.w.N.	mit weiteren Nachweisen
m^3	Kubikmeter
MAB	(Kombinat) Metallaufbereitung
MAB	Man and the Biosphere
MAS	Maschinen-Ausleihstation
M-B-S	Mecklenburgisch-Brandenburgische Seenplatte
MDN	Mark Deutscher Notenbank (später Mark der DDR)
ME	Mengeneinheit
MFD	Maulwurffräsdränung
MfG	Ministerium für Gesundheitswesen
MfS	Ministerium für Staatssicherheit
MfUW	Ministerium für Umweltschutz und Wasserwirtschaft
mg	Milligramm
MGK	Ministerium für Glas- und Keramikindustrie
MHF	Ministerium für Hoch- und Fachschulwesen
Mio.	Million(en)
MIT	Massachusetts Institut of Technology

MJ	Megajoule
MLF	Ministerium für Land- und Forstwirtschaft
mm	Millimeter
MMK	mittelmaßstäbige Standortkartierung
MMM	Messe der Meister von Morgen
MPS	Material Product System
Mrd.	Milliarde(n)
MTS	Maschinen-Traktoren-Station
M-V	Mecklenburg-Vorpommern
MW	Megawatt
MWT	Ministerium für Wissenschaft und Technik
N	Stickstoff
$NaNO_3$	Natriumnitrat
NATO	North Atlantic Treaty Organisation, auch: Nordatlantikvertrag-Organisation
Nbg.	Neubrandenburg
ND	Naturdenkmal
NDPD	Nationaldemokratische Partei Deutschlands
NGO	Non-Governmental Organization, Nichtstaatliche Organisation
NH_3	Ammoniak
NN	Normalnull
NO_3	Nitrat
NÖS	Neues Ökonomisches System
NO_x	Stickoxyde
NPT	Treaty on the Non-proliferation of Nuclear Weapons, Atomwaffensperrvertrag
Nr.	Nummer
NSG	Naturschutzgebiet
NSW	Nicht Sozialistisches Wirtschaftsgebiet
NVA	Nationale Volksarmee
o.a.	oben angeführt
O_2	Sauerstoff
OECD	Organisation for Economic Cooperation and Development, Organisation für wirtschaftliche Zusammenarbeit und Entwicklung
OFM	Oberflussmeisterei
OGK	Ortsgestaltungskonzeption
OM	Ordentliches Mitglied
OPEC	Organization of the Petroleum Exporting Countries, Organisation erdölexportierender Länder
OPK	Einleitung einer Operativen Personenkontrolle (Maßnahme des MfS)
OV	Operativer Vorgang
PE	Polyethylen
PVC	Polyvinylchlorid
rd.	rund
RdB	Rat des Bezirks
RdK	Rat des Kreises
RdL	Reinhaltung der Luft
Red.	Redaktion
RWV	rationelle Wasserverwendung
SAAS	Staatliches Amt für Atomsicherheit und Strahlenschutz
SAPMO	Stiftung Archive der Parteien und Massenorganisationen der DDR im Bundesarchiv
SAW	Sächsische Akademie der Wissenschaften

SBA	Staatliche Bauaufsicht
SBBI	Staatliches Büro für die Begutachtung von Innovationsvorhaben
SDAG	Sowjetisch-Deutsche Aktiengesellschaft Wismut
SED	Sozialistische Einheitspartei Deutschlands
SERO	Sekundärrohstoffwirtschaft
SKE	Steinkohleeinheit
SKF	Staatliches Komitee für Forstwirtschaft beim Rat für landwirtschaftliche Produktion und Nahrungsgüterwirtschaft der DDR
SKG	Ständige Kontrollgruppe Anlagensicherheit
SMAD	Sowjetische Militäradministration
SN	Sonstige Nutzfläche
SNA	System of National Accounts
SO_2	Schwefeldioxid
SPD	Sozialdemokratische Partei Deutschlands
SPK	Staatliche Plankommission
StAUN	Staatliches Amt für Umwelt und Natur
StAWA	Staatliches Amt für Wasser und Abfall
StFB	Staatlicher Forstbetrieb
StGB	Strafgesetzbuch
StK	Ständige Kommission
StUG	Studienarchiv Umweltgeschichte des Instituts für Umweltgeschichte und Regionalentwicklung e.V. an der Hochschule Neubrandenburg
STUI	Staatliche Umweltinspektion
t	Tonne
Tab.	Tabelle
TEK-LP	Territoriale Entwicklungskonzeption – Landschaftsplan
TGL	Technische Güte- und Leistungsbedingungen
TÖZ	Technisch-ökonomische Zielstellung
TPAH	Thermoplastabfälle aus Haushalten
TR	Totalreservat
Tsd.	Tausend
TSM	Talsperrenmeisterei
TU	Technische Universität
TWBA	Tiefenwasserbelüftungsanlage
u.a.	und andere, unter anderem
u.a.m.	und andere(s) mehr
UBA	Umweltbundesamt
UdSSR	Union der Sozialistischen Sowjetrepubliken (auch Sowjetunion)
UFZ	Umweltforschungszentrum
UNEP	United Nations Environment Programme, Umweltprogramm der Vereinten Nationen
UNESCO	United Nations Educational, Scientific and Cultural Organization, Organisation der Vereinten Nationen für Bildung, Wissenschaft und Kultur
UNO	United Nations Organization, Vereinte Nationen
USD	US-Dollar
usw.	und so weiter
UTG	Umwelttechnische Gesellschaft
UVP	Umweltverträglichkeitsprüfung
UWE	Abteilung Umweltschutz, Wasserwirtschaft und Erholung beim Rat des Bezirkes
v.a.	vor allem
v.H.	von Hundert

VbE	Verrechenbare Einheit
VD	Vertrauliche Dienstsache
VdgB	Vereinigung der gegenseitigen Bauernhilfe
VDI	Verein Deutscher Ingenieure
VE	Verrechnungseinheit
VEB	Volkseigener Betrieb
VEB FWV	Volkseigener Betrieb Fernwasserversorgung
VEB GuM	Volkseigener Betrieb der Gewässerunterhaltung und des Meliorationsbaus
VEB WAB	Volkseigener Betrieb der Wasserversorgung und Abwasserbehandlung
VEG	Volkseigenes Gut
Verf.	Verfasser
vgl.	vergleiche
VKSK	Verband der Kleingärtner, Siedler und Kleintierzüchter
VM	Valutamark
VÖW	Vereinigung für ökologische Wirtschaftsforschung e.V.
VR	Volksrepublik
VS	Verschluss-Sache
VVB	Vereinigung Volkseigener Betriebe
VVS	Vertrauliche Verschlusssache
VWR	Volkswirtschaftsrat
WBZ	Weiterbildungszentrum
WHO	World Health Organization, Weltgesundheitsorganisation
WN	Wasserwirtschaftliche Nutzfläche
WTR	Wissenschaftlich-Technische Revolution
WTZ	Wissenschaftlich-Technisches Zentrum
WWD	Wasserwirtschaftsdirektion
z.B.	zum Beispiel
z.T.	zum Teil
ZAK	Zentraler Arbeitskreis
ZBE	Zwischenbetriebliche Einrichtung
ZfK	Zentralinstitut für Kernforschung (Rossendorf)
ZGB	Zivilgesetzbuch
ZI	Zentralinstitut
Ziff.	Ziffer
ZIW	Zentralinstitut für Wirtschaftswissenschaften
ZK	Zentralkomitee
ZME	Zentralmodell Elbe
ZNV	Zentrale Naturschutzverwaltung
ZUG	Zentrum für Umweltgestaltung

Bezirke in der Deutschen Demokratischen Republik

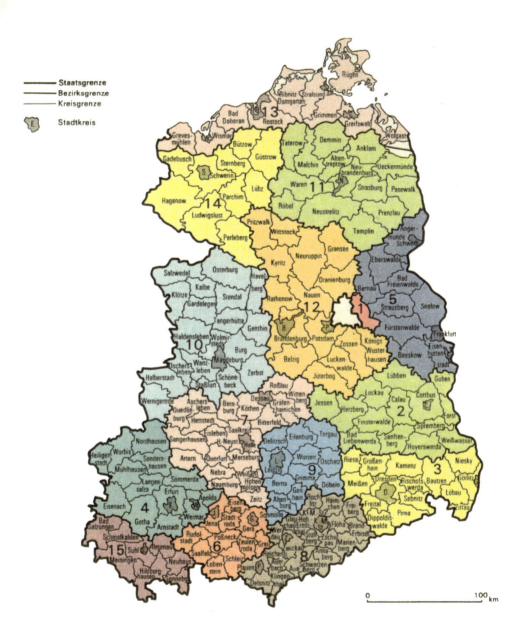

Bezirke und Kreise in der DDR, Karte aus Geographie. Lehrbuch für Klasse 10. Ökonomische Geographie der sozialistischen Staatengemeinschaft und der Deutschen Demokratischen Republik, Berlin 1987, 3. Umschlagseite. <u>Bezirke</u>: 1 – Berlin (DDR), 2 – Cottbus, 3 – Dresden, 4 – Erfurt, 5 – Frankfurt/Oder, 6 – Gera, 7 – Halle, 8 – Karl-Marx-Stadt, 9 – Leipzig, 10 – Magdeburg, 11 – Neubrandenburg, 12 – Potsdam, 13 – Rostock, 14 – Schwerin, 15 - Suhl

Vorwort

Der Umweltschutz hatte Ende der 1980er Jahre in den Augen der Bevölkerung der Deutschen Demokratischen Republik insbesondere in den Industrieregionen in den Süd-Bezirken höchste Priorität. Auseinandersetzungen um Umweltprobleme wurden in diesen Regionen zunehmend öffentlich ausgetragen. Eine Bewegung „oppositioneller" Umweltgruppen entstand. In der Bundesrepublik erfreute sich vor allem der Teil dieser „oppositionellen" Umweltbewegung einer großen Aufmerksamkeit, der unter dem Dach der evangelischen Landeskirchen arbeitete.

Der Umweltschutz war in der Zeit der „Wende" auch einer der wichtigsten Diskussionspunkte am „Runden Tisch der DDR". Erste Umweltbilanzen erschienen mit dem „Umweltbericht der DDR", die auch eine empirische Grundlage für Urteile über die Umweltpolitik der DDR bildeten. Auch auf dem Gebiet der alten Bundesrepublik erlebte das Interesse am Thema „Umweltschutz in der DDR" in den ersten Jahren nach der Vereinigung der beiden deutschen Staaten einen kurzen Aufschwung. Dann ebbte es deutlich ab und ist heute fast „verschwunden".

In vorliegenden Rückblicken herrscht häufig ein negatives Urteil vor: Für die einen gab es eine Umweltpolitik, die ihren Namen verdiente, nicht. Für die anderen war sie theoretisch vorbildlich, aber praktisch ebenfalls nicht vorhanden. Für Dritte zeigten nur die (oppositionellen) Umweltgruppen unter dem Dach der evangelischen Landeskirchen umweltpolitische Verantwortung.

Das vorliegende Werk bietet genügend Grundlagen für ein differenzierteres Bild: Zahllose Expertinnen und Experten haben sich in unterschiedlichen Arbeitszusammenhängen engagiert für den Erhalt der natürlichen Lebensgrundlagen in der DDR eingesetzt, für Bodenschutz, Gewässerschutz und Schutz vor Lärm, für die Luftreinhaltung, für Naturschutz und Landschaftspflege.

Für die vorliegende Beitragssammlung in 3 Bänden konnten insgesamt 44 Autoren und 2 Autorinnen gewonnen werden, die überwiegend Zeitzeugen und Zeitzeuginnen sind und in vielen Fällen jahrzehntelang im Bereich Umweltforschung, Umweltschutz und Umweltgestaltung arbeiteten. Sie äußern sich zu vielen bisher nicht oder nur wenig bearbeiteten Themenstellungen. Sie beschreiben Chancen und Hemmnisse, Reichweite und Grenzen für eine erfolgreiche Umweltpolitik im untergegangenen zweiten deutschen Staat.

Im **Band 1** finden sich Analysen und Zeitzeugenberichte zu den Rahmenbedingungen der Umweltpolitik in der DDR. Im Sinne einer Einführung gibt *Behrens* eine Übersicht über seit 1990 erschienene Rückblicke auf den Umweltschutz in der DDR insgesamt oder auf einzelne Bereiche der Umweltpolitik. Auf dieser Grundlage werden einige Forschungsdefizite benannt. *Hoffmann* und *Behrens* stellen daraufhin die Organisation des Umweltschutzes in der DDR dar. Danach wird die Entwicklung der wesentlichen Umweltschutz-Begriffe (*Krummsdorf*) dargestellt. Es folgen Analysen zu den stofflichen Rahmenbedingungen der Umweltpolitik (*Tammer*), zum Umweltrecht (*Oehler*), zur sozialistischen „Reproduktionstheorie" (*Tjaden*), zu Aspekten der Umweltphilosophie (*Löther*, *Hörz*) und zur Wahrnehmung der „Umweltfrage" in der belletristischen Literatur (*H. Knabe*). Beispielhaft werden schließlich Umweltprobleme und Umweltpolitik auf bezirklicher (regionaler) Ebene dargestellt (Beiträge *Herrmann* und *Behrens*).

Im **Band 2** folgen mediale und sektorale Betrachtungen der Umweltpolitik der DDR mit Beiträgen zu Problemen des Naturschutzes und der Landschaftspflege bzw. der Landeskultur in Agrarlandschaften sowie zum Schutz und zur Entwicklung der Wälder (*Wegener & Reichhoff*, *Gloger*, *Könker*, *Mohr*, *Joachim*, *Großer*), zur Umweltrelevanz der Dorfplanung (*Mittag*), zum Gewässer- und Küstenschutz (*Klapper*, *Simon*, *Bencard und Haase*), zur Sekundärrohstoffwirtschaft (*Kutzschbauch*, *Donner*, *Ramin*, *Hartard und Huhn*), zum Lärmschutz (*Schuschke*, *Brüdigam und Schirmer*), zum Bodenschutz in Bergbaulandschaften (*Mücke*, *Krummsdorf*) und schließlich zum Ausstieg aus der Atomenergienutzung (*Pflugbeil*).

Im **Band 3** widmen sich die Autoren und die Autorin dem Themenbereich „beruflicher, ehrenamtlicher und freiwilliger Umweltschutz". Es werden von Zeitzeugen neben dem Beirat für Umweltschutz beim Ministerrat der DDR (*Oehler*) und dem Rat für Umweltforschung beim Präsidium der Akademie der Wissenschaften der DDR (*Mundt*) die Klasse Umweltschutz und Umweltgestaltung an der Akademie der Wissenschaften (*Kroske*) und die Sektion Landeskultur der Deutschen Akademie der Landwirtschaftswissenschaften – später Akademie der Landwirtschaftswissenschaften – (*Bauer*) vorgestellt. *Behrens* stellt das Institut für Landschaftsforschung und Naturschutz vor, *Zuppke* das Zentrum für Umweltgestaltung. *Mohry* gibt einen Überblick über die 290.000 „Experten-Köpfe" zählende Kammer der Technik. Der Umweltbewegung der DDR widmen sich *Behrens*, *Gensichen* und *Beleites*. *Simon* und *Rogge* stellen den Bezirksfachausschuss Wasser der Gesellschaft für Natur und Umwelt im Kulturbund der DDR im Bezirk Magdeburg als Beispiel für ehrenamtlichen und freiwilligen Gewässerschutz dar. Beispiele für die hochschulgebundene Umweltforschung und ein Bericht über eine frühe studentische Umweltschutzinitiative in Tharandt (Sachsen) folgen (*Hänsel*, *Krummsdorf*, *Fritsche*, *Dobberkau*, *Stottmeister und W. Knabe*). Ein Beitrag über Umweltplakate in der DDR beschließt den dritten Band (*Behrens* und *Hoffmann*).

Insgesamt zeigt sich, dass es in der Geschichte der DDR-Umweltpolitik mindestens vier Phasen gab, die jede für sich interessante Ansätze und Entwicklungen bergen, deren weitere Untersuchung sich lohnen wird: Die Phase bis Anfang der 1960er Jahre, zu der als innovative Ansätze die „Landschaftsdiagnose der DDR", das Naturschutzgesetz der DDR von 1954 oder die „landschaftsgebundenen Tagungen" gehören, dann die Phase, in der als modernes Umweltschutzgesetz, das ohne wirksame Durchführungsverordnungen blieb, das Landeskulturgesetz entstand, das 1970 verabschiedet wurde. Diese Phase endete mit der Einrichtung des Ministeriums für Wasserwirtschaft und Umweltschutz 1972. Danach beginnt bereits die Phase der Stagnation – wesentlich mit hervorgerufen durch die Verschärfung der Rohstoff- und Energiesituation durch den „Ölschock" Mitte der 1970er Jahre und die damit verbundene Renaissance der Braunkohle – und schließlich, seit Mitte der 1980er Jahre, die des Niedergangs, zu deren Merkmalen das Entstehen oppositioneller bzw. autonomer Umweltgruppen gehörte.

Die Bearbeiter und das Institut für Umweltgeschichte und Regionalentwicklung e.V. hoffen, mit diesem umfangreichen Sammelband Neugier zu wecken „auf mehr" zum Thema Umweltschutz und Umweltgestaltung in der DDR und in den übrigen ehemaligen sozialistischen Staaten.

Dank gilt der *Norddeutschen Stiftung für Umwelt und Entwicklung* sowie der *Rosa-Luxemburg-Stiftung* für die Unterstützung der Drucklegung und des Vertriebs der vorliegenden Veröffentlichung.

Dank gilt auch den Grafikern Werner *Schinko* (Röbel) und Arno *Krause* (Hundorf bei Schwerin). Werner Schinko stellte die Grafiken für die Gestaltung der Titelseiten des ersten und dritten Bandes, Arno Krause die Grafik für die Titelseite des zweiten Bandes unentgeltlich zur Verfügung.

Hermann Behrens und Jens Hoffmann

Hermann Behrens

Rückblicke auf den Umweltschutz in der DDR seit 1990

1. Situation der Umwelt in der DDR Ende der 1980er Jahre

Eine Gesamtschau des Zustandes von Natur und Umwelt in der DDR erschien erstmals öffentlich in der Zeit der „Wende" im „Umweltbericht der DDR", der vom aus dem „Zentrum für Umweltgestaltung der DDR" hervorgegangenen „Institut für Umweltschutz" vorgelegt wurde. Der Umweltbericht belegte, dass in der DDR jahrelang von verschiedenen Instituten und/oder Ministerien kontinuierlich und nach Umweltmedien und Handlungsbereichen differenziert Daten erhoben worden waren, die allerdings erst jetzt der Öffentlichkeit präsentiert werden konnten. Der Umweltbericht stellte nach Meinung des damaligen Ministers für Naturschutz, Umweltschutz und Wasserwirtschaft, Peter DIEDERICH, den „Anfang des Offenlegens von Umweltdaten für das Territorium der DDR dar." (INSTITUT FÜR UMWELTSCHUTZ 1990, Vorwort)

Bereits vor Veröffentlichung des Umweltberichtes der DDR widmeten sich PETSCHOW, MEYERHOFF & THOMASBERGER (1990) auf der Grundlage von Daten, die für die Verhandlungen am „Runden Tisch" zusammengestellt worden waren, dem Thema „Bilanz der Zerstörung, Kosten der Sanierung und Strategien für den ökologischen Umbau" in der DDR. Sie gaben darin einen Überblick über den Zusammenhang zwischen der Wirtschaftsstruktur der DDR und den daraus resultierenden Umweltbelastungen, aber auch den umweltpolitischen Vorteilen. Dabei verwiesen sie auf strukturelle Besonderheiten der DDR-Industrie als Folge der Autarkiepolitik, der Abschottung vom Weltmarkt und der Einbindung in den RGW sowie des jahrzehntelangen Versuchs, im Bereich der Grundstoffindustrie Exporterfolge vorweisen zu können.

Als wesentliche Ursachen von Umweltproblemen nannten sie:
- die Monopolbildung in Landwirtschaft und Industrie;[1]
- den Rückgriff auf die Braunkohle infolge des Ölpreisschocks Mitte der 1970er Jahre;

---

[1] Seit 1967 wurden KIM – Kombinate Industrielle Mast und KAP – Kooperative Abteilungen Pflanzenproduktion, gegründet, die später in Landwirtschaftliche Produktionsgenossenschaften – LPG (T) und LPG (P) umgegründet wurden.

- die seit 1970 rückläufige Investitionsquote,[2] die zu Anlagenverschleiß und höherem Reparaturaufwand führte. Der Instandhaltungsaufwand für die produzierende Wirtschaft hatte mit 49 Mrd. DM 1990 die gleiche Höhe erreicht wie die Investitionen. 17 % des gesamten Produktionspotentials wurden für die Instandhaltung und Reparatur eingesetzt.

Als Vorteile nannten sie das vergleichsweise geringe Abfallaufkommen, eine geringere Zersiedelung und ein großmaschigeres Straßennetz bei hoher Bedeutung des Schienenverkehrs. Die Autoren warnten vor einer einseitigen Betrachtung von Umweltproblemen in der DDR, in der Schwefeldioxidemissionen, Staubbelastungen oder Gewässerbelastungen, die in hohem Maße rückständigen oder fehlenden Technologien geschuldet waren, überbetont würden.

Die „ökologische Lage" stellte sich in der DDR 1990 wie folgt dar (INSTITUT FÜR UMWELTSCHUTZ 1990; PETSCHOW, MEYERHOFF & THOMASBERGER 1990 und MEZ et al. 1991):

- Luftbelastung: Die Energieträgerstruktur der DDR basierte Ende der 1980er Jahre zu 70 % auf Braunkohle, 12 % Erdöl und 10 % Erdgas. Sie hatte mit 233 GJ/Einw. nach Kanada, den USA, den skandinavischen Ländern und Luxemburg den höchsten Bruttoinlandsverbrauch an Energie in der Welt. Die DDR hatte mit einem jährlichen Ausstoß von ca. 2,2 Mio. t Staub und 5,2 Mio. t Schwefeldioxid pro Flächeneinheit bezogen auf diese Schadstoffe die höchsten Belastungen aller europäischen Länder. Die Hauptverursacher der hohen SO_2- und Staubemissionen in der Industrie war mit 58 % SO_2 und 41 % Staub der Bereich Kohle und Energie, mit je 12 % SO_2 und Staub der Bereich der Chemie. Der Anteil der DDR am weltweiten Verbrauch von Fluorkohlenwasserstoffen betrug 1986 1 %. Die Immissionsbelastungen konzentrierten sich in den Bezirken Cottbus, Frankfurt/Oder, Halle, Karl-Marx-Stadt und Leipzig. Investitionen dienten in erster Linie dem Ersatz für verschlissene Technik, in geringerem Maße dem Bau neuer Anlagen.
- Waldschäden: Im Jahre 1989 waren in der DDR insgesamt 54,3 % der Wälder geschädigt, 16,4 % der Wälder waren dabei stark oder mittel, 37,9 % gering geschädigt. Für die Zeit zwischen 1987 und 1989 wurde im Umweltbericht eine Zunahme der geschädigten Waldflächen von 31,7 % auf 54,3 % festgestellt.
- Gewässerbelastung: Das geringe natürliche Wasserdargebot der DDR erforderte hohe Aufwendungen, um die Nutzungsfähigkeit der Wasserressourcen als Grundlage für eine qualitätsgerechte und stabile Wasserversorgung der Bevölkerung, der Industrie und Landwirtschaft sowie zum Schutz des Wassers in

---

[2] Der Rückgang hing mit dem seit Machtantritt Honeckers gültigen Leitbild „Einheit von Wirtschafts- und Sozialpolitik" zusammen, das zu einer Steigerung der Konsumgüterproduktion zu Lasten der Produktionsmittelproduktion führte.

grenzüberschreitenden Wasserläufen und in der Ostsee zu gewährleisten. Die Beschaffenheit der Hauptwasserläufe der DDR war 1990 dadurch gekennzeichnet, dass von den klassifizierten Flussabschnitten nur 20 % für die Trinkwassergewinnung mit normalen Aufbereitungstechnologien nutzbar waren. 35 % waren nur mit komplizierten und ökonomisch sehr aufwändigen Technologien aufbereitbar und 45 % waren für eine Trinkwassergewinnung nicht mehr nutzbar. Anfang 1990 wurden in der Industrie 67 % des zu reinigenden Abwassers in Abwasserbehandlungsanlagen gereinigt. Im Kommunalbereich wurden 85 % der anfallenden Abwässer behandelt. 14 % des in die Gewässer eingeleiteten Abwassers war ungereinigt. Die behandelten Abwässer wurden zu 36 % mechanisch und zu 52 % mechanisch-biologisch behandelt. Eine Phosphatbeseitigung erfolgte bei 14 % der gesamten Abwassermenge. Die Abwasseranlagen und -leitungen waren in großem Umfang in sanierungswürdigem Zustand. Von den vorhandenen 36.000 km Abwasserleitungen waren rund 26.000 km teilweise stark beschädigt. Mehr als die Hälfte der organischen Schadstofffracht wurde ohne Behandlung in die Gewässer eingeleitet. Die Gewässergüte der klassifizierten Fließgewässer (12 % aller Fließgewässer in der DDR) sah wie folgt aus, wobei die Industrieballungen im Raum Dresden, Halle und Karl-Marx-Stadt (Chemnitz) einen Belastungsschwerpunkt darstellten:
- 47 % entsprachen Güteklasse 4 (unbrauchbar für Trinkwasser und Gemüseberegnung, nur teilweise als Brauchwasser nutzbar);
- 38 % entsprachen Güteklasse 3 (geeignet für Trink- und Brauchwassernutzung nach komplizierter Aufbereitung);
- 14 % entsprachen Güteklasse 2 (geeignet für Trink- und Brauchwassernutzung nach einfacher Aufbereitung) und
- 1 % entsprach der Güteklasse 1 (geeignet für alle Nutzungen).
- Bodenschutz: Die ständige Erweiterung der Braunkohleförderung sowie die Entwicklung des Wohnungsbaus auf neu erschlossenen Standorten führte zu einem Rückgang der landwirtschaftlichen Nutzfläche. Für den Braunkohlenbergbau wurden von 1971-1985 45.729 ha entzogen. Die Wiederurbarmachung der Rückgabeflächen blieb im gleichen Zeitraum mit 12.945 ha quantitativ und qualitativ weit hinter dem Flächenentzug und den Ansprüchen an die Nutzbarkeit des Bodens zurück. Wurden im Zeitraum 1971-1975 noch ca. 35 % (4.914 ha) des entzogenen Bodens (14.282 ha) rekultiviert, lag der prozentuale Anteil 1981-1985 nur noch bei 19 % (15.930 ha Entzug/3.038 ha Rekultivierung).
- Umweltprobleme der Landwirtschaft: Die steigenden Umweltbelastungen resultierten auch aus der intensivierten Agrarproduktion. Wachsende Versorgungsanforderungen, die mit abnehmendem Bodenfonds und bei ertragsmindernden Luftbelastungen zu erfüllen waren, zwangen zur fortlaufenden Produk-

tionssteigerung, für die zunehmend Agrochemikalien, die laut Umweltbericht durch umweltschutzabträgliche Applikationstechnik (einschließlich Agrarflug) ausgebracht wurden, und schwere Bearbeitungstechnik eingesetzt sowie aufwändige Regulierungen des Bodenwasserhaushaltes durchgeführt wurden, die häufig zu zu tiefen Grundwasserabsenkungen führten. Die Folge waren Nährstoff- und Pestizideinträge[3] in das Grund- und Oberflächenwasser sowie wachsende Bodenerosionen und -verdichtungen. Von den Massentierhaltungen gingen zusätzliche Belastungen der Gewässer und der Luft aus. Die Lagerkapazität für Gülle lag 1990 bei 60 Tagen, für erforderlich wurden 90 Tage, in einigen Gebieten sogar 120 Tage gehalten. Die in der Land-, Forst- und Nahrungsgüterwirtschaft für Umweltschutz eingesetzten Investitionen von insgesamt 811 Mio. Mark im Zeitraum 1980 bis 1988 erwiesen sich angesichts des Belastungsumfangs als zu gering.

- <u>Natur- und Landschaftsschutz</u>: Im Umweltbericht wurde festgestellt, dass es mit der bis 1990 gültigen Naturschutzkonzeption nicht gelungen war, eine umfassende Krise der Landschaft und den Rückgang von Tier- und Pflanzenarten zu verhindern. Die Zahl der vom Aussterben bedrohten Tierarten erhöhte sich von 1970 bis 1985 von 203 auf 296, die der gefährdeten Tierarten von 347 auf 619. Bei den Gefäßpflanzen stieg die Zahl der vom Aussterben bedrohten Pflanzen im genannten Zeitraum von 103 auf 166.
- <u>Rohstoffwirtschaft und Abproduktbeseitigung</u>: 1988 fielen in der DDR 91,3 Mio. t (1980 waren es noch 80 Mio. t) fester industrieller Abprodukte und Sekundärrohstoffe an. Davon wurden 39,9 % (1980 waren es 36,4 %) wiederverwertet. Ein Teil der verbleibenden 60,1 % war wegen absehbarer Verwertungsmöglichkeiten zur Rückführung in den volkswirtschaftlichen Kreislauf vorgesehen und wurde deshalb selektiv deponiert, während eine beträchtliche Menge nicht nutzbarer Abprodukte direkt oder über Zwischenstufen in die Umwelt abgegeben wurde. 1989 fielen ca. 3,5 Mio. t feste Siedlungsabfälle an, 2,9 Mio. t davon waren Hausmüll. 1989 existierte keine vollständige Übersicht über die Anzahl und den Zustand der genutzten Deponien und Ablagerungsflächen für industrielle Abprodukte und Siedlungsabfälle, laut einer Erhebung von 1988 bestanden mindestens 13.000 Ablagerungsflächen, davon ca. 2.000 Deponien für industrielle Abprodukte und ca. 11.000 Ablagerungsflächen für Siedlungsmüll. Die Investitionsmaßnahmen zur Abfallbeseitigung wurden zu 87 % auf die Schaffung bzw. Erweiterung von Kapazitäten für die schadlose Beseiti-

---

[3] Im Umweltbericht der DDR wird folgendes Beispiel für den hohen Einsatz an Pestiziden genannt: „So kommen zum Beispiel bei dem Voraussaatherbizid Bi3411 derzeitig 18 bis 27 kg/ha Wirkstoff zum Einsatz. International sind Wirkstoffmengen von 125-250 g/ha üblich." (Institut für Umweltschutz 1990, 44)

gung industrieller Abprodukte gerichtet. Sie dienten damit der Sicherung der Produktionsdurchführung, vor allem in der Energiewirtschaft, in der chemischen Industrie und im Bergbau. Siedlungsmüll wurde weitestgehend dezentralisiert und zum größten Teil „wild" abgelagert. Von den ca. 11.000 Standorten für die Ablagerung des Siedlungsmülls besaßen nur 120 den Status einer geordneten Deponie, weitere 1.000 galten als kontrolliert und der Rest als „wild" angelegt und betrieben.

- Umweltradioaktivität: Die Strahlenbelastungen aus den Kernanlagen wurden 1990 als weit unterhalb des Schwankungsbereiches der natürlichen Strahlenbelastung in der DDR liegend eingeschätzt. Die Beseitigung schwach- und mittelaktiver radioaktiver Abfälle erfolgte in einem internationalen Anforderungen entsprechenden unterirdischen Endlager.

- Umweltbedingungen und Gesundheitszustand: Zwischen 1974 und 1989 wurde eine zum Teil deutliche Erhöhung von Erkrankungen in „lufthygienisch hochbelasteten Territorien" der DDR festgestellt. So stieg die Zahl der an Bronchitis erkrankten Kinder in solchen Gebieten in diesem Zeitraum um ca. 50 %, bei 30 % der Kinder traten endogene Ekzeme auf. Es wurde eingeschätzt, dass in diesen Gebieten neben Atemwegserkrankungen psychosomatische Störungen „im Vordergrund der Gesundheitsbeeinträchtigungen" standen.

Umweltbelastungen im Vergleich – ausgewählte Daten

Eine Bewertung der Umweltbelastungen in der DDR gelingt nur durch den Vergleich mit anderen Industriestaaten, wobei im Einzelnen zu klären wäre, mit welchen Staaten die DDR und in welchen Bereichen sie verglichen werden müsste, um ihre umweltpolitischen und -ökonomischen Möglichkeiten – auch in der Rückschau – objektiv beurteilen zu können. Hierfür müssten die ökonomischen, politischen, stofflich-energetischen, räumlichen und weitere Voraussetzungen in historischer Perspektive einbezogen werden (hierzu WENZEL 1998 und 2000).

Hier finden sich bis heute nur wenige Vergleiche. Nur wenige Autoren haben nach 1990 überhaupt den Versuch unternommen, Umweltbelastungen in der DDR mit denen in anderen Industriestaaten zu vergleichen, und wenn, dann werden in der Regel die DDR und die BRD verglichen (PETSCHOW, MEYERHOFF & THOMASBERGER 1990; NAUJOKS 1991; SCHWENK & WEISSPFLUG 1996; HAHN, RIBBE & VOLKMAR 1994). Wie es um die Umwelt in der DDR im internationalen Vergleich bestellt war, wird z.B. im Umweltbericht nicht thematisiert. Nur an einzelnen Stellen wie bei der *Luftbelastung* wird angesprochen, dass die DDR in diesem Bereich zu den Ländern mit den höchsten Emissionswerten gehörte. Bei SO_2 war sie Spitzenreiterin in Europa.

PETSCHOW, MEYERHOFF & THOMASBERGER (1990) vergleichen:
- Wirtschaftsdaten der DDR und der BRD, die einen Einlick in den jeweiligen Einsatz von Stoffen, Energie und Arbeitskräften zulassen (PETSCHOW, MEYERHOFF & THOMASBERGER (1990), Anhang, 131-133, Tab. 1.1). Diese Vergleiche sind mit Blick auf die unterschiedliche Produktivität der beiden Volkswirtschaften aufschlussreich.
- Primärenergieverbrauch je Einwohner in der DDR und in der BRD 1975-1987 (ebd., 138, Tab. 2.3): Er war in der DDR 1975 um 18 % und 1984 um 25 % höher als in der BRD, ein Indiz sowohl für Produktivitätsrückstände im Produktions- als auch für Effizienzrückstände im öffentlichen oder privaten Konsumtionsbereich.
- Entwicklung des Stromverbrauchs in der DDR und BRD 1970-1984 (ebd., 141, Tab. 2.7): Hier zeigt sich, dass der Stromverbrauch in der DDR durchschnittlich schneller wuchs (bei höherem Anteil der Industrie und geringerem der Haushalte) und dass die Netzverluste in der DDR deutlich größer waren und bis zum Ende der DDR auf einem hohen Niveau blieben. Auch dies sind Indizien für Produktivitäts- und Effizienzrückstände.
- Beschäftigte und Beschäftigtenstruktur sowie Bruttoproduktion in der chemischen Industrie der DDR und BRD 1970-1988 (ebd., 148, Tab. 3.2 und 150-151, Tab. 3.3): Die Vergleiche zeigen die höhere Bedeutung der chemischen Industrie für die Volkswirtschaft der DDR (u.a. als Folge der Braunkohlenrenaissance).
- Verkehr im Vergleich DDR/BRD (1984) (ebd. 154, Tab. 4.1 und 156, Abb. 4.1, *vgl. Abbildung 1*): Der Vergleich zeigt den weitaus geringeren Pkw-Bestand in der DDR, den wesentlich höheren Anteil der Eisenbahn am Güterverkehr sowie von Bus und Bahn am Personenverkehr in der DDR; darüber hinaus vergleichen sie speziell die Entwicklung des Personenverkehrs in der BRD und DDR 1970-1985 (ebd. 155, Tab. 4.2): Der Vergleich zeigt den weitaus höheren Anteil des öffentlichen Verkehrs (per Eisenbahnen, Omnibus, ÖPNV, Luftverkehr) in der DDR. PETSCHOW, MEYERHOFF & THOMASBERGER (1990, 53) erwähnen dabei, dass ein Drittel der Kapazitäten der Bahn nur für den Transport von Braunkohle, dem Hauptenergieträger, gebunden waren.
- Massentierhaltung in der BRD und DDR 1979 (ebd., 159, Tab. 5.3, *vgl. Tabelle 1*): Hier werden signifikante Unterschiede deutlich, die die vergleichsweise fortgeschrittene „industriemäßige" Tierhaltung in der DDR bezeugen, ein Indiz für daran gekoppelte lokale Umweltprobleme wie Regelung der Gülleverwen-

dung, des Stoffeintrags in Boden und Gewässer, von Ammoniakemissionen usw.[4]

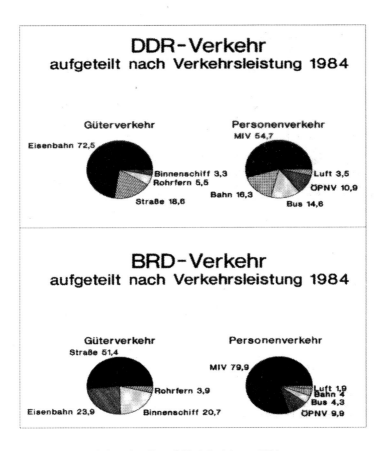

Abbildung 1: Verkehr aufgeteilt nach Verkehrsleistung 1984.
Quelle: PETSCHOW, MEYERHOFF & THOMASBERGER 1990, 156

---

[4] Auch hier lässt nur ein Vergleich fundierte Wertungen zu, denn auch in der BRD oder heute den „alten Bundesländern" gab und gibt es regionale Problemgebiete, in denen die massenhafte Tierhaltung zu spezifischen Umweltproblemen führt(e). Vergleiche für Umweltprobleme aus der Massentierhaltung in der BRD das Gutachten des Sachverständigenrates für Umweltfragen: Umweltprobleme der Landwirtschaft, Bonn 1985 und u.a. Behrens 1991.

Tabelle 1: „Massentierhaltung" in der Bundesrepublik Deutschland und in der DDR 1979

Tierart	Mindestbestand	v.H. der Bestände
	Bundesrepublik Deutschland	
Kühe	50	5,9
Rinder	100	12,7
Zuchtsauen	50	26,3
Mastschweine	400	13,2
Legehennen	30.000	40,0
	Deutsche Demokratische Republik	
Kühe	800	14,8
Jungrinder	1.000	38,7
Mastrinder	2.000	10,3
Zuchtsauen	600	22,8
Mastschweine	3.000	30,5
Legehennen	100.000	34,0
Quelle: aus PETSCHOW, MEYERHOFF & THOMASBERGER 1990, 159		

- Mineraldüngeraufwand in der BRD und DDR in kg Nährstoff je Flächeneinheit (ebd., 160, Tab. 5.4): Ein signifikanter Unterschied wird nur beim Nährstoff Düngekalk sichtbar, dessen Einsatz in der DDR den in der BRD 1975-1979 um 116 % und 1980-1984 um 92 % übertraf, wobei Kalk kein Dünger im eigentlichen Sinne ist.

NAUJOKS (1991) stellte unter Nutzung der Daten vor allem aus dem Umweltbericht der DDR und der Veröffentlichung von PETSCHOW, MEYERHOFF & THOMASBERGER (1990) ebenfalls einige Vergleiche von Umweltbelastungen in DDR und BRD an.[5] Über die bei PETSCHOW, MEYERHOFF & THOMASBERGER (1990) genannten Vergleiche hinaus finden sich bei NAUJOKS 1991 zur Luftbelastung folgende (*Tabelle 2,* rechte Spalte ergänzt durch H.B.):

Tabelle 2: Belastung der DDR und der BRD mit den Luftschadstoffen Schwefeldioxid, Staub, Stickoide und Kohlenwasserstoffe 1986

	DDR (108.180 km^2)		BRD (248.171 km^2)	
Schadstoff	Tsd t/a	t/km^2	Tsd t/a	t/km^2
Schwefeldioxid	5.208,7	48	2.200	8,9
Staub	2.198,5	20	550	2,1
Stickoxide	708,2	6,6	3.000	12,0
Kohlenwasserstoffe	345	3,2	2.400	9,7
davon FCKW	(1,14)			
Quelle: NAUJOKS 1991, 18 und eigene Berechnung				

---

[5] In allen bisher genannten Veröffentlichungen wird das Schutzgut Ruhe bzw. der Lärmschutz ausgeblendet.

Die Belastung von Bevölkerung und Naturhaushalt in der DDR mit den Luftschadstoffen Schwefeldioxid, Staub, Stickoxiden und Kohlenwasserstoffen je *Flächeneinheit* war zum Teil signifikant höher (bei Schwefeldioxid um etwa das Fünffache, bei Staub um das Zehnfache), zum Teil aber auch wesentlich geringer als die in der BRD (bei Stickoxiden betrug sie etwa die Hälfte, bei Kohlenwasserstoffen ein Drittel der Flächenbelastung in der BRD). Dies zeigt *Tabelle 2*.

Bei der *Pro-Kopf-Belastung* schnitt die DDR schlechter ab, weil die Flächenbelastungen zwar zum Teil geringer (z.b. Stickoxide), der Pro-Kopf-Ausstoß dennoch in allen Bereichen höher als in der BRD war (*Tabelle 3*).

Tabelle 3: Vergleich von Umwelt-Kenndaten, Angaben pro Kopf und Jahr (DDR: 16,1 Mio. Einwohner; BRD: 62 Mio. Einwohner) 1988

	BRD	DDR	BRD = 100 %
SO_2-Ausstoß in kg	30	310	1.020
No_x-Ausstoß in kg	43	59	137
CO_2-Ausstoß t	11,7	23,0	196

Quelle: NAUJOKS 1991, 19

Ähnliche Vergleichsdaten zur Luftbelastung und auch zum Düngemitteleinsatz präsentierten SCHWENK & WEISSPFLUG (1996, 115 ff. – Differenzen ergeben sich lediglich aus dem Bezugsjahr) unter Nutzung der schon genannten Quellen und zusätzlich der „Daten zur Umwelt 1990/91" des Umweltbundesamtes sowie einer Einschätzung des Ifo-Instituts München aus dem Jahr 1991.
- Wasser/Abwasser: Der Vergleich des damaligen Anschlussgrades der Bevölkerungen der BRD und der DDR an Kanalisation und Kläranlagen (*Tabelle 4*) zeigte, dass dieser in der DDR wesentlich geringer war als in der BRD.

Tabelle 4: Anschlussgrade der Bevölkerung an Kanalisation und Kläranlagen der DDR im Vergleich zur BRD (1989)

	DDR	Zum Vergleich BRD
Kanalisation	72,5 %	> 90 %
Kläranlagen	57,7 %	> 86 %

Quelle: NAUJOKS 1991, 23

2. Rückblicke auf die Umweltpolitik der DDR

Erste Analysen einzelner Aspekte der Umweltpolitik der DDR fanden sich bereits kurz nach der Vereinigung der beiden deutschen Staaten (ARBEITSKREIS KRITISCHE ÖKOLOGIE des BdWi 1992), aber es wurden auch schon einzelne umfassendere Darstellungen der Umweltpolitik vorgelegt (BRAUN 1991; KNABE 1993; PAUCKE 1993). Seit Mitte der 1990er Jahre folgten Studien zur Gesellschaftsentwicklung in der DDR, in die Betrachtungen zum Politikfeld Umweltschutz integriert wurden (KUHRT 1996, 1999; KUHRT & RASCHKA 2001).

Schon mit BRAUN (1991) beginnt ein Haupt-Argumentationsstrang, der sich durch die meisten Darstellungen zieht und der Umweltpolitik der DDR einen eklatanten Widerspruch zwischen Anspruch und Realität zuschreibt, dies sowohl in der Theorie („ökonomistische Verkürzung") als auch in der (umwelt-)ökonomischen Praxis (Primat der wachstumsorientierten Ökonomie gegenüber dem Umweltschutz bei Priorisierung des privaten Konsums nach westlichem Vorbild). Und schon bei Braun wird die Umweltpolitik der DDR in Phasen gegliedert, die später auch von anderen Autoren so gesehen wurden: Einer Aufbruchphase, die bei hoher Wertschätzung der Umweltpolitik mit dem Erlass des Landeskulturgesetzes (LKG) beginnt, folgen Stagnation und Niedergang. Eine abnehmende Bedeutung der Umweltpolitik habe sich bereits im Statut des 1982 gegründeten Ministeriums für Umweltschutz und Wasserwirtschaft (MfUW) gespiegelt und später in fehlenden oder eingeschränkten Kontroll- und Durchsetzungsbefugnissen für die Staatliche Umweltinspektion (BRAUN 1991, 103 ff., 110 ff.). Auch seien die Zuständigkeiten trotz Gründung des MfUW zu zersplittert gewesen, da neben diesem neunzehn weitere Ministerien und darüber hinaus Ämter wie das Staatliche Amt für Atomsicherheit und Strahlenschutz der DDR (SAAS) Kompetenzen in diesem Bereich gehabt hätten. Beratende Gremien wie der Beirat für Umweltschutz beim Ministerrat der DDR konnten keine hinreichende Abhilfe leisten.

Die abnehmende Bedeutung des Umweltschutzes hat sich insbesondere in den Volkswirtschaftsplänen, dem „wichtigste(n) Instrument des Staates zur Lenkung der gesellschaftlichen Entwicklung" (BRAUN 1991, 118 f.) gezeigt.

BRAUN kommt jedoch zu dem Schluss, dass die Umweltsituation in der DDR „differenzierter aus(fällt) als in einigen sensationell aufgemachten Enthüllungsberichten nach der ‚Wende'. Die DDR hatte auf einigen Gebieten Erfolge, die von Fachleuten nicht bestritten werden (…): das SERO-System, das Fernwärmenetz, die geringe NOx-Belastung und das Verhältnis der Transportraten von Straße und Schiene." (BRAUN 1991, 138 f.)

Auch SCHWENK & WEISSPFLUG (1996) beschreiben aus der Sicht von langjährig (gesellschaftswissenschaftlich) im Bereich Umweltschutz und Umweltgestaltung

Tätigen, dass die Entwicklung der Umweltpolitik in der DDR von 1970 bis 1990 im Widerspruch „zwischen Anspruch und Wirklichkeit" stecken blieb. Die Autoren sahen ebenfalls Anfang der 1970er Jahre mit dem Erlass des damals modernen Landeskulturgesetzes (LKG) die „Umweltpolitik im Aufwind". Sie schreiben dies unter anderem den Vorarbeiten von Naturschützern in den 1960er Jahren zu, deren Diskussionen sich mehr und mehr ökologischen Fragestellungen zugewandt hätten. Damals seien erste „ökologische Zustandsberichte" erschienen, die zu einem umweltpolitischen „Wollen" und „Müssen" drängten. Unter dem damaligen Stellvertreter des Vorsitzenden des Ministerrates der DDR, Dr. Werner Titel, habe schließlich eine Arbeitsgruppe ihre Tätigkeit aufgenommen, die einen der *„umfassendsten und fundiertesten Umweltberichte in der Geschichte der DDR* aus der Zeit vor Herbst 1989" (SCHWENK & WEISSPFLUG 1996, 31, Hervorhebung durch die Verf.) vorgelegt habe, der schließlich zum LKG geführt habe, dessen „Stärke in der *komplexen* Sicht des Umweltschutzes" gelegen habe „sowie im Versuch, Ökonomie und Ökologie einander näherzubringen. Seine Schwäche lag im unverbindlichen Charakter, in der Dehnbarkeit vieler Aussagen sowie in der in der DDR nicht gegebenen ökonomischen Untersetzung der vielen Absichtserklärungen." (SCHWENK & WEISSPFLUG 1996, 40)

Die „Aufwind"-Phase habe sich auch in der Gründung des Ministeriums für Umweltschutz und Wasserwirtschaft (MfUW) am 1.1.1972 gezeigt, dessen Politik allerdings „janusköpfig" gewesen sei, weil es einerseits stets umweltpolitische Erfolge vermeldete, andererseits um die sich real verschlechternden Umweltbedingungen gewusst habe.

Seit Mitte der 1970er bis Mitte der 1980er Jahre sei der „Umweltschutz" dann „in die Schieflage (1976-1985)" geraten und habe in einem „ökologischen Desaster" geendet. Als Hauptursache sehen Schwenk & Weisspflug die „abenteuerliche Wirtschaftspolitik" mit der „Einheit von Wirtschafts- und Sozialpolitik" als „Hauptaufgabe". Die Umweltproblematik habe in den Fünfjahrplänen und in der ökonomischen Programmatik nur noch eine untergeordnete Rolle gespielt. Der Weg ins „ökologische Desaster" sei durch Maßnahmen wie die vom Präsidium des Ministerrates der DDR unter der Nr. 02-67/I.2/82 beschlossene „Anordnung zur Gewinnung oder Bearbeitung und zum Schutz von Informationen über den Zustand der natürlichen Umwelt in der DDR" und durch Fälschungen von Emissionsdaten nicht aufzuhalten gewesen. Die Darstellung der Entwicklung der Umweltpolitik der DDR endet mit dem Epilog „Eine verheerende ökologische Schadensbilanz". Diese Bewertung wird begründet mit den bereits oben genannten Daten, wobei eine vergleichende Betrachtung der Umweltschäden in der DDR lediglich – siehe oben – für einige Luftschadstoffemissionen und für den Mineraldüngereinsatz erfolgt. Nicht problematisiert werden in dem ganzen Kapitel die stofflichen Rahmenbedingungen (insbesondere Verfügbarkeit = Bezahlbarkeit „moderner" Energieträger), denen die DDR ausgesetzt war.

Schwenk & Weisspflug stellen dann Umweltschäden in Berlin (Ost) unter Berücksichtigung historischer Entstehungszusammenhänge und Versuche ihrer Regulierung dar, wobei sie sich im Besonderen einigen Berliner ehemals volkseigenen Großbetrieben widmen („von Umweltnöten Ostberliner Betriebe"). Sie sehen sowohl in der regionalen Problemlage Ost-Berlins als auch in der Entwicklung der Umweltschutzbemühungen Ostberliner Großbetriebe ihre zuvor gewonnenen Erkenntnisse bestätigt, dass es einen großen Widerspruch zwischen Anspruch und Realität der staatlichen (und betrieblichen) Umweltpolitik gegeben habe. „Zwischen den Mühlsteinen einer wachstumsorientierten Politik der SED und der Realität einer maroden materiell-technischen Basis sowie knapper Investitionen wurde jeder wie auch immer geartete Versuch des Schutzes der Umwelt zu einem schwierigen Unterfangen." (SCHWENK & WEISSPFLUG 1996, 11 f.)

In zeitlicher Hinsicht stellten sie auch auf regionaler und lokaler Ebene die drei Phasen Aufschwung, Stagnation und Niedergang fest. Diese drei Phasen hatte Schwenk bereits einige Jahre vorher definiert (SCHWENK 1993, 8).

Buck sieht den Widerspruch zwischen „propagiertem Anspruch und düsterer Realität" auf dem Gebiet des Umweltschutzes im Vergleich mit anderen gesellschaftspolitischen Bereichen sogar am größten (BUCK 1996, 223). In seinen Beiträgen (1996, 1999) wird nach dem Ende des Sozialismus sowjetischer Prägung in Europa der Ton in der Beurteilung der Umweltpolitik der DDR rauher und die Erklärungsmuster für Erfolge und Misserfolge werden zugleich oberflächlicher. Materielle und historische Ausgangsbedingungen nehmen als Argumentationsgrundlagen oder -hintergründe an Bedeutung ab.

Obwohl Buck im Vergleich mit den bisher vorgestellten Veröffentlichungen keine neuen Fakten zu Umweltproblemen in der DDR bringt, erscheinen diese durch eine andere Bewertung noch desaströser und die Umweltpolitik der DDR von Anfang an als reine Propaganda. Offenbar wurde sie nur erfunden, um das kapitalistische Ausland zu beeindrucken. Als Umweltschäden werden die bekannten Mengen an SO_2-Emissionen beschrieben, es wird noch einmal hervorgehoben, dass die DDR in diesem Bereich „Spitzenreiterin" in Europa war. Auch die Verunreinigungen der Luft mit Staub, Stickoxiden und Kohlenwasserstoffen, darunter FCKW sowie CO_2, werden mit keinen anderen Zahlen als den oben schon genannten beschrieben, jedoch nun „dramatisiert". So wird bezogen auf Staub, Schwefeldioxid und CO_2 mehrfach hervorgehoben, dass die DDR im Vergleich mit der BRD eine wahre Dreckschleuderin war, dass aber z.B. die NO_x-Belastung geringer als in der BRD war, wird nicht beschrieben. Mehr noch: Durch Verknüpfung dieser Daten mit einer Darstellung der allgemeinen Gefährlichkeit von Stickstoffdioxid erscheint die DDR auch in diesem Bereich als geradezu verbrecherische Umweltsünderin (BUCK 1996, 231). In dieser Diktion geht es weiter mit Blick auf die bereits o.g. übrigen Umweltschäden, wobei das stete Bemühen zu erkennen ist, die BRD als die bessere Umweltschützerin erscheinen zu lassen. So lässt sich – siehe oben – beim Einsatz von Nährstoffen in der Landwirtschaft nur bei Kalk ein signifikant höherer Wert für die DDR feststellen, wobei Kalk kein Dünger im eigentlichen Sinne ist, sondern der Versauerung entgegenwirkt und dadurch die Produktionsbedingungen für die Landwirtschaft (oder Forstwirtschaft) verbessert. Dessen ungeachtet behauptet BUCK deutlich höhere Mengen auch für Stickstoff, Phosphat und Kali. Richtig ist der Vorwurf eines deutlich höheren Pestizideinsatzes als in der BRD (BUCK 1999, 430 f.). Richtig ist auch die Kritik an der Ausbringung von Pflanzenbehandlungsmitteln durch Agrarflug, jedoch fehlen hier bei der Darstellung von aus BUCKS Sicht *dramatischen* Auswirkungen („Flächenbombardements") wie in anderen Schadensbereichen (Umweltwirkungen Agrochemischer Zentren, Gülleverwendung, Erosion, Artenverarmung usw.) Vergleiche mit der Situation in der BRD oder anderen Industriestaaten. Bei einigen dieser Schadensbereiche wäre ein Vergleich z.B. mit der BRD aufschlussreich gewesen (Artenverarmung, Gülleverwendung, vgl. hierzu z.B. SRU 1985, BEHRENS 1991), würde er doch ergeben, dass die BRD keineswegs besser dastand.

Die politisch motivierte Diktion setzt sich in der Darstellung der Umweltbelastungen durch Müllentsorgung und Industrieabfälle fort (BUCK 1999, 455-497). Hier wird die DDR bei Wiederholung der bekannten Daten noch mehr als in den vorgenannten Beiträgen von Buck isoliert behandelt und in keinen begründeten internationalen Vergleich gesetzt.[6]

Mit Paucke setzte sich ein weiterer Zeitzeuge mit der DDR-Umweltpolitik auseinander. In seinen beiden hierzu publizierten Monografien (PAUCKE 1994; PAUCKE 1996) beschrieb der Autor den Stellenwert der „Umweltfrage" in den Beschlüssen und Orientierungen des SED-Parteiapparats (insbesondere SED-Parteitage und Wirtschaftsstrategie der SED) und maß diese sowohl an den von der SED selbst gesteckten Zielen als auch an den theoretischen Erkenntnissen der Klassiker des Marxismus, Marx und Engels. Auch Paucke stellt in seiner erstgenannten Monographie einen eklatanten Widerspruch zwischen Anspruch und Wirklichkeit fest; in Wirklichkeit sei Umweltpolitik ein Lippenbekenntnis der führenden SED-Politiker geblieben, obwohl die Klassiker des Marxismus auch zu Problemen des Mensch-Natur-Verhältnisses ein gewaltiges Ideengebäude hinterlassen hätten, das der SED-Führung Anregung zu einer kritischen Reflexion dieses Verhältnisses im

---

[6] Zu erinnern ist daran, dass die Abfallbehandlungs- und -entsorgungsproblematik in der Bundesrepublik auch erst mit der Umsetzung staatlicher Umweltpolitik etwa Ende der 1970er Jahre Gegenstand ernsthafter politischer Bemühungen wurde.

real existierenden Sozialismus hätte sein können. Angesichts des geringen Stellenwertes der Umweltpolitik gegenüber der Mittagschen Wirtschaftspolitik und der Honecker-Maxime einer Politik sozialer Wohltaten habe die Umweltforschung in der DDR trotz guter Absichten und Forschungsergebnisse nur eine begrenzte Wirksamkeit entfalten können (PAUCKE 1994).

Der Autor unternimmt in seinem zweiten Werk (PAUCKE 1996) einen weit gespannten Brückenschlag – von der Antike bis zur unmittelbaren Gegenwart – um durch diese historische Fundierung ein möglichst tiefes Verständnis für die Wahrnehmung und intellektuelle Verarbeitung der „Umweltfrage" in der DDR und der Trends der ökologischen Sanierung seit der „Wende" zu wecken. So wird im ersten Hauptteil das Naturverständnis in der Geschichte untersucht, von der Antike (Ionier, Plato, Aristoteles), über Renaissance und ihren Übergang zur Aufklärung (Galilei, Bacon, Descartes, Hobbes, Locke, Spinoza, Newton und Leibniz), die französische (Montesquieu, Voltaire, Rousseau, de Laplace) und deutsche Aufklärung (Wolff, Kant, Fichte, Schelling, Hegel, Feuerbach), die klassische deutsche Literatur (Herder, Schiller, Goethe) bis zur Moderne (Marx und Engels, Haeckel, Ostwald, Wernadski, Schweitzer). Auf dieser Grundlage werden Fragen von Naturbeherrschung und Naturorientierung untersucht, die sich vor allem mit der rationellen Gestaltung des Mensch-Natur-Verhältnisses in der Geschichte befassen und die Rolle des wissenschaftlich-technischen Fortschritts beleuchten. Dieser historische Brückenschlag beinhaltet für PAUCKE das „ökologische Erbe", vor dem die DDR stand. PAUCKE stellt diesem Erbe einige Erben gegenüber:
- das Zentralkomitee der SED, das dieses Erbe weitgehend ausschlug und kaum etwas mit ihm anfangen konnte,
- die „Gesellschaft für Natur und Umwelt" im Kulturbund der DDR (GNU) und die „Kammer der Technik" (KdT), die als gesellschaftliche Organisationen mit fast 60.000 (GNU) bzw. 300.000 (KdT) Mitgliedern nach besten Kräften versuchten, Umweltprobleme und ihre Lösung wissenschaftlich zu erklären und praktisch zu mildern.

Letztlich konnten sie die o.g. Umweltprobleme nicht verhindern. Paucke stellt die medialen Belastungen auf der Grundlage der bereits genannten Daten dar und versucht wenige Jahre nach der „Wende" Entwicklungstrends zu erfassen.

3. Rückblicke auf einzelne Handlungsbereiche der Umweltpolitik

3.1 Störfälle und Havarien

In einzelnen Veröffentlichungen werden lokale **Störfälle** und **Havarien** bei der Produktion von Pestiziden und deren Einsatz in der agrar- oder forstindustriellen

Landnutzung thematisiert. Besonderes Augenmerk galt dabei dem Einsatz von DDT. Trotz eines „Stufenprogramms für die DDT-Anwendung", das 1970 vom Ministerrat der DDR aufgrund der weltweiten Ächtung des Wirkstoffs beschlossen worden war und auf die stufenweise Ablösung von DDT-Präparaten zielte, wurde 1984 als Mittel gegen das massenhafte Auftreten der Nonne (*Lymantria monacha*) mit 500 t DDT in der Land- und Forstwirtschaft der DDR fast die doppelte Menge ausgebracht wie 1972. Von den 600.000 ha Forstflächen der DDR wurden 260.000 ha in einer als GVS = Geheime Verschlusssache eingestuften Maßnahme „aviochemisch" (per Flugzeug) behandelt (HEINISCH & WENZEL 1995, 41 f.).

3.2 Gewässerschutz und Wasserpolitik

Einzelne Autoren und Autorinnen beschäftigten sich mit der **Wasserpolitik** der DDR und stellten dabei den hohen Mehrfachnutzungsdruck auf das äußerst knappe Gut Wasser und die dabei wirkenden politischen und ökonomischen Restriktionen für die Politik der Gewässerreinhaltung dar (VAN DER WALL & KRAEMER 1991; KLAPPER 1992; MEISTER 2002). Alle Autoren und Autorinnen weisen auf das ungünstige natürliche Wasserdargebot in der DDR hin, das zu sehr hohen Nutzungsgraden geführt hat.

VAN DER WALL und KRAEMER (1991) stellten die institutionelle und rechtliche Entwicklung der Wasserwirtschaft der DDR dar (*vgl. Beitrag Simon*). Die Wasserwirtschaft der DDR entwickelte sich anders als in der BRD von einer dezentralen, kommunalen Struktur mit etwa 2.500 Vereinigungen, Genossenschaften, Zusammenschlüssen oder GmbH zu einer in hohem Maße zentralisierten mit nur noch 15 Wasser- und Abwasserbetrieben. Die Unterhaltung der Gewässer hatte bis ca. 1950 grundsätzlich dem Eigentümer oder Anlieger oblegen. Ausgehend von der Bildung eines eigenen Plangebietes für die Wasserwirtschaft in der Staatlichen Plankommission (1951) wurden 1952 zwei Typen wasserwirtschaftlicher Einheiten gebildet, von denen die zentral geleiteten nach Einzugsgebieten in erster Linie für die Belange der Gewässerunterhaltung und des Gewässerschutzes zuständig waren, die Betriebe der örtlichen Wirtschaft hingegen für die Aufgaben der Wasserversorgung und Abwasserbeseitigung. 1958 wurden Wasserwirtschaftsdirektionen nach Flussgebieten geschaffen, 1964 Wasserversorgungs- und Abwasserentsorgungsunternehmen, in denen zuletzt alle Anlagen nach Bezirksgrenzen zusammengefasst wurden. Weitere Zentralisierungsmaßnahmen folgten 1975 und 1979.

Nach Gründung des Ministeriums für Umweltschutz und Wasserwirtschaft wurde die Staatliche Gewässeraufsicht (gegründet 1977) das staatliche Organ zur Regelung der Gewässernutzung und Kontrolle der Einhaltung von Rechtsvorschriften, Beschlüssen und anderen staatlichen Entscheidungen zur Nutzung und

Reinhaltung der Gewässer. Grundlagen ihrer Tätigkeit sollten Wasserbilanzen, Standards und ökonomische Stimuli sein.

Als einen wesentlichen Unterschied zwischen DDR und BRD im Verhältnis zwischen Ökologie und Ökonomie der Gewässernutzung benennt KLAPPER (1992), dass nützliche Potenzen der zentralistisch geleiteten Wasserwirtschaft in der DDR nicht genutzt wurden; der Staat sei für die Mehrzahl der Umweltschutzmaßnahmen selbst zuständig gewesen, während in der BRD nach dem Verursacherprinzip die Verantwortung vom Bund auf die Einleiter verlagert und bei diesen ein hoher Reinigungsstandard durchgesetzt wurde. Generell seien zu wenig Finanzmittel für den Umweltschutz eingesetzt worden, die ökonomischen Stimuli zum sparsamen Wasserverbrauch oder Verringerung der Abwasserfracht durch Abwasserentgelte waren zu wenig effektiv bzw. zu niedrig, Einnahmen aus Sanktionen seien in der DDR nur ausnahmsweise, in der BRD generell für den Umweltschutz eingesetzt worden. Für die Ahndung von Umweltdelikten habe in der DDR eine unabhängige Justiz gefehlt. Subventionen hätten zu unnötigem Mehrverbrauch bei Mineraldünger oder Trinkwasser geführt und damit zu weiteren Umweltbelastungen.

3.3 Sekundärrohstoffwirtschaft

Ein weiteres Thema war die *Sekundärrohstoffwirtschaft* der DDR, genauer: das SERO-System – womit die landesweite Erfassung und Aufbereitung von Sekundärrohstoffen durch das Kombinat SERO gemeint war – daraufhin zu überprüfen, ob es unter den marktwirtschaftlichen Bedingungen der BRD konkurrenzfähig sein könnte (BUNDESMINISTERIUM FÜR FORSCHUNG UND TECHNOLOGIE & UMWELTBUNDESAMT 1992). Nach einem historischen Abriss der Sekundärrohstoff-Wirtschaft in Deutschland seit dem I. Weltkrieg untersuchten die Bearbeiter (HARTARD, HUHN & WIEMER) die Entwicklung auf diesem Gebiet in der DDR bis zur Bildung des SERO-Kombinats Anfang der 1980er Jahre sowie dessen strukturelle Einbindung in die Planwirtschaft der DDR, darüber hinaus u.a. die gesetzlichen und ökonomischen Rahmenbedingungen, die Art der Erfassung, Aufbereitung und den Absatz der Sekundärrohstoffe, Leistungsbilanzen, Forschungs- und Entwicklungsanstrengungen, Öffentlichkeitsarbeit, Mitwirkung der Bevölkerung und diese vertieft am Beispiel Thüringens. Es entstand eine umfassende Dokumentation dieses Aspekts der DDR-Abfall- oder -Abprodukt-Politik, wobei die Bearbeiter das SERO-System überwiegend positiv beurteilten.

3.4 Energiewirtschaft

3.4.1 Kernenergie

In der DDR wurde der *Nutzung der Kernenergie* von den 1950er Jahren bis zum Ende eine große Bedeutung beigemessen, anfangs mit abenteuerlichen Entwicklungsvorstellungen. Noch Anfang 1990 wurden im Kabinett der DDR-Wirtschaftsministerin C. Luft Konzepte für den Ausbau der Kernenergie vorgestellt.

Die Entwicklung der Kernenergienutzung in der DDR, den Aufbau und Betrieb der Kernkraftwerke vom ersten Reaktor 1966 in Rheinsberg bis zur Stilllegung aller Kernkraftwerke 1990 beschrieb PFLUGBEIL 1995. Der Sicherheitsstandard der DDR-Kernkraftwerke (KKW) lag deutlich unter dem westlicher KKW. Es gab zahlreiche Pannen und Störfälle, worüber nichts an die Öffentlichkeit drang. Während der ganzen KKW-Geschichte versuchten das Staatliche Amt für Atomsicherheit und Strahlenschutz der DDR (SAAS) und die 1982 ins Leben gerufene Ständige Kontrollgruppe Anlagensicherheit (SKG), Sicherheitsprobleme anzusprechen und auf Lösungen zu drängen (PFLUGBEIL 1995, 21). Die Versuche blieben erfolglos.

Eine kritische Haltung zur Kernenergienutzung war bis zur Reaktorexplosion in Tschernobyl 1986 „einigermaßen überschaubar ... es war schwierig, über diese Themen zu reden und zu schreiben. Vorträge und Texte waren nahezu ausschließlich im Windschatten der Evangelischen Kirche möglich (die Katholische Kirche befasste sich mit diesen Themen nicht)." (PFLUGBEIL 2003, 30) Atomkraftgegner und -gegnerinnen wurden vom MfS überwacht und auch in den Kernkraftwerken hatte das MfS eigene Struktureinheiten, um möglicher Kritik entgegenzuwirken.

Ein wichtiger Einschnitt für den Umgang mit und die Diskussion über Sinn oder Unsinn der Kernenergienutzung war auch in der DDR der Reaktorunfall in Tschernobyl:

„Am 26. April 1986 um 01.23 Uhr explodierte ein Reaktor des Atomkraftwerks in Tschernobyl. Der Graphitblock entflammte, die Brennstäbe schmolzen. Die Explosion und der fast zwei Wochen dauernde Brand schleuderten einen großen Teil des radioaktiven Inventars in die Atmosphäre. Nach Schätzungen westlicher Experten sind in der Ukraine bis 2000 etwa 30.000 Personen unmittelbar an den Folgen der hohen Strahlendosis gestorben. Die russische (sowjetische, H.B.) Regierung meldet am 27.04.2000, dass von 86.000 Liquidatoren 55.000 gestorben seien, davon allein 15.000 Russen und davon mehr als ein Drittel durch Selbstmorde. Die WHO prognostiziert, dass allein 33 Prozent der Kinder aus den unmittelbar betroffenen Gebieten im Laufe ihres Lebens an Schilddrüsenkrebs erkranken werden, das sind schon hier mehr als 50.000 Menschen.

Die radioaktive Wolke verseuchte weite Landstriche auch noch in großer Entfernung. In Westdeutschland und Westberlin mit ihren aktiven Anti-Atomkraft-Bewegungen löste die Katastrophenmeldung einen heftigen öffentlichen Diskurs aus, der tief greifende Veränderungen bewirkte." (HARTMANN 2003, 7)

Obwohl schon zwei Tage nach der Katastrophe von Tschernobyl in der DDR stark ansteigende Radioaktivität festgestellt wurde, standen nur „ein einziges Mal ein paar Zahlen über die Radioaktivität nach Tschernobyl in der Zeitung: ‚Stabilisierung auf einem niedrigeren Niveau'. Das ‚Neue Deutschland' verschwieg, dass Radioaktivitätswerte rund 1.000-mal höher als üblich waren, ja sogar Anfang Mai nochmals um etwa den Faktor 100 anstiegen. Was die Bürger der DDR nicht erfuhren, wusste die Regierung ganz genau." (HARTMANN 2003, 7)

Die Folgen des Reaktorunfalls in Tschernobyl wurden in der DDR staatlicherseits geleugnet, verschleiert oder verharmlost. Gleichzeitig waren sie ein Aufbruchssignal für die nichtstaatliche Umwelt- und Friedensbewegung in der DDR und führten zu Aufklärungs- und Widerstands-Aktivitäten Einzelner wie Michael Beleites (BELEITES 1988) oder zum Entstehen weniger kleiner, kaum in der Öffentlichkeit präsenter, Antiatom-Gruppen wie im Umfeld der Berliner Zionskirchgemeinde (RÜDDENKLAU 1992, 61-64) oder beim organisierten Bürgerprotest gegen den Atomkraftwerkskomplex Stendal. „Nach Tschernobyl gab es einen deutlichen Impuls, endlich klarer und lauter über Kernenergie zu reden." (PFLUGBEIL 2003, 30) Das Schicksal der DDR-KKW war nach der „Wende" rasch besiegelt, noch 1990 wurden sie aus Sicherheits- und ökonomischen Gründen abgeschaltet.

In einzelnen Veröffentlichungen wurden spezielle mit der Kernenergienutzung zusammenhängende Umweltprobleme wie der Uranbergbau in Thüringen und Sachsen und daran gebundene Konflikte beschrieben (PAUL 1991; MAGER 1996). Über seine Konflikte mit dem MfS berichtete ausführlich BELEITES 1991.

3.4.2 Übrige Energiewirtschaft

Auch die übrige *Energiewirtschaft* der DDR wurde kurz nach der Vereinigung der beiden deutschen Staaten einer intensiven Analyse unterzogen, um Optionen für deren Modernisierung zu erforschen (MEZ et al. 1991). Die Autoren, die sich als Bundesbürger schon vor 1990 jahrelang mit dem Thema beschäftigten, untersuchten
- die problematische energiewirtschaftliche Ausgangslage der DDR und dabei die Entwicklung und Struktur des Primärenergieverbrauchs – des höchsten in der Welt nach den USA, Kanada, den skandinavischen Staaten und Luxemburg (MEZ et al. 1991, 34) – sowie die Struktur des Gebrauchsenergieverbrauchs,

- beschrieben dabei Verschwendungspotentiale und technologische Rückstände gegenüber anderen hochentwickelten Industriestaaten,
- analysierten Struktur, Entwicklung und Effizienz des Elektroenergiesystems der DDR,
- fassten differenziert die Umweltbelastungen durch die Energiewirtschaft zusammen,
- analysierten die Entwicklung des Stromverbrauchs in den einzelnen Verbrauchssektoren und
- untersuchten die in der DDR vorhandene und nach 1990 sich neu entwickelnde Organisationsstruktur der Energiewirtschaft.
- Sie stellten schließlich in einem „Szenario 2000" einen möglichen Entwicklungspfad der Energiewirtschaft dar.

3.4.3 Naturschutz

Umfassend wurde bislang der *Naturschutz* und die soziale Bewegung Naturschutz thematisiert. Hier erschienen zahlreiche und im Vergleich zu den übrigen genannten Bereichen die meisten Veröffentlichungen, auf die hier verwiesen wird (ROESLER 1990; BEHRENS, BENKERT, HOPFMANN & MAECHLER 1993; HOPFMANN 1993; INSTITUT FÜR UMWELTGESCHICHTE UND REGIONALENTWICKLUNG e.V. 1993, 1994, 1998, 1999, 2001, 2004; AUSTER 1996; BEHRENS 2000, 2001, 2002, 2003, 2004; INSTITUT FÜR UMWELTGESCHICHTE UND REGIONALENTWICKLUNG e.V. & NATIONALPARK HOCHHARZ 2002; BEHRENS & HOFFMANN 2003; STIFTUNG NATURSCHUTZGESCHICHTE 2000 und 2003; NÖLTING 2002).

Dem Naturschutz in der DDR wurden vergleichsweise große Erfolge zugeschrieben. Der damalige Umweltminister der Bundesrepublik Deutschland, Klaus Töpfer, sprach mit Blick auf die Naturraumausstattung insbesondere im Norden der DDR bekanntlich vom „Familiensilber" oder „Tafelsilber" der deutschen Einheit. Große Anerkennung wurde in diesem Zusammenhang dem wissenschaftlichen und ehrenamtlichen Naturschutz gezollt.

3.5. Rückblicke auf das Umweltrecht

Besonders von einer wichtigen, kürzlich verstorbenen Zeitzeugin in diesem Bereich erfolgten in den vergangenen Jahren zum Teil umfangreiche Darstellungen des Umweltrechts der DDR, seiner Entwicklung, Struktur und Wirksamkeit und internationalen Verflechtung (OEHLER 1990, 1991, 1992, 2001, 2004).

OEHLER (1991, 1-17) beschreibt, dass das Umweltrecht in der DDR – nach der üblichen Terminologie zunächst Landeskulturrecht – auf der Grundlage des Art.

15 der Verfassung der DDR von 1968 im Jahre 1970 mit dem Landeskulturgesetz (LKG) begründet wurde. Das LKG zielte darauf ab, die Verantwortung der Umweltnutzer und -belaster in Bezug auf die natürliche Umwelt als komplexes Schutzobjekt zu regeln. Bestimmendes Merkmal sei die Orientierung auf die Komplexität oder das System der Naturbeziehungen und daraus folgend der „Schutzerfordernisse" und der Verantwortungsbereiche von Staat, Gesellschaft, Wirtschaft, Kommunen und aller Bürger gewesen. Komplexes Schutzobjekt war nach diesem Verständnis die natürliche Umwelt des Menschen mit den verflochtenen drei Haupt-„Objektgruppen" Landschaft, Naturreichtümer und hygienische Umweltbedingungen, für die ausgehend von einer anthropozentrischen Zielsetzung „landeskulturelle Erfordernisse" formuliert wurden (OEHLER 1991, 2).

OEHLER gab einen Überblick über das System der Instrumente des Umweltrechts in der DDR, mit dem den landeskulturellen Erfordernissen Rechnung getragen und die Verhaltensanforderungen an die Umweltnutzer oder -belaster geregelt oder gesteuert werden sollten und bewertete – damals vorläufig – ihre Wirkung. Sie unterschied die Instrumente dabei in Anlehnung an die Hauptgliederung in der Bundesrepublik in Planungsinstrumente, Instrumente direkter Verhaltenssteuerung einschließlich normativer Gebote und Verbote und Instrumente indirekter Verhaltenssteuerung (OEHLER 1991, 6) und kam zu folgenden Wertungen:

Planungsinstrumente: Das Instrumentarium der Volkswirtschaftsplanung, „das ressourcen-, maßnahmen- und ergebnisbezogene Umwelterfordernisse erfaßt hat und seit 1973 methodisch ausgebaut wurde, (erbrachte) äußerst geringe Ergebnisse, da es mangels Kapazitäten nur in sehr beschränktem Maße angewandt wurde. Umfangreiche Vorlaufkoordinierungen und Abstimmungen, Bilanzierungen und Prüfungen zentral, bezirklich, kreislich sowie mit, in und zwischen den Betrieben (Erarbeitung langfristiger Konzeptionen, zweiglich-territoriale Planabstimmungen, bezirkliche Vorschläge für notwendige Maßnahmen nach Rang- und Reihenfolge u.a.m.) führten zumeist letztlich nicht zur Aufnahme in die staatlichen und betrieblichen Fünfjahres- und Jahrespläne. Es gab weder zentral noch auf anderen Ebenen Umweltprogramme und -berichte, die zielbestimmend hätten sein können." (OEHLER 1991, 6 f.)

Der raumbezogenen Umweltplanung diente ein differenziertes Instrumentarium der Standort(nutzungs)planung und -einordnung auf der Grundlage der §§ 2 und 10 LKG. Es fehlte u.a. eine systematische und verbindlichere Einordnung der Landschaftsplanung in die Gesamtheit raumplanerischer Instrumente, wobei OEHLER allerdings die Nutzung von Erfahrungen für bestimmte landschaftsplanerische Regelungsbereiche wie die Planung von Bergbaufolgelandschaften oder von Erholungslandschaften empfahl, denn hier lagen reichhaltige Erfahrungen vor (OEHLER 1991, 7 f.).

Instrumente direkter Verhaltenssteuerung: Hier stellte OEHLER fest, „dass es im Verwaltungsrecht ... nur unvollkommen geregelte Instrumentarien gab. So fehlten förmliche Genehmigungs- und Planfeststellungsverfahren, die Rechtsmittelbestimmungen waren ungenügend, die Verwaltungsgerichtsbarkeit als System existierte nicht und die für einige Fälle eingeführte gerichtliche Nachprüfung von Verwaltungsentscheidungen betraf nicht den Umweltschutz. Demnach (waren) die differenziert geregelten Genehmigungs-, Bestätigungs-, Zustimmungs-, Stellungnahme-, Prüf-, Anzeige- und anderen Verfahren, einschließlich der Nebenbestimmungen (Auflagen, Bedingungen, Befristungen, Widerrufsvorbehalte u.a.) nur den nichtförmlichen Erlaubnisverfahren zuzuordnen, die zudem uneinheitlich geregelt und bezeichnet und mit vielen ‚Ausnahme'-Möglichkeiten verbunden waren. Ihre rechtliche Wirkung und Durchsetzbarkeit war deshalb, soweit sie überhaupt angewandt wurden, gering." (OEHLER 1991, 9)

Zur Wirksamkeit des Mechanismus' der Immissions- und Emissionsgrenzwerte (Luft, Lärm, Gewässer) schrieb OEHLER rückblickend:

„Die *Immisionsgrenzwerte* wurden nach strengen, für das gesamte Staatsgebiet geltenden Kriterien als höchstzulässige Werte der Einwirkung auf die Schutzobjekte rechtlich geregelt [z.B. die Immissionsgrenzwerte der Luftverunreinigung vom Minister für Gesundheitswesen in einer Anordnung (l. Durchführungsbestimmung zur 5. Durchführungsverordnung zum Landeskulturgesetz – Reinhaltung der Luft –)], eingeschlossen die Differenzierungen (z.B. nach Schadstoffen bei Luftverunreinigungen, nach Einwirkungszeit und -ort bei Lärm, nach der Gewässerklassifizierung bei Gewässern). Sie waren Richtwerte für Standortzuordnungen, für Umweltschutz- und Anpassungsmaßnahmen und Grundlage von Sanierungsprogrammen. Auf ihre grundsätzliche Einhaltung durch Neuanlagen und stufenweise (schrittweise) Sicherung bei Altanlagen war mit den Erlaubnisverfahren und -entscheidungen hinzuwirken, insbesondere aber über das Instrument der anlagenbezogenen *Emissionsgrenzwerte*. Da diese aber nicht normativ geregelt, sondern den Emittenten durch Verwaltungsakt differenziert für jede Quelle unter Berücksichtigung der wissenschaftlich-technischen und volkswirtschaftlichen Bedingungen und Möglichkeiten vorzugeben waren, sanktionierten sie faktisch infolge mangelnder ‚ökonomischer Möglichkeiten' die Nichtdurchführung von Umweltschutzmaßnahmen. Anlagenbezogene, Umweltschutzerfordernissen voll entsprechende Emissionsbegrenzungen wie nach der Bundesimmissionsschutz- und Wassergesetzgebung wären unter den DDR-Verhältnissen überwiegend gleichbedeutend mit der Nichtzulassung bzw. Stilllegung der Anlagen gewesen, wie das die jetzigen Analysen und erforderlichen aufwendigen Sanierungsmaßnahmen und -projekte zeigen. Deshalb wurde mit der Regelung angestrebt, über die schrittweise Verschärfung der Emissionsgrenzwerte parallel zu einer Mittelbereitstellung und über Sanktionen bei Nichteinhaltung der Emissionsgrenzwerte (Staub- und Abgasgeld, Abwassergeld) bzw. bei Nichtmeldung von Reparaturerfordernissen auf die Emittenten einzuwirken, damit im möglichen Maße den Umweltschutzerfordernissen entsprochen wird und letztlich die Immissionsgrenzwerte eingehalten werden. Die Emissionsgrenzwerte enthielten zu diesem Zweck außer Kennziffern auch Bedingungen und – bis zur Installierung erforderlicher Schutzanlagen oder bis zu anderen Schutzmaßnahmen befristete – Ausnahmeregelungen, wozu Kontrollmechanismen geregelt waren. Letztlich blieb es aber bei ständigen Ausnahmen, soweit nicht ausnahmsweise Umweltschutzmaßnahmen realisiert werden konnten. Von dieser schwachen Basis einer Umweltschutzverantwortung der Emittenten aus wirkten die Emissionsgrenzwerte auch als Abgrenzungskriterium für Rechtmäßigkeit und Rechtswidrigkeit für zivilrechtliche Ansprüche auf Störungsabwehr (§ 328 ZGB), Entschädigung (§ 329 Abs. 2 ZGB) oder Schadenersatz (§§ 330, 334 ZGB) sowie für die strafrechtliche Verantwortlichkeit gemäß §§ 191 a, 191 b StGB (,Verursachung einer Umweltgefahr'), die von (schuldhafter) Verletzung ,gesetzlicher oder beruflicher Pflichten' ausgeht." (OEHLER 1991, 9 f.)

Instrumente indirekter Verhaltenssteuerung: Auch für diese Instrumentengruppe stellte Oehler fest, dass es an einer systematischen Entwicklung dieser Instrumente mangelte. Es gab in der DDR eine Vielzahl sog. ökonomischer Hebel, Auszeichnungen mit und ohne finanzielle Zuwendungen oder Möglichkeiten gesellschaftlicher Mitarbeit, z.B. in der Gesellschaft für Natur und Umwelt im Kulturbund der DDR. Gesellschaftliche Mitarbeit wurde häufig gefordert und gefördert. Aber „obgleich mit diesen Instrumenten gewisse Ergebnisse für den Umweltschutz erschlossen werden konnten, die mangels offizieller Kapazitäten mit den Planungsinstrumenten und über den Grenzwertmechanismus nicht zu erreichen waren, blieb doch die Untersuchung der Wirksamkeit und die Wertung der Ergebnisse für die Rechtsarbeit – ... – weitgehend offen." (Oehler 1991, 14)

Zur Anwendung und Wirkung von Umweltsanktionen als Teil des Rechtsschutzsystems innerhalb des Umweltrechts in der DDR heißt es: „Grundsatz war, dass Umweltsanktionen gegenüber den Emittenten nicht die Anwendung von Formen juristischer Verantwortlichkeit gegenüber den unmittelbar Schuldigen ausschließen sollten, obgleich dies in der Praxis meist nicht beachtet wurde. So standen einer Vielzahl von Verfahren zur Erhebung von Staub- und Abgasgeld, Abwassergeld und anderen Umweltsanktionen von Emittenten (Betrieben) eine verschwindende Zahl durchgeführter arbeitsrechtlicher oder gar strafrechtlicher Verfahren gegenüber. Auch wirtschaftsrechtliche Verfahren (Wirtschaftssanktionen, Schadensersatz) gab es so gut wie nicht. Ordnungsstrafverfahren, die auf ca. 80 Tatbeständen beruhen, wurden proportional zur Kontrolltätigkeit und zur arbeitsmäßigen Möglichkeit der Durchführung der Verfahren genutzt, letztlich nicht im erforderlichen Umfang. Zivilrechtliche Verfahren (Störungsabwehr, Entschädigung, Schadenersatz, nachbarrechtliche Streitigkeiten) wurden oft vorab oder außergerichtlich durch Zahlungen ohne Rechtsgrundlage abgewandt; das Oberste Gericht hatte im DDR-Gebiet jährlich ca. 50 Verfahren für seine Auswertung ermittelt, im Verhältnis zu z.B. jährlich 2.000 außergerichtlichen ‚Zahlungen' eines Emittenten. Verwaltungsgerichtliche Verfahren gab es zu Umweltproblemen bisher nicht."

Das Umweltrechtssystem der DDR schätzte Oehler daher insgesamt so ein, dass es „trotz dieser Einschätzung der Praxis, die auf Analysen beruht", (von 1990 aus betrachtet) bei zukünftiger Hinzunahme verwaltungsrechtlich notwendiger Regelungen „vom System her als relativ tragfähig eingeschätzt werden (muß)." (OEHLER 1991, 17)

3.6 Rückblicke auf Verwaltung und Organisation des Umweltschutzes

GLÄß stellte (1991) die Verwaltung und Organisation des Umweltschutzes in der DDR dar. Die Gesetzgebungskompetenz oblag demnach der Volkskammer der DDR, dem Ministerrat das Verordnungsrecht und den Fachministern das Anordnungsrecht.

Zur Umsetzung des Umweltrechtes und von Maßnahmen auf dem Gebiet des Umweltschutzes war
- „jedem Ministerium und jedem anderen zentralen staatlichen Organ die Verantwortung für die Wahrnehmung des Umweltschutzes in seinem Bereich übertragen worden,
- bestimmten Ministerien (z.B. dem Ministerium für Gesundheitswesen, dem Ministerium für Land-, Forst- und Nahrungsgüterwirtschaft u.a.) zusätzlich Verantwortung für bestimmte Teilbereiche des Umweltschutzes (Schutz des Bodens, Lufthygiene u.a.) zugewiesen worden,
- dem Ministerium für Umweltschutz und Wasserwirtschaft die Koordinierung der Umweltschutzmaßnahmen im Landesmaßstab in die Hände gegeben worden.

Den örtlichen Staatsorganen oblag die Gewährleistung des Umweltschutzes in den örtlich geleiteten Bereichen, die Durchführung der ihnen durch Rechtsvorschrift übertragenen speziellen Aufgaben des Umweltschutzes und vor allem die Harmonisierung der Aktivitäten der Betriebe im Territorium, die ja ihre Planaufgaben unabhängig voneinander von unterschiedlichen staatlichen oder wirtschaftsleitenden Organen erhielten und im Territorium konfliktverursachend aufeinandertrafen. Dabei dominierte der Grundsatz, die Ressourcen des Territoriums in den Dienst der Volkswirtschaft zu stellen, das Prinzip der Unterstützung des Territoriums (als Umwelt der Betriebe) durch die Betriebe.

Im System des Umweltschutzes spielten bestimmte Kontroll- und Aufsichtsorgane eine wesentliche Rolle:
- die Staatliche Hygieneinspektion (als Staatliche Hygieneinspektion des Ministeriums für Gesundheitswesen, Bezirks-Hygieneinspektion und Kreis-Hygieneinspektion);
- die Staatliche Umweltinspektion (als Staatliche Umweltinspektion des Ministeriums für Umweltschutz und Wasserwirtschaft und als Umweltinspektion bei den Räten der Bezirke);
- die Staatliche Gewässeraufsicht (als Gewässeraufsicht des Ministeriums für Umweltschutz und Wasserwirtschaft und Gewässeraufsicht bei den Wasserwirtschaftsdirektionen),

wenn auch die Durchsetzung der Umweltanforderungen gemäß Gesetz immer wieder auf Widerstand bei den Wirtschaftsorganisationen und den örtlichen Räten, die anderen Anforderungen Vorrang einräumten, stieß. Diese Inspektionen waren jeweils doppelt unterstellt: dem Ministerrat bzw. dem zuständigen örtlichen Rat und der örtlich zuständigen Inspektion höherer Ebene.

Der Vollzug der Gesetze und anderen Rechtsvorschriften zum Umweltschutz lag – den allgemeinen Grundsätzen der Leitung und Planung folgend – in Händen des Ministerrats und der Minister als sowohl rechtssetzenden als auch vollziehend-verfügenden Organen sowie der örtlichen Staatsorgane (Volksvertretungen und Räte der Bezirke, Kreise, Städte und Gemeinden), die in den durch Gesetz bestimmten Fällen auch spezielle Regelungskompetenzen besaßen. Zum Zwecke des Umweltschutzes konnten sie insbesondere Schutzerklärungen, Ordnungen für Schutzgebiete und Satzungen zur Gewährleistung von Ordnung, Sauberkeit und Hygiene in den Städten und Gemeinden (Stadt- und Gemeindeordnungen oder auch Ortssatzungen genannt) erlassen." (GLÄß 1991, 19 f.)

Die Beziehungen zwischen den zentralen staatlichen Organen und den örtlichen Staatsorganen aller Ebenen waren durch das Prinzip des demokratischen Zentralismus geprägt mit dem Ziel, zentral vorgegebene verbindliche Richtwerte (Plan) zu verwirklichen. Formen der Selbstverwaltung existierten nicht, sie wurden als unvereinbar mit sozialistischer Planwirtschaft abgelehnt. „In allen Angelegenheiten waren die Ministerien dem Ministerrat, die Kombinate den Ministerien oder anderen Staatsorganen, die örtlichen Räte und ihre Fachorgane jeweils dem örtlichen Rat oder Fachorgan höherer Ebene verantwortlich und rechenschaftspflichtig, also unterstellt und damit weisungsgebunden." (GLÄß 1991, 21)

Unter staatlichen Aufgaben und Befugnissen wurden in der DDR auch die der Kommunen erfasst. „Örtliche Organe" waren die auf der Ebene von Bezirken, Kreisen, Städten und Gemeinden sowie Stadtbezirken (OEHLER 1991, 3).

3.7 Rückblicke auf die „Umweltbewegung" in der DDR

Zur Umweltbewegung in der DDR werden hier gerechnet:
- die Natur- und Heimatfreunde im Kulturbund (bis 1980), die, wie der Name es andeutet, sich vor allem dem Naturschutz und der Heimatpflege widmeten;
- die Gesellschaft für Natur und Umwelt im Kulturbund (seit 1980), deren Name auf ein auf die Umweltpolitik erweitertes Problem- und Aufgabenverständnis hinweist. In der GNU sind zu nennen die Interessengemeinschaften Stadtökologie oder Arbeitsgemeinschaften Umwelt (im Folgenden IG Stadtökologie), die sich vor allem vor dem Hintergrund von Umweltproblemen in städtisch-industriellen Gebieten gründeten und aus denen 1990 die Grüne Liga hervorging.
- die oppositionelle Umweltbewegung unter dem Dach der evangelischen Landeskirchen.

Zu allen Teilen dieser sozialen Bewegung liegen vergleichsweise zahlreiche Veröffentlichungen vor. Im Vordergrund der Veröffentlichungen stehen einerseits Zeitzeugenberichte zum Entstehungszusammenhang und zur Struktur der **kirchlichen Umweltgruppen** und über Repressalien der Staatsmacht gegen diese Umweltgruppen oder Einzelpersonen (KÜHNEL & SALLMON 1990; BELEITES 1991; HERZBERG 1991; RÜDDENKLAU 1992; HALBROCK 1992; GENSICHEN 1994; JORDAN & KLOTH 1995; GENSICHEN 2005).

Andererseits liegt über die **Natur- und Heimatfreunde bzw. die Gesellschaft für Natur und Umwelt (GNU)** eine vergleichsweise große Zahl von „Nachwende"-Veröffentlichungen vor, so dass darauf verwiesen werden kann (ROESLER et al. 1990; BEHRENS, BENKERT, HOPFMANN & MAECHLER 1993; Hopfmann 1993; KNABE 1993; BEHRENS 2000, 2002, 2003; BEHRENS & HOFFMANN 2003; INSTITUT FÜR UMWELTGESCHICHTE UND REGIONALENTWICKLUNG e.V. 1993, 1997, 1998, 1999, 2001, 2004; INSTITUT FÜR UMWELTGESCHICHTE UND REGIONALENTWICKLUNG e.V. & NATIONALPARK HOCHHARZ 2002; AUSTER 1996; STIFTUNG NATURSCHUTZGESCHICHTE 2000, 2003; NÖLTING 2002).

3.8 Rückblicke auf die umweltbezogene Literatur

KNABE (1993, Teil V, Abschnitt 6) schildert die Entwicklung der Zivilisationskritik in der DDR-Literatur. Er unterscheidet zu diesem Aspekt in zeitlicher Hinsicht

- die Aufbaujahre bis Anfang der 1960er Jahre,
- Differenzierungstendenzen in den 1960er und 1970er Jahren und
- zivilisationskritische Arbeiten seit Ende der 1970er Jahre.

In den Aufbaujahren hätten sich zunächst allgemeine Hoffnungen auf die Segnungen der Technik mit den „produktivistischen Traditionen" der Arbeiterbewegung, den Industrialisierungs- und Entwicklungsbemühungen der kommunistischen Parteien und den kommunistischen Visionen einer materiellen Zukunft ohne Not gemischt und zu einer „Literatur der Arbeit" mit Verherrlichung proletarischer Arbeit, von wissenschaftlichem und technischem Fortschritt und Industrialisierung um jeden Preis geführt. Nur einzelne Schriftsteller wie der Lyriker Georg Maurer wandten sich gegen dieses Paradigma.

In den 1960er Jahren seien zunehmend Arbeiten veröffentlicht worden, in denen ein unverstellter, wenngleich parteilicher Blick auf die Wirklichkeit einschließlich der Umweltprobleme geworfen werden konnte. Zunehmend zivilisationskritische Positionsbestimmungen mit einer Infragestellung des Mensch-Natur-Verhältnisses im Sozialismus und der Segnungen des wissenschaftlich-technischen Fortschritts (insbesondere auf dem Lande) seien dadurch ermöglicht worden, dass sie in die aufgekommene allgemeine Umweltdiskussion eingebettet wurden. Die literarische „Wiederentdeckung der Natur" durch Schriftsteller wie Erwin Strittmatter, Jurij Brězan, Joachim Nowotny u.a. habe bis in die 1970er Jahre gereicht, wenngleich die zivilisationskritischen Arbeiten gegenüber technik- und fortschrittseuphorischen in der Minderzahl blieben. Die Gründe dafür hätten mehr in den engen Grenzen staatlicher Kulturpolitik als in mangelndem Interesse der Schriftsteller bestanden. Eine Ausnahme habe die Kinder- und Jugendliteratur gespielt, in der zahlreiche Arbeiten erschienen, die zu einem sorgsamen Umgang mit der Natur anregen sollten.

Mit den späten 1970er Jahren hätten sich auch in der Erwachsenenliteratur die kritischen Positionen zum wissenschaftlich-technischen Fortschritt und seinen Auswirkungen auf das Mensch-Natur-Verhältnis verstärkt. Die Akzente hätten sich im Vergleich mit den Diskussionen in der vorhergehenden Phase verschoben, an die Stelle grundsätzlichen Optimismusses seien zunehmend Zweifel und Pessimismus getreten. Deutlich sei der Paradigmenwechsel z.B. in der Art und Weise geworden, wie die Industrialisierung der Landwirtschaft und die mit der Renaissance der Braunkohle verbundenen Umweltprobleme verarbeitet wurden und verstärkt hätte er sich nach der Reaktorkatastrophe von Tschernobyl. Knabe nennt unter vielen anderen Arbeiten die von Monika Maron, Joachim Nowotny, Hanns Cibulka, Günter Kunert, Marianne Bruns, Lia Pirskawetz oder Christa Wolf. Die Mehrzahl der Autorinnen und Autoren hätten sich nicht gegen die sozialistische Gesellschaft gerichtet, sondern auf ihre Veränderungsfähigkeit gesetzt.

Knabes Arbeit ist bislang die umfangreichste zu diesem Aspekt der Umweltdiskussion in der DDR. In einzelnen Arbeiten wie der von BRAUN (1991) sind ebenfalls knappe Bemerkungen zur Entwicklung der Umweltliteratur enthalten.

3.9 Regionale Fallstudien zu Umweltbelastungen und Umweltpolitik

Umweltschutzprobleme gab es besonders in den intensiv von der Agrarindustrie genutzten Offenlandschaften und in den Gebieten, in denen die chemische Industrie und die Braunkohlenindustrie die „Rohstoffwende" zurück zur Braunkohlenförderung und -verwertung praktizierten. Ein Beispiel ist die „mitteldeutsche" Industrieregion und darin der Kreis Bitterfeld. Zu dieser Region wurden nach 1990 einige Studien veröffentlicht, die den engen Zusammenhang zwischen ökonomischen Zielen und Möglichkeiten, Umwelt(schutz)problemen, sozialen Aspekten (Einkommen, Wohnen, Gesundheit usw.), Widerstand und Repression zeigen.

In vielen Fällen wurde im „mitteldeutschen Industrierevier" Ende der 1980er Jahre technisch-technologisch auf Vorkriegsniveau gearbeitet.[7] Über die Hälfte der Anlagen in den großen Chemiewerken im Raum Halle/Leipzig wie den Leuna- und Buna-Werken war 1990 älter als 20 Jahre (NYSSEN 1992, 15, Fußnote 11). „Circa 15 % des Anlagevermögens der Leuna-Werke und ca. 20 % des Anlagevermögens der Buna-Werke waren 1989 bereits voll abgeschrieben. Der Verschleißgrad der Anlagen betrug 1989 in Leuna und Buna fast 50 %." (KOMAR 1992, 118) Eine der Folgen war, dass ein großer Teil der Beschäftigten für Reparaturarbeiten eingesetzt werden musste. Für solche Arbeiten wurden auch Strafgefangene und „Bausoldaten" eingesetzt, z.T. in besonders gefährdeten Bereichen (VESTING 2003).

Der Braunkohlentagebau und die Chemieindustrie, darin Produktionslinien (z.B. die Karbidproduktion), die in anderen Ländern aus ökonomischen und ökologischen Gründen eingestellt worden waren, waren für den größten Beitrag zur Umweltverschmutzung und Flächen„vernutzung" in den industriellen Problemregionen der DDR verantwortlich. Die zum Teil maroden Betriebe waren ein Hort von Gesundheitsproblemen, Arbeitsunfällen, Umweltgefährdungen und auch staatlicher Überwachung (PLÖTZE 1997, INSTITUT FÜR UMWELTGESCHICHTE UND REGIONALENTWICKLUNG 1998, PLÖTZE 1997; THIELBEULE 1983; HÜLZE 1986; LANDKREIS BITTERFELD 1996).

Die Bereitschaft der „Werktätigen", in den Hochburgen veralteter Technik oder in Risikoindustrien zu arbeiten, wurde besonders in der Region Bitterfeld-Dessau-Wittenberg durch „Schmutzzulagen" gefördert. Viele Menschen, die an

---

[7] Vgl. zu den Ausgangsbedingungen der Braunkohlen- und chemischen Industrie in der SBZ und zur Entwicklung der durch diese Industrien hervorgerufenen Umweltprobleme Kretschmer 1998.

gesundheitsgefährdenden Anlagen arbeiteten, nahmen die Belastungen hin, da sie entsprechende Lohnzuschläge erhielten. „In Bitterfeld lag das Gehalt der in den Kombinaten beschäftigten Arbeiter mit zwei- bis dreitausend Mark über dem DDR-Durchschnitt." (PAUL 1991, 58) Im Bergbau waren die Zulagen bescheidener, aber trotzdem lagen die Einkommen spürbar über dem Einheitslohn. Über den höheren Lohn oder Zulagen hinaus hatten Beschäftigte, die bereit waren, in umwelt- bzw. gesundheitsbelastenden Industrien zu arbeiten, Zugang zu vielen Gütern und Dienstleistungen, die anderen verschlossen blieben.

Die Umweltbelastungen durch die chemische Industrie wurden von den Anwohnern ohne offenen Widerstand hingenommen. In Bitterfeld gab es zwar ein Smog-Alarmsystem, das aber nur vom Geschäftsführenden Direktor des Chemie-Kombinates Bitterfeld (CKB) ausgelöst werden konnte. Bei „Stoßemissionen" wurden von den konkret Betroffenen häufig erfolglos die verantwortlichen Dispatcher angerufen, in der Hoffnung auf Einstellung der Emissionen. Üblich waren Bürgereingaben an den Kreis, an den verantwortlichen Betrieb oder an andere Behörden; die Eingabetätigkeit nahm in den 1980er Jahren stetig zu (INSTITUT FÜR UMWELTGESCHICHTE UND REGIONALENTWICKLUNG 1998).

Aus Unterlagen in der Außenstelle der „Birthler-Behörde" in Halle sowie der Veröffentlichung von PLÖTZE 1997 geht hervor, dass alle bedeutenden Stellen in Betrieben und Verwaltung durch inoffizielle Mitarbeiter besetzt waren, z.B. in der Bezirkshygieneinspektion, Betriebsleitung CKB, Abteilung Umwelt usw. Dabei handelten die IM durchaus ambivalent, es waren nicht wenige darunter, die ihre Funktion nutzten, um in den Betrieben Verbesserungen zu erreichen (PLÖTZE 1997).

Auch von beruflich mit Umweltschutzproblemen befassten Personen wurde das Wissen und ihre Stellung häufig benutzt, um Verbesserungen im Arbeitsprozess zu erzielen. Es gab oft unbürokratische Schadensersatzleistungen durch Betriebe, wenn Schäden durch diese verursacht wurden. Dies bedeutete in der Regel zwar keine Lösung von Problemen, aber durch die finanzielle Entschädigung wurde das Konfliktpotential verringert. Über den Staub und Abgasfonds einiger Betriebe konnten Kommunen in der Region für Begrünungsmaßnahmen, Pflege und Erhaltung von Parks, Beseitigung von Mülldeponien und deren Rekultivierung oder die Schaffung von Naherholungszentren Finanzmittel beantragen, die vereinzelt bis zu einer Höhe von 50.000 Mark von den Betrieben auch bezahlt wurden.

Vor allem die „Anordnung zur Gewinnung oder Bearbeitung und zum Schutz von Informationen über den Zustand der natürlichen Umwelt der DDR" von 1982[8]

---

[8] Beschluss des Ministerrates 67/1.2./82 vom 16.11.1982: „Anordnung zur Gewinnung oder Bearbeitung und zum Schutz von Informationen über den Zustand der natürlichen Umwelt in der DDR"; dieser Beschluss wurde am 27.2.1984 durch eine Anordnung ergänzt.

bewirkte, dass Anfang der 1980er Jahren eine öffentliche Auseinandersetzung über landeskulturelle Probleme in der Region zurückging. So erlosch das Vortragswesen im Natur- und Umweltschutz in den Jahren 1982-1984 fast vollständig, da die Vortragswilligen aufgrund der Verordnung verunsichert waren, was sie an Informationen vermitteln durften und was nicht. Es durften auch alle in Betrieben erhobenen Werte über die Einhaltung oder Nichteinhaltung von Schadstoff-Grenz- und -Richtwerten nicht mehr veröffentlicht werden.

Die Auseinandersetzungen nahmen erst wieder zu, als es Mitte der 1980er Jahre analog zu vielen anderen Städten in der DDR auch im Raum Bitterfeld zur Gründung einer Interessengemeinschaft „Stadtökologie" („Arche") kam. Deren Mitglieder beteiligten sich an Aktionen wie „Mobil ohne Auto" oder Baumpflanzungen, schrieben Eingaben an das CKB oder an den Rat der Stadt Bitterfeld zu konkreten Problemen wie NO_x-Emissionen aus dem CKB. Sieben Jahre lang kämpften die „Stadtökologen" um eine Filteranlage. Erreicht wurde die Höhersetzung des Schornsteines. Weitere Aktivitäten waren:
- Fotoserien über Bitterfeld und Umgebung;
- Ermittlung von Mülldeponien und Abwässer-Einleitungen;
- Dia-Vorträge über Bitterfeld und Umgebung;
- Organisation von „Umwelttagen": 1987 in Mühlbeck, 1988 in Roitzsch, 1989 in Burg-Kemnitz. Themen waren Tagebau-Staubbelastungen, Grundwasserabsenkungen durch Braunkohlen-Tagebau, Müllprobleme.

Es waren bei „Normalbürgern" in erster Linie private Motive, die zu einem begrenzten Engagement für Natur- und Umweltschutzbelange führten. Abzulesen ist dies an den zahlreichen Eingaben, z.B. solchen, in denen sich Kleingärtner über immissionsbedingte Schädigungen von Pflanzen im Garten beschweren oder darüber, dass es am sog. „Silbersee" bei Bitterfeld nach faulen Eiern (Schwefelwasserstoff-Emissionen) roch (INSTITUT FÜR UMWELTGESCHICHTE UND REGIONALENTWICKLUNG 1998).

Eine weitere regionale Studie liegt für eine agrarindustriell genutzte Landschaft vor. BEHRENS (2000) untersuchte die Entwicklung der Umweltdiskussion am Beispiel der „Landschaftstage" im Agrarbezirk Neubrandenburg. Dort kann auf zahlreiche Landeskulturtage in den (früheren) Landkreisen und auf insgesamt drei bezirksweite Landschaftstage zurückgeblickt werden. Begonnen hatte die Tradition der Landschaftstage und Landeskulturtage mit dem 1. Landschaftstag 1966 als offener und kritischer Austausch über Probleme der Landschaftsentwicklung und über Strategien des Naturschutzes in (bestimmten) Erholungsgebieten am Beispiel des Müritz-Seengebietes, als neuartiges Instrument einer kooperations- und kommunikationsorientierten Suche nach Problemlösungen und für die Verabschiedung eines Handlungsprogramms. Eine offene und kritische Reflexion der Entwicklungen in der Agrarlandschaft findet sich in den Dokumenten des 2. und 3. bezirksweiten Landschaftstages (1978 bzw. 1986), die die „sozialistische Intensivierung" in der Land- und Forstwirtschaft reflektieren, nicht mehr. Zudem fehlten konkrete Maßnahmekataloge bzw. Handlungsprogramme, es dominierten allgemeine Empfehlungen, die die Hoffnung auf „ökologischen" Bewusstseinswandel und darauf aufbauende freiwillige Schutz- und Pflegemaßnahmen der wichtigsten Landnutzer widerspiegelten. Ohnmacht und Resignation nahmen in der Zeit zwischen dem 2. und 3. Landschaftstag vor dem Hintergrund eines allgemeinen politischen Wandels und der Ressourcenprobleme in der DDR zu.

4. Entwicklungstendenzen im rückblickenden Umgang mit der „Umweltfrage" in der DDR

Insgesamt erlebte das Interesse am Thema „Umweltschutz in der DDR" in den ersten Jahren nach der Vereinigung der beiden deutschen Staaten eine kurze Konjunktur. Dann ebbte es deutlich ab und ist heute fast „verschwunden" (ZSCHIESCHE 2003). Als ein Grund dafür wird die rasche Verbesserung der Umweltqualität in den hoch belasteten Industriezentren und in Teilen der Agrarindustrielandschaft gesehen. „Denn mit dem Anschluss der DDR an die Bundesrepublik wurden umweltpolitisch vor allem zwei Dinge erreicht: Erstens die rasche Stillegung der maroden, extrem umweltbelastenden Industrieanlagen einschließlich der ostdeutschen Atomkraftwerke. ... Zweitens wurden große Naturschutzgebiete und Landschaftsparks in Ostdeutschland eingerichtet. ... Diese schnellen Erfolge verdrängten die Umweltprobleme rasch wieder aus der öffentlichen Aufmerksamkeit. Zudem brannten den Ostdeutschen andere Probleme auf den Nägeln." (BRAND, FISCHER & HOFMANN 2003, 17 f.)

Relativ intensiv wurde die oppositionelle Umweltbewegung unter dem Dach der evangelischen Landeskirchen dargestellt. In den ersten Jahren war das Bedürfnis derjenigen, die wegen ihres Umweltengagements verfolgt worden waren, groß, eigene Betroffenheit zu artikulieren und erlebte Konflikte offenzulegen. Auch die halbstaatliche Umweltbewegung unter dem Dach des Kulturbundes wurde bereits intensiv untersucht. Gleiches gilt für den Naturschutz als Teil der „sozialistischen Landeskultur".

Groß scheint auch das Bedürfnis gewesen zu sein, nach Ende der Auseinandersetzung zwischen den beiden unterschiedlichen Gesellschaftssystemen „abzurechnen" und dem „real existierenden Sozialismus" in der DDR mit dem Hinweis auf die skizzierten, häufig als dramatisch geschilderten Umweltschäden den Widerspruch zwischen umweltpolitischem Anspruch und Realität vorzuhalten und Ver-

sagen zu attestieren. Dabei standen vor allem die SED und ihre Führung im Fokus der Auseinandersetzungen. Als eine der Hauptursachen für einen mangelhaften Umweltschutz wird ihr die Übergewichtung ökonomischer gegenüber ökologischen Zielsetzungen in Programmen, Orientierungen und Wirtschaftsplänen vorgehalten. Kritisiert wurde häufig der theoretische, wenngleich, wie vor allem PAUCKE (1994/1996) beschreibt, theoretisch nicht fundierte Anspruch der SED-Führung, der Sozialismus sei in seiner Umweltpolitik den kapitalistischen Staaten prinzipiell überlegen. Mehrfach wurden als zweite Hauptursache die ökonomischen Probleme der DDR in den 1970er und 1980er Jahren hervorgehoben, für die wiederum zwei Hauptursachen gesehen werden:
- Einerseits der drastische Anstieg der Weltmarktpreise für Rohöl Mitte der 1970er Jahre. Er führte dazu, dass die „sozialistischen Bruderländer", die Hauptquelle für Rohöllieferungen in die DDR (insbesondere die UdSSR), zunehmend auf den Weltmarkt lieferten. Auch Steinkohlelieferungen in die DDR nahmen drastisch ab. Dies führte zur Renaissance der Braunkohle, mit allen ökologischen Folgen (PFLUGBEIL 1997, 30 f. und 33).[9]
- Andererseits die Proklamierung der „Einheit von Wirtschafts- und Sozialpolitik" durch die Honecker-Regierung als Hauptaufgabe der Volkswirtschaft: Sie führte dazu, dass die Produktionsmittelindustrie zugunsten der Konsumgüterindustrie vernachlässigt wurde, mit anderen Worten: Es standen immer weniger Mittel für die Sanierung oder den Ersatz veralteter Anlagen zur Verfügung, es wurde „auf Verschleiß gefahren". Möglicherweise war dies auch der Hintergrund für manche politische Entscheidungen in den verschiedenen Volkswirtschaftsbereichen, z.B. für das „Fahren auf Verschleiß" auch im Wohnungssektor (Bau von Großplattensiedlungen auf der grünen Wiese statt Instandsetzung der alten Innenstädte und der alten Dorfkerne), die den Problemdruck noch erhöhten. Landeskulturelle Notwendigkeiten wurden dem Ziel der „Hauptaufgabe" untergeordnet, wobei zuletzt das Produktionsergebnis in wachsendem Maße nicht mehr nur für die Bereitstellung von Konsumgütern verwendet, sondern für den Export benötigt wurde, um die Devisenbilanz zu verbessern.

---

[9] Pflugbeil unterstreicht die Bedeutung der schon aus historischen Gründen schwierigen stofflichen Rahmenbedingungen für die Effektivität des Natur- und Umweltschutzes: „Ein ganz wichtiger Grund für die Misere der DDR im Umweltschutz liegt in den Grenzen, die nach dem Zweiten Weltkrieg gezogen wurden. In der DDR gab es praktisch kein Öl, verschwindend wenig Erdgas, kaum Steinkohle. Was verblieb, war Braunkohle, der Rest war zu kaufen. Es gab dann eine gewisse Zeit, wo Erdöl aus der Sowjetunion kam. Die Erdölexporte aus der SU blieben aber dann bald wieder aus. [...] Wir hatten in der DDR nicht so sehr viele Freiheitsgrade." – Deutscher Bundestag, 13. Wahlperiode, Enquete-Kommission „Überwindung der Folgen der SED-Diktatur im Prozeß der deutschen Einheit", Protokoll der 33. Sitzung am Montag, dem 12. Mai 1997 in Schwerin, Stellungnahme des Sachverständigen Sebastian Pflugbeil im Rahmen der Öffentlichen Anhörung zu dem Thema: „Bilanz der ökologischen Hinterlassenschaften der DDR und ihre Bewältigung", Schwerin 1997.

Für den Natur- und Umweltschutz waren in dieser Situation offenbar wenige Mittel übrig. „Der Zwang, maximale Produktionssteigerung auf der Basis von technisch überholten Produktionsstrukturen und wachsendem Energiebedarf zu erreichen, war wohl eine der wesentlichen Ursachen für die katastrophalen Zustände in der Umwelt." (NYSSEN 1992, 15)

5. Offene Forschungsfragen und Ziel des vorliegenden Sammelbandes

Kaum untersucht wurde bisher generell die Zeit vor der „Honecker-Ära" (vor 1970), in die der Entstehungszusammenhang der staatlichen Umweltpolitik in der DDR fällt. Kaum untersucht wurde darüber hinaus die Arbeit umweltschutzrelevanter Einrichtungen und Gremien wie
- Staatliche Hygieneinspektion, Bezirks-Hygieneinspektionen oder Kreis-Hygieneinspektionen;
- Staatliche Umweltinspektion und Umweltinspektionen bei den Räten der Bezirke;
- Staatliche Gewässeraufsicht und Gewässeraufsicht bei den Wasserwirtschaftsdirektionen;
- Beirat für Umweltschutz beim Ministerrat der DDR;
- Rat für Umweltforschung beim Präsidium der Akademie der Wissenschaften der DDR;
- Umweltschutzbezogene Forschung an Universitäten;
- Kammer der Technik;
- Zentrum für Umweltgestaltung.

In einigen wichtigen Bereichen der „sozialistischen Landeskultur" sind weitergehende und regionalisierte Untersuchungen nötig, z.B. hinsichtlich der „landeskulturellen" Folgen der Agrarpolitik seit 1967 (Komplexmeliorationen, Flurholzwirtschaft, Landschaftspflege in der offen genutzten Agrarindustrielandschaft, Regelung des Landschaftswasserhaushalts). Mangel herrscht an Analysen der Lärmschutzpolitik und -forschungen in der DDR und auch im Hinblick auf andere mediale Umweltpolitikbereiche (Bodenschutz, Gewässerschutz, Luftreinhaltung, „Abproduktpolitik"). Zu wenig beantwortet wurde bisher auch die Frage nach den stofflich-energetischen Rahmenbedingungen für die Entwicklung der Umweltpolitik. Für einzelne damit zusammenhängende Aspekte wie die Kernenergienutzung liegen einige, für die Braunkohlennutzung hingegen relativ viele Veröffentlichungen vor.

Die stofflich-energetischen Rahmenbedingungen waren möglicherweise die entscheidende Restriktion für die Umweltpolitik in der DDR, denn auch wenn „bester politischer Wille" vorhanden gewesen wäre (was er nicht war) und beste Forschungsergebnisse vorlagen, scheint eine Umsetzung umweltpolitischer Zielsetzungen besonders seit der Ölkrise Mitte der 1970er Jahre ohne Selbstaufgabe des „sozialistischen Experiments" nicht möglich gewesen zu sein.

In diesem Zusammenhang eröffnet sich ein weiteres Forschungsdefizit, denn es fehlt eine umweltschutzbezogene Auseinandersetzung mit der Territorialplanung der DDR (Siedlungsplanung, Investitions- und Standortplanung).

Schließlich fehlen nach wie vor zusammenfassende Darstellungen der „Umweltphilosophie" in der DDR, das heißt der philosophischen Auseinandersetzungen mit dem Mensch (Gesellschaft)-Natur-Verhältnis sowie zum Stellenwert der „Umweltfrage" in der (politischen) Ökonomie (ökonomische Bewertung der Natur, Reproduktionstheorie, Ökonomie der Naturressourcen o.Ä.).

Für eine Gesamtbewertung der DDR-Umweltpolitik und der durch die DDR-Ökonomie hervorgerufenen Umweltbelastungen sind grundsätzlich weitergehende Vergleiche als bisher notwendig, die

a) nicht nur DDR und BRD vergleichen und

b) eine stofflich-energetische Gesamtbilanz anstreben müssten, in der vor allem auch der Bereich der privaten und öffentlichen Konsumtion berücksichtigt werden müsste, war doch z.B. die Industrialisierung der individuellen Konsumbedürfnisse (Industrialisierung der privaten Haushalte, Massenmotorisierung oder Industrialisierung der Freizeitbedürfnisse – alles auf der stofflich-energetischen Grundlage insbesondere von Erdöl und Erdgas) in der BRD in den 1970er und 1980er Jahren weiter entwickelt als in der DDR.

In Anbetracht dieser offenen oder noch nicht hinreichend beantworteten Forschungsfragen dürfte die These nicht gewagt sein, dass die Aufarbeitung der Umweltpolitik der DDR erst am Anfang steht.

Literatur nach 1990 über Umweltschutz und Umweltpolitik in der DDR

Adler, U.: Umweltschutz in der DDR : ökologische Modernisierung und Entsorgung unerläßlich. In: Ifo-Schnelldienst 43 (1990) 16, 44-50

AGU (Hg.): Umweltunion in Deutschland : Herausforderung der 90er Jahre; stenographisches Protokoll der Sitzung des Presse-Forums '90 am 19. November 1990 im Reichstagsgebäude Berlin/Arbeitsgemeinschaft für Umweltfragen, Bonn 1990

Arbeitsgruppe Ökologische Wirtschaftspolitik (Hg.): Ökologische Probleme regionaler Strukturpolitik, Probleme der Einheit 7, Marburg 1992

Arbeitskreis Kritische Ökologie des Bund demokratischer Wissenschaftlerinnen und Wissenschaftler (BdWi/Hg.): Umweltsanierung in den neuen Bundesländern, Marburg 1992

Auster, R.: Landschaftstage – Kooperative Planungsverfahren in der Landschaftsentwicklung. Erfahrungen aus der DDR, Forum Wissenschaft Studien 38, BdWi Verlag Marburg 1996

Bauakademie der Deutschen Demokratischen Republik (Hg.): Umweltschutz : Beiträge, Berlin 1990

Bayerl, G. & Meyer, T. (Hg.): Die Veränderung der Kulturlandschaft. Nutzungen – Sichtweisen – Planungen, Münster, New York, München, Berlin 2003

Bechmann, A.: Umweltpolitik in der DDR : Dokumente des Umbruchs, Berlin 1991

Behrens, H. & Hoffmann, J.: Die „Gesellschaft für Denkmalpflege im Kulturbund der DDR". In: Institut für Umweltgeschichte e.V./Stiftung Naturschutzgeschichte (Hg.): Studienarchiv Umweltgeschichte, Nr. 8/2003, 31-44

Behrens, H. & Paucke, H. (Hg.): Umweltgeschichte: Wissenschaft und Praxis, Forum Wissenschaft Studien 27, BdWi-Verlag Marburg 1994

Behrens, H.: Landschaftstage in der „Seenplatte" – Vorgeschichte, Themen, Ergebnisse. In: Behrens, H. (Hg.): Landschaftsentwicklung und Landschaftsplanung in der Region „Mecklenburgische Seenplatte", Schriftenreihe der Fachhochschule Neubrandenburg, Neubrandenburg 2000, 193-274

Behrens, H. (Hg.): Landschaftsentwicklung und Landschaftsplanung in der Region „Mecklenburgische Seenplatte", Schriftenreihe der Fachhochschule Neubrandenburg, Neubrandenburg 2000

Behrens, H.: Das gesellschaftliche Umfeld der Landschaftsdiagnose und ihre Bedeutung aus der Sicht angrenzender Fachgebiete. In: Hiller, O. (Hg.): Die Landschaftsdiagnose der DDR, Zeitgeschichte und Wirkung eines Forschungsprojekts aus der Gründungsphase der DDR, Materialien zur Geschichte der Gartenkunst, Berlin 2002, 51-71

Behrens, H.: Das Identifikationsobjekt „Friedländer Große Wiese" mit dem Galenbecker See. In: Kretschmer, K. & Fuchsloch, N. (Hg.): Wahrnehmung, Bewusstsein, Identifikation: Umweltprobleme und Umweltschutz als Triebfedern regionaler Entwicklung, Freiberger Forschungshefte, D 211 Geschichte, Freiberg 2003, 76-102

Behrens, H.: Landeskultur als Naturschutz auf höherer Ebene. Georg Bela Pniower (1896-1960) und der Naturschutz. In: Stiftung Naturschutzgeschichte (Hg.): Naturschutz hat Geschichte, Eröffnung des Museums zur Geschichte des Naturschutzes. Fachtagung „Naturschutz hat Geschichte", Veröffentlichungen der Stiftung Naturschutzgeschichte Band 4, Essen 2003, 227-244

Behrens, H.: Marktwirtschaft und Umwelt. Zur Formationslogik von Umweltproblemen – Beispiel Landwirtschaft, Frankfurt a.M. [u.a.] 1990

Behrens, H.: Naturschutz in der Deutschen Demokratischen Republik. In: Konold, W.; Böcker, R.; Hampicke, U. (Hg.): Handbuch Naturschutz und Landschaftspflege, 9. Erg.Lfg. 2/03, ecomedia-Landsberg 2003, 1-19

Behrens, H.: Naturschutz und Landeskultur in der Sowjetischen Besatzungszone und in der DDR – ein historischer Überblick. In: Bayerl, G. & Meyer, T. (Hg.): Die Veränderung der Kulturlandschaft. Nutzungen – Sichtweisen – Planungen, Münster, New York, München, Berlin 2003, 213-271

Behrens, H.: Vom Reservatsnaturschutz zur Landschafts-Agenda 21. In: Institut für Umweltgeschichte und Regionalentwicklung e.V. & Nationalpark Hochharz (Hg.), Behrens, H., Sacher, P. & Wegener,

U. (Bearb.): Von der Naturdenkmalpflege zum Prozessschutz in den Nationalparken, Berlin 2002, 49-74

Behrens, H.; Benkert, U.; Hopfmann, J. & Maechler, U.: Wurzeln der Umweltbewegung: Die Gesellschaft für Natur und Umwelt im Kulturbund der DDR, Forum Wissenschaft Studien 18, BdWi-Verlag Marburg 1993

Behrens, H.: Naturschutz in der DDR. In: Stiftung Naturschutzgeschichte (Hg.): Aspekte der Naturschutzgeschichte in Deutschland – Symposium zum 75. Geburtstag von Professor Wolfram Pflug, Königswinter 2000

Beleites, M.: Pechblende. Der Uranbergbau in der DDR und seine Folgen, hrsg. vom Kirchlichen Forschungsheim Wittenberg, Wittenberg 1988, herunterzuladen unter www.antenna.nl/ wise/uranium/uwispb.html

Beleites, M.: Untergrund. Ein Konflikt mit der Stasi in der Uranprovinz, Berlin 1991

Belitz, H.: Ökologische Aufbaupolitik in den neuen Ländern, schwerpunktmäßige Dokumentation der ökologischen Aufbaupolitik in den neuen Ländern seit Beginn des Einigungsprozesses, Umweltbundesamt (Hg.): Forschungsbericht 10103169/01, Berlin 1995

Beschluss des Ministerrates 67/1.2./82 vom 16.11.1982: Anordnung zur Gewinnung oder Bearbeitung und zum Schutz von Informationen über den Zustand der natürlichen Umwelt in der DDR

Beyer, F.: Der Umgang der DDR mit der Atomkraft: Vertuschung und Überwachung von AtomkraftgegnerInnen. In: Friedrich Ebert Stiftung, Landesbüro Sachsen-Anhalt & Land Sachsen-Anhalt, Landesbeauftragte für die Unterlagen des Staatssicherheitsdienstes der ehemaligen Deutschen Demokratischen Republik (Hg.): Tschernobyl und die DDR: Fakten und Verschleierungen – Auswirkungen bis heute? Magdeburg 2003, 36-41

Bitterfeld-Information (1994) 11

BMFT/ UBA (Hg.): Strukturanalysen des SERO-Systems der DDR im Hinblick auf Effizienz und Eignung unter marktwirtschaftlichen Bedingungen. Ergebnisse des F+E-Vorhabens 1480687 der Gesamthochschule Kassel

Brand, K.-W.; Fischer, C. & Hofmann, M.: Lebensstile, Umweltmentalitäten und Umweltverhalten in Ostdeutschland, im Auftrag des: UFZ-Umweltforschungszentrum Leipzig-Halle GmbH, Sektion Ökonomie, Soziologie und Recht, UFZ-Bericht 11 (2003)

Braun, M.: Die Umweltpolitik der Deutschen Demokratischen Republik in der Ära Honecker, Magisterarbeit, Univ. Münster 1991

Buck, H.F.: Umwelt- und Bodenbelastungen durch eine ökologisch nicht abgesicherte industriemäßig organisierte Tier- und Pflanzenproduktion. In: Kuhrt, E.: Am Ende des realen Sozialismus, Bd. 4: Die Endzeit der DDR – Wirtschaft, Analysen zur Wirtschafts-, Sozial- und Umweltpolitik, im Auftrag des Bundesministeriums des Innern, Opladen 1999, 425-454

Buck, H.F.: Umweltbelastung durch Müllentsorgung und Industrieabfälle in der DDR. In: Kuhrt, E.: Am Ende des realen Sozialismus, Bd. 4: Die Endzeit der DDR – Wirtschaft, Analysen zur Wirtschafts-, Sozial- und Umweltpolitik, im Auftrag des Bundesministeriums des Innern, Opladen 1999, 455-497

Buck, H.F.: Umweltpolitik und Umweltbelastung. Das Ausmaß der Umweltbelastung und Umweltzerstörung beim Untergang der DDR 1989/90. In: Kuhrt, E.: Am Ende des realen Sozialismus, Bd. 2: Die wirtschaftliche und ökologische Situation der DDR in den 80er Jahren, im Auftrag des Bundesministeriums des Innern, Opladen 1996, 223-262

Bundesministerium für Forschung und Technologie (Hg.), Umweltbundesamt (Projektträger), Hartard, S. & Huhn, M. (Bearb.): Strukturanalyse des SERO-Systems der DDR im Hinblick auf Effizienz und Eignung unter marktwirtschaftlichen Bedingungen, Ergebnisse des F+E-Vorhabens 1480687 der Gesamthochschule Kassel, Kassel, Berlin 1992

Czechowski, P. & Hendler, R. (Hg.): Umweltrecht in Mittel- und Osteuropa, Referate der ersten „Warschauer Gespräche zum Umweltrecht" vom 26. bis 29. September 1989, Stuttgart, München, Hannover, Berlin : Boorberg 1992

Deutscher Bundestag, 13. Wahlperiode, Enquete-Kommission „Überwindung der Folgen der SED-Diktatur im Prozeß der deutschen Einheit", Protokoll der 33. Sitzung am Montag, dem 12. Mai 1997 in Schwerin, Stellungnahme des Sachverständigen Sebastian Pflugbeil im Rahmen der Öffentlichen Anhörung zu dem Thema: „Bilanz der ökologischen Hinterlassenschaften der DDR und ihre Bewältigung", Schwerin 1997

DIHT (Hg.): DDR - Umweltschutz: Ökologie statt Autarkie : Bestandsaufnahme und Lösungsansätze, Deutscher Industrie- und Handelstag, Bonn 1990

Friedrich Ebert Stiftung, Landesbüro Sachsen-Anhalt & Land Sachsen-Anhalt, Landesbeauftragte für die Unterlagen des Staatssicherheitsdienstes der ehemaligen Deutschen Demokratischen Republik (Hg.): Tschernobyl und die DDR: Fakten und Verschleierungen – Auswirkungen bis heute? Magdeburg 2003

Friedrich Ebert Stiftung, Landesbüro Sachsen-Anhalt & Land Sachsen-Anhalt, Landesbeauftragte für die Unterlagen des Staatssicherheitsdienstes der ehemaligen Deutschen Demokratischen Republik (Hg.): Tschernobyl und die DDR: Fakten und Verschleierungen – Auswirkungen bis heute? Magdeburg 2003

Gensichen, H.-P.: Umweltverantwortung in einer betonierten Gesellschaft: Anmerkungen zur kirchlichen Umweltarbeit in der DDR 1970-1990. In: Brüggemeier, F.-J. & Engels, J. I. (Hg.): Natur- und Umweltschutz nach 1945. Campus-Verlag Frankfurt/New York 2005, 287-304

Gensichen, H.-P.: Das Umweltengagement in den evangelischen Kirchen in der DDR. In: Behrens, H. & Paucke, H.: Umweltgeschichte: Wissenschaft und Praxis, Forum Wissenschaft Studien 27, Marburg 1994, 65-83

Gensichen, H.-P.: Kritisches Umweltengagement in den Kirchen. In: Israel, J. (Hg.): Zur Freiheit berufen. Die Kirche in der DDR als Schutzraum der Opposition, Berlin 1991, 146-184

Gilsenbach, R.: Der Minister blieb, die Grünen kommen. In: Herzberg, A. (Hg.): Staatsmorast. 21 Autoren zur Umwelt, Lübeck 1991

Gläß, K.: Verwaltung und Organisation des Umweltschutzes in der DDR. In: Kloepfer, M. (Hg.): Instrumente des Umweltrechts der früheren DDR, Berlin [u.a.] : Springer 1991, 18-25

Greenpeace-Studie – Elbe 1990, Weiterbildungsmaßnahme „Fachkraft für Arbeitssicherheit mit besonderer umwelttechnischer Qualifikation", Maßnahme: Analyse der Umweltschutzprogramme von Parteien, Verbänden und Gruppierungen in der Bundesrepublik Deutschland, Berlin 1991

Hahn, M.; Ribbe, K.-D. & Volkmar, U.: Das Umweltproblem in der DDR. Studienmaterialien des Weiterbildenden Studiums Umweltschutz für Bildung und Hauswirtschaft, Otto-von-Guericke-Universität Magdeburg und Universität Potsdam, Magdeburg 1994

Halbrock, C.: Beginn einer eigenständigen Umweltbewegung in der DDR. In: Rüddenklau, W.: Störenfriede. ddr-opposition 1986-1989, Berlin 1992, 43-51

Hartmann, T.: Vorwort zu Friedrich Ebert Stiftung, Landesbüro Sachsen-Anhalt & Land Sachsen-Anhalt, Landesbeauftragte für die Unterlagen des Staatssicherheitsdienstes der ehemaligen Deutschen Demokratischen Republik (Hg.): Tschernobyl und die DDR: Fakten und Verschleierungen – Auswirkungen bis heute? Magdeburg 2003, 7-8

Heinisch, E. & Wenzel, S.: Störfälle, Havarien und Spuren des Pestizideinsatzes in Ostdeutschland. In: Zschiesche, M. (Hg.): Alles wird besser – nichts wird gut? Wege zur ökologischen Wende, Berlin 1995, 36-44

Heinrich, J.: Die Interessengemeinschaft „Umweltschutz/Umweltgestaltung" Erfurt. Ein Rückblick auf die Jahre 1984-1990 anläßlich eines Treffens am 28.1.1995, Erfurt 1995 (Manuskript)

Heinrich, H.: Einflussnahme von MfS, SED und staatlichen Einrichtungen auf eine (nicht-kirchliche) Umweltgruppe in Erfurt, 1984. Aktualisierte und erweiterte Fassung vom 21.05.2004, Internet-Download am 07.11.2005, http://www.utopie1.de/H/Heinrich-Joachim/

Hentrich, S.: Umweltschutz in Deutschland, der Aufholprozess des Ostens, Köln 2001

Herzberg, A. (Hg.): Staatsmorast. 21 Autoren zur Umwelt, Lübeck 1991

Hiller, O. (Hg.): Die Landschaftsdiagnose der DDR, Zeitgeschichte und Wirkung eines Forschungsprojekts aus der Gründungsphase der DDR, Materialien zur Geschichte der Gartenkunst, Berlin 2002

Hönicke, F.: Untersuchungen zur rechnergestützten Projektierung, Fertigung und Nutzung kartographischer Erzeugnisse in der Umweltgestaltung der DDR unter besonderer Berücksichtigung der kartographischen Systemkomponenten des Informationssystems für Umweltschutz und Umweltgestaltung, Dresden 1991

Hopfmann, J.: Der Natur- und Umweltschutz vor und nach der Wende in der DDR im Landkreis Templin der Uckermark (Brandenburg). In: Institut für Umweltgeschichte und Regionalentwicklung e.V. (Hg.): Umweltbewegungs- und Umweltforschungsgeschichte, Forum Wissenschaft Studien 19, BdWi Verlag Marburg 1993, 92-101

Hopfmann, J.: Die Geschichte des Natur- und Umweltschutzes im Landkreis Templin der Uckermark, Institut für Umweltgeschichte und Regionalentwicklung e.V., Berlin 1993

Hübler, K.-H.: Naturschutz in den neuen Bundesländern. Chancen für die Landschaftsentwicklung, Bewertung der Naturschutzpolitik, Stand der Gesetzgebung in den neuen Bundesländern und in Berlin, Taunusstein 1993

Hülze: Wirkung von Luftfremdstoffen auf den kindlichen Organismus und Ergebnisse der Dispositionsprophylaxe bei Schulkindern aus Industriegebieten; Konzentrationsvermögen u. Untersuchung der erythropoetischen Reaktion, Habilitation, 1986

Institut der deutschen Wirtschaft Köln, Foschungsstelle Ökonomie/Ökologie (Hg.), Hentrich, S.; Komar, W.; Voss, G. & Weisheimer, M.: (Bearb.): Umweltschutz in Deutschland – Der Aufholprozess des Ostens, IW-Umwelt-Service: Themen (2001) 2, Köln

Institut für Soziologie und Sozialpolitik der Akademie der Wissenschaften der DDR & Statistisches Amt der Stadt Berlin (Hg.): Sozialreport Ost-Berlin 1990, Berlin 1990

Institut für Umweltgeschichte und Regionalentwicklung e.V. & Nationalpark Hochharz (Hg.), Behrens, H., Sacher, P. & Wegener, U. (Bearb.): Von der Naturdenkmalpflege zum Prozessschutz in den Nationalparken, Berlin 2002

Institut für Umweltgeschichte und Regionalentwicklung e.V. (Hg.): Umweltbewegungs- und Umweltforschungsgeschichte, Forum Wissenschaft Studien 19, BdWi Verlag Marburg 1993

Institut für Umweltgeschichte und Regionalentwicklung e.V. (Hg.): Naturschutz in den neuen Bundesländern – ein Rückblick, 2 Halbbände, Forum Wissenschaft Studien 45/1 und 45/2, BdWi Verlag Marburg 1998

Institut für Umweltgeschichte und Regionalentwicklung e.V. (Hg.): Landschaft und Planung in den neuen Bundesländern – Rückblicke, Berlin 1999

Institut für Umweltgeschichte und Regionalentwicklung e.V. (Hg.): Naturschutz im vereinigten Deutschland. Rückblick und Vorschau, Gewinne und Defizite. Ideenforum des ehemaligen Institutes für Landschaftsforschung und Naturschutz Halle, Berlin 2000

Institut für Umweltgeschichte und Regionalentwicklung e.V. (Hg.); Behrens, H. & Grünwald, M. (Bearb.): Naturschutzgebiete im 21. Jahrhundert, Berlin 2002

Institut für Umweltgeschichte und Regionalentwicklung e.V., Projekt „Regionale Identität – Regionale Umwelt – Alltägliche Umweltkonflikte", Projektleitung: H. Behrens, Mitarbeit: I. Klein, G. Kuropka. Gefördert durch die Deutsche Bundesstiftung Umwelt, Projektabschluss: Berlin, Februar 1998

Institut für Umweltgeschichte und Regionalentwicklung e.V.: Naturschutz in den neuen Bundesländern : ein Rückblick, Marburg : BdWi-Verl, 1998

Institut für Umweltgeschichte und Regionalentwicklung e.V.: Naturschutz in den neuen Bundesländern : ein Rückblick, 2., überarb. Aufl., Berlin 2001

Institut für Umweltschutz (Hg.): Umweltbericht der DDR, Information zur Analyse der Umweltbedingungen in der DDR und zu weiteren Maßnahmen, Berlin 1990

Institut für Umweltschutz: Katalog Umweltschutztechnik und Umweltschutztechnologie der DDR, Berlin, Visuell Verl.- u. Werbeges., [ca. 1990]

Israel, J. (Hg.): Zur Freiheit berufen. Die Kirche in der DDR als Schutzraum der Opposition, Berlin 1991

Jordan, C. & Kloth, H.-M.: Arche Nova. Opposition in der DDR. Das „Grün-ökologische Netzwerk Arche" 1988-1990, Berlin 1995

Karlsch, R. & Zbynek, Z.: Urangeheimnisse. Das Erzgebirge im Brennpunkt der Weltpolitik 1933-1960, Berlin 2002

Klapper, H.: Gewässerschutz und -nutzung im Spannungsfeld zwischen Ökonomie und Ökologie, Acta – Academiae Scientiarum, Abhdl. der Akademie gemeinnütziger Wissenschaften zu Erfurt 1 (1992), 49-53

Kloepfer, M. (Hg.): Instrumente des Umweltrechts der früheren DDR, Berlin 1991

Knabe, H.: Umweltkonflikte im Sozialismus. Möglichkeiten und Grenzen gesellschaftlicher Problemartikulation in sozialistischen Systemen - eine vergleichende Analyse der Umweltdiskussion in der DDR und Ungarn, Bibliothek Wissenschaft und Politik 49, Köln 1993

Komar, W.: Strukturprobleme der Chemischen Industrie im Raum Halle/Merseburg aus ökonomischer, ökologischer und sozialer Sicht. In: Arbeitsgruppe Ökologische Wirtschaftspolitik (Hg.): Ökologische Probleme regionaler Strukturpolitik, Probleme der Einheit 7, Marburg 1992

Konold, W.; Böcker, R.; Hampicke, U. (Hg.): Handbuch Naturschutz und Landschaftspflege, 9. Ergänzungs-Lieferung 2/03, ecomedia-Landsberg 2003

Kretschmer, K. & Fuchsloch, N. (Hg.): Wahrnehmung, Bewusstsein, Identifikation: Umweltprobleme und Umweltschutz als Triebfedern regionaler Entwicklung, Freiberger Forschungshefte, D 211 Geschichte, Freiberg 2003

Kretschmer, K.: Braunkohle und Umwelt. Zur Geschichte des nordwestsächsischen Kohlenreviers (1900-1945), Frankfurt am Main 1998

Kühnel, W. & Sallmon, C. unter Mitarbeit von T. Gebhardt: Entstehungszusammenhänge und Institutionalisierung der Ökologiebewegung in der DDR, Berlin 1990 (Manuskript)

Kuhrt, E. & Raschka, J.: Am Ende des realen Sozialismus, Bd. 5: Zwischen Überwachung und Repression: politische Verfolgung in der DDR 1971 bis 1989, im Auftrag des Bundesministeriums des Innern, Opladen 2001

Kuhrt, E.: Am Ende des realen Sozialismus, Bd. 1: Die SED-Herrschaft und ihr Zusammenbruch, im Auftrag des Bundesministeriums des Innern, Opladen 1996

Kuhrt, E.: Am Ende des realen Sozialismus, Bd. 2: Die wirtschaftliche und ökologische Situation der DDR in den 80er Jahren, im Auftrag des Bundesministeriums des Innern, Opladen 1996

Kuhrt, E.: Am Ende des realen Sozialismus, Bd. 3: Opposition in der DDR von den 70er Jahren bis zum Zusammenbruch der SED-Herrschaft, im Auftrag des Bundesministeriums des Innern, Opladen 1999

Kuhrt, E.: Am Ende des realen Sozialismus, Bd. 4: Die Endzeit der DDR-Wirtschaft - Analysen zur Wirtschafts-, Sozial- und Umweltpolitik, im Auftrag des Bundesministeriums des Innern, Opladen 1999

Landkreis Bitterfeld (Hg.): Umweltreport Bitterfeld 96; Akten aus dem Archiv des Landkreises Bitterfeld 1996

Luisenstädter Bildungsverein e.V. (Hg.): Umweltliteratur in der DDR zwischen Mut und Versagen, Arbeitsbericht April 1993, Berlin 1993

Mager, D.: Wismut – die letzten Jahre des ostdeutschen Uranbergbaus. In: Kuhrt, E. (Hg.): Am Ende des realen Sozialismus, Bd. 2: Die wirtschaftliche und ökologische Situation der DDR in den achtziger Jahren, im Auftrag des Bundesministeriums des Innern, Opladen 1996, 267-295

Markham, W. T.: Nature and Environmental Protection Socialist Style: Environmental Organizations in the German Democratic Republic, Paper Presented the Biennal Meeting aof the European Sociological Association, University of North Carolina at Greensboro and Wageningen University, September 2005 (Vortrags-Manuskript)

Meister, V.: Die Wasserpolitik der DDR – zwischen Wirtschaftsinteressen und Umweltschutz, Hausarbeit im Fachbereich Politikwissenschaft der FU Berlin, Berlin 2002

Mez, L.; Jänicke, M. & Pöschk, J. unter Mitarbeit von Warnke, A.: Die Energiesituation in der vormaligen DDR. Darstellung, Kritik und Perspektiven der Elektrizitätsversorgung, Berlin 1991

Michelmann, J.: Untersuchung zur Einflußnahme des MfS auf eine Umweltschutzgruppe in den 80er Jahren. Wissenschaftliche Hausarbeit, Manuskript, Jena 1995

Michelmann, J.: Verdacht: Untergrundtätigkeit. Eine Erfurter Umweltschutzgruppe und die Staatssicherheit, Rudolstadt 2001

Naujoks, F.: Ökologische Erneuerung der ehemaligen DDR : Begrenzungsfaktor oder Impulsgeber für eine gesamtdeutsche Entwicklung? Bonn 1991

Nölting, B.: Strategien und Handlungsspielräume lokaler Umweltgruppen in Brandenburg und Ostberlin 1980-2000, Beiträge zur kommunalen und regionalen Planung 2, Frankfurt a.M. 2002

Nyssen, S. (Hg.): Modernisierung nach dem Sozialismus: ökologische und ökonomische Probleme der Transformation, Marburg 1992

Nyssen, S.: Die sozialistische Arbeitsgesellschaft in der ökologischen Transformation: Arbeit und Umwelt in der ehemaligen DDR. In: Nyssen, S. (Hg.): Modernisierung nach dem Sozialismus: ökologische und ökonomische Probleme der Transformation, Marburg 1992

Oehler, E.: Agrarumweltrecht in den neuen Bundesländern. In: Institut für Landwirtschaftsrecht der Universität Göttingen, Sonderdruck aus Jahrbuch des Agrarrechts, Band IV, Köln, Berlin, Bonn, München 2001

Oehler, E.: Internationale Forschungskooperation der ehemaligen RGW-/COMECON-Staaten zum Umweltrecht, Hamburg 2004

Oehler, E.: Umweltschutz und Umweltrecht in der DDR, Vortrag, Münster 13.6.1990, Köln 1990

Oehler, E.: Zum Stand des Umweltrechts in der ehemaligen DDR (Teil 1). In: Czechowski, P. & Hendler, R. (Hg.): Umweltrecht in Mittel- und Osteuropa, Referate der ersten „Warschauer Gespräche zum Umweltrecht vom 26. bis 29. September 1989, Stuttgart, München, Hannover, Berlin : Boorberg 1992, 111-128

Oehler, E.: Zum System der Instrumente des Umweltrechts in der DDR. In: Kloepfer, M. (Hg.): Instrumente des Umweltrechts der früheren DDR, Berlin [u.a.] 1991, 1-17

Paucke, H.: Chancen für Umweltpolitik und Umweltforschung. Zur Situation in der ehemaligen DDR,Bund demokratischer Wissenschaftlerinnen und Wissenschaftler, Forum Wissenschaft Studien 30, Marburg 1994

Paucke, H.: Ökologisches Erbe und ökologische Hinterlassenschaft, Bund demokratischer Wissenschaftlerinnen und Wissenschaftler, Forum Wissenschaft Studien 34, Marburg 1996

Paul, R.: Das Wismut-Erbe. Geschichte und Folgen des Uran-Bergbaus in Thüringen und Sachsen, Göttingen 1991

Petschow, U.; Meyerhoff, J. & Thomasberger, C.: Umweltreport DDR. Bilanz der Zerstörung – Kosten der Sanierung – Strategien für den ökologischen Umbau, Frankfurt/M. 1990

Pflugbeil, S.: Kernenergie in der DDR. In: Zschiesche, M. (Hg.): Alles wird besser – nichts wird gut? Wege zur ökologischen Wende, Berlin 1995, 13-35

Pflugbeil, S.: Tschernobyl – Der zweite Sarkophag, Strahlentelex 2002, 362-363;

Pflugbeil, S.: Tschernobyl und die DDR – zwischen staatlicher Leugnung und Bürgerbewegung. In: Friedrich Ebert Stiftung, Landesbüro Sachsen-Anhalt & Land Sachsen-Anhalt, Landesbeauftragte für die Unterlagen des Staatssicherheitsdienstes der ehemaligen Deutschen Demokratischen Republik (Hg.): Tschernobyl und die DDR: Fakten und Verschleierungen – Auswirkungen bis heute? Magdeburg 2003, 24-35

Plötze, H.-J.: Das Chemiedreieck im Bezirk Halle aus der Sicht des MfS, Landesbeauftragte für die Unterlagen des Staatssicherheitsdienstes der ehemaligen DDR Sachsen-Anhalt, Sachbeiträge 4, o.O., o.J. (1997)

Rauschenbach, P.: Abteilung DDR: Erschließungsarbeiten am Bestand DK 5, Ministerium für Umweltschutz und Wasserwirtschaft, Teilbestand VS-Stelle; in: Mitteilungen aus dem Bundesarchiv 4 (1996) 3, 19-20

Rauschenbach, P.: Abteilung DDR: Erschließungsarbeiten am Bestand DK 500 - Institut für Umweltschutz. In: Mitteilungen aus dem Bundesarchiv 5 (1997) 1, 31-32

Redaktion Deutschland-Archiv (Hg.): Umweltprobleme und Umweltbewußtsein in der DDR, Köln 1985, 152

Rohde, G.: Zum Stand des Umweltrechts in der ehemaligen DDR (Teil 1). In: Czechowski, P. & Hendler, R. (Hg.): Umweltrecht in Mittel- und Osteuropa, Referate der ersten „Warschauer Gespräche zum Umweltrecht vom 26. Bis 29. September 1989, Stuttgart, München, Hannover, Berlin 1992, 129-136

Rösler, M.: Naturschutz in der DDR, Bonn 1990

Rosol, M. & Knigge, M.: Die Umweltbewegung in der DDR (Hausarbeit TU Berlin), Berlin 1996

Rüddenklau, W.: Störenfriede. ddr-opposition 1986-1989, Berlin 1992

Sachverständigenrat für Umweltfragen: Umweltprobleme der Landwirtschaft, Bonn 1985

Schwenk, H. & Weisspflug, H.: Umweltschmutz und Umweltschutz in Berlin (Ost), Edition Luisenstadt, Berlin 1996

Schwenk, H.: Thesen zur Studie: Umweltliteratur in der DDR zwischen Mut und Versagen (1970-1990). Versuch einer kritischen Bilanz. In: Luisenstädter Bildungsverein e.V. (Hg.): Umweltliteratur in der DDR zwischen Mut und Versagen, Arbeitsbericht April 1993, Berlin 1993

Sprenger, R.-U.: Umweltschutz in den neuen Bundesländern : Anpassungserfordernisse, Investitionsbedarf, Marktchancen für Umweltschutz und Handlungsbedarf für eine ökologische Sanierung und Modernisierung,- München : Ifo-Inst. für Wirtschaftsforschung, 1991

Stiftung Naturschutzgeschichte (Hg.): Naturschutz hat Geschichte, Grußworte und Festrede des Bundespräsidenten anlässlich der Eröffnung des Museums zur Geschichte des Naturschutzes am 12. März 2002, Beiträge der Fachtagung Naturschutz hat Geschichte vom 13. März 2002, Essen 2003

Stiftung Naturschutzgeschichte (Hg.): Wegmarken : Beiträge zur Geschichte des Naturschutzes ; Festschrift für Wolfram Pflug, Essen 2000

Stingelwanger, W.: Die Energiepolitik der DDR und ihre wirtschaftlichen und ökologischen Folgen. In: Kuhrt, E.: Am Ende des realen Sozialismus, Bd. 4: Die Endzeit der DDR-Wirtschaft – Analysen zur Wirtschafts-, Sozial- und Umweltpolitik, 1999, 189-224

Thielbeule: Beitrag zur Ausarbeitung praxisrelevanter Methoden zur Beurteilung des Einflusses der allgemeinen Luftverunreinigung auf ausgewählte Bevölkerungsgruppen in Ballungsgebieten, Habilitation, Wittenberge 1983

van der Wall, H. & Kraemer, R.A.: Die Wasserwirtschaft der DDR, Studie im Auftrag der Hans-Böckler-Stiftung, Forschungsstelle für Umweltpolitik, Freie Universität Berlin, 1991

Vesting, J.: Mit dem Mut zum gesunden Risiko. Die Arbeitsbedingungen von Strafgefangenen und Bausoldaten in den Betrieben der Region Bitterfeld, Buna und Leuna unter besonderer Berücksichtigung des VEB Chemiekombinat Bitterfeld, Sachbeiträge 30, hrsg. von der Landesbeauftragten für die Unterlagen des Staatssicherheitsdienstes der ehemaligen DDR in Sachsen-Anhalt, Magdeburg 2003

Wenzel, S.: Plan und Wirklichkeit. Zur DDR-Ökonomie. Dokumentation und Erinnerungen, St. Katharinen 1998

Wenzel, S.: Was war die DDR wert ? Und wo ist dieser Wert geblieben. Versuch einer Abschlußbilanz, Berlin 2000

Zschiesche, M. (Hg.): Alles wird besser – nichts wird gut? Wege zur ökologischen Wende, Berlin 1995

Zschiesche, M.: Umweltschutz in Ostdeutschland – Versuch über ein schnell verschwundenes Thema, Aus Politik und Zeitgeschichte B 27/ 2003, 33-38

Jens Hoffmann und Hermann Behrens

Organisation des Umweltschutzes

1. Einleitung

Die Organisation der Strukturen zum Umweltschutz war durch die in der Verfassung und im Landeskulturgesetz für die Umweltpolitik und das Umweltrecht enthaltenen Prinzipien bestimmt, die unter anderem „die Integrierung der Umweltbeziehungen als untrennbarer Bestandteil der gesellschaftlichen Entwicklung in ihrer komplexen Leitung und Planung zur zielgerichteten Realisierung der Umwelterfordernisse", „das Zusammenwirken der Staatsorgane, Wirtschaftsorgane, Betriebe, Genossenschaften, wissenschaftlichen Einrichtungen, gesellschaftlichen Organisationen und Bürger bei Betonung der gemeinsamen Verantwortung und Bestimmung konkreter Verantwortungsfelder" sowie „die Gewährleistung der gesellschaftlichen Mitwirkung der Bürger, der Öffentlichkeitsarbeit, der Erziehungs- und Bildungsarbeit, daraus abgeleitet die Mitwirkungsformen gesellschaftlicher Organisationen und Kräfte (Aktivs, Kommissionen, Helfer und Beauftragte u.a.)" beinhalteten (OEHLER 2007a, 108 f.).

Zuständigkeiten und Funktionen der Akteure mit Bezug zu Umweltbeziehungen waren in Grundsätzen im Landeskulturgesetz erfasst. Aufgabenbezogen wurden diese Festlegungen in der konkretisierenden Umweltgesetzgebung sowie im Einzelnen in speziellen Normativakten oder als Einzelbestimmungen in staats-, verwaltungs- oder wirtschaftsrechtlichen Regelungen ausdifferenziert (OEHLER 2007a, 110). „Der Vollzug der Gesetze und anderen Rechtsvorschriften zum Umweltschutz lag – den allgemeinen Grundsätzen der Leitung und Planung folgend – in Händen des Ministerrats und der Minister als sowohl rechtssetzenden als auch vollziehend-verfügenden Organen sowie in Händen der örtlichen Staatsorgane (Volksvertretungen und Räte der Bezirke, Kreise, Städte und Gemeinden), die in den durch Gesetz bestimmten Fällen auch spezielle Regelungskompetenz besaßen." (GLÄß 1991, 20) „In allen Angelegenheiten waren die Ministerien dem Ministerrat, die Kombinate den Ministerien oder anderen Staatsorganen, die örtlichen Räte und ihre Fachorgane jeweils dem örtlichen Rat oder Fachorgan höherer Ebene verantwortlich und rechenschaftspflichtig, also unterstellt und damit weisungsgebunden." (GLÄß 1991, 21)

2. Zentrale Leitungsstrukturen im Umweltschutz

Einen Überblick zu den zentralen Leitungsstrukturen gibt *Abbildung 2*. Zu einzelnen Institutionen und Gremien werden nachfolgend einige Erläuterungen gegeben (OEHLER 1986, 47-57):

- **Volkskammer:** Die Volkskammer war das oberste Staatsorgan der DDR und hatte die Gesetzgebungskompetenz. Sie beschloss die Plangesetze, worin auch die jeweiligen Planteile „Umweltschutz" sowie die Einordnung von Umweltaufgaben in andere Planteile (wie zum Beispiel Wissenschaft und Technik, Investitionen, Territorialplanung, Gesundheitswesen) enthalten waren. Darüber hinaus erließ die Volkskammer weitere wichtige Gesetze in Bezug auf die Umweltbeziehungen.

  Einen speziellen Ausschuss für Umweltfragen gab es bei der Volkskammer nicht. Sie wurden im Ausschuss für Industrie, Bauwesen und Verkehr, im Ausschuss für Landwirtschaft, Forstwirtschaft und Nahrungsgüterwirtschaft sowie im Ausschuss für Gesundheitswesen behandelt.

- **Staatsrat:** In seinen Beratungen und Empfehlungen erfasste der Staatsrat Erfordernisse der Umweltbeziehungen. Dies bezog sich insbesondere auf die Tätigkeit der örtlichen Volksvertretungen. Außerdem oblag dem Staatsrat die Erklärung des Beitritts der DDR zu internationalen Konventionen, die Aufgaben auf dem Gebiet der Umweltbeziehungen einschlossen.

- **Ministerrat:** Der Ministerrat trug nach § 3 LKG die Verantwortung für die zentrale staatliche Leitung und Planung der Grundfragen des Umweltschutzes in ihrer Komplexität und Einordnung in die gesellschaftliche Entwicklung. Im Auftrag der Volkskammer arbeitete der Ministerrat Grundlagen der staatlichen Umweltpolitik aus und war verantwortlich für die einheitliche Realisierung der planmäßig zu lösenden Aufgaben. Er nahm Informationen über die Entwicklung des Umweltschutzes entgegen und fasste Beschlüsse zu Leitungs- und Planungsmaßnahmen.

  Die Normen setzende Tätigkeit des Ministerrats auf dem Gebiet der Umweltbeziehungen war umfangreich. Er traf grundsätzliche Entscheidungen zur Gewährleistung einer abgestimmten Entwicklung der Zweige, Bereiche und Territorien unter Berücksichtigung der Umwelterfordernisse (Verordnungskompetenz). Dies geschah unter anderem durch die Bestätigung ausgewählter wichtiger Umweltschutzmaßnahmen der Volkswirtschaftspläne sowie durch Entscheidungen bei der langfristigen Standortverteilung von Investitionen. Auch die Beschlussfassung zu Naturschutzgebieten, Landschaftsschutzgebieten sowie Erholungsgebieten zentraler Bedeutung oblag dem Ministerrat.

- **Beirat für Umweltschutz bei Ministerrat:** Als beratendes Organ war dem Ministerrat der Beirat für Umweltschutz zugeordnet. Er arbeitete unter dieser Bezeichnung ab 1972. Vorher – seit 1969 – hieß dieses Gremium „Ständige Arbeitsgruppe für sozialistische Landeskultur". Die Leitung des Beirats wurde durch den Stellvertreter des Vorsitzenden des Ministerrates und Minister für Umweltschutz und Wasserwirtschaft wahrgenommen. Die Aufgabenstellung des Beirats umfasste „faktisch die gesamte Breite der umweltpolitischen Verantwortung der zusammenwirkenden Akteure mit allen ihren von 1967 bis 1989 entstandenen internationalen und nationalen Anforderungen. Als beratendes Organ des Ministerrates konzentrierte er sich in seiner Arbeit auf die Analyse des Erreichten und die Suche nach Lösungsmöglichkeiten für wirksamen Umweltschutz." (OEHLER 2007b, 5 f.) Einen umfassenden Überblick zur Arbeit des Beirates gibt der Beitrag von E. OEHLER, die diesem Gremium von 1969 bis 1989 angehörte.
- **Ministerien, insbesondere Ministerium für Umweltschutz und Wasserwirtschaft (MfUW):** Die Verantwortung für die Wahrnehmung des Umweltschutzes war jedem Ministerium und jedem zentralen staatlichen Organ in seinem Bereich übertragen worden. Zusätzlich war bestimmten Ministerien die Verantwortung für bestimmte Teilbereiche des Umweltschutzes zugewiesen worden. Für die Koordinierung der Umweltschutzmaßnahmen war das Ministerium für Umweltschutz und Wasserwirtschaft zuständig. Dieses Ministerium wurde 1972 gebildet. Es war verantwortlich für die:
1. Ausarbeitung der Hauptrichtungen für die Planung der Aufgaben des Umweltschutzes sowie die Koordinierung der Umweltschutzforschung,
2. Erarbeitung von Entscheidungsvorschlägen für den Ministerrat zu Grundsatzfragen,
3. Kontrolle der Durchführung von Rechtsvorschriften auf dem Gebiet der Umweltbeziehungen,
4. Gewährleistung einer vorausschauenden Einschätzung von Belastungssituationen in den Territorien und deren Auswirkungen.

Alle diese Aufgaben hatten auf Schwerpunkte orientierenden, koordinierenden und kontrollierenden Charakter und waren Ausdruck der Tätigkeit des Ministeriums als Funktionalorgan. Zur Erfüllung seiner Aufgaben arbeitete das Ministerium eng mit anderen zentralen Staatsorganen, den Räten der Bezirke sowie mit gesellschaftlichen Organisationen und wissenschaftlichen Einrichtungen zusammen. Sowohl die Tätigkeit des MfUW als auch die des Beirats für Umweltschutz trugen dazu bei, dass der Ministerrat seine Verantwortung für die zentrale staatliche Leitung und Planung der Grundfragen des Umweltschutzes wahrnehmen konnte. Zum MfUW gehörten ebenfalls das Zentrum für Umweltgestaltung (siehe hierzu den Beitrag von ZUPPKE), die Staatliche Umweltinspektion, die sowohl im MfUW als auch bei den Räten der Bezirke bestand, sowie der Meteorologische Dienst der DDR. Neben den Aufgaben auf dem Gebiet des Umweltschutzes oblag dem MfUW in wirtschaftsleitender Funktion die Leitung der Wasserwirtschaft. Einen umfassenden Überblick zur Entwicklung von Aufgaben und Strukturen im Bereich der Wasserwirtschaft gibt der Beitrag von SIMON, der unter anderem auch ein Organigramm des Geschäftsbereichs des MfUW mit Stand Mitte der 1980er Jahre enthält.

3. Leitungsstrukturen im Umweltschutz auf der örtlichen Ebene

Die Volksvertretungen und ihre Räte trugen auf der örtlichen Ebene (Bezirke, Kreise, Städte, Gemeinden) gemäß Landeskulturgesetz und spezieller Umweltgesetzgebung umfangreiche Verantwortung für Umweltfragen. Bei den Bezirks- und Kreistagen bestanden Ständige Kommissionen (bzw. Aktivs) für sozialistische Landeskultur bzw. Umweltschutz, Wasserwirtschaft und Erholung. Bei den Räten gab es entsprechende Beiräte, Arbeitsgruppen oder Ausschüsse. Darüber hinaus waren bei den Räten einzelne der Mitglieder für Umweltschutz und Wasserwirtschaft und zugehörige Fachorgane tätig. Als spezielle Kontrollorgane wurden 1986 bei den Räten der Bezirke Staatliche Umweltinspektionen (ergänzend zur Staatlichen Umweltinspektion beim MfUW) gebildet (OEHLER 1986, 49-52).

Bei der Gestaltung der Umweltbedingungen auf der jeweiligen Ebene kamen den Organen folgende Aufgaben zu (OEHLER 1986, 49):

Bezirkstage, Räte der Bezirke

- Festlegung der Grundlinie der Entwicklung der Umweltbeziehungen in langfristigen Programmen und Konzeptionen,
- Beschlüsse zu Wasserschutzgebieten, Bergbauschutzgebieten, Naturschutz- und Landschaftsschutzgebieten, bezirklichen Erholungsgebieten, Generalverkehrsplänen und zur Generalbebauungsplanung,
- Koordination und Kontrolle der Maßnahmen zur Gestaltung und zum Schutz der Umwelt sowie zur rationellen Nutzung der Naturressourcen im Territorium (Rat des Bezirkes).

Kreistage, Räte der Kreise

- Beschlüsse zu Plänen, Programmen und Konzeptionen, über Schutzgebiete und Schutzzonen, über Sanierungsprogramme und Sanierungsmaßnahmen sowie über weitere Schwerpunktmaßnahmen,
- Kontrolle der Maßnahmenerfüllung (Rat des Kreises).

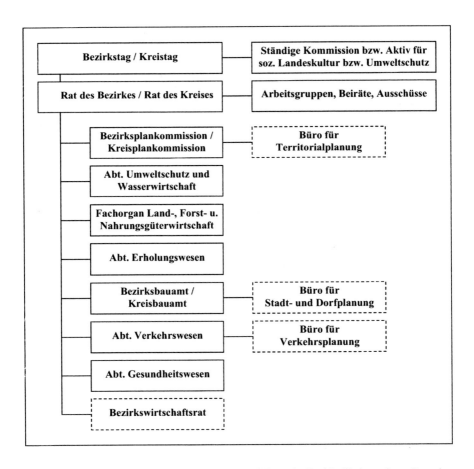

Abbildung 1: Leitungsstrukturen im Umweltschutz auf Ebene der Bezirke/Kreise – eigene Darstellung nach OEHLER 1989

Volksvertretungen, Räte der Städte, Stadtbezirke und Gemeinden

- Beschlüsse zu Stadt- und Gemeindeordnungen oder Ortssatzungen, in denen die Rechte und Pflichten der Kombinate, Betriebe, Genossenschaften, Einrichtungen und Bürger bei der Gestaltung der Umweltbeziehungen im Territorium bestimmt wurden,
- Beschlüsse zu Naherholungsgebieten, Lärmschutzgebieten,
- Erteilung von Standort- und Baugenehmigungen für Objekte bestimmten Umfangs und im Zusammenhang damit auch von Auflagen zur Durchsetzung von Umweltschutzerfordernissen,
- Beschlüsse zur Unterschutzstellung städtischer und ländlicher Parkanlagen, über deren Gestaltung und Pflege, den Schutz von Bäumen in den Ortschaften sowie zur Siedlungsabfallbeseitigung und zur Lärmminderung,
- Beschlüsse zu Sanierungsprogrammen sowie Durchführung von Anpassungs- und Ausgleichsmaßnahmen im Zusammenwirken mit den Verursachern von Luftverunreinigungen,
- Abschluss und Umsetzung von Kommunalverträgen zur Durchführung von Umweltschutzaufgaben.

4. Kontroll- und Überwachungssystem

Als Bestandteile eines Kontroll- und Überwachungssystems im Bereich des Umweltschutzes der DDR lassen sich zusammenfassen (OEHLER 1986, 53-56):
- dem Ministerrat oder einem Ministerium unterstellte zentrale staatliche Kontrollorgane (Aufzählung und Zuordnung siehe *Abbildung 2*);
- die Arbeiter- und Bauerninspektion sowie andere gesellschaftliche Kontrollorgane, insbesondere ehrenamtliche Inspekteure der Staatlichen Umweltinspektion, ehrenamtliche Helfer der Staatlichen Gewässeraufsicht, Helfer der Wasserwirtschaft, ehrenamtliche Helfer des Forstschutzes, Naturschutzbeauftragte und -helfer, Fischereiaufseher und Helfer der Fischereiaufsicht;
- Kontrollkräfte bei den Wirtschaftseinheiten (Kombinate, Betriebe, Genossenschaften usw.), insbesondere Umweltschutzbeauftragte, Wasserbeauftragte, Emissionsbeauftragte/Abgasbeauftragte, Betriebshygieneaktivs, Beauftragte für Sekundärrohstoffe/Altölbeauftragte, Giftbeauftragte, Wiederurbarmachungsbeauftragte;
- übergeordnet die ständige Kontrolle durch die Volksvertretungen und ihre Organe, die allgemeine Leistungskontrolle durch die Räte und den Staatsapparat, die Kontrolle im Rahmen der Wirtschaftsleitung sowie die Aufsicht und Gesetz-

lichkeitskontrolle durch Staatsanwaltschaft, staatliche und gesellschaftliche Gerichte sowie die Staatlichen Vertragsgerichte;
- die Kontrollverantwortung gesellschaftlicher Organisationen wie die Gesellschaft für Natur und Umwelt im Kulturbund der DDR, der Deutsche Anglerverband der DDR, Jagdgesellschaften oder die Kammer der Technik.

5. Zur Wirksamkeit der Organisation des Umweltschutzes

Die Frage, ob und inwieweit Einrichtungen innerhalb dieser Organisation des Umweltschutzes in der DDR eine wirksame (mediale) Umweltpolitik gewährleisten konnten, wird im vorliegenden Sammelband in mehreren Beiträgen behandelt, so unter anderen in denen von BEHRENS, HERRMANN, KLAPPER, MEIßNER, MITTAG, OEHLER oder ZUPPKE.

Literatur

Gläß, K.: Verwaltung und Organisation des Umweltschutzes in der DDR. In: Kloepfer, M. (Hg.): Instrumente des Umweltrechts der früheren DDR, Springer, Berlin [u.a.] 1991, 18-25

Oehler, E.: Zur Entwicklung des Umweltrechts in der DDR. In: Institut für Umweltgeschichte und Regionalentwicklung an der Hochschule Neubrandenburg e.V. (Hg.), Behrens, H. & Hoffmann, J. (Bearb.): Umweltschutz in der DDR. Analysen und Zeitzeugenberichte. Band 1: Rahmenbedingungen, München 2007a, 99-128

Oehler, E.: Zur Funktion und Tätigkeit des Beirats für Umweltschutz beim Ministerrat der DDR. In: Institut für Umweltgeschichte und Regionalentwicklung an der Hochschule Neubrandenburg e.V. (Hg.), Behrens, H. & Hoffmann, J. (Bearb.): Umweltschutz in der DDR. Analysen und Zeitzeugenberichte. Band 3: Beruflicher, ehrenamtlicher und freiwilliger Umweltschutz, München 2007b, 1-44

Oehler, E.: Erholungswesen. Leitung, Organisation, Rechtsfragen, Akademie für Staats- und Rechtswissenschaften der DDR (Hg.), Staatsverlag der DDR, Berlin 1989

Oehler, E.: Landeskulturrecht, Staatsverlag der DDR, Berlin 1986

„Umweltsch(m)utz – mach mit!", Hg.: Gesellschaft für Natur und Umwelt. Quelle: Plakatsammlung im Studienarchiv Umweltgeschichte des Instituts für Umweltgeschichte und Regionalentwicklung e.V. an der Hochschule Neubrandenburg

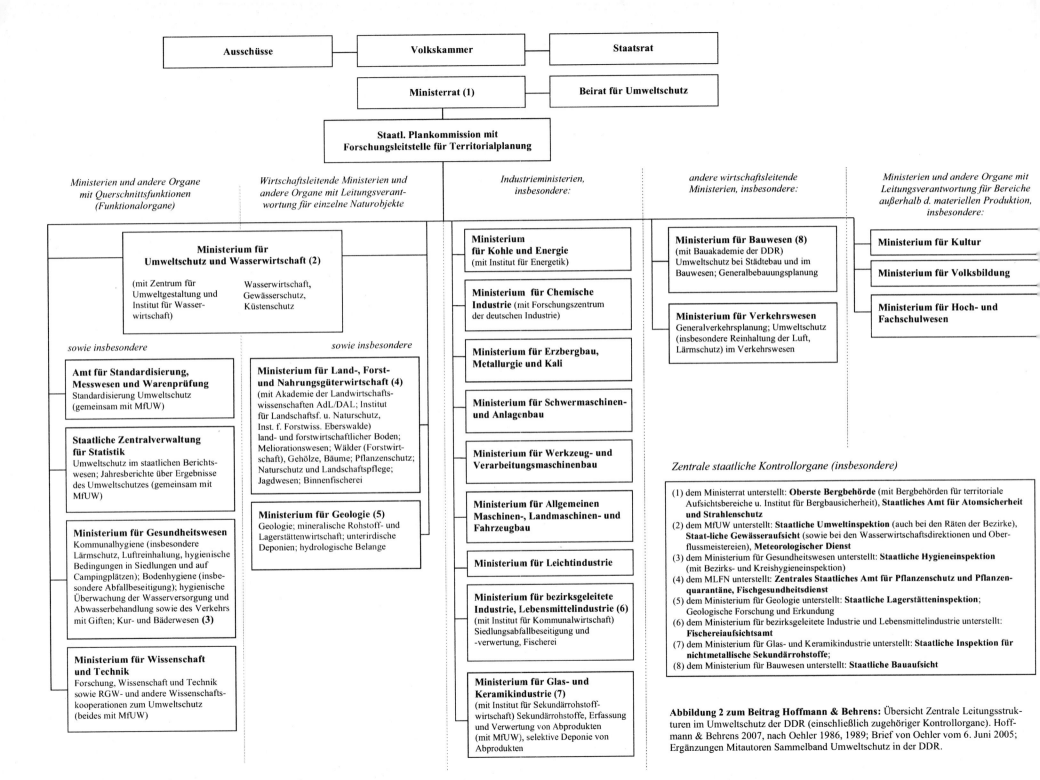

Abbildung 2 zum Beitrag Hoffmann & Behrens: Übersicht Zentrale Leitungsstrukturen im Umweltschutz der DDR (einschließlich zugehöriger Kontrollorgane). Hoffmann & Behrens 2007, nach Oehler 1986, 1989; Brief von Oehler vom 6. Juni 2005; Ergänzungen Mitautoren Sammelband Umweltschutz in der DDR.

Albrecht Krummsdorf

Zur Terminologie für Landeskultur und Umweltschutz

Vorbemerkungen

Fachtermini und Definitionen sind im Allgemeinen in den Aufgabenkomplex Bildung und Erziehung einzuordnen und dienen aktuellen Orientierungen in Wissenschaft und Technik, Wirtschaft und Kultur. Über detaillierte textliche Informationen hinausgehend, erschließen sie weitere Sachbezüge und Inhalte. Das führt zur besseren Verständigung im wissenschaftlich-technischen Sprachgebrauch und dürfte nicht zuletzt auch im Interesse größerer begrifflicher Klarheit und terminologischer Abgrenzung in Theorie und Praxis zu nutzen sein.

Leider ist es eine Tatsache, dass sich beide deutsche Staaten nach der Trennung hinsichtlich ihrer Fachbegriffe in den verschiedenen Disziplinen stetig weiter entfernt haben. Wir haben uns definitorisch auseinander gelebt und auch unsere wissenschaftliche Literatur gegenseitig immer weniger zur Kenntnis genommen oder verwertet. Waren zunächst noch beispielsweise über die Deutsche Landwirtschaftsgesellschaft, Ingenieurverbände oder den DIN-Ausschuss gesamtdeutsche Kontakte gegeben, so liefen diese doch mit den gewollt politischen Verselbständigungen aus. Auch internationale UNO-Organe, Spezialgremien und Weltorganisationen konnten kaum Brücken bauen, da dort west- und ostdeutsche Vertretungen nebeneinander existierten und ein Miteinander nur selten zu Stande kam.

So entwickelten sich in beiden Teilen Deutschlands mehr oder minder intensiv arbeitende Gremien, die sich der Fachterminologie und entsprechenden Definitionen annahmen. Verbindlichkeit erlangten diese in der DDR über die Technischen Güteleistungsnormen (TGL), während der Westen nach wie vor DIN-Vorschriften nutzte. Dabei waren Wissenschaft und Technik wie alle anderen Lebensbereiche im Osten politisch-ideologisch geprägt und ideologiefreie Literatur wurde rar. Wie blanke Ironie erschien in diesem Zusammenhang die Bemerkung eines Wiener Fachkollegen, „dort, wo sie ‚sozialistisch' schreiben müssen, lesen wir längst ‚soziologisch'". Aber zumindest gab er damit auch sein Interesse an unseren Publikationen bekannt. Diese überhaupt zu negieren, war leider im Westen oft der Fall. Dagegen wurden trotz erheblicher Beschaffungsschwierigkeiten westliche Quellen in der ostdeutschen Fachliteratur gern genutzt, wenn auch der Ost- und der sonstige Ausländeranteil überwiegen musste, um die nach der Verlagszensur notwendigen Druckgenehmigungen zu erlangen. Heute erscheint es geradezu als besondere Tragikomik, wenn in meinem 1965 bereits in über 700 Exemplaren verbreiteten Hochschul-Lehrbrief „Grundriss der Landschaftsgestaltung" die angeführte „Landschaftsfibel" von WIEPKING-JÜRGENSMANN (1942) unkenntlich gemacht werden sollte, da „fachlich ohne Wert und mit faschistischen Tendenzen". Natürlich war das ein Politikum, aber es handelte sich doch um das „erste Lehrbuch der Landschaftsgestaltung in naturwirtschaftlicher Betrachtung". Nur dank einsichtiger Redakteure konnte der Literaturhinweis im Lehrbrief wegen der Chronologie des Fachschrifttums und der historischen Wahrheit erhalten bleiben, zumal die Lehrbriefnachfrage weiter stieg und der Progress-Verlag Moskau sogar eine Russisch-Ausgabe vorbereiten wollte.

Schließlich darf nicht übersehen werden, dass Forschung und Entwicklung den besonderen Zwängen des Geheimnisschutzes unterlagen, wodurch manche Veröffentlichung behindert war oder überhaupt wegfallen musste. Die LINGNERsche „Landschaftsdiagnose der DDR" ist ein prägnantes Beispiel hierfür (HILLER 2002).

Werdegang und Inhalt der Terminologie Landeskultur und Umweltschutz

Neben dem Grundanliegen einer friedlichen Entwicklung aller Staaten dieser Erde gelten Energie- und Rohstoffversorgung, Wasserwirtschaft, Nahrung und Umwelt als Kardinalprobleme der Menschheitsentwicklung. Jeder ist auf irgendeine Weise damit konfrontiert, wobei wachsende Umweltanforderungen und deren Lösung heute und erst recht zukünftig immer mehr zum gesellschaftlichen Bedürfnis werden, um Gesundheit und Existenzsicherheit der Weltbevölkerung zu gewährleisten. Durch verbesserte Aufklärung über Sachfragen von Landeskultur und Umweltschutz in Erziehung, Aus- und Weiterbildung gelang es, allmählich mehr Umweltbewusstsein zu entwickeln, und erfreulicherweise hatte die UNESCO-UNEP-Weltkonferenz in Tbilissi bereits 1977 feststellen können, dass ein steigendes wissenschaftliches und öffentliches Interesse dazu beiträgt, die vorhandenen negativen Momente zu überwinden und die Natur mittels menschlicher Arbeit wieder zu bereichern.

Selbstverständlich schließt das internationale Kooperation und Koordinierung ein und die Erfordernisse der mit Umweltproblemen belasteten Länder gingen auch an der DDR nicht vorbei. Die hohe Verantwortung der Bürger für Natur und Umwelt und umweltbewusstes Denken und Handeln wurden durch geeignete Wissensvermittlung gefördert. Allein im Küstenbezirk Rostock wuchs die „Gesellschaft für Natur und Umwelt" im Kulturbund bis 1989 von etwa 500 auf 2.800 Mitglieder an, die Zahl der Fachgruppen oder Interessengemeinschaften stieg von 38 auf 137. Aber nicht zuletzt aus wirtschaftlichen Zwängen wurde ein sorgsamer Umgang mit natürlichen Ressourcen immer stärker zur gesellschaftlichen Notwendigkeit. Deshalb konnten sich auch trotz unterschiedlicher weltanschaulicher Positionen die sozialistischen Staaten globalen Umweltstrategien nicht verschließen und leisteten aus gemeinsamer Verantwortung für unsere Erde aktive Beiträge auf den Gebieten der Energie- und Rohstoffwirtschaft, in der Meeres- und Weltraumforschung, beim Schutz der Biosphäre vor Radioaktivität und Abfällen der Produktion/Konsumtion oder zur Beseitigung von Raubbau, Verwüstung, Hunger und Massenkrankheiten. Dabei galten abgestimmte Forschungen und Maßnahmen zuständiger internationaler Organisationen und Programme vor allem den Ursachen für eine zunehmende Verschärfung der Probleme (SCHIEFERDECKER 1977). Sie konnten historisch bedingt sein oder in Fehlentwicklungen der Naturnutzung und Produktion begründet liegen. Entstandene Umweltbelastungen resultierten oft auch aus der Missachtung ökologischer Wirkprinzipien. Die Stoffbilanzen der Produktions-, Konsumtions- und Biosphäre sind dadurch beeinträchtigt und bedürfen besonderer Aufmerksamkeit.

Im Ergebnis einer meist willkürlichen Auseinandersetzung von Mensch und Natur entstand die Kulturlandschaft, vielfach „naturenthoben und geistbestimmt" (MÄDING 1952). Aus der Gesamtheit „qualitativ und quantitativ bestimmter Geofaktoren" (SCHULTZE 1955) sind unter den jeweils gegebenen Standortbedingungen durch veränderte Wirtschaftsweisen, Struktur und Gestalt der Landnutzung zwar immer neue Leistungspotentiale erschlossen worden. Aus menschlichen Unternehmungen oder Versäumnissen traten aber auch erhebliche Verluste an Flora und Fauna und deutliche Landschaftsschäden auf, wodurch die natürliche Harmonie der Bodenentwicklung, des Wasser- und Landschaftshaushaltes verloren ging. Die Fruchtbarkeit des Bodens konnte durch Pflegemängel verändert werden. Boden wurde degradiert (d.h. die Bodenfruchtbarkeit war gemindert, er wurde meliorationsbedürftig/-würdig?), devastiert (abgegraben oder verkippt) und/oder kontaminiert (durch „Fremdstoffe"). Im umfangreichen DDR-Standardwerk wurden bearbeitet: TGL 34137 Landeskultur und Umweltschutz/ Struktur und Inhalt, TGL 37566 Schutz, Gestaltung und Pflege der Landschaft/ Struktur und Inhalt, TGL 37568 Nutzung und Schutz des Bodens/ Struktur und Inhalt, TGL 37569 Termini und Definitionen, hierzu TGL 37782 Prüfung des Hygienischen Status/ Grundsätze und TGL 42315 Belastbarkeit von Böden durch Schadstoffe/ Grundsätze der Klassifizierung. Hier werden Bodenbelastungen durch zugeführte „Fremdstoffe" (Xenobiotika) definiert. Eine „Kontaminationsanalyse Geologie" erfolgte flächendeckend 1978/87 vom Zentralen Geologischen Institut Berlin. Nutzung und Schutz der Flora (TGL 37570) und der Fauna (TGL 37572) wurden hinsichtlich Struktur und Inhalt in eigenen Standard-Teilkomplexen behandelt. Die TGL 34334 diente der Klassifizierung der Gewässer und TGL 43850 dem Trinkwasserschutz. In dieses umfangreiche Standardwerk der Landeskultur und des Umweltschutzes wäre noch die parallel zum „Planungsrahmen für die Landschafts- und Flurplanung" eigens für landwirtschaftliche Nutzflächen geschaffene TGL 42200 Flurmelioration einzuordnen. In diesem Zusammenhang sollten 11 Arbeitsblätter zur Ermittlung und Kennzeichnung aktueller Bodenschäden und für spezielle Maßnahmen zum Schutz des Ackerlandes herangezogen werden (lt. F/E-Bericht des AdL-Instituts für Landschaftsforschung und Naturschutz Halle, Zweigstelle Dölzig 1990).

Trotz dieser gewichtigen, wissenschaftlich fundierten Leistungen gab es bereits seit der Gründungsphase der DDR des öfteren mahnende Worte namhafter Agrarwissenschafter und anderer Fachvertreter, die aber doch nicht hinreichend wirksam waren. Gute landwirtschaftliche Praxis beweist, dass rationelle Produktion standort- und umweltgerecht sein muss und nur unter sinnvoller Nutzung natürlicher Ressourcen auf Dauer zugleich auch ökonomisch am effektivsten ist. Der legendäre Rostocker Ökonom Asmus PETERSEN (1953) orientierte deshalb grundsätzlich: Man würde unökonomisch handeln, wenn die natürlichen Verhältnisse nicht den Vorrang erhielten. Er war Gründungssekretär der Sektion Landeskultur und Grünland der Deutschen Akademie der Landwirtschaftswissenschaften zu Berlin und forderte nachdrücklich, weitsichtige Planung und Steuerung der Prozesse mit genauer Standortkenntnis zu verbinden. Sein Nachfolger in diesem Amt, der Pflanzengeograph Hermann MEUSEL, wollte bereits 1952 unter Landeskultur „die Durchführung einer den natürlichen Verhältnissen entsprechenden und von den allseitigen Bedürfnissen der menschlichen Gesellschaft bestimmten, planvollen Bebauung eines Gebietes" verstanden wissen. Dabei war Bebauung sicher stark bodenbezogen determiniert, denn schon erstmals mit Gründung der DDR und später in den Verfassungen von 1968 und 1974 wurden Bodennutzung und Bodenschutz neben Reinhaltung der Gewässer und Luft sowie Schutz der Pflanzen- und Tierwelt zum Anliegen des Staates und zur Sache jedes Bürgers gemacht. Schon 1950 erklärte der Hallenser Pflanzenbauer Theodor ROEMER kategorisch die Erhaltung der Bodenfruchtbarkeit zum Zentralproblem der Landbauwissenschaft und als immerwährende Voraussetzung allen Lebens. An die Politiker gewandt mahnte F. BRAUER (1953): „Sind die Vorbedingungen für die Wiederherstellung der Dauerfruchtbarkeit über kleine Maßnahmen von örtlicher Wirkung hinaus wirklich mit aller Kraft und allem erforderlichen Aufwand ernstlich in Angriff genommen? Sind Ernst und Eile wirklich erkannt?". Und aus der Sicht des

Acker- und Pflanzenbaues forderte unser Leipziger Anton ARLAND (1959) von der „Tyrannei der Erde" loszukommen, um der existenzbedrohten Menschheit das „tägliche Brot" im vernünftigen Umgang mit „Mutter Grün" in einer gesunden Umwelt zu sichern.

In diese Appelle aus früher DDR-Zeit ordnen sich als Forschungsleistung mit praktischer Konsequenz neben flächendeckenden Schadensaufnahmen und -kartierungen im Rahmen der „Landschaftsdiagnose" der Bauakademie Berlin (LINGNER & CARL 1956) die Forderungen von G.B. PNIOWER (Ordinarius für Garten- und Landeskultur an der Humboldt-Universität zu Berlin) ein, die landschaftsplanerische und -gestalterische Aufbereitung für Regionalschwerpunkte des Ressourcenschutzes durch vertiefte Weiterführung in „Beispiellandschaften" vorzunehmen. Er sprach das bereits 1947 anlässlich der Wiederbegründung der Deutschen Landwirtschaftsgesellschaft erstmals an, konzipierte es dann 1949 umfassend und beschrieb 1953 in seiner wegweisenden Gesamtbetrachtung von ganzheitlicher Landeskultur: „Kultur ist schöpferische Leistung, ist Leben und Fortentwicklung! Ihr landschaftlicher Ausdruck ist die Landeskultur, ihr Wegbereiter die Landschaftsgestaltung. Als kollektive und komplexe Aufgabe ist sie gewissermaßen eine Universitas von Disziplinen, die eine vollkommene Ordnung anstreben. Landschaftsgestaltung ist das Manifest des Gartenbaues, des ältesten und intensivsten Zweiges der Landeskultur. Sie führt zur Synthese von Natur und Technik im Landesmaßstab!"

Das DDR-Landwirtschaftsministerium hat die Arbeit in beiden Beispiellandschaften „Huy-Hakel" und „Leipzig-Nordost" später in Verbindung mit der Akademie als „Forschungs- und Beobachtungsräume für Landeskultur" gefördert.

Landeskultur ist als komplexer Begriff und hinsichtlich der gegebenen landeskulturellen Situation quantitativ und qualitativ zu interpretieren, erfordert aber offensichtlich immer den konkreten Bezug auf den Bodenfonds im Wechselverhalten von Mensch und Natur in bestimmten Regionen. Jegliche materielle Produktion, die letztlich im Marxschen Sinne „Aneignung der Natur" bedeutet, müsste deshalb zeitgleich oder besser mit Vorlauf adäquate Raumordnung und Landschaftsplanung berücksichtigen. Der Mensch sollte die natürliche und bebaute Umwelt samt technischer und vegetativer Infrastruktur planmäßig und sinnvoll gestalten, orientiert auf wirksamen Schutz der Natur und nicht nur auf verbesserte Produktionsbedingungen. Denn neben materieller Sicherheit sind Gesundheit und Daseinsfreude für die Reproduktion der menschlichen Arbeitskraft und somit die Arbeitsproduktivität und das wirtschaftliche Wachstum sicher ebenso von Einfluss wie ungünstige, auf die Natur negativ wirkende Faktoren. Daher gehören angewandte Humanökologie, „Menschenschutz" und andere Ideale von Natur- und Heimatfreunden zum erweiterten Begriffsinhalt der Landeskultur verbunden mit dem Umweltschutz. H. KUNTZE (1988) charakterisierte die landeskulturelle Entwicklung anhand der historischen Etappen im Agrarbereich bis zu den gesellschaftlichen und technischen Innovationen des 20. Jahrhunderts und leitete daraus die gestiegenen Umweltschutzanforderungen unserer Zeit ab.

Vielleicht lassen sich nunmehr aus dieser wegweisenden Gesamtbetrachtung von ganzheitlicher Landeskultur die nachstehenden, allgemein kennzeichnenden Wirkungsaspekte schlussfolgern:
- primär auf das Produktions- und Reproduktionspotential Boden und dessen Schutz vor möglichen negativen Veränderungen orientiert,
- gleichermaßen raumplanerisch, sozialpolitisch und ökonomisch darauf bezogen,
- (landschafts)architektonisch mit dem Bauwesen aus der Gestaltung der natürlichen Umwelt verbunden,
- kulturtechnisch-meliorativ mit Landeinrichtung/Flurneuordnung/Flurholzanbau und Landschaftspflege befasst sowie
- ingenieurbiologisch tätig durch gezielten Pflanzeneinsatz, vornehmlich in den Technikbereichen Erd- und Wasserbau.

Traditionell aus dem lateinischen „cultura" (Ackerbau) abgeleitet, verlief der historische Werdegang der Landeskultur begrifflich zunächst parallel zur sich verändernden Landbewirtschaftung. Der mit zunehmender Intensität eingetretene Wandel von Struktur und Gestalt der Nutzflächen wurde ausschlaggebend für eine nähere Beschäftigung mit dem in Kultur genommenen Land bzw. der Landschaft (daher Kulturlandschaft bzw. Landschaftskultur). Meist veranlassten besondere Negativa hierzu, z.B. Bodenabtrag, Pflanzenschäden, Ertragsminderungen oder Witterungsextreme. Zunächst wurden einzelne Geofaktoren, später ihr standortökologisches Wirkungsgefüge und schließlich die Zusammenhänge von Standort und Landschaft mehr oder minder flächendeckend aus der Sicht von Unterlassungen oder Aktivitäten des Menschen untersucht.

Eine mehr theoretische Orientierung gab der Berliner Prof. Hans BAUMANN (1953), indem er „alle Maßnahmen, welche das platte Land zu höherer Kultur und Blüte führen", als „Allgemeine Landeskultur" zusammenfasste und diese als „Spezielle Landeskultur" aus der Wissenschaft und Lehre der Kulturtechnik und des Meliorationswesens weiter vertiefte. Er sah nunmehr darin „eine Zusammenfassung der wissenschaftlichen Erkenntnisse aller Disziplinen, die sich mit der Erforschung und Gestaltung des landwirtschaftlich genutzten Standortes befassen," also auch einschließlich naturwissenschaftlicher Kenntnisse unter Anwendung auf die speziellen Gegebenheiten. Im Ergebnis von Akademiediskussionen in der DDR ergänzte Prof. Hermann MEUSEL (1958) seine oben genannten Formulierungen aus 1952 hinsichtlich „Pflege und Verbesserung der Produktionsgrundlagen Boden, Wasser- und Lufthaushalt" und ANDREAE (1959) plädierte dafür, eine

„landschaftsgemäße wirtschaftliche Dauernutzung eines Gebietes wissenschaftlich zu erarbeiten und praktisch zu veranlassen." Einige Definitionen von Begriffen aus dem Sachgebiet der Ständigen Kommission für Landschaftspflege und Naturschutz bei der Deutschen Akademie der Landwirtschaftswissenschaften zu Berlin wurden zusammengefasst vorgelegt, um deren allgemeinverbindlichen Gebrauch in Fachkreisen und in der Öffentlichkeit zu befördern (in: BAUER & WEINITSCHKE 1967, 241-242).

In der DDR waren aber nur das Bibliographische Institut Leipzig und der Verlag „Die Wirtschaft" in Berlin privilegiert, mit ihren zuständigen Lexikon-Redaktionen die Stichwort-Bearbeitungen des naturwissenschaftlich-technischen bzw. des ökonomischen Bereichs zu veröffentlichen. Zunächst sollten für eine 1. Auflage des „Ökonomischen Lexikons" (1966/67) laut Autorenvertrag vom 23.9.1964 nur 10 Stichworte definiert werden. ‚Landeskultur', ‚Landschaftspflege' und ‚Rekultivierung' gehörten u.a. dazu, die Aufnahme von ‚Landschaftsplanung' und ‚Wiederurbarmachung' wurde beantragt. Aber dann mussten 1.000 Zeilen des Fachgebietes Agrarökonomik (dem die „Umwelt"-Definitionen zugerechnet waren) gekürzt werden. Deshalb bedurften „die Begriffe insbesondere in naturwissenschaftlich-technischer Hinsicht einer kritischen Überprüfung" (Schreiben des Leipziger Agrarökonomen Prof. Winkler vom 24.11.1967). Dennoch gelang es bis zur 3. Auflage schon 17 Stichworte durchzusetzen, darunter ‚Naturschutz', ‚Landschaftspflege', ‚Naturschutzgebiete', ‚Landschaftsschutzgebiete', aber auch ‚Flurschaden', ‚Industrieschaden', ‚Wiederurbarmachung' und ‚Rekultivierung'. Anstatt ‚Flurbereinigung' hatte ich ‚Flurneuordnung' definiert und im Sinne ‚Flurneugestaltung' bearbeitet, obwohl dieses Stichwort noch fehlte. Ebensowenig war ‚Umweltschutz' vertreten, wenngleich verlagsseitig das ‚Ministerium für Umweltschutz und Wasserwirtschaft' gewünscht war.

Interessant ist nun, dass das Stichwort ‚Landeskultur' im Bibliographischen Institut erst am 9.12.1969 angefordert, aber schon am 28.2.1970 für das Ergänzungsbändchen von „Meyers kleinem Lexikon" zu liefern war. Schon zu „Meyers Taschenlexikon A-Z" sah mein Autorenvertrag vom 20.2.1965 laut Stichwortliste D 27 „Naturschutz" 106 Zeilen vor, während im Ergänzungsband für „Meyers Neues Lexikon" nur noch 40 Textzeilen hierfür Platz fanden. Allerdings wurde dann das Sachgebiet für das achtbändige Werk zu D 270 „Landeskultur und Naturschutz" erweitert und mit einem Zeilenkontingent von „ausnahmsweise 475" versehen. Dabei rechneten die besonders wirtschaftlich orientierten Begriffe wie ‚Flurbereinigung', ‚Melioration' usw. schon zu anderen Fachgebieten.

Selbstverständlich hatte ich aber auch bereits in meinen Hochschul-Lehrbriefen „Grundriss der Landschaftsgestaltung" (1963) sowie „Landeskultur und Umweltschutz" (ab 1983 in 3 Auflagen bis 1988) alle der für die beiden Verlage gefertigten Stichwort-Definitionen sachgerecht einordnen können.

Im Sinne der Verfassung der DDR entwickelte sich konkrete Öffentlichkeitsarbeit (u.a. anlässlich der Landwirtschaftsausstellungen agra-Markkleeberg durch Anlage von Musterschulgärten 1949/51; durch Hallengestaltungen Landeskultur 1954, Wasserwirtschaft 1956, Melioration 1958, Naturschutz 1962, Flurholzanbau-Schutzpflanzungen 1963 usw.). Noch kurz vor Erscheinen des umfassenden Landeskulturgesetzes vom 14.5.1970 (GBl. I, S. 67 ff.) fand eine I. Landeskulturkonferenz in der Industrie am 12.5.1970 im Braunkohlenkombinat Regis statt. Schrittmacherdienste leisteten alljährlich Wochen der (sozialistischen) Landeskultur ab 1971. In den volkseigenen Betrieben und staatlichen Organen wurden Umwelt(schutz)beauftragte bzw. entsprechende Abteilungen oder Arbeitsgruppen tätig. 11 Verlage bildeten eine Arbeitsgemeinschaft „Umweltschutz" und pro Jahr erschienen etwa 400.000 Bände Umweltliteratur. Das unterstützte auch die Umwelterziehung im Bildungswesen, wofür der Biologe Prof. HUNDT (Halle) als Fachberater wirkte. An der Rostocker Universität wurde 1976 der erste deutsche Lehrstuhl für Landeskultur und Umweltschutz begründet, dem eine Leitfunktion für die universitäre Umweltausbildung im Agrarbereich der DDR oblag. Ein gleichnamiges interdiziplinäres Aktiv war dem Prorektor für Naturwissenschaft/Technik bzw. Forschung zugeordnet, das ab 1990 als Interessengemeinschaft der mit Umweltfragen beschäftigten Institute der Universität Rostock weitergeführt wurde. Auch ein Postgradualstudium Umweltschutz konnte eingerichtet werden, und durch Senatsbeschluss wurde 1996 der Wissenschaftsverbund ‚Umwelt' etabliert, um die notwendige Interdisziplinarität von umweltrelevanter Forschung und Lehre zu fördern.

Zunächst galten folgende Definitionen und Aufgabenstellungen (KRUMMSDORF 1988):

Landeskultur: Verbindung von Produktionsaufgaben mit ökologischen, kulturell-ästhetischen und sozialökonomischen Anforderungen, wobei alle landschaftsnutzenden und -verändernden Volkswirtschaftszweige einbezogen sind.

Umweltschutz: Bestandteil der sozialistischen Landeskultur, dient insbesondere dem Schutz der natürlichen Umwelt und des Menschen vor Beeinträchtigungen und Schäden.

Umwelt: Gesamtheit und Wechselverhältnis aller Erscheinungen in Natur und Gesellschaft. Unterschieden werden natürliche/naturnahe Umwelt (biologisch-ökologischer Bereich), gebaute Umwelt (materieller Bereich) und soziale Umwelt (gesellschaftlicher Bereich). Der Mensch greift durch seine Arbeit (anthropogene Veränderungen) in die natürliche und gebaute Umwelt ein, während die soziale

Umwelt durch gesellschaftliche Prozesse, insbesondere über die Gestaltung der Arbeits- und Lebensbedingungen, geprägt wird.

Umweltgestaltung: Zielgerichtete Einflussnahme auf die – vornehmlich natürliche und gebaute – Umwelt durch effektive biologisch-ökologische und technisch-gestalterische Maßnahmen mit der Absicht (oder mit dem Ergebnis) positiver Komplexwirkungen auf Natur und Territorium.

Diese terminologisch-konzeptionelle Basis wurde ab 1991 im Zuge der Umprofilierungen neu definiert:

Umweltschutz: Sicherung der natürlichen Lebensgrundlagen für Mensch, Tier- und Pflanzenwelt (lt. Vorlage für Staatszielbestimmung im Grundgesetz). Ordnung erforderlicher Maßnahmen nach einem Wertesystem und Gestaltung im Sinne einer positiv zu beurteilenden Land-/Landschaftsentwicklung, noch umfassender als

Landeskultur deklarierbar: Entwicklung, Pflege und Erhaltung des Naturhaushaltes bei Berücksichtigung ökologischer und volkswirtschaftlicher Erfordernisse unter gleichzeitig langfristiger Sicherung der Funktion und Nutzungsfähigkeit von Naturpotentialen (Dt. Landeskulturgesellschaft).

Zusammenfassung

Es ist hier nicht der Platz, Begriffe und Definitionen sprachkundlich oder juristisch weiter abzuwägen (siehe hierzu E. OEHLER 1986). Wichtiger ist ihre Auslegung und Nutzbarmachung in realisierbaren Leistungen. Da hätte sich angesichts beschränkter Mittel und Möglichkeiten in der DDR sicher manches viel besser machen lassen. Gewaltiger Nachholbedarf wurde bei der Wiedervereinigung offenkundig, aber an einer grundlegenden ökologischen Erneuerung muß auch heute noch in der ganzen BRD gearbeitet werden. Und wenn der jetzt (2006) 95-jährige Hochschullehrer Prof. Otto ROSENKRANZ (Leipzig) 1994 „als technologisch bestimmter Betriebswirtschaftswissenschaftler und Landwirt, der immer zu praktischen Lösungen neigte" seine Erfahrungen mit der DDR und der Nachwendezeit resumiert, so war es falsch, „im Drang nach Vergrößerung der landwirtschaftlich genutzten Flächen in manchen Gegenden die Landschaft auszuräumen, Hecken zu roden oder Sölle zuzuschütten. Ihre Wiederherstellung setzt aber nicht nur die Existenz großer Betriebe voraus, sondern eine Konzentration des Bodens und Verfügungsrechte über ihn in einer Hand. Flüsse und Seen brauchen nicht belastet zu werden, wenn am Kreislauf der Natur entstandene Risse repariert werden. Als einen solchen Riss kann man auch den Verzicht auf die volle Nutzung dessen bezeichnen, was die Natur bietet. Die Brachlegung von Flächen, auf denen gute und sehr gute Erträge erzielt werden können, muss angesichts des Hungers in der Welt als Todsünde erscheinen. Ackerland, auf dem die erzielbaren Erträge nicht ausreichen, den erforderlichen Aufwand zu decken, sollte man aufforsten. Das würde Arbeit schaffen, ist als langfristige Investition anzusehen und bringt Gewinn an Rohstoffen. Gerade bei der Gewinnung nachwachsender Rohstoffe kommt der Landwirtschaft in den neuen Bundesländern in Zukunft noch erhebliche Bedeutung zu."

Nachwort

In den Problemdiskussionen und Statements der Wendeperiode zwecks Orientierung auf neue Strukturen und Inhalte bezweifelte ein Rostocker Ökonom die Treffsicherheit und Tiefgründigkeit des Begriffspaares ‚Landeskultur und Umweltschutz', zumal der Vorschlag kam, diese bisherige Lehrstuhlbezeichnung für die aus dem Meliorationsingenieurwesen zu entwickelnde neue Fachrichtung zu nutzen. Er verniedlichte dies auf den Zusammenhang „wie Obst und Äpfel". Nach einigem Hin und Her wurde es aber doch klar, dass gerade in dieser Hinsicht der übergeordnete Landeskulturbegriff mit dem zugehörigen Umweltschutz sehr bewusst gewählt wurde und auch für die künftige Entwicklung bestimmend sein könnte. So avancierte der Lehrstuhl zum Namenspatron und Flaggschiff für die aus den Reformen hervorgegangene Studienrichtung, die neben der neuen „Agrarökologie" an der heutigen „Agrar- und Umweltwissenschaftlichen Fakultät" der Universität Rostock zu einem „Unikat von europäischer Bedeutung" laut Empfehlung des Wissenschaftsrates in Bonn wurde. Verwunderlich bleibt es daher überhaupt nicht, wenn besagter Ökonom später sein gut eingeführtes „Büro für Umweltplanung" umfirmierte in „Landeskultur und Umweltschutz Consulting GmbH" – seitdem auch ein gefragter Praktikums- und Arbeitsplatz für den studentischen Nachwuchs!

Literatur

Andreae, H.: Grundwassermessungen, ihre Aufgaben und Verfahren im Dienste der Landeskultur, Dt. Verlag der Wissenschaften Berlin 1959

Arland, A.: Die Tyrannei der Erde – Ein Problem des modernen Landbaues, Schriften d. Sächs. Akad. d. Wissenschaften Leipzig, Naturwiss. Reihe, Akademie-Verlag Berlin 1959

Bauer, L. & Weinitschke, H.: Landschaftspflege und Naturschutz, Fischer Verlag, Jena 1967

Baumann, H.: Landeskulturmaßnahmen und Wissenschaft, in: Die deutsche Landwirtschaft 4 (1953) 5, 256-258

Brauer, F.: Landschaftspflege – Lebensfrage unseres Volkes, Inst. f. Gartenbau Dresden-Pillnitz der DAL zu Berlin 1953

Hiller, O. (Hg.): Die Landschaftsdiagnose der DDR, Zeitgeschichte und Wirkung eines Forschungsprojekts aus der Gründungsphase der DDR, Technische Univesität Berlin, Materialien zur Geschichte der Gartenkunst 6, Berlin 2002

Krummsdorf, A.: Grundriss der Landschaftsgestaltung, Lehrbrief [Staatssekretariat für das Hoch- u. Fachschulwesen Berlin (Hg.)], Zentralabteilung für das Hochschulfernstudium d. Landwirtschaftswissenschaften Markkleeberg/Leipzig 1965

Krummsdorf, A.: Landeskultur und Umweltschutz, 3 Lehrbriefe für das Hochschulfernstudium, 3. Ausgabe [Zentralstelle für das Hochschulfernstudium Dresden des Min. f. Hoch- und Fachschulwesen der DDR (Hg.)] 1988

Kuntze, H.: Neue wissenschaftliche Aspekte der Landeskultur, Gießener Universitätsblätter 1 (1988)

Lingner, R. & Carl, F. E. et. al.: Landschaftsdiagnose der DDR, Verlage Technik Berlin und Herm. Haack Leipzig 1956

Mäding, E.: Rechtliche Grundlagen der Landespflege, Mitt. a.d. Inst. f. Raumforschung Bonn 7 (1952)

Meusel, H.: Die Aufgaben der Pflanzengeographie im Dienst der Landeskultur, Sitzungsber. d. DAL zu Berlin I (1952) 3

Meusel, H.: Probleme der Landeskultur im Zeitalter der Technik, in: Berichte u. Vorträge DAL zu Berlin III (1958), 87-100

Oehler, E.: Landeskulturrecht, Staatsverlag der DDR, Berlin 1986

Petersen, A.: Die landwirtschaftlichen Produktionszonen als Grundlage der Agrarplanung, Vortrag geh. z. Festsitzung u. wiss. Tagung der DAL zu Berlin 1953

Pniower, G.B.: Die landwirtschaftlichen Produktionsgenossenschaften und die Aufgaben der Landeskultur, in: Natur und Heimat 2 (1953) 2, 47-53; 2 (1953) 3, 82-86; 2 (1953) 4, 108-110

Roemer, T.: Erhaltung der Bodenfruchtbarkeit als Problem gesamtdeutscher Landwirtschaft, in: Mitt. d. DLG (1950) 3, 232-235

Rosenkranz, O. & Müller, G.: Landwirtschaft in den neuen Bundesländern, Rosa-Luxemburg-Verein Leipzig, Texte zur politischen Bildung 8 (1994)

Schieferdecker, H.: Abkürzungsverzeichnis internationaler Organisationen und Programme auf dem Gebiet der Ökologie und des Umweltschutzes, in: Nachrichten Mensch-Umwelt [Inst. f. Geographie u. Geoökologie d. Akademie d. Wissenschaften d. DDR zu Berlin (Hg.)], 5 (1977) 4

Schultze, J.H.: Die naturbedingten Landschaften der Deutschen Demokratischen Republik, Hermann Haack Gotha 1955

Wiepking-Jürgensmann, H. F.: Die Landschaftsfibel, Dt. Landbuchhandlung, Berlin 1942

Veranstaltungsplakat: „Woche der sozialistischen Landeskultur 1972 vom 14. bis 20. Mai", Gestaltung: PGH Phönix Halle/S. Quelle: Plakatsammlung im Studienarchiv Umweltgeschichte des Instituts für Umweltgeschichte und Regionalentwicklung e.V. an der Hochschule Neubrandenburg

Horst Tammer

Zur Entwicklung der Rohstoffbasis

Wie in allen entwickelten Industrieländern hatte auch in der DDR der Produktionsfaktor Rohstoffe einen bedeutenden Anteil an der Erzeugung des Bruttoprodukts der Volkswirtschaft. Wertmäßig lag der Verbrauch der in niederen Stufen verarbeiteten Rohstoffe (Materialien) in allen Jahren des DDR-Bestehens bei etwa zwei Drittel der volkswirtschaftlichen Bruttoproduktion (STATISTISCHES JAHRBUCH DER DDR 1989, 25). Mengenmäßig entsprach das mehreren Hundert Mio. t an Primärenergieträgern und mehreren Mio. t an mineralischen, metallischen, pflanzlichen und tierischen Rohstoffen (*Tabelle 1*). Ihre Bereitstellung erfolgte aus den relativ geringen eigenen Rohstoffvorkommen der DDR und vor allem bei den Primärenergieträgern und metallischen Rohstoffen zusätzlich durch Importe (*Tabelle 1*).

Tabelle 1: Struktur des Rohstoffaufkommens der DDR, 1989			
Rohstoffhauptgruppen	Aufkommen (in Mio. t) davon:	Eigenaufkommen (in %)	Import (in %)
Primärenergieträger darunter:	360,0		
. Erdöl	21,0	0,5	99,5
. Rohbraunkohle	301,1	100	0
Metallische Rohstoffe	14,6	35	65
Mineralische Rohstoffe	118,2	99,5	0,5
Pflanzliche und tierische Rohstoffe	147,4	97,9	2,1
Quelle: INSTITUT FÜR ANGEWANDTE WIRTSCHAFTSFORSCHUNG 1990, 39 und STATISTISCHES JAHRBUCH DER DDR 1990, 282			

Die vorliegende Arbeit konzentriert sich auf die Analyse der Entwicklung des Aufkommens volkswirtschaftlich bedeutender energetischer, metallischer und mineralischer Rohstoffe und des wohl entscheidendsten Bestimmungsfaktors, die Industrielle Bruttoproduktion,[1] für die Jahre 1950-1989. Die Analyse soll Antworten auf folgende Fragen geben:

---

[1] Der Anteil der Industriellen Bruttoproduktion am Gesamtprodukt betrug 1988 rd. 72 %, ebenso der Materialverbrauch der Industrie am Materialverbrauch der Volkswirtschaft, Statistisches Jahrbuch der DDR 1989, 25 und 27.

- Welche volkswirtschaftlich bedeutenden Rohstoffe wurden in der DDR angewendet und wie hat sich ihr Aufkommen in der Zeit des DDR-Bestehens entwickelt?
- Warum entstanden die z.T. erheblichen Defizite zwischen Bedarf und Aufkommen und warum konnten sie zu keiner Zeit überwunden werden?

(Die ständig im Vordergrund stehenden Bemühungen zur Überwindung der Defizite verschlangen die ohnehin nicht ausreichenden materiellen und finanziellen Mittel restlos, sodass der Spielraum für den erforderlichen Umweltschutz zwangsläufig völlig unzureichend blieb).

1. Entwicklung der Energieträgerbasis der DDR 1950-1989

Gewinnung, Bereitstellung und Verbrauch von Energie gehörten auch in der DDR zu den wichtigsten Bedingungen für die Entwicklung der Wirtschaft. Die Untersuchungen zeigen, dass das Rohenergieaufkommen[2] in den 1950er Jahren die höchste Wachstumsrate erreichte – allerdings auf niedrigem Ausgangsniveau – und ab den 1960er Jahren ein deutlich geringer werdendes Wachstum aufweist (*Tabelle 2*). Die durch Umwandlung erzeugten Sekundärenergieträger haben sich im Aufkommen ähnlich entwickelt, das betrifft vor allem Braunkohle-Briketts und -Koks, Elektroenergie, Fernwärme, Mineralölerzeugnisse und Stadtgas. In allen betrachteten Zeitabschnitten folgten die Energierohstoffe der Industriellen Bruttoproduktion[3] unterproportional (*Tabelle 2*).

Die Struktur der Energieträger war durch einen hohen Anteil fester Brennstoffe, insbesondere der einheimischen Braunkohle, geringe Mengen eigener Steinkohle und gering genutzte Wasserkraft gekennzeichnet. Sie wurden in zunehmendem Maße von flüssigen und gasförmigen Brennstoffen sowie der Kernkraft ergänzt (*vgl. dazu Abbildung 1*).[4]

---

[2] Dem Rohenergieaufkommen entsprechen die Eigenförderung und der Import von Primärenergieträgern. Nach Abzug von Export, Verlusten, Einsatz für stoffliche Nutzung und Berücksichtigung der Bestandsveränderungen ergibt sich der Verbrauch für die energetische Nutzung.

[3] Das DIW Berlin resümiert zu den prinzipiellen Vorbehalten, die DDR-Statistik sei nur bedingt verwendbar, auch weil von der SED als politisches Instrument genutzt, dass dies in erster Linie für die kurzfristige (jährliche) Berichterstattung zutrifft. Für langfristige Reihen (Modelle, Prognosen) wird die Verwendbarkeit des veröffentlichen amtlichen Materials bestätigt. – Deutsches Institut für Wirtschaftsforschung Berlin 1974, 114-115.

[4] Die Vorkommen an Braunkohle konzentrierten bzw. konzentrieren sich auf die Reviere Borna, Halle und Lausitz , Steinkohle auf die Zwickauer Mulde, Erdgas auf das Gebiet von Salzwedel und Uran auf das Erzgebirge sowie den Raum Ronneburg. Die Erdölimporte wurden über die Erdölleitung „Freundschaft" von Westsibirien bis Schwedt und die Erdgasimporte über die durch die CSSR führende Pipe-

Tabelle 2: Entwicklung von Rohenergieaufkommen und industrieller Bruttoproduktion in der DDR, 1950-1988

Zeitabschnitt	Energie-Rohstoffaufkommen in %	Industrielle Bruttoproduktion in %
1950-1960	161	Etwa verdoppelt
1960-1970	128	177
1970-1980	131	170
1980-1988	113	126

Errechnet nach Zahlenangaben der Statistischen Jahrbücher der DDR, zusammengefasst in Anlage 2 (Rohstoffaufkommen) und Anlage 1 (Industrielle Bruttoproduktion)

1.1 Braunkohlevorkommen – ein nationaler Reichtum „allerersten Ranges"

Die Entwicklung des Eigenaufkommens von Energieträgern wurde in den Jahren von 1950-1960 zu fast 100 % von der heimischen Braun- und Steinkohle bestimmt, Braunkohle dabei mit einem Anteil von 82 %. Im Statistischen Jahrbuch der DDR 1959 wurden ihre Vorkommen zu Recht als „nationaler Reichtum allerersten Ranges" bezeichnet, wenn auch ihre Qualität vergleichsweise gering war und sich mit fortschreitendem Abbau weiter verschlechterte.[5] Mit der Wiederherstellung und dem Neubau von Pumpspeicherwerken (Niederwartha, Hohenwarte I und II) wurde auch die Wasserkraft mit geringem Aufkommen genutzt. Besondere Schwerpunkte für die Brennstoff- und Energie-Wirtschaft waren in dieser Zeit der Übergang zu Neuaufschlüssen als Braunkohlen-Großtagebaue mit modernen Großgeräten und der Aufbau der ersten Ausbaustufe des Gaskombinats Schwarze Pumpe, des später größten Braunkohleveredlungsbetriebes der DDR (Produktion: Braunkohle-Briketts mit 3 Mio. t/a, Braunkohle-Hochtemperatur-Koks, Stadtgas und Elektro-Energie).

---

line aus der UdSSR bezogen. – Statistisches Jahrbuch der DDR 1959 und Bundesministerium für innerdeutsche Beziehungen 1985, 1399.

[5] Wesentliche Parameter, etwa 1965: Heizwert nur bei 2.300-2.400 kcal/kg, Wassergehalt bei 46-62 % und Aschegehalt bei 25-26 Gew. %, Hütte-Taschenbuch für Werkstoffkunde 1967, 1239.

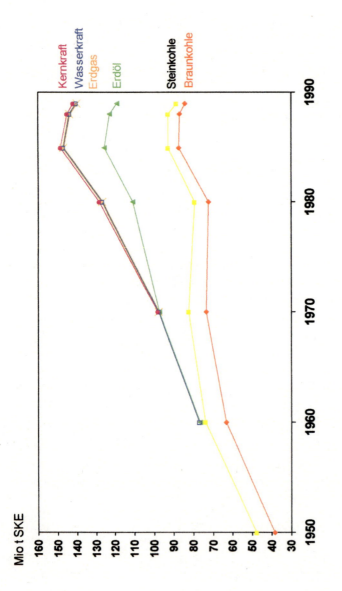

Abbildung 1:
Primärenergieträger-Aufkommen, DDR 1950-1989
(Eigenaufkommen und Import)

Zahlenangaben nach Statistischen Jahrbüchern der DDR, zusammengefasst in Anlage 2
Die Entwicklung der Wasserkraft liegt bei dem gewählten Maßstab 1960-1970 auf der Erdöllinie und 1970-1989 auf der Erdgaslinie

Der ständig größer werdende Energiebedarf im betrachteten Jahrzehnt ergab sich aus den hohen Zielen zum Wachstum der Industriellen Bruttoproduktion. Grundlegende Aufgaben waren die Rekonstruktion der nach dem Kriege neu- und wieder aufgebauten Industrie sowie der vorrangige Aufbau der Grundstoffindustrie und des Maschinenbaus[6]. Hinzu kam die notwendige Überwindung der wirtschaftlichen Folgen der Reparationsleistungen an die Sowjetunion[7]. Da die SBZ bzw. DDR nach dem Krieg von dem rheinisch-westfälischen Steinkohlegebiet und dem Saarkohlebecken völlig getrennt war, verblieben ihr als eigene Rohstoffquellen lediglich die ballastreiche Braunkohle, umfangreiche Salzvorkommen und geringe Restwerte an Steinkohle (SCHÜRER 1999, 74). Etwa 40 % der Industrieinvestitionen flossen in dieser Zeit in die Energie- und Brennstoffindustrie, vor allem in den Ausbau der Braunkohlentagebaue, Braunkohlenkraftwerke und Anlagen der Kohleweiterverarbeitung (STATISTISCHES JAHRBUCH DER DDR 1990, 113 und 116). Deren Schwerpunkt lag im Bezirk Cottbus, dem „Grundpfeiler der Energieversorgung der DDR".

Allerdings fällt auf, dass dennoch das Produktions-Wachstum der Brennstoff- und Energieindustrie hinter dem der anderen Zweige der Grundstoffindustrie (Chemie, Metallurgie, Baumaterialien) zurückblieb (*Anlage 1*). Offensichtlich konnten die wirtschaftlichen Belastungen dieser Jahre infolge fehlender materieller und finanzieller Mittel nicht kompensiert werden.

- Immer wieder brachte die Witterungsabhängigkeit der eigenen sehr wasserhaltigen Braunkohle Probleme mit sich, wodurch bei Frost bedeutende Produktionsausfälle zu verzeichnen waren (z.B. Winterperiode 1960/61, aber auch 1978/79). Dazu kamen die Folgen von Havarien und sonstigen technisch bedingten Ausfällen bei den bis 1960 dominierenden kleinen Tagebauen, deren Ergiebigkeit sich immer mehr verschlechterte.
- Erheblich verringert wurde das realisierte Eigenaufkommen an Rohstoffen und weiterverarbeiteten Produkten durch die Reparationsleistungen und später durch die umfangreichen Produktionsentnahmen der UdSSR aus den Betrieben der Sowjetisch-Deutschen Aktiengesellschaften.
- Es gab fast keine Möglichkeiten zum Ausgleich der Aufkommens-Defizite durch Importe. Die Rohstoff-Lieferungen aus der Sowjetunion wichen häufig von dem vereinbarten Volumen ab. Die vereinbarten Mengen entsprachen oh-

---

[6] Gesetz über den Fünfjahrplan ...1951-1956 und Direktive...für den zweiten Fünfjahrplan 1956-1960, Abschnitte: Industrie, Bergbau, Hüttenindustrie und Energiewirtschaft (Bundesarchiv, im Folgenden: BA).

[7] Wenzel weist auf unterschiedliche Angaben zur Gesamthöhe der Reparationsleistungen hin, die z.T. erheblich über dem Mindestwert von 15 Mrd. USD liegen. Das ergibt sich aus den Problemen zur Bestimmung der Preisbasis und der Berechnung des Dollarkurses für unterschiedliche Zeiträume und Leistungen, die hier nicht näher diskutiert werden sollen. – Wenzel 1989, 21.

nehin bei weitem nicht den volkswirtschaftlichen Erfordernissen. Das galt im Übrigen auch für die Rohstoff-Lieferungen aus den anderen realsozialistischen Staaten.

- Als Belastung muss auch der von der Sowjetischen Militäradministration (SMAD) bereits 1946 verfügte Abbau der Uranvorkommen der DDR gezählt werden. Verbunden mit abnehmender Qualität der Erze (U 238/U 235-Gehalt) und zunehmender Schwierigkeit ihrer Gewinnung im Tiefbau blieb der Uranabbau bis 1989 ein Zuschussbetrieb. Das gesamte geförderte Uranerz (zwischen 7.000 t/a Mitte der 1960er und 1970er Jahre und 4.000 t/a in den 1980er Jahren) musste an die Sowjetunion geliefert und der eigene Bedarf durch Importe von dort gedeckt werden (MAGER 1999, 269).

„Man musste von der Hand in den Mund leben".[8] Und von Behrens zu Recht bemerkt, stand eine Marshallplan-Hilfe mit ihrer Initialfunktion, wie in der Bundesrepublik, wo sie 1,5 Mrd. US-Dollar betrug, nicht zur Verfügung (BEHRENS 1998, 15; NICK 1994, 9). Insofern blieb die Bereitstellung der Primärenergieträger und bei den Sekundärenergieträgern, vor allem die der Elektroenergie (bis zu 80 % auf Braunkohlebasis) in allen Jahren mit erheblichen Defiziten verbunden. In den 1950er und 1960er Jahren führten die Aufkommensdefizite zu Stromabschaltungen für ganze Regionen, nach den eigenen Erfahrungen des Verf. nicht selten auch in den Großstädten. Verschärft wurden diese Probleme durch fehlende Kapazitätsreserven der Kraftwerke, die zu – international verglichen – extrem hohen Belastungen (Betriebsstundenzahlen) führten sowie durch fehlende materielle und finanzielle Mittel zur dringend erforderlichen Modernisierung und Erweiterung der Kraftwerks-Kapazitäten.[9]

1.2 Erweiterung der Energiebasis durch Erdölimporte

Im Zeitraum von 1960-1970 schwächte sich das Wachstum des Primärenergieträger-Aufkommens, wie auch das der Industriellen Bruttoproduktion gegenüber den 1950er Jahren deutlich ab (*Tabelle 2*). In der Aufkommensstruktur erhöhte sich

---

[8] Die Fakten zu den Hintergründen der Planung sind einem Gespräch entnommen, das der Verf. am 25.09.03 mit Siegfried Wenzel geführt hat, dem früheren Stellvertretenden Vorsitzenden der Staatlichen Plankommission der DDR (im weiteren abgekürzt: SPK).

[9] Noch 1965 z.B. hatten nach einer Erhebung der Staatlichen Zentralverwaltung für Statistik fast 90 % der Kraftwerke der DDR eine Leistung unter 1 MW bis 10 MW, bei einem Anteil an der Elektroenergieerzeugung von rd. 8 %. Erst durch den Bau größerer Kraftwerke mit höheren Blockleistungen (Lübbenau, Vetschau, Thierbach) und die Stilllegung veralteter Kraftwerke gelang es, diese Situation langsam zu entspannen. Statistisches Jahrbuch der Energiewirtschaft der DDR 1966, 39 (BA). Die vorhandenen Kraftwerke hatten für die ersten Jahre, mit notwendigen Stromabschaltungen ausgereicht. Durch die Teilung Deutschlands hatte die DDR jedoch keinen Zugang zu wichtigen Rohstoffen. – Jahresringe e.V, Berlin Centrum 1999, 32.

der Anteil von Erdöl bei sinkendem Anteil von Braun- und Steinkohle. Die Erdölimporte aus der Sowjetunion wuchsen in diesem Zeitraum um das Fünffache (*Tabelle 3*). Das Aufkommen von Erdgas und Wasserkraft blieb trotz weiteren Wachstums insgesamt noch gering. Schwerpunkte für die Entwicklung waren: der Aufbau des Erdölverarbeitungswerkes Schwedt bzw. Petrolchemischen Kombinats mit einem Erdöldurchsatz 1965 von 4 Mio. t/a (später 20 Mio. t/a) und der Aufbau von Leuna II, das ab 1965 petrolchemische Erzeugnisse produzierte. Ausgebaut wurde auch die Fernwärmeerzeugung (Heizkraftwerke und Industriekraftwerke, größtenteils mit Wärme-Kraft-Kopplung).

Tabelle 3: Erdölimporte der DDR, 1960-1989 (in Mio. t)

Importe	1960	1965	1970	1975	1980	1982	1985	1989
Gesamt	1,9	5,1	10,3	16,9	21,9	21,7	22,8	21,0
Davon UdSSR	1,8	4,9	9,2	14,8	19,0	17,7	17,1	
Anteil UdSSR	95 %	96 %	89 %	88 %	87 %	82 %	75 %	

Weitere Importe aus arabischen Ländern und alte Bundesrepublik. Quelle: STATISTISCHES JAHRBUCH DER DDR, Berlin 1990, 282 und BUNDESMINISTERIUM FÜR INNERDEUTSCHE BEZIEHUNGEN 1985, 35

Die für dieses Jahrzehnt wiederum hohen Ziele für das Produktionswachstum orientierten auf einen überproportionalen Ausbau der chemischen Industrie als entscheidender Basis für die volkswirtschaftliche Weiterentwicklung.[10] Die Möglichkeiten dazu schienen sich aus der damaligen Konstellation der sowjetischen Deutschland-Politik gegenüber der DDR zu ergeben. In der Folge des Volksaufstands in Ungarn 1956 und dessen Niederschlagung hatte die sowjetische Führung beschlossen, die DDR gegenüber einer ähnlichen Entwicklung abzusichern und dazu eine ausreichende Rohstoffversorgung für die DDR-Wirtschaft (einschließlich der dafür erforderlichen Erdöllieferungen) zu übernehmen.[11] Der Erdöleinsatz versprach nicht nur die energiewirtschaftlich günstige Rohstoffsubstitution, z.B. von Braun- und Steinkohle durch das aus Erdöl gewonnene Heizöl, sondern auch die ökonomisch notwendige Erweiterung der Produktion bzw. des Erzeugnissortiments (Auf-und Ausbau der Petrolchemie und damit verbunden des Chemieanla-

---

[10] Darauf wurde die Wirtschaft bereits 1959 eingestellt mit zentralen perspektivischen Programmen, wie dem Chemieprogramm und dem Elektroenergieprogramm, kurz genannt: Energieprogramm. Verbunden waren diese Orientierungen mit Versuchen zur Reform der Wirtschaftslenkung (Neues ökonomisches System der Leitung und Planung der Volkswirtschaft). – Gesetz über den Siebenjahrplan ... 1959-1965 und Vorläufige Eckziffern ... 1964-1970, Abschnitte Industrie, Kohle, Energiewirtschaft und Chemie (BA).

[11] Nach dem Gespräch des Verf. am 25.09.2003 mit Siegfried Wenzel.

genbaus). Die Investitionsmittel flossen in diesem Zeitraum bevorzugt in die technologisch innovativen „führenden Zweige", wie die Erdölchemie, die Veredlungsmetallurgie, den Maschinen- und Fahrzeugbau sowie die Elektrotechnik/ Elektronik (STATISTISCHES JAHRBUCH DER DDR 1990, 116).

Dass die Wachstumsraten der Produktion (und auch des Rohstoffaufkommens) dennoch unter denen der 1950er Jahre blieben, hatte in entscheidendem Maße auch damit zu tun, dass die sowjetische Führung die ursprünglich gegebenen Zusagen für die Rohstofflieferungen (vor allem für Erdöl) vermutlich aufgrund der eigenen Schwierigkeiten wiederum erheblich einschränkte.[12] Die Exportkraft der DDR wiederum reichte nicht aus, um das erforderliche Erdöl aus den westlichen Ländern zu kaufen. Ganz abgesehen von den wirtschaftlichen Störungen durch die massenweise Übersiedlung der Arbeitskräfte in die Bundesrepublik (1,7 Mio. Menschen insgesamt von 1946-1989)[13] sowie den zusätzlichen ökonomischen Belastungen durch den in der Breite erfolgenden Übergang zu den LPG (landwirtschaftliche Produktionsgenossenschaften) bis 1960 und aus dem Bau der Berliner „Mauer" 1961 (sie blieben auch in den Folgejahren erhebliche Belastungen). In Verbindung mit den nicht zu Ende geführten Reformmaßnahmen des „Neuen Ökonomischen Systems" führte das 1969/1970 zu erheblichen Disproportionen zwischen den Industriezweigen. Die Energie- und Brennstoffindustrie blieb im Wachstum erneut zurück. Ihr Anteil an den Investitionen der Industrie hatte sich 1970 halbiert (STATISTISCHES JAHRBUCH DER DDR 1990, 116).

Dadurch verschärften sich die Defizite zwischen Bedarf und Rohstoffaufkommen. Tempo und Umfang der Substitutionsprozesse entwickelten sich nicht entsprechend der Bedarfsanforderungen. Ein von der Zentralverwaltung für Statistik der DDR durchgeführter Vergleich zeigt, dass der schon zu Beginn der 1960er Jahre im Vergleich zu entwickelten Industrieländern bestehende erhebliche Rückstand im Einsatz flüssiger Energieträger (Erdöl) auch 1970 noch nicht nennenswert verringert worden war. Die Zentralverwaltung errechnete für den Anteil flüssiger Energieträger am gesamten Rohenergieaufkommen 1970: DDR: 15,5 %, BRD: 40,2 %, USA: 42,2 %, UdSSR: 33,8 %.[14] Das bedeutete auch: Obwohl die

---

[12] Der von der SPK damals mit der langfristigen Entwicklungskonzeption bis 1980 berechnete jährlich wachsende Erdölimport von 14 Mio. t/a im Jahre 1970 auf nahezu 30 Mio. t im Jahre 1980 wurde in der Realität bei weitem nie erreicht.

[13] Jeder arbeitsfähige Übersiedler macht beim innerdeutschen Wirtschaftsvergleich einen Arbeitskräfteunterschied von 2 Personen aus (im Osten -1, im Westen +1). – Wenzel 1994, 29-31.

[14] SPK: Materialien zur Energiewirtschaft und Hauptrichtungen des Energiebedarfs ... bis 1980, Berlin 1964 (BA). In den führenden westlichen Industrieländern hatte sich das Erdöl als Energierohstoff bereits in den 1950er Jahren einen festen Platz erworben, vor allem durch die zunehmende Motorisierung (Kraftstoffe), den wachsenden Luftverkehr (Treibstoff Kerosin), den energetisch günstigeren Wirkungsgrad (Heizwert) und die günstigen Möglichkeiten zur Herstellung chemischer Grundstoffe (Petrolchemie).

Erdölverarbeitung vor allem auf die Heizöl- und Kraftstoffproduktion gerichtet war und z.b. alle Heizkraftwerke und Industriekraftwerke auf Heizölbasis umgestellt waren, reichte die Substitution von Kohle durch Heizöl nicht aus. Ein typisches Beispiel dafür war die energieintensive Schwarzmetallurgie der DDR, die 1970 erst 117 kg Heizöl je t SM-Stahl aufwendete, während in der BRD bereits 1963 rd. 135 kg Heizöl je t SM-Stahl eingesetzt wurden.[15] Der Verbrauch an einheimischer Braunkohle konnte auch durch die Veränderungen in der Produktionsstruktur in diesen Jahren nicht entscheidend verringert werden, da die erreichten Struktureffekte zu gering waren. Neben den ausgebauten weniger energieintensiven Zweigen (z.B. Elektrotechnik/Elektronik) bestanden nach wie vor sehr energieintensive Produktionen, zu denen die Energiewirtschaft auf der Kohlebasis selber gehörte (*siehe Abschnitt 1.5*). In den führenden westlichen Ländern wurde dagegen schon in diesen Jahren der Anteil energieintensiver Produktionen an der gesamten Industrieproduktion spürbar verringert, so z.B. in der BRD durch ein bedeutendes Wachstum der Erdölimporte und der darauf basierenden Industriezweige.

1.3 *Energiezuwachs durch Rohstoffimporte*

Im Zeitraum von 1970-1980 entwickelte sich, wie *Tabelle 2* erkennen lässt, die Industrielle Bruttoproduktion etwas langsamer und das Energierohstoffaufkommen etwa gleich stark wie im Jahrzehnt zuvor. Die Aufkommensstruktur veränderte sich durch eine Verdopplung der Erdölimporte und durch ein erhebliches Ansteigen des Erdgasaufkommens (Erschließung der Erdgaslagerstätte Salzwedel-Peckensen und Steigerung der sowjetischen Erdgasimporte). Das gesamte Erdgasaufkommen wuchs von 0,2 Mrd. m^3 im Jahre 1970 auf 14,4 Mrd. m^3 im Jahre 1980 (*Anlage 2*).[16] Auch die Aufkommen an Wasserkraft und Kernkraft erhöhten sich: 1966 erfolgte die Inbetriebnahme des von der UdSSR gelieferten Druckwasserreaktors mit 70 MW im Kernkraftwerk Rheinsberg und 1973 der Probebetrieb des Reaktorblocks im Kernkraftwerk Lubmin (BUNDESMINISTERIUM FÜR INNERDEUTSCHE BEZIEHUNGEN 1985, 397). Dem stand eine Verringerung des Braun- und Steinkohleaufkommens und dementsprechend auch ihrer Strukturanteile im

---

[15] SPK: ebenda (BA).
[16] Der Verf. kann sich noch gut an die 1970er Jahre erinnern, in denen auch in den Haushalten die Gasheizungen von dem bisherigen Stadtgas auf das Erdgas (direkt oder als Beimengung) umgestellt wurden. Dabei kam vor allem DDR-Erdgas zum Einsatz, mit dem relativ geringen Heizwert bis 4.300 kcal/m^3 (Sowjetisches Erdgas lag über der westeuropäischen Norm von 7.600 kcal/m^3, DDR-Handbuch, 349 ff.). Die Gasindustrie stützte sich in den führenden Industrieländern erst mit Entwicklung geeigneter Technologien ab den 1950er Jahren auf die natürlichen Gasvorkommen. – Erdmann 1995, 69.

gesamten Rohstoffaufkommen gegenüber (*Abbildung 1*). Bei der Braunkohle verschlechterte sich das Verhältnis von Abraum und geförderter Kohle mit fortschreitendem Abbau auch weiterhin, ebenso wie die Qualität der Kohle aus den neu erschlossenen Abbaugebieten. Die Eigenförderung von Steinkohle wurde 1977 ganz beendet. Der Zuwachs an Energierohstoffen erfolgte in diesen Jahren ausschließlich durch Erdgas, Erdöl sowie Kernkraft und damit zu fast 80 % aus Importen.

Die Zielstellungen für das vorgesehene weitere Wachstum der Produktion (insofern auch des Energie- und Rohstoffaufkommens) für die 1970er Jahre basierten auf einer Revision der volkswirtschaftlichen Schwerpunktbildung aus den 1960er Jahren und den Beschlüssen des VIII. SED-Parteitages, u.a. zur Direktive für den (nunmehr anstelle der Siebenjahrpläne wieder vorgegebenen) Fünfjahrplan 1971-1975. Sie waren darauf gerichtet, den Lebensstandard der Bevölkerung spürbar anzuheben. Gleichzeitig sollten in den erforderlichen Relationen das notwendige Leistungswachstum von Produktion und Investitionen gesichert werden, später als *Einheit von Wirtschaft- und Sozialpolitik* deklariert. Als Hauptweg für die Wirtschaft war nach deren extensivem Ausbau die intensiv erweiterte Reproduktion vorgesehen (Diese Stufen weist normalerweise die Entwicklung eines jeden westlichen Unternehmens auf). Dadurch verlief auch die Produktionsentwicklung der Industriezweige (sowohl der energieintensiven als auch der weniger energieintensiven) Anfang der 1970er Jahre ausgeglichener. Die Bereitstellung der Energierohstoffe konnte kontinuierlicher und bedarfsgerechter erfolgen. Dass das Produktionswachstum im betrachteten Zeitraum letztlich unter dem der 1960er Jahre blieb, hängt eng zusammen mit der ab 1972 weltweit drastischen Verteuerung der importierten Energierohstoffe (*Tabelle 4*). Deren Erwerb und damit überhaupt die Sicherung des gesamten notwendigen Rohstoff-Aufkommens begann sich zu einem der brisantesten Probleme für die DDR-Wirtschaft zu entwickeln.[17] Neben die Belastungen, die sich aus der hohen Investitions- und Energie-Intensität der Grundstoffindustrie ergaben, traten verstärkt Importbelastungen. Das scheint nicht verwunderlich angesichts der hohen Importabhängigkeit der Rohstoffe, die über alle Jahre insgesamt ein Drittel aller Importmittel der DDR beanspruchten und zu denen es keinerlei materielle wie finanzielle Reserven gab.

Für die Bezahlung der Rohstoff- und anderen Importe wurde der Export von Erdölprodukten ständig ausgeweitet, um die erhöhten Preise dafür auf dem Weltmarkt vorteilhaft zu nutzen. Dazu erfolgte auch – gewissermaßen in Umkehrung der bisherigen Orientierungen – eine Umstellung von Heizöl auf Braunkohle (vor

---

[17] Die wichtigste Ursache für die Preisexplosion, die darin bestand, dass die OPEC-Länder durchgesetzt hatten, das Erdöl zu dem tatsächlich entstehenden Förderaufwand zu verkaufen, wird von Vogel einer umfassenden Analyse unterzogen, ebenso die Gegenmaßnahmen der führenden westlichen Industrieländer, die ab 1985 zu einem erheblichen Preisverfall führten. – Vogel 1987, 20 ff.

allem in den Heizkraftwerken) und der Einsatz des freiwerdenden Heizöls für den direkten Export. So wurden im Rahmen eines damals festgelegten „Heizölprogramms" ca. 6 Mio. t freigesetzten Heizöls im innerdeutschen Handel vorwiegend in die BRD exportiert, sodass in den Jahren 1981-1985 ein Exportüberschuss von jährlich 2-4 Mrd. Valutamark erreicht werden konnte.[18] Außerdem wurden dazu auch mehr hochwertige Maschinen und Ausrüstungen (größtenteils unter Wert) exportiert, die der notwendigen Modernisierung der eigenen Volkswirtschaft (Industrie, Infrastruktur und Gesundheitswesen) entzogen werden mussten. Dadurch konnten zwar die Verbindlichkeiten gegenüber dem westlichen Ausland stabilisiert werden,[19] gleichzeitig verschärften sich aber die strukturellen Probleme der DDR-Wirtschaft beträchtlich. Ein typisches Beispiel dafür war die Elektrifizierung der Eisenbahn. Sie wurde aufgrund der sowjetischen Erdöllieferungen in den 1960er Jahren fast vollständig eingestellt (E-Loks wurden nur noch exportiert), dafür wurden Dieselloks aus der UdSSR und Rumänien importiert bzw. aus der im VEB LEW Hennigsdorf umgestellten Produktion bezogen. Nach den Preissteigerungen des Erdöls in den 1970er Jahren schien wiederum die Umstellung zur E-Lok-Traktion auf heimischer Braunkohlebasis wirtschaftlich und politisch sicherer (JAHRESRINGE e.V. 1999, 7-8). Von einer Überwindung der nach wie vor bestehenden Defizite zwischen Bedarf und Rohstoffaufkommen konnte unter diesen Bedingungen nicht die Rede sein.

Tabelle 4: Entwicklung der Exportpreise für Energieträger in den westlichen Ländern

1972=100	1973	1978	1980	1981	1984	1985	1986
Brennstoffe	134	698	1.188	1.311	1.095	1.078	600
Darunter:							
Erdöl	136	772	1.340	1.476	1.218	1.199	600
Erdgas	150	385	538	738	987	1.067	900
Kohle	124	405	690	761	636	611	

Quelle: VOGEL 1987, 3, 20 (Erdölpreis 1972: 1,90 USD/B)

---

[18] Gesetze über die Fünfjahrpläne 1971-1975 und 1976-1980 (BA), auch Wenzel 2003, 18. Dem Zweck der Ausweitung des Exports von Erdölprodukten dienten auch die Vorhaben zur tieferen Spaltung des Erdöls, insbesondere der Spalt- und Aromatenkomplex in Schwedt, der 1981 seinen Betrieb aufnahm (Spaltkapazität 1,2 Mio. t/a).

[19] Entsprechend des RGW-Preissystems hat die Sowjetunion ihre Rohölpreise schrittweise an die gestiegenen Weltmarktpreise angepasst (Preisbildung nach dem Durchschnitt der letzten 3-5 Jahre). Die Entwicklung der Terms of Trade der DDR zeigt, dass durch diese Verrechnung des Erdöls das Verhältnis der Export- zur Importpreisentwicklung erst 1980 negativ wurde. – Statistisches Jahrbuch 1990, 276.

1.4 Neuerliche Konzentration auf die Nutzung der eigenen Ressourcen

Im Zeitraum von 1980-1988 weisen die Industrielle Bruttoproduktion und das Primärenergieträger-Aufkommen die geringsten Wachstumsraten in der Zeit des DDR-Bestehens auf (der betrachtete Zeitraum umfasst allerdings nur acht bzw. neun Jahre, *Tabelle 2*). In der Struktur des Energierohstoff-Aufkommens erfolgte dabei wiederum eine deutliche Hinwendung zu den einheimischen Ressourcen. Die Braunkohleförderung erreichte 1985 die höchste Jahresproduktion seit Bestehen der DDR mit 312,2 Mio. t. Ihr Anteil am Gesamtaufkommen wuchs bis 1988 auf 65 % (*Abbildung 1*). 1985 wird in einem Monat beinahe soviel einheimisches Erdgas gefördert wie 1970. Stärker genutzt wird auch die Kernkraft. Ende 1979 sind nunmehr vier 440 MW-Reaktoren im Kernkraftwerk Lubmin in Betrieb. Für die 1980er Jahre geplant waren in Lubmin die Inbetriebnahme weiterer vier Reaktorblöcke dieses Typs und in Stendal die Fortführung des 1973 begonnenen Aufbaus eines neuen KKW.[20] Der Erdölimport sank bis 1989 auf 21 Mio. t/a. Erheblichen Anteil daran hatte der Rückgang der sowjetischen Erdölimporte ab 1980 um 2 Mio. t/a, also fast um 10 % der vorherigen Lieferungen. Damit versuchte die Sowjetunion die eigene prekäre Devisensituation durch erhöhte Erdölexporte in das westliche Ausland zu verbessern.

Auch in den 1980er Jahren wurde weiterhin auf hohe Zielstellungen für das Wachstum der Produktion (Energie- und Rohstoffaufkommen) orientiert. Nach wie vor bestand in der Zentrale die Absicht (der Wunsch?), das Lebensniveau und das wirtschaftliche Niveau führender westlicher Länder zu erreichen.[21] Die Entwicklung wurde Anfang der 1980er Jahre durch zentrale Entscheidungen eingeleitet, die auf eine veränderte Energiepolitik orientierten.[22] Alle Maßnahmen wurden von der höchstmöglichen Ablösung von Importen, also auch der Rohstoffimporte, abgeleitet. Die Sicherung der Energiebasis für das Produktionswachstum erfolgte in erster Linie durch die wiederum stärkere Nutzung der einheimischen Energieträger (Braunkohle, Kernkraft), einschließlich der weiteren Umkehr der bisherigen Substitutionsprozesse („Erst Erdöl durch Kohle, dann Kohle durch Kernkraft") sowie eine spürbare Senkung des spezifischen Energie-Verbrauchs („in neuen Dimensionen"). Der Schwerpunkt lag somit nicht mehr auf der Ausweitung des Aufkommens, sondern auf einer Drosselung der Nachfrage (Autarkiebestreben).

---

[20] Gesetz über den Fünfjahrplan ...1971-1975 und Gesetz über den Fünfjahrplan ...1976-1980, besonders die Abschnitte Industrie und Energiewirtschaft bzw. Energie und Rohstoffe (BA).

[21] Ebenda.

[22] Beschluss des Politbüros der SED vom 24.03.1981: Grundlinie zur Entwicklung der Braunkohlenindustrie im Zeitraum 1981 bis 1985 und 1990 (Auszug bei Przybilski 1992, 371 ff.). – Gesetz über den Fünfjahrplan ... 1971-1975 und Gesetz über den Fünfjahrplan ... 1976-1980, Abschnitt Energiewirtschaft bzw. Energie und Rohstoffe (BA).

Das Hochfahren der Braunkohleförderung und der darauf aufbauenden Energieerzeugung erforderten in den achtziger Jahren etwa ein Viertel des Investitionsvolumens der Industrie (STATISTISCHES JAHRBUCH DER DDR 1990, 116).
Ab 1985 ergab sich erneut eine dramatische Veränderung durch den nunmehr drastischen Preisverfall der Energieträger (*Tabelle 4*). Was z.B. für die BRD eine wesentliche Entlastung und Verbesserung der ökonomischen Situation bedeutete,[23] stellte die DDR in der Perspektive vor kaum lösbare Probleme. Dieser Zeitpunkt dürfte übereinstimmend mit WENZEL auch entscheidend für eine deutliche Wende in der DDR-Wirtschaft zu einer zunehmend abschüssigen Entwicklung sein, deren Beherrschung eine grundsätzliche Veränderung der Wirtschaftspolitik wie der gesamten Politik erforderlich gemacht hätte (WENZEL 2003, 20). Die Exportzielstellungen 1986-1990 konnten in keinem Jahr mehr erfüllt werden, sodass die Zahlungsschulden beträchtlich anstiegen. Für 1989 wird von der Deutschen Bundesbank ein Schuldenvolumen von 24,7 Mrd. VM (14,8 Mrd. US-Dollar) angegeben.[24] Ihre Deckung hätte bei Fortführung der bisherigen Wirtschaftspolitik zu erheblichen, an die Substanz gehenden Einbußen in der Volkswirtschaft geführt. Der Verf. verzichtet deshalb hier auch auf weitere Analysen der sich schon in den acht Jahren von 1980 bis 1988 abzeichnenden spürbaren Senkung der Wachstumsraten von Produktion und Rohstoff-Aufkommen im letzten Jahrzehnt des DDR-Bestehens gegenüber den vorangegangenen Zeiträumen.

1.5   Entwicklung des spezifischen Energieverbrauchs

Die sich aus der Importsituation ergebende Verschärfung der Defizite konnte auch dadurch nicht mehr aufgehalten werden, dass es erstmals seit Bestehen der DDR – offensichtlich im Rahmen der intensiv erweiterten Reproduktion und unter dem Druck der Importeinsparung – gelang, den spezifischen Verbrauch von Energieträgern, wie auch den gesamten Verbrauch von Material und produktiven Leistungen spürbar zu senken (*Tabelle 5*). Die Senkung des spezifischen Materialverbrauchs war zwar zu einem realen Wachstumsfaktor geworden, angesichts der in der DDR ausgebauten Wirtschaftsbasis durchaus ein Ausdruck der ab 1970 intensiv erweiterten Reproduktion. Wie aber die noch 1989 vorhandenen Einsparungspotentiale in der Energieverwendung belegen, wurden die Energieträger nach

---

[23] Ökonomische Vorteile (Vordringen auf dem Markt) ergaben sich in der alten BRD allerdings in erster Linie nur für die ausländischen Ölkonzerne. Die Bundesregierung hat lediglich versucht, die „Schäden" für die inländischen Energie-Konzerne zu entschärfen. – Horn 1977, 273-278.

[24] Dieser geringere Schulden-Wert von 24,7 Mrd. VM gegenüber der Angabe von Schürer (mehr als 40 Mrd. VM) ergibt sich daraus, dass die erst jetzt in vollem Umfang deutlich werdenden Guthaben und Reserven des Bereiches KoKo (Schalk-Golodkowski) in die Berechnung mit einbezogen wurden. – Schürer 1989 (Auszug bei Przybilski 1992, 358 ff.), auch Wenzel 1989, 12-13.

wie vor in Größenordnungen uneffektiv eingesetzt. Bezogen auf die Einheit Bruttosozialprodukt wurde in der DDR im Vergleich zu führenden Industrieländern im Jahr 1989 nach Angaben des Instituts für angewandte Wirtschaftsforschung bis zu 50 % mehr an Primärenergie eingesetzt (*Tabelle 6*).

Tabelle 5: Einsparung von Energie-, Roh- und Brennstoffen

Anteil Material und produktive Leistungen an der industriellen Bruttoproduktion		Senkung des spezifischen Energieverbrauchs (je Einheit Bruttoproduktion)	
1960	69,9 %		
1970	70,8 %		
1980	70,2 %	1980	4,0 %
1985	67,7 %	1985	3,5 %
1988	65,6 %	1988	4,6 %

Quelle: STATISTISCHES JAHRBUCH DER DDR 1990, 170 und INSTITUT FÜR ANGEWANDTE WIRTSCHAFTSFORSCHUNG 1990, 79. – Die Materialkostenentwicklung verläuft nicht deckungsgleich mit den in der Arbeit berechneten Entwicklungstendenzen der Rohstoffaufkommen, vor allem wegen des relativ geringen Anteils der Rohstoff- an den Materialkosten (15-20 %) und der Einbeziehung der Preise in die wertmäßige Berechnung.

Tabelle 6: Primärenergieverbrauch je Dollar Bruttosozialprodukt nach ausgewählten Ländern (in MJ)

Land	1960	1980	1989
DDR	32	26	25
Tschechoslowakei	25	27	25
Polen	26	29	28
UdSSR	27	29	28
BRD	21	17	16
Schweden	19	18	14
USA	32	27	22

Quelle: INSTITUT FÜR ANGEWANDTE WIRTSCHAFTSFORSCHUNG 1990, 35. – Diese Angaben enthalten allerdings keine Hinweise zu den Quellen der Zahlenangaben und zur Umrechnung des Brutto- bzw. Nettoprodukts der DDR zum Bruttosozialprodukt. In der Entwicklungstendenz stimmen sie mit der in der Arbeit berechneten Entwicklung des Energie-Rohstoffaufkommens und der Industriellen Bruttoproduktion überein.

In allen Jahren war demzufolge für das Wachstum der Bruttoproduktion ein, international verglichen, beachtlicher Mehraufwand für den Verbrauch bzw. das Aufkommen der Rohstoffe erforderlich. Die Ursachen lagen vor allem in dem relativ geringen Wirkungsgrad der Primärenergieträger-Umwandlung in Gebrauchsenergie. Er betrug 1988 nach den vom Institut für angewandte Wirtschaftsforschung errechneten Energiebilanzen 58,5 %. Entscheidenden Einfluss darauf hatte der geringe Wirkungsgrad bei der Erzeugung von Elektroenergie; noch 1989 lag er bei ca. 35 % (INSTITUT FÜR ANGEWANDTE WIRTSCHAFTSFORSCHUNG 1990, 36); in der alten BRD lag der Umwandlungswirkungsgrad etwa 1970 bei den Werten der DDR von 1989 (HORN 1977, 108).

Außerdem wurde die Produktionsstruktur nach wie vor noch von zu vielen energieintensiven Prozessen bzw. Erzeugnissen bestimmt: Eisen- und Stahlerzeugung, Kupfer- und Aluminium-Produktion, Herstellung von Carbid, Zement, Ziegel, Behälter- und Tafelglas. Wie von der SPK nachgewiesen, lagen sie in der Energieintensität (GJ/t bzw. Tm^3) 1985 noch 10 bis 50 % über dem internationalen Durchschnittsniveau. Weitere Einsparungspotentiale für energieintensive Prozesse bestanden außerdem in der Energieumwandlung und -fortleitung, der Raumheizung, der Elektroenergieanwendung, dem Transport und im kommunalen Bereich bei der Nutzung von Geräten.[25] Ohne diese Problematik hier tiefgehender zu analysieren, kann generell zumindest erneut unterstrichen werden, dass die Nutzung dieser Möglichkeiten umfangreiche Investitionen und eine hohe Flexibilität des Wirtschaftssystems erfordert hätten.

2. Aufkommen von metallischen und mineralischen Rohstoffen 1950-1989

2.1 Metallische Rohstoffe

Nach einer Analyse des Instituts für angewandte Wirtschaftsforschung wurden in der DDR mehr als zwanzig metallische Rohstoffe verwendet. Vom mengenmäßigen Aufkommen her gesehen standen noch 1989 Eisen und Stahl mit einem Anteil von 94 % an der Spitze. Es folgten die Nichteisenmetalle, vor allem Kupfer und Aluminium, dagegen Blei, Zinn und Zink nur in geringen Mengen. Diesen wiederum folgten Stahlveredler, Edelmetalle, Spezialrohstoffe für die Elektronik und Sekundärrohstoffe (INSTITUT FÜR ANGEWANDTE WIRTSCHAFTSFORSCHUNG 1990, 41[26]). Charakteristisch für diese von den Mengen her gesehen kleinste der Rohstoffhauptgruppen waren die geringen eigenen Vorkommen, durch deren Förderung und die Wiederverwendung von Sekundärrohstoffen nur etwa ein Drittel des notwendigen Aufkommens realisiert werden konnte. Rund zwei Drittel des Bedarfs der Volkswirtschaft mussten aus Importen gedeckt werden. Demzufolge war

---

[25] SPK: Entwicklung der Energie- und Rohstoffbasis bis zum Jahre 2000 (BA). Einen Eindruck von der Größenordnung dieses Potentials gibt die Orientierung der SPK für 1986-1990, die bei energieintensiven Prozessen auf eine Einsparung von 80 Mio. t Rohbraunkohleäuquivalent zielte.

[26] Die Vorkommen an Eisenerzen konzentrierten bzw. konzentrieren sich auf den Thüringer Wald und das nördliche Vorland des Harzes, an Kupferschiefer auf das östliche Harzvorland (Mansfeld) und Sangerhausen, an Blei und Zink auf den Raum Freiberg und die Kupferverhüttung sowie an Zinnerzen im Erzgebirge. Statistisches Jahrbuch der DDR, VEB Deutscher Zentralverlag, Berlin 1959.

für die meisten metallischen Rohstoffe einerseits eine niedrige eigene Produktion, andererseits aber ein relativ hoher Verbrauch kennzeichnend. Geplant war, die Kupferförderung in den 1990er Jahren einzustellen, was 1990 auch geschehen ist.[27] Ebenso erfolgte die Stillegung der Hüttenproduktion von Aluminium in Bitterfeld im Jahre 1989.[28] Eisen und Stahl wurden als Hauptkonstruktionswerkstoff hauptsächlich im Maschinenbau und der Bauindustrie eingesetzt, Kupfer und Aluminium hauptsächlich in der Elektrotechnik und Elektronik.

2.1.1 Auf- und Ausbau der Produktion

Die Entwicklung des Aufkommens (Produktion) der metallischen Rohstoffe verlief ähnlich dem der Energieträger in den 1950er Jahren mit hohen Wachstumsraten und mit merklich sinkenden Raten in den folgenden Zeitabschnitten (*Tabelle 7*). Durch den zügigen Auf- und Ausbau der metallurgischen Industrie in den 1950er Jahren sollten vor allem die erheblichen Disproportionen zwischen der viel zu geringen inländischen Eisen- und Stahlproduktion und dem Bedarf der metallverarbeitenden Industrie (größter Stahlverbraucher[29]) beschleunigt abgebaut werden, wie auch im Fünfjahrplan 1951/55 als Orientierung verankert.[30] Der Hauptteil der Vorkriegskapazitäten dieses Industriezweiges lag fast ausschließlich in der alten Bundesrepublik. Auf dem Gebiet der DDR gab es 1945 nur ein veraltetes Eisenhüttenwerk, die Maxhütte Unterwellenborn. Deshalb lag ein besonderer Schwerpunkt im ersten Fünfjahrplan auf der Erweiterung bzw. dem Neubau der drei Eisen herstellenden Betriebe der DDR, dem Bergbau- und Hüttenkombinat Maxhütte Unterwellenborn (ältestes Werk), dem Berg- und Hüttenkombinat Calbe (nach 1950 aufgebaut) und schließlich dem Eisenhüttenkombinat Ost (EKO) in Eisenhüttenstadt als dem größten der drei Werke.[31]

---

[27] Gründe waren die Verschlechterung der geologischen Lagerstättenbedingungen, hoher Wasserzufluss und rückläufige Kupfergehalte, SPK: Zum Einsatz von Kupfer und Zinn bei den Hauptverbrauchern, Berlin 1975, 2 ff. (BA); begonnen wurde der Sangerhäuser Kupferbergbaus im Jahre 1199.

[28] Gründe waren u.a. die sehr schlechten Arbeitsbedingungen der veralteten Anlagen der Schmelzflusselektrolyse (hohe Temperaturen, Tonerde-Staub), sh. dazu auch: Pirker; Lepsius; Weinert & Hertle 1995, 205 (Gespräch der Autoren mit Dr. G. Wyschowsky, letzter Minister für chemische Industrie bis zum Rücktritt der Regierung Stoph im November 1989).

[29] Noch 1989 verbrauchten an Walzstahl (t/Mio. M) : Chemie: 29,36 / Schwermaschinenbau: 28,17 / Allgemeiner Maschinenbau: 26,64 / Werkzeug- und Verarbeitungsmaschinenbau: 9,78 / Elektrotechnik: 5,34. – SPK: Hauptkennziffern zur Entwicklung Fünfjahrplan 1986 -1990 (BA).

[30] Gesetz über den Fünfjahrplan ... 1951-1955, Abschnitt Metallurgie (BA).

[31] Das EKO, seit 1951 erbaut, verhüttete besonders Erze aus der Sowjetunion, vorwiegend unter Verwendung von Koks aus Polen. Die Produktionskapazität betrug 1964 etwa 1,4 Mio. t Roheisen. Beschäftigte: 5.500. Das Kombinat wurde mehrmals erweitert. Die Stahlproduktion der DDR erfolgte in sieben Werken, darunter der Maxhütte, dem Stahl- und Walzwerk Hettstedt und dem Eisenhüttenkom-

Die bedeutende Verlangsamung des Wachstumstempos in den 1960er Jahren ergab sich aus einer Strukturveränderung innerhalb des Industriezweiges der Eisen- und Stahlindustrie zu den Erzeugnissen der II. Verarbeitungsstufe hin.[32] Aus ökonomischer Sicht kann durchaus davon ausgegangen werden, dass es damals wirtschaftlicher war, den weiteren Ausbau der ohnehin nicht ausreichenden eigenen Rohstoffbasis zu begrenzen und dafür die Roheisen- und Stahlproduktion durch Importe für die Weiterverarbeitung zu Erzeugnissen der II. Verarbeitungsstufe zu ergänzen. Der Siebenjahrplan 1959-1965 orientierte z.B. darauf, zur Deckung des Bedarfs der Volkswirtschaft den Import von Roheisen, Walzstahl und Erzeugnissen der II. Verarbeitungsstufe vor allem aus der Sowjetunion bedeutend zu erhöhen.[33] Die Produktion dieser Erzeugnisse wuchs von 0,49 Mio. t im Jahre 1960 auf 1,69 Mio. t im Jahre 1970. Das Wachstum übertraf das der Produktion von Eisen und Stahl sowie warmgewalztem Walzstahl um fast das Doppelte (*Anlage 3*).

Tabelle 7: Entwicklung der Produktion von Eisen, Stahl, Kupfer und Aluminium in der DDR 1950-1989

Zeitraum	Roheisen	Rohstahl	Kupfer[1]	Aluminium[2]	IBP[3]
1950-1960	585 %	298 %	201 %		Etwa Verdoppelung
1960-1970	100 %	135 %	174 %	144 %	177 %
1970-1980	124 %	145 %	110 %	127 %	170 %
1980-1989	111 %	107 %	113 %	82 %	126 %

[1] Verbrauch von Rein- und Elektrolytkupfer
 (Verbrauch = Produktion + Import./.Export + ./.Bestandsänderung),
 1950-1960: Kupfererz (Aufkommen von Kupfererz deckte damals 70 % des Verbrauchs)
[2] Primäraluminium
[3] IBP = Industrielle Bruttoproduktion.

Quelle: Errechnet nach Zahlenangaben des STATISTISCHEN JAHRBUCHS DER DDR 1990, zusammengestellt in Anlagen 1 und 3

---

binat Thale als den drei größten Stahlproduzenten. – Volkswirtschaftsrat der DDR (VWR): Entwicklung der Schwarzmetallurgie der DDR 1963-1965 (BA).

[32] In der II. Verarbeitungsstufe werden warmgewalzte Erzeugnisse im kalten Zustand (d.h. unterhalb der Rekristallisationstemperatur) zu Produkten mit anderen Formen und Qualitäten weiterverarbeitet, z.B. Stahlrohre, Stahlblech, Bandstahl, Profile und Stahldraht. 1965 umfasste die II. Verarbeitungsstufe 41 Betriebe mit 1,1 Mi. t Produktion. – VWR: Entwicklung der Schwarzmetallurgie der DDR 1963-65 (BA).

[33] Gesetz über den Siebenjahrplan ... 1959-1965, Abschnitt Metallurgie (BA).

2.1.2 Nutzung von Sekundärrohstoffen, Investitions- und Importprobleme

In den 1970er Jahren erhöhten sich die Wachstumsraten in der Produktion von Roheisen und Stahl gegenüber dem vergangenen Jahrzehnt wieder, um dann in den 1980er Jahren dem allgemeinen Trend folgend erheblich zurückzugehen. Bei Kupfer und Aluminium hält die fallende Tendenz der Zuwachsraten über beide Jahrzehnte an, in den 1980er Jahren sind sogar absolute Rückgänge in der Produktion zu verzeichnen (*Tabelle 7*). Diese Entwicklung wird durch unterschiedliche Faktoren bestimmt:

- Aufkommenserhöhend wirkt sich die seit den 1970er Jahren verstärkte Erfassung, Aufbereitung und Verarbeitung metallischer Sekundärrohstoffe aus, wie von Stahlschrott, Gussbruch und Schrott aus Kupfer und Aluminium. Die Fünfjahrpläne dieser Phase forderten dafür die Entwicklung und etappenweise Realisierung industrieller Methoden.[34] Das Schrottaufkommen entwickelte sich z.b. für Stahl von 4,2 Mio. t im Jahre 1971 auf 4,9 Mio. t im Jahre 1989, für Kupfer im gleichen Zeitraum von 52 kt auf 55 kt (STATISTISCHES JAHRBUCH DER DDR 1990, 189). Das sind im Durchschnitt des betrachteten Zeitraums bei Stahl und bei Kupfer ca. 60 % des Verbrauchs pro Jahr (international waren das 1980 etwa 40 % (WINKLER 1983, 77). Das Schrottaufkommen wurde deshalb damals berechtigterweise als Hauptrohstoff für das Aufkommen metallischer Rohstoffe (Eisen, Stahl, Kupfer und Aluminium) bezeichnet.
- Probleme bei der Aufkommenssicherung (Importe) ergaben sich daraus, dass auch bei den metallischen Rohstoffen ein bedeutender Preisanstieg auf dem Weltmarkt zu verzeichnen war[35], so z.B. bei Kupfer (*Tabelle 8*).

  Gleichzeitig musste aber der absolute Rückgang der Kupferproduktion bei steigendem Inlandverbrauch mit wachsenden Importen kompensiert werden. Von 1970-1980 erhöhte sich z.B. der Import von Eisen- und Nichteisenerzen aus dem Haupteinfuhrland Kuba um 147 % und von 1980-1987 auf 456 % (berechnet auf Basis Valutamark) (STATISTISCHES JAHRBUCH DER DDR 1990, 254).

---

[34] Gesetz über den Fünfjahrplan... 1971-1975 und Gesetz über den Fünfjahrplan 1976-1980, Abschnitte Metallurgie und Wiederverwendung der anfallenden Sekundärrohstoffe (BA). Ausgenutzt wurde die Möglichkeit, dass die metallischen Rohstoffe als Abfall oder Schrott der Erzeugnisse auf entsprechender Metallbasis immer wieder von neuem einsetzbar sind. Bestimmt wird der Anfall als Schrott von der Lebensdauer der betreffenden Produkte. Elektromotoren z.B. wurden schon nach acht bis fünfzehn Jahren ausgesondert, Kupferrohre dagegen brauchen sechzig bis achtzig Jahre zur Schrottreife.

[35] Zu den Ursachen für diese Preisanstiege dürfte die von Winkler entwickelte These zutreffend sein, das sie sich im Auftrieb der Spekulationen an den Rohwarenbörsen entwickelt haben, im engen Zusammenhang mit der fortschreitenden Verteuerung der Rohwaren, vor allem mit dem Preisfieber bei Erdöl. – Winkler 1983, 44. (Mineralöl hatte sich zur Leitenergie der Weltwirtschaft entwickelt. – Erdmann 1995, 50).

Tabelle 8: Internationale Preisentwicklung von Kupfer 1950-1980 (US-cents / pound-London)								
1950	1960	1970	1972	1974	1976	1978	1980	
22	31	64	48	98	64	62	99	
Quelle: Angaben nach International Financial Statistics, bei WINKLER 1983, 44								

Die Orientierungen der Fünfjahrpläne von 1971 an waren deshalb wie bei den Energierohstoffen vor allem darauf gerichtet, Importe einzusparen und dazu verstärkt die eigenen Ressourcen zu nutzen sowie den spezifischen Verbrauch (an Walzstahl und Kupfer) zu senken. Die erhofften Wirkungen dieser Orientierungen dürften aber sowohl bei den Erzeugnissen der Schwarzmetallurgie (Importe aus der UdSSR, Frankreich, Italien und Japan) als auch bei den NE-Metallen (Importe aus Kuba und Norwegen) wenn überhaupt, so auf keinen Fall in diesem Zeitabschnitt, in vollem Umfang erreicht worden sein. Der von der SPK wegen Problemen der Energiebilanz für 1980-1988 geplante und im Ist auch erfolgte absolute Rückgang des Aluminiumverbrauchs sollte bis 1990 wieder aufgeholt werden, um dann bis 2000 auf 110 % (152 k t) zu steigen.[36]

- Die Investitionen für die Metallurgie (Metallurgieausrüstungsbau) erreichten ab 1975 im Anteil an den Gesamtinvestitionen der Industrie wieder die bis Anfang der 1960er Jahre realisierten Größenordnungen von 5-8 % (STATISTISCHES JAHRBUCH DER DDR 1990, 116). Sie konzentrierten sich allerdings auf den Ausbau moderner Kapazitäten der Schwarzmetallurgie, wie z.B. in den 1980er Jahren in Eisenhüttenstadt, Brandenburg, Ilsenburg, Riesa, Hennigsdorf und Nachterstedt. Die verbleibenden Mittel für die NE-Metallurgie, vor allem für die Kupferproduktion, dürften dagegen vor allem für die Kompensation der sich verschlechternden Abbaubedingungen erforderlich gewesen sein. Insgesamt wuchs dadurch im Zweig das Bruttoanlagevermögen bedeutend schneller als das Produktionsvolumen, die Produktivität der eingesetzten Grundfonds sank. Durch diese extensive Orientierung der Grundfondsreproduktion konnten vor allem in den 1980er Jahren die veralteten bzw. verschlissenen Ausrüstungen der Metallurgie nur unzureichend ausgesondert und erneuert werden. Der Verschleißgrad der Ausrüstungen im gesamten Zweig wuchs auf 57 % im Jahre 1989 und lag damit bedeutend über dem Durchschnitt der Industrie (46,5 %) (INSTITUT FÜR ANGEWANDTE WIRTSCHAFTSFORSCHUNG 1990, 108). Dass unter diesen Bedingungen immer wieder Defizite zwischen Bedarf und Aufkommen, vor allem bei der sortiments- und mengenmäßigen Bereitstellung dieser Rohstoffgruppe auftraten, dürfte insofern nicht verwundern.

---

[36] SPK: Entwicklung der Energie- und Rohstoffbasis bis zum Jahre 2000, Berlin 1986 (BA).

2.1.3 Senkung des spezifischen Verbrauchs

Die Verringerung der Wachstumsraten im Aufkommen metallischer Rohstoffe steht aber auch insbesondere in den 1980er Jahren mit der erstmals spürbaren Senkung des spezifischen Verbrauchs bezogen auf die Einheit Warenproduktion im engen Zusammenhang (*Tabelle 9*).

Tabelle 9: Index des Materialverbrauchs je 1.000 M industrieller Warenproduktion [1)]

Verbrauchsposition	1975	1980	1985	1988	1989
Volkswirtschaftlich wichtige Roh- und Werkstoffe	123	100	79	73	70
Walzstahl in der metallverarbeitenden Industrie	133	100	70	58	53

[1)] Die industrielle Warenproduktion ergibt sich aus der industriellen Bruttoproduktion abzüglich der Bestandsänderungen.

Quelle: STATISTISCHES JAHRBUCH DER DDR 1990, 183

Diese Tatsache verdeutlicht zugleich, dass auch bei den metallischen Rohstoffen in allen Jahren des DDR-Bestehens, international verglichen, ein uneffektiver (überhöhter) Einsatz zu verzeichnen war. Insofern konnte auch die dann in den letzten Jahren erreichte spürbare Senkung des spezifischen Verbrauchs nicht ausreichen, wie die noch 1989 bestehenden bedeutenden Einsparungspotentiale zeigen. Beim Walzstahl betraf das im Bereich der Metallurgie selbst insbesondere die breitere Anwendung moderner Verfahren in allen Produktionsstufen, die Einhaltung und Einengung der Toleranzen sowie die Zuschnittoptimierung.[37] Bei den Anwendern betrifft das vor allem die Anwendung Material sparender Konstruktionen und Verfahren (Leichtbauweise, spanlose Formung) und die Erhöhung des Materialausnutzungs-Koeffizienten.[38] Bei Aluminium betraf dies vor allem die Verbesserung der Verbrauchsstruktur. So lag der Aluminium-Verbrauch noch 1989 in der DDR hauptsächlich in der Elektrotechnik/Elektronik und nur zu einem geringen Teil im Fahrzeugbau und Bauwesen. In entwickelten Industrieländern

---

[37] 1989 wurde „nur" noch ein Drittel des Rohstahls nach dem veralteten Siemens-Martin-Verfahren produziert (1965 noch 80 %). Die in hoch entwickelten Industrieländern erfolgte vollständige Ablösung durch moderne Verfahren auf Basis massiver Sauerstoffanwendung war in der DDR erst nach 1990 vorgesehen. SPK: Entwicklung der Energie- und Rohstoffbasis bis zum Jahre 2000 (BA). Die im Fünfjahrplan 1986-1990 mit der Errichtung des Warmbreitbandwalzwerks im Eisenhüttenkombinat Ost vorgesehenen Kapazitäten wurden bis 1989 nicht erreicht, sodass der metallurgische Zyklus nicht geschlossen werden konnte. Für das Warmbandwalzen mussten deshalb Halbzeuge aus Eisenhüttenstadt in wachsendem Maße in der BRD umgewalzt werden. – Institut für angewandte Wirtschaftsforschung 1990, 106-107.

[38] SPK: Entwicklung der Energie- und Rohstoffbasis bis zum Jahre 2000 (BA).

waren zu dieser Zeit die Proportionen schon genau umgekehrt. Immerhin lag der Aluminiumverbrauch der DDR pro Kopf der Bevölkerung noch 1989 bis zu 50 % und je US-Dollar Bruttosozialprodukt bis zu 30 % über den internationalen Durchschnittswerten (INSTITUT FÜR ANGEWANDTE WIRTSCHAFTSFORSCHUNG 1990, 42). Auch hier wäre der überhöhte Bedarf nur mit einem unverhältnismäßig hohen Aufwand und/oder einer rigorosen Einschränkung der Produktion zu decken gewesen.

2.2 Mineralische Rohstoffe

Den Analysen des Instituts für angewandte Wirtschaftsforschung kann des Weiteren entnommen werden, dass in der DDR mehr als vierzehn mineralische Rohstoffe verwendet wurden. Den mengenmäßig größten Anteil am Aufkommen dieser Rohstoff-Hauptgruppe hatten Betonkies/Sand, Kalkstein, Split, Ton und Kalisalze, 1989 rd. 112 Mio. t von insgesamt 118 Mio. t. Es folgten Gips/Anhydrit, Glassande, Rohkreide, Kaolin, Flussspat und weitere. Über diese Rohstoffe verfügte die DDR in genügenden Mengen. Das Eigenaufkommen lag im Gegensatz zu den Energieträgern und den metallischen Rohstoffen noch 1989 bei 99,5 % (INSTITUT FÜR ANGEWANDTE WIRTSCHAFTSFORSCHUNG 1990, 43).[39] Das Aufkommen der mineralischen Rohstoffe hat sich ähnlich dem der Energierohstoffe und der metallischen Rohstoffe entwickelt. Dafür geben die Statistischen Jahrbücher der DDR zwar keine konkreten Zahlenangaben, da ihre Produktionen nicht ausgewiesen wurden. Diesbezügliche Rückschlüsse können aber aus der Produktionsentwicklung der aus mineralischen Rohstoffen hergestellten Baumaterialien, Chemiegrundstoffe und Kalidüngemittel gezogen werden (wobei vorausgesetzt werden kann, dass das Rohstoffaufkommen in den einzelnen Produkten der ersten Verarbeitungsstufe vollständig umgesetzt wurde).

2.2.1 Baumaterialien auf der Rohstoffbasis Kalkstein, Betonkies/Sand und Ton

Auch die Produktionsentwicklung der ausgewählten Baumaterialien Branntkalk und Zement sowie der Betonerzeugnisse (Basis Kalkstein, Ton und Betonkies) weist in den Jahren 1950-1960 das höchste Wachstum gegenüber den folgenden Zeitabschnitten aus (*Tabelle 10*). In dieser Zeit bestimmten die mit dem Auf- und

---

[39] Vorkommen wichtiger mineralischer Rohstoffe: Betonkies und Sand in diversen Kies- und Sandgruben der DDR, Kalkstein in Thüringen (Saale, Unstrut), Harz und Rüdersdorf bei Berlin, Industrietone in der Oberlausitz (Kamenz) und im Niederlausitzer Braunkohlengebiet, Gips im Südharz und Sperenberg beim Berlin, Anhydrit im Harz und Thüringen, Kalisalze in den Gebieten der Steinsalzlager von Werra und Unstrut sowie in der Magdeburger Börde. – Eisenhart & Lingelbach 1969, 124-125.

Ausbau der Wirtschaft in allen Zweigen durchgeführten Bauvorhaben, die zu einem bedeutenden Wachstum des Bauwesens führten, den hohen Bedarf an Rohstoffen. Diese Entwicklung setzte sich auch in den 1960er und 1970er Jahren fort (Wohnungsbauprogramm).[40]

Wie die Fünfjahrplan-Dokumente für 1971-1975 und 1976-1980 zeigen, erhielt noch in den 1970er Jahren die Baumaterialien-Industrie für ihre Rekonstruktion und den weiteren Ausbau erhebliche Investitionen. Bedeutend erweitert wurde die Zement- und Betonindustrie, neu entstand der Zweig Metallleichtbau. In den 1980er Jahren mussten die Investitionen allerdings um die Hälfte reduziert werden.[41] Diese Tatsache und der noch unter dem Durchschnitt der Industrie liegende Modernisierungsgrad der Ausrüstungen (INSTITUT FÜR ANGEWANDTE WIRTSCHAFTSFORSCHUNG 1990, 115)[42] waren auch bestimmend für die Verlangsamung des Wachstumstempos. Der absolute Rückgang der Zementproduktion in den 1980er Jahren ergab sich aus der veränderten Erzeugnisstruktur des Bauwesens, die durch erhöhte Anteile von Um- und Ausbauten in der Industrie, des innerstädtischen Bauwesens und der Baureparaturen charakterisiert war. Das führte zu einem Rückgang der Nachfrage nach Universal-Betonfertigteilen, Metallleichtbau-Konstruktionen und Großplatten für den Wohnungsbau und in deren Folge auch nach Zement (INSTITUT FÜR ANGEWANDTE WIRTSCHAFTSFORSCHUNG 1990, 115 f.).

Tabelle 10: Entwicklung des Aufkommens von Branntkalk, Zement und Betonerzeugnissen in der DDR, 1950-1989

Zeitraum	Branntkalk	Zement	Betonerzeugnisse	Industrielle Bruttoproduktion
1960		357 %	2.323 %	etwa Verdoppelung
1960-1970	129 %	158 %	238 %	177 %
1970-1980	126 %	157 %	148 %	170 %
1980-1989	103 %	98 %	105 %	126 %

Quelle: Errechnet nach den Zahlenangaben des STATISTISCHEN JAHRBUCHS DER DDR 1990, zusammengestellt in den Anlagen 1 und 4

---

[40] Vgl. die bereits aufgeführten Fünf- bzw. Siebenjahrplan-Dokumente dieser Zeiträume, jeweils Abschnitte Baumaterialien und Bauproduktion bzw. Bauwesen (BA).
[41] Ebenda, Abschnitte Baumaterialien und Bauwesen (BA).
[42] Der Modernisierungsgrad (Netto- zu Bruttoanlagenvermögen) betrug 1989 in der Metallurgie 50,3 %, bei Ausrüstungen 35,7 % und bei Gebäuden und baulichen Anlagen 66,6 % (Industrie insgesamt: 53,3 %, Ausrüstungen 45,8 %).

Der ungenügende Modernisierungsgrad der Ausrüstungen und die Investitionsprobleme waren entscheidende Ursachen dafür, dass in allen Jahren Defizite zwischen Aufkommen an Baustoffen (Zement) und Bedarf, besonders dem Bevölkerungsbedarf bestanden.[43] Im hohen Verschleißgrad der Ausrüstungen der Baumaterialien-Industrie, insbesondere der Zementindustrie (1989: 65 %) lag auch der überhöhte Elektroenergie-Verbrauch bei der Zementherstellung begründet (*siehe Abschnitt 1.5*).

Die Produktionsentwicklung der meisten Glas- und Keramikbaustoffe (Basis Quarzsand, Ton und Kaolin) verläuft ähnlich wie bei den bereits genannten Baustoffen (Entwicklung ausgewählter Gläser und Keramiken 1950-1988, *Anlage 4*). In allen Jahren orientierten die Pläne ständig auf den weiteren Ausbau der Glas- und Keramikindustrie, vor allem wegen der ausreichenden eigenen Vorkommen und der Exportmöglichkeiten. Das tatsächliche Entwicklungstempo wurde aber letzten Endes von den nur in begrenztem Maße zur Verfügung stehenden Investitionen und besonders ab den 1970er Jahren von den stark eingeschränkten Importmitteln für Produktionsausrüstungen bestimmt.[44] Die Investitionen der gesamten Leichtindustrie, zu deren sieben Wirtschaftszweigen auch die Glas- und Keramikindustrie gehörte, konnten im Anteil an der Industrie von 5,3 % im Jahre 1960 auf 7,3 % im Jahre 1970 erhöht werden, um in den 1980er Jahren auf einen Anteil von 5,8% zurückzugehen (STATISTISCHES JAHRBUCH DER DDR 1990, 116). Ein besonderer Schwerpunkt war dabei die ab dem Ende der 1960er Jahre ausgebaute Herstellung von Glaswerkstoffen für technische Verwendungszwecke, deren Umfang (wie deren Wachstumsraten) bis 1988 ständig anstiegen (*Anlage 4*). Sie waren vor allem auf Einsatzbereiche ausgerichtet, in denen sie Importe ablösen konnten, d.h. in denen sie Stahl, Buntmetallen und chemischen Werkstoffen gleich oder ähnlich waren. Beispiele sind Rohre, Reaktoren und Gefäße, das betraf aber auch Fernsehbildröhren sowie optische Massen- und Spezialgläser. Aber auch diese Entwicklung war begrenzt von Rückständen im Glasmaschinenbau und damals noch bei feuerfestem Material.[45] Eine weitere Besonderheit stellt die Produktion von Mauer- und Dachziegeln dar, die sich von den 1950er Jahren an absolut rückläufig entwickelt hat (*Anlage 4*). Hintergrund dafür war der Übergang zu indus-

---

[43] Der Verf. erinnert sich noch gut an die langen Käuferschlangen an den Baumärkten der DDR, die sich bei Ankündigung von Zementlieferungen oft schon früh um vier Uhr bildeten und für deren letzte Teile häufig die begehrte Ware ausverkauft war.

[44] Volkswirtschaftsrat der DDR: Schriftwechsel Hauptabteilung Planung und Finanzen, betr. Glas- und Keramikindustrie, Berlin 1962 (BA). Auch die bereits aufgeführten Fünf- bzw. Siebenjahrplan-Dokumente, jeweils Abschnitt Glas/Keramik (BA).

[45] SPK: Stellungnahme zum Bericht ... über die schnelle Entwicklung der Produktion von Glasseide für technische Verwendungszwecke zur Unterstützung der chemischen Industrie und der anderen Zweige der Volkswirtschaft, Berlin 1964 (BA).

triellen Baumethoden (industrieller Wohnungsbau) und damit zu vorgefertigten Betonerzeugnissen wie Beton- oder Steinziegel für Dachziegel u.a. Eine entscheidende Rolle spielte dabei aber auch der Rückgang der für die Ziegelproduktion erforderlichen Vorkommen spezieller Tone.[46] Inwieweit darauf die sehr schwankende Entwicklung von Erzeugnissen der Sanitärkeramik und des Porzellans zurückzuführen ist, konnte den zur Verfügung stehenden Unterlagen nicht entnommen werden. Insgesamt muss auch bei diesen Baustoffen (und entsprechend den zugrunde liegenden Rohstoffen) konstatiert werden, dass die seit den 1950er Jahren bestehende Schere zwischen Aufkommen und Bedarf nie geschlossen wurde, so z.B. bei Mauer- und Dachziegeln, Sanitärkeramik und Massenware der Glasindustrie für den privaten Verbrauch.

2.2.2 Chemische Grundstoffe auf der Basis von Kalkstein

Zu den wichtigsten Anwendungsgebieten von Kalkstein in der Chemie gehörte die Herstellung von Calciumcarbid und Soda. Beide sind bestimmende Ausgangsstoffe für chemisch-technische Verfahren und Produkte, Calciumcarbid für die Herstellung von Plasten, Fasern und synthetischem Kautschuk und Soda für die Herstellung von Glas, Stickstoffdünge- und Waschmitteln (EISENHART & LINGELBACH 1969, 9). Die Produktionsentwicklung von Soda war charakteristisch für die Entwicklung der gesamten Chemie, deren Industrielle Bruttoproduktion wie die der Elektrotechnik/Elektronik in allen Jahren (wenn auch mit abnehmenden Wachstumsraten) schneller als die der anderen Zweige und damit der gesamten Industrie wuchs (*Tabelle 11 und Anlage 1*).

Tabelle 11: Entwicklung des Aufkommens von Calciumcarbid, Soda und Kalidüngemitteln in der DDR 1950-1989

Zeitraum	Calciumcarbid (300 Liter C_2H_2/kg)	Kalzinierte Soda (Na_2CO_3)	Kalidüngemittel (K_2O)	Industrielle Bruttoproduktion
1950-1960	150 %	129 %	131 %	etwa Verdoppelung
1960-1970	133 %	114 %	141 %	177 %
1970-1980	100 %	128 %	142 %	170 %
1980-1989	92 %	106 %	94 %	126 %

Quelle: Errechnet nach den Zahlenangaben der STATISTISCHEN JAHRBÜCHER DER DDR 1960/61 und 1990, zusammengestellt in den Anlagen 1 und 4

---

[46] Volkswirtschaftsrat der DDR: Schriftwechsel Hauptabteilung Planung und Finanzen, betr. Glas- und Keramikindustrie, Berlin 1962 (BA).

Der Ausbau der Chemischen Industrie zu einem der führenden Zweige der Volkswirtschaft ergab sich vor allem aus dem Vorteil der im Inland vorhandenen Rohstoffbasis (Kalkstein und Kohle bei den hier betrachteten Grundstoffen) und des breiten Anwendungsfeldes chemischer Erzeugnisse in allen Zweigen der Industrie und der Landwirtschaft. Verbunden war diese Entwicklung mit einer bedeutenden Erhöhung des Anteils chemischer Erzeugnisse an der gesamten Bruttoproduktion. Die starken extensiven Produktionserweiterungen erfolgten dabei allerdings zu Lasten der einfachen Reproduktion des Anlagevermögens (nicht zuletzt mit erheblichen Umweltbelastungen).[47] Die Auswirkungen bestimmten auch die von Jahrzehnt zu Jahrzehnt fallenden Wachstumsraten der Produktion von Calciumcarbid und Soda, da die weitgehend verschlissenen Anlagen mit geringer Produktivität, hoher Störanfälligkeit, hoher Energieintensität und minderer Qualität der erzeugten Produkte verbunden war (*Tabelle 11*). Bei Calciumcarbid führte der hohe Verschleißgrad der Ausrüstungen (Kombinat Buna 1988 61,5%) sogar zu einem absoluten Rückgang der Produktion in den achtziger Jahren. Hinzu kommt, dass wie in der gesamten Industrie auch in der Chemie ein viel zu breites Erzeugnissortiment produziert wurde, wodurch der Bedarf bei vielen im Lande produzierten Erzeugnissen nicht gedeckt werden konnte und Importe notwendig waren.[48] Der Wandel im Rohstoffeinsatz von der Braunkohle zum Mineralöl und in der Produktionsstruktur zu Kunststoffen und synthetischen Fasern in den 1960er Jahren erfolgte verspätet und nicht ausreichend. Trotz einiger moderner Anlagen der chemischen Rohstoffumwandlung hatte die chemische Industrie der DDR keinen so deutlichen Wachstumsvorsprung vor der gesamten Industrie, wie in den führenden westlichen Ländern. Auch die in den 1980er Jahren in den westlichen Ländern, z.B. der BRD, zu beobachtende Verschiebung des Sortiments in Richtung von Spezialerzeugnissen der Chemie und der Plastindustrie hat in der DDR nur in geringem Maße stattgefunden. Immer wieder verschoben wurde die Einstellung der auf verschlissenen Anlagen mit hohem Aufwand und Energieverbrauch produzierten Erzeugnisse, wie Stickstoff- und Phosphatdüngemittel, Karbochemie, Elektrolysen u.a. (INSTITUT FÜR ANGEWANDTE WIRTSCHAFTSFOR-SCHUNG 1990, 96-103). Aufgrund der Erzeugnisvielfalt war auch der Versuch, sich durch Ablösung von Importen aus dem westlichen Ausland relativ unabhängig vom Weltmarkt zu machen, von vornherein zum Scheitern verurteilt. Davon zeugt eine Vielfalt von

---

[47] Vgl. die bereits angeführten Fünfjahr- und Siebenjahrplan-Dokumente, Abschnitte Chemie (BA).
[48] Nach Expertenschätzungen hat die DDR z.B. 50 % des Weltsortiments an Maschinen und Anlagen produziert, wodurch in ungeheurer Breite wissenschaftlich-technische Entwicklungsarbeit geleistet werden musste, die sich nur in relativ kleinen Serien amortisieren konnte. Dazu Wenzel: „Auch dies war keine Frage der Dummheit, die Wirtschaftlichkeitsberechnungen dazu lagen mehr oder weniger ausführlich vor. Wenn man aber bestimmte Ausrüstungen unabdingbar brauchte, dann musste man sie produzieren oder man hatte sie nicht." – Wenzel 1989, 32.

Importen, wie z.B. Ruß für die Reifenindustrie, PVC-Weichmacher u.a., die dann ab den 1970er Jahren ebenfalls nur in sehr begrenztem Umfang zur Verfügung standen. Dadurch öffnete sich die Schere zwischen Rohstoffaufkommen und Bedarfsdeckung der auf dieser Basis hergestellten Erzeugnisse weiter, anstatt, dass sie geschlossen werden konnte.

2.2.3 Kali auf Basis von Kalisalzen

Die Produktion von Kalidüngemittel (Basis Kalisalze) hat sich entgegen der Entwicklung bei allen anderen Rohstoffen mit wachsenden Zuwachsraten noch bis 1988 erhöht. Der Rückgang von 1989 im Vergleich zu 1988 war vor allem durch einen Gebirgsschlag im Hauptabbaugebiet Werra bedingt (INSTITUT FÜR ANGEWANDTE WIRTSCHAFTSFORSCHUNG 1990, 97) (*Tabelle 11*). In der insgesamt progressiv verlaufenden Entwicklung bis 1988 kommt die sehr forciert betriebene Kaliproduktion der DDR zum Ausdruck, bedingt vor allem durch die lange Tradition der Kaligewinnung bereits vor dem II. Weltkrieg, die ausreichend eigenen Vorkommen und die guten Exportmöglichkeiten. In allen Fünf- bzw. Siebenjahrplänen wurde immer wieder auf den weiteren Ausbau der Kaliproduktion orientiert. Die höchsten Wachstumsziele wurden in den 1960er und 1970er Jahren gestellt. Mit einer Verdopplung der Produktion von 1,7 Mio. t (1960) auf 3,4 Mio. t (1980) wurden diese auch annähernd erreicht (*vgl. Anlage 4*).

Die Planentwürfe dieser Zeit machen aber auch die mit dem Produktionswachstum verbundenen erheblichen Probleme deutlich. Das betraf vor allem die ständig notwendige Sicherung des K_2O-Gehalts, das in den geförderten Rohsalzen (Hartsalz und Carnallit) einen unterschiedlichen Anteil hatte. Im Zeitraum 1956-1965 lag dieser Anteil in den elf Kalibetrieben beispielsweise zwischen 8,1-14,5 %. Erschwerend wirkte sich dabei aus, dass mit fortschreitendem Abbau die Hartsalzvorkommen mit guter Qualität erheblich abnahmen. Problematisch erwiesen sich auch die Abführung der zunehmenden Mengen an Endlaugen (Abführung in die Elbe), die Wasserbereitstellung und die Rekonstruktion der Schächte, dem wichtigsten Teil der Grubenbetriebe.[49] Besonders in der Kaliindustrie waren deshalb erhebliche Investitionen für die Rekonstruktion der bestehenden Kaliwerke, den Neuaufschluss von Salzlagerstätten und den Neubau von Betrieben notwendig, ohne die das ständige Produktionswachstum nicht möglich gewesen wäre. Sie reichen von der Erweiterung der bestehenden Werke, wie Kalikombinat Werra, dem größten Kalibetrieb der DDR und dem Werk in Bischofferode (nach 1960), bis zu den Neuaufschlüssen Zielitz I und Zielitz II (1965/1980) sowie dem Werksneubau,

---

[49] Kali-Ingenieurbüro, Erfurt: Perspektivplan der Kaliindustrie für den zweiten und dritten Fünfjahrplan, Erfurt 1956, 3-14 (BA).

z.B. Bernburg-Aderstett (1971-1975).[50] Dass die Kaliindustrie aber dennoch den höchsten Verschleißgrad der Ausrüstungen (64,7 %) innerhalb der gesamten Chemischen Industrie (55,5 %) aufwies, zeigt auch hier, dass die Produktionserweiterung ganz offensichtlich nur zu Lasten der notwendigen Rekonstruktion der bestehenden Anlagen erfolgen konnte.

3. Eine notwendige Schlussbemerkung

Dass in der zentral geleiteten und geplanten Wirtschaft der DDR in allen Jahren z.T. erhebliche Defizite zwischen Rohstoffaufkommen und Bedarf bestanden, ist als hinreichender Beleg für die unzureichende Effektivität der zentralen Planung anzusehen. Praktisch ist es mit der zentralen Planung nie gelungen, effiziente Ziele (für das Produktionswachstum) mit den Realisierungsmöglichkeiten (Rohstoffaufkommen, Investitionen) in Übereinstimmung zu bringen. Vielmehr muss die so gesteuerte Entwicklung als ein „Wachstum um jeden Preis" (MOTTEK 1996, 22f.) charakterisiert werden, die die Leistungskraft der Wirtschaft überforderte. WENZEL, einer der wohl kompetentesten Autoren zu dieser Problematik, kennzeichnet entscheidende Mängel der zentralen Planung völlig zu Recht:
- mit der Vorgabe völlig überspannter Pläne, die häufig nicht erfüllt wurden,
- mit der stillschweigenden Akzeptanz nicht erfüllter Pläne („keine Fehlerdiskussionen" und keine Korrektur bzw. Anpassung der Pläne),
- dem Fehlen von erforderlichen Plan-Reserven, sodass sich jede negative Planabweichung sofort in Mängelerscheinungen auswirkte,
- dem Fehlen eindeutiger Bewertungsmaßstäbe (Preise entfernten sich zunehmend von den Realitäten)
- sowie der voluntaristischen Bestimmung wirtschaftspolitischer Ziele, bis zur kleinlichen Einmischung (WENZEL 1999, 7-13).

Eine andere Frage ist die Wertung dieser Erscheinungen, die im Gegensatz zu der erstgenannten heftig umstritten ist. Am häufigsten münden die Auffassungen in einem Gleichstellen der Mängel mit dem gesamten realsozialistischen Wirtschafts- und Planungssystem (wegen fehlender Demokratie) und insofern als Ursache des ökonomischen Zusammenbruchs der DDR. Ob diese Einschätzung sachlich richtig und gerechtfertigt ist, kann mit Sicherheit nicht hinreichend beantwortet werden. Vor allem dann nicht, wenn die Mangelerscheinungen einseitig oder oft vereinfacht aus dem Gesamtensemble der Nach- und Vorteile eines Gesellschaftssystems herausgelöst werden, wie das in der dazu erschienen Literatur sehr

---

[50] Ebenda, 5.

häufig erfolgt.[51] Ebenso trifft das zu, wenn von „ökonomischem Kollaps" der DDR gesprochen wird, ohne die dafür heranzuziehenden Indikatoren gründlich zu untersuchen. Einige solcher wesentlichen Bedingungen haben z.b. die Autoren der Betriebsgeschichte des VEB LEW Hennigsdorf herausgearbeitet, wie
- das Fehlen des offenen internationalen Wettbewerbs mit embargofreiem Zugang zur internationalen technisch/technologischen Weltspitze,
- das Fehlen einer fairen und der BRD gleichberechtigten Behandlung seitens der westlichen Staaten, Gremien und Organisationen sowie
- das Vorhandensein von drastischen wirtschaftlichen, währungspolitischen und finanziellen Benachteiligungen (JAHRESRINGE e.V. 1999, 10).

Der Verf. möchte deshalb schon gar nicht alleine auf der Basis vorliegender Arbeit eine solche endgültige Wertung vornehmen. Diese sollte sachlich und objektiv, so wie es WENZEL (1999, 22-40) fordert, erst nach umfassenden Analysen der Mangelerscheinungen bei der Deckung der menschlichen Bedürfnisse im marktwirtschaftlichen und realsozialistischen System durchgeführt werden, in die auch die Anfangs- und Entwicklungsbedingungen beider Systeme in Deutschland einzubeziehen wären.

4. Zusammenfassung

Ein wichtiges Merkmal der Rohstoffsituation der DDR ist darin zu sehen, dass Bedarf und Aufkommen der Rohstoffe in allen Jahren des Zeitraums von 1950-1988 gewachsen sind, mit anfänglich hohen, dann ständig abnehmenden Wachstumsraten. Auf die Verlangsamung des Wachstums haben neben einem jeweils höheren Ausgangsniveau Bedarfs- und Aufkommens-Begrenzungen (Importe, Investitionen), Veränderungen der Industriestruktur, effektivere Rohstoffstrukturen und spezifische Verbrauchssenkungen einen maßgeblichen Einfluss gehabt. Das Rohstoffaufkommen war in allen Jahren des DDR-Bestehens von hohen Importen vor allem für Energie- und metallische Rohstoffe gekennzeichnet. Dafür musste fast ein Drittel der gesamten Importmittel verausgabt werden.

Zu den wesentlichsten Veränderungen in der Struktur der Energierohstoffe zählt der, wenn auch im internationalen Vergleich zeitlich verschobene, Übergang von der in den 1950er Jahren bestehenden Dominanz fester Rohstoffe (insbesondere

---

[51] So schätzt z.B. auch Leptin bezugnehmend auf die in der alten BRD zahlreich erschienenen Arbeiten über die DDR kritisch ein: „Es ist offensichtlich, dass die Überwindung politischer und ideologischer Vorurteile zwar eine notwendige, mitnichten aber eine hinreichende Voraussetzung für eine abgewogene Darstellung der DDR-Verhältnisse ist. Die materialmäßigen und methodischen Schwierigkeiten sind zumeist von erheblich größerer Bedeutung, zumal gerade sie häufig zu nicht ausreichend begründeten Wertungen verleiten." – Leptin 1980, 7.

der einheimischen Braunkohle) zu den energiegünstigeren flüssigen Rohstoffen, ab 1960 Erdöl und ab 1970 Erdgas. Wichtige Änderungen in der Struktur metallischer Rohstoffe sind der überproportionale Ausbau der Erzeugnisse der II. Verarbeitungsstufe ab den 1960er Jahren und die zunehmende Wiederverwendung von Sekundärrohstoffen ab den 1970er Jahren. Die Gewinnung und Verwendung der in ausreichenden Mengen vorhandenen mineralischen Rohstoffe (Betonkies/Sand, Kalkstein, Ton, Kalisalze) wurden in allen Jahren z.t. erheblich ausgebaut. Ihre noch effektivere Nutzung wurde letztlich durch die begrenzten materiellen und finanziellen Mittel gestoppt.

Die Bereitstellung der Rohstoffe (besonders der Importe) wurde von komplizierten äußeren Bedingungen beeinflusst. Eine entscheidende Bedingung, die sich insgesamt nachteilig auswirkte, wird in der festen Einbindung der DDR in die Wirtschaft der damaligen sozialistischen Staatengemeinschaft gesehen, die nach den Richtlinien bzw. Vorgaben der Sowjetunion arbeitete. Das betraf im Rohstoffsektor vor allem die vom Umfang her kaum ausreichenden und häufig mit zusätzlichen Abstrichen versehenen sowjetischen Rohstoff-Lieferungen (Erdöl). Äußerst brisant wurde die Lage der Rohstoffbereitstellung ab den 1970er Jahren mit der weltweiten Verteuerung wichtiger Rohstoffe und vor allem mit dem Preisverfall in den 1980er Jahren, der die DDR in der Perspektive vor kaum lösbare Probleme stellte. Dieser Zeitraum wird als Wende in der DDR-Wirtschaft mit zunehmend abschüssiger Entwicklung eingeschätzt.

Zwischen Rohstoffaufkommen und Bedarf bestanden latent Defizite. Die Gewinnung und Verarbeitung der Rohstoffe stieß ständig an die materiellen und finanziellen Grenzen der Wirtschaft (z.B. durch die viel zu langsame Modernisierung der Kraftwerke in den 1960er Jahren sowie den zunehmenden Verschleißgrad der Produktionsanlagen in der Chemie und Baustoffindustrie ab den 1970er Jahren). Ökonomisch nachteilig wirkten sich auch das breite Produktionssortiment der Chemie wie der gesamten Industrie und vor allem der im internationalen Vergleich zu hohe spezifische Energie- und Rohstoffverbrauch aus (zusätzlicher Mehraufwand an Rohstoffen).

Mit der zentralen Leitung und Planung dieser Prozesse in der DDR ist es nie gelungen, effiziente Ziele (des Produktionswachstums) mit den Realisierungsmöglichkeiten (Rohstoffaufkommen, Investitionen) in Übereinstimmung zu bringen. Ob diese Mängel immanenter Bestandteil des sozialistischen Systems sind, kann allein auf der Basis der vorliegenden Arbeit nicht ausreichend beantwortet werden.

Literatur

Behrens, H.; Neumann, H. & Schikora, A. (Hg.): Wirtschaftsgeschichte und Umwelt – Hans Mottek zum Gedenken, Forum Wissenschaft Studien 29, BdWi-Verlag Marburg 1996

Bundesministerium für innerdeutsche Beziehungen (Hg.): DDR-Handbuch, Band 1 und 2, Verlag für Wissenschaft und Politik, Köln 1985

Behrens, H.: Die ersten Jahre – Naturschutz und Landschaftspflege in der SBZ/DDR von 1945 bis Anfang der 60er Jahre, in: Institut für Umweltgeschichte und Regionalentwicklung e.V. (Hg.): Naturschutz in den neuen Bundesländern – ein Rückblick, Forum Wissenschaft Studien 45, BdWi-Verlag, Marburg 1998

Deutsches Institut für Wirtschaftsforschung (Hg.): DDR-Wirtschaft, Eine Bestandsaufnahme, Fischer Taschenbuch Verlag, Frankfurt Main 1974

Eisenhart, W. & Lingelbach, A.: Kleine Chemie, VEB Deutscher Verlag für Grundstoffindustrie, Leipzig 1969

Erdmann, G.: Energieökonomik, Theorie und Anwendung, Hochschulverlag AG an der ETH Zürich, B.G. Teubner, Stuttgart 1995

Hütte-Taschenbuch für Werkstoffkunde, Berlin 1967

Horn, M.: Die Energiepolitik der Bundesregierung von 1958-1972, Duncker & Humblot, Berlin 1977

Institut für angewandte Wirtschaftsforschung (Hg.): Wirtschaftsreport – Daten und Fakten zur wirtschaftlichen Lage Ostdeutschlands, Verlag Die Wirtschaft Berlin GmbH 1990

Leptin, G.: Deutsche Wirtschaft nach 1945 – Ein Ost-West-Vergleich, Leske Verlag + Budrich GmbH, Opladen 1980

Mager, D.: Wismut – die letzten Jahre des ostdeutschen Uranbergbaus. In: Am Ende des realen Sozialismus, Opladen 1999, Band 2

Mottek, H.: Das Maedowsche Weltsystem und der Markt, in: Behrens, H.; Neumann, H. & Schikora, A. (Hg.): Wirtschaftsgeschichte und Umwelt – Hans Mottek zum Gedenken, Forum Wissenschaft Studien 29, BdWi-Verlag Marburg 1996

Nick, H.: Warum die DDR-Wirtschaft gescheitert ist, Hefte zur DDR-Geschichte, Nr.21, Gesellschaftswissenschaftliches Forum e.V., Berlin 1994

Pirker,T.; Lepsius, M.R.; Weinert, R. & Hertle, H.H.: Der Plan als Befehl und Fiktion, Westdeutscher Verlag GmbH, Opladen 1995

Przybilski, P.: Tatort Politbüro, Band 2, Rowohlt Verlag GmbH, Berlin 1992

Schürer, G.: Planung und Leitung der Volkswirtschaft der DDR. In: Am Ende des realen Sozialismus, Opladen 1999, Band 4

VDI-Lexikon Energietechnik, VDI-Verlag 1994

Vogel, M.: Krisenprozesse in der kapitalistischen Energiewirtschaft, Berichte des Instituts für Internationale Politik und Wirtschaft, 1987, Nr.3

Wenzel, S.: War die DDR 1989 wirtschaftlich am Ende? Hefte zur DDR-Geschichte, Nr.52, „Helle Panke" e.V., Berlin 1989

Wenzel, S.: Sozialismus gleich Mangelwirtschaft? „Helle Panke" zur Förderung von Politik, Bildung und Kultur e.V., Heft 14, Berlin 1999

Wenzel, S.: Was war die DDR wert? Das Neue Berlin Verlagsgesellschaft mbH, Berlin 2003

Winkler, H.: Welt-Ressourcen, Urania-Verlag Leipzig, Jena, Berlin 1983

Jahresringe e.V., Ortsgruppe Hennigsdorf (Hg.): Zeitzeugnisse 1945-1990, Teil I: Aus der Geschichte eines traditionsreichen ostdeutschen Industriebetriebes, Druckhaus Berlin Centrum, Berlin 1999

Statistisches Jahrbuch der DDR, 1959, VEB Deutscher Zentralverlag, Berlin 1959; 1961, VEB Deutscher Zentralverlag, Berlin 1961; 1983, Staatsverlag der DDR, Berlin 1983; 1989, Staatsverlag der DDR, Berlin 1989 und Statistisches Taschenbuch der DDR 1989, im gleichen Verlag erschienen, 1990, Verlag die Wirtschaft Berlin GmbH, 1990

Verwendete Unterlagen des Bundesarchivs

Fünf- und Siebenjahrpläne
    Direktive des IV. Parteitages der SED für den zweiten Fünfjahrplan 1956-1960, Dietz Verlag, Berlin 1954, Bundesarchiv, Parteitage der SED-DY 30 / IV 1 / IV /41
    Gesetz über den Siebenjahrplan zur Entwicklung der Volkswirtschaft der DDR in den Jahren 1959-1965 ..., Volkskammer der DDR, Drucksache Nr. 39, Bundesarchiv, Volkskammer der DDR 58/59-66c 140 1058 /59
    Vorläufige Eckziffern und Hauptrichtungen der volkswirtschaftlichen Entwicklung 1964-1970 (Perspektivplan), Bundesarchiv, Parteitage der SED-DX 30 /IV 1/ VI / 1 und DX 30/IV 1/ VII
    Gesetz über den Fünfjahrplan für die Entwicklung der Volkswirtschaft der DDR
    1951-1956 – Bundesarchiv, Gesetzblätter der DDR – ZB 200 49a (1951)
    1971-1975 – Bundesarchiv, Gesetzblätter der DDR – ZB 200 49a (1971)
    1976-1980 – Bundesarchiv, Gesetzblätter der DDR – ZB 200 49a (1976)
    1981-1985 – Bundesarchiv, Gesetzblätter der DDR – ZB 200 49a (1981)
    1986-1990 – Bundesarchiv, Gesetzblätter der DDR – ZB 200 49a (1986)

Ministerrat der DDR / Staatliche Zentralverwaltung für Statistik
    Bericht über die Entwicklung der Energiewirtschaft der DDR 1960-1963, v. 30.9.1965, Bundesarchiv, Staatliche Zentralverwaltung für Statistik-DE 2/22367
    Statistisches Jahrbuch der Energiewirtschaft der DDR 1966, Bundesarchiv, Staatliche Zentralverwaltung für Statistik, DE 2/22998
    Energiewirtschaftliche Entwicklung der metallverabeitenden Industrie bis 1980, vom 25.04.1963, des Industriezweiges Energie 1965-1970, vom 30.11.1963; des Bereiches Schwarzmetallurgie 1965-1980, vom 31.12.1963; der VVB Kali 1960-1980, vom 15.02.1964. – Bundesarchiv, Staatliche Zentralverwaltung für Statistik – DE 2/22013

Volkswirtschaftsrat der DDR
    VEB Kali-Ingenieurbüro, Erfurt: Perspektivplan der Kaliindustrie für den zweiten und dritten Fünfjahrplan, 31.5.1956, Bundesarchiv, Volkswirtschaftsrat – DE 4/VA/17118
    Schriftwechsel der Hauptabteilung Planung und Finanzen (betr. Glas- und Keramik-Industrie, H.T.), 01.01.1962-31.05.1962, Bundesarchiv, Volkswirtschaftsrat – DE 4/VA/30100
    Entwicklung der Schwarzmetallurgie der DDR 1963-65, Bundesarchiv, Volkswirtschaftsrat – DE 4/VA/32153

Staatliche Plankommission der DDR
    Stellungnahme zum Bericht über die Durchführung der Beschlüsse des VI. Parteitages der SED über die schnelle Entwicklung der Produktion von Erzeugnissen der Glasindustrie für technische Verwendungszwecke zur Unterstützung der Chemischen Industrie und der anderen Zweige der Volkswirtschaft, 01.06.1964, Bundesarchiv, Staatliche Plankommission – DE 1/VA/40 276
    Hauptrichtungen der Entwicklung des Energiebedarfs der Volkswirtschaft bis 1980, unter besonderer Berücksichtigung der Entwicklung fester Brennstoffe, v.31.08.1964, Bundesarchiv, Staatliche Plankommission – DE 1 / VA / 48 670
    Zum Einsatz von Kupfer und Zinn bei den Hauptverbrauchern, v.29.09.1975, Bundesarchiv, Staatliche Plankommission – DE 1/VA/55260
    Hauptkennziffern zur Entwicklung Fünfjahrplan, vom 04.03.1985, Bundesarchiv, Staatliche Plankommission – DE 1/VA/56546
    Entwicklung der Energie- und Rohstoffbasis bis zum Jahre 2000, Bundesarchiv, Staatliche Plankommission – DE 1/VA/56746

Anlagen

Anlage 1

Tabelle 1: Bruttoprodukt nach Industriebereichen und Entwicklung 1960 – 1988
(in vergleichbaren Preisen – Basis 1985)

Industriebereich	1960	1970	1980	1988
	Mrd.M			
Energie und Brennstoffe	14,7	21,4	31,9	40,5
Chemische Industrie	25,5	53,5	95,9	111,0
Metallurgie	17,4	27,6	46,3	53,4
Baumaterialienindustrie	3,7	6,9	10,5	11,4
Wasserwirtschaft	1,9	2,2	2,9	3,3
Maschinen- u. Fahrzeugbau	24,1	49,6	86,3	114,3
Elektrotechnik/Elektronik	6,2	15,2	32,9	60,3
Leichtindustrie	15,7	26,2	45,3	57,5
Textilindustrie	12,1	17,4	27,0	34,0
Lebensmittelindustrie	27,4	43,4	69,2	80,0
außerdem				
Produzierendes Handwerk	6,5	9,7	11,9	14,7
Industrie gesamt	148,6	263,3	448,1	565,6

	1960	1970	1980	1988
	1950=100	1960=100	1970=100	1980=100
	%			
Energie und Brennstoffe		145,6	149,1	127,0
Chemische Industrie		209,8	179,3	115,8
Metallurgie		158,6	167,8	115,3
Baumaterialienindustrie		186,5	152,2	108,6
Wasserwirtschaft		115,8	131,8	113,8
Maschinen- u. Fahrzeugbau		205,8	174,0	132,4
Elektrotechnik/Elektronik		245,2	216,5	183,3
Leichtindustrie		166,9	172,9	126,9
Textilindustrie		143,8	155,2	125,9
Lebensmittelindustrie		158,4	159,5	115,6
außerdem				
Produzierendes Handwerk		149,2	122,7	123,5
Industrie gesamt	etwa	177,2	170,2	126,2

Quelle: STATISCHES JAHRBUCH DER DDR 1990, 170

Anlage 2

Aufkommen an Primär-Energieträgern (Eigenaufkommen und Import), DDR 1950-1989[1]

Energieträger	Einheit	1950	1960	1970	1980	1985	1988	1989
Braunkohle								
EAK[2)]	Mio. t	137,1	225,5	261,5	258,1	312,2	310,3	301,1
Umrechnung	Mio. t SKE	38,4	63,1	73,2	72,3	87,4	86,9	84,3
Anteil		81 %	82,3 %	74,8 %	56,4 %	58,8 %	59,8 %	59,5 %
Steinkohle								
EAK	Mio. t	2,8	2,7	1,0	0,0	0,0	0,0	0,0
Import	Mio. t	/1954/ 6,5	8,1	8,2	6,8	5,1	5,8	4,3
Gesamt	Mio. t / SKE	9,3	10,8	9,2	6,8	5,1	5,8	4,3
Anteil		19 %	14,1 %	9,4 %	5,3 %	3,4 %	4,0 %	3,0 %
Erdöl								
EAK	Mio t	0,0	0,0	0,1	0,1	0,1		
Import	Mio t	0,0	1,9	10,3	21,9	22,8	20,5	21,0
Gesamt	Mio t	0,0	1,9	10,4	22,0	22,9	20,5	21,0
Umrechnung	Mio. t SKE	0,0	2,7	15,0	31,7	33,0	30,0	30,2
Anteil			3,5 %	15,3 %	24,7 %	22,2 %	20,7 %	21,3 %
Erdgas								
EAK	Mrd. m³	0,0	0,0	0,2	8,0	13,2	11,9	11,9
Import	Mrd. m³	0,0	0,0	0,0	/1974/ 6,4	6,2	7,1	/1988/ 7,4
Summe	Mrd. m³	0,0	0,0	/1969/ 0,2	14,4	19,4	19,0	19,3
Umrechnung	Mio. t SKE	0,0	0,0	0,22	15,8	21,3	20,9	21,2
Anteil				0,2 %	12,3 %	14,3 %	14,4 %	15,0 %

Wasserkraft	Mrd. kWh	ca. 0,2		0,6	1,3	1,7	1,8	1,7	1,6
Umrechnung	Mio. t SKE	0,0		0,08	0,15	0,21	0,22	0,20	0,19
Anteil				0,1 %	0,2 %	0,2 %	0,2 %	0,1 %	0,1 %
Kernkraft	Mrd. kWh	0,0		0,0	0,1	11,9	12,7	11,7	12,3
Umrechnung	Mio. t SKE	0,0		0,00	0,06	1,46	1,56	1,38	1,51
Anteil					0,1 %	1,1 %	1,1 %	1,0 %	1,1 %
Gesamt	Mio. t SKE	47,7		76,68	97,83	128,27	148,58	145,2	141,70
Anteil		100 %		100 %	100 %	100 %	100 %	100 %	100 %
Entwicklung für Zehnjahresabschnitte		(1950 = 100)	100 %	161 %	(1960 = 100) 128 %	131 %		(1980 = 100)	110 %

1) Rohenergieaufkommen (EAK und Import ohne Abzug Export, Verluste und Anteil für stoffwirtschaftliche Nutzung)
2) EAK = Eigenaufkommen

Umrechnung in SKE: 1 t BK = 0,28 t SKE / 1 t SK = 1 t SKE = 8,141 MWh / 1 t Erdöl = 1,44 t SKE / 1.000m3 Erdgas = 1,10 t SKE / VDI-LEXIKON 1994, 42-43 /

Quelle: STATISTISCHES JAHRBUCH DER DDR 1990: Braunkohle, 21 u. 174 / Steinkohle, 21 u. 282 / Erdöl, 282 / Erdgas, 20 / Kern- und Wasserkraft, 185 (ergänzt aus BUNDESMINISTERIUM FÜR INNDERDEUTSCHE BEZIEHUNGEN 1985)

Anlage 3

Aufkommen / Produktion und Verbrauch metallischer Rohstoffe, DDR 1950-1989
(Daten soweit verfügbar)

Met. Rohstoffe	Einheit	1950	1960	1970	1980	1985	1989
Produktion von							
Roheisen	Mio t	0,34	1,99	1,99	2,46	2,58	2,73
Rohstahl	Mio t	1,26	3,75	5,05	7,31	7,85	7,83
Inlandverbrauch von							
Roheisen	Mio t			2,39	3,06	3,67	3,99
Rohstahl	Mio t	1,26	3,75	5,05	7,31	7,85	7,83
Produktion von							
Walzstahl, insgesamt.	Mio t			4,76	8,27	9,05	9,38
Erz. II. Verarbeit.stufe, einschl.Stahlrohre	Mio t		0,49	1,69	3,53	3,87	4,08
Produktion von							
Rein- u. Elektrolytkupfer	T t				52,00	49,00	44,00
Verbrauch von							
Rein- u. Elektrolytkupfer	T t		59,50	103,70	114,40	123,90	128,90
Produktion von							
Primäraluminium	T t		36,00	52,00	66,00	66,00	54,00
Verbrauch von							
Primäraluminium	T t			151,90	235,20	225,90	222,30
Produktion von							
Sekundäraluminium	T t			34,00	49,00	61,00	54,00
Halbzeug aus Al	T t		57,00	132,00	189,00	193,00	185,00
Rein-/Elektrolyt- u. Hartblei	T t		25,00	33,00	40,00	42,00	41,00
Hüttenroh- und Feinzink	T t				22,00	21,00	19,00
Elektrolytzinn	T t			0,99	1,74	2,30	2,50
Stahlveredler							
Nickel	T t		0,23	2,28	2,51	1,87	1,86
Manganerz (nur Import)	T t		97,20	68,30	46,60	19,50	26,60
Chromerz (nur Import)	T t		26,00	41,70	40,10	52,30	41,60

Produktion = Eigenaufkommen + Import von Erzen + Schrott
Verbrauch = Produktion + Import (von prod.Metall) +./. Vorratsänderungen

Quelle: STATISTISCHES JAHRBUCH DER DDR 1990, 174/175 (Produktion), 182 (Verbrauch) und 282 (Import)

Anlage 4

Aufkommen mineralischer Rohstoffe und daraus hergestellter Produkte, DDR 1950-1989

Rohstoff	Einheit	1950	1960	1970	1980	1985	1988	1989
Betonkies/Sand	Mio. t							37,7
. Betonerzeugnisse	Mio. t	0,3	6,97	16,6	24,6	25,3	25,4	25,9
. Fensterglas[1]	Mio. m²		16,1	20,9	23,3	22,8	23,4	25,7
. Sicherheitsglas	Mio. m² eff.			1,1	1,6	1,9	2,1	2,1
. Glaserz.f.E/E[2]	Mio. M			63,3	88,9	371,8	512,2	439,8
. Optisches Glas	Mio. M			42,8	130,6	171,4	276,9	251,1
. Glasseide[3]	T t			2,3	8,8	9,6	10,5	11,3

[1] Einheitsdicke
[2] E/E = Elektrotechnik/Elektronik
[3] einschl. Glasseideerzeugnisse

Rohstoff	Einheit	1950	1960	1970	1980	1985	1988	1989
Kalkstein	Mio. t							27,5
. Branntkalke	Mio. t		2,1	2,7	3,4	3,6	3,5	3,5
. Zement	Mio. t	1,4	5,0	7,9	12,4	11,6	12,5	12,2
. Calciumcarbid[4]	Mio. t	0,6	0,9	1,2	1,2	1,1	1,1	1,1
. Kalz.Soda, leicht	T t NA_2CO_2	458,5	593,7	676,3	866,3	883,6	914,1	917,6

[4] Basis 300 Liter C_2H_2/kg

Rohstoff	Einheit	1950	1960	1970	1980	1985	1988	1989
Ton	Mio. t							17,5
Glassand	Mio. t							1,1
. Mauerziegel[5]	Mio. Stück		2.272,0	1.280,0	1.230,0	1.116,0	1.089,0	1.104,0
. Dachziegel[6]	Mio. Stück		359,0	178,0	33,0	14,0	14,0	14,0
. Sanitäre Keramik	T t		13,3	13,1	21,2	20,2	20,6	21,6
. Porzellan[7]	Mio. M			256,4	576,6	698,3	758,8	753,2

[5] einschließlich Mauerklinker, Normalformat
[6] Platteneinheiten
[7] Haushalt- und Hotelporzellan

Rohstoff	Einheit	1950	1960	1970	1980	1985	1988	1989
Splitt	Mio. t			4,0	9,0	14,0	12,0	12,0	11,0
Gips/Anhydrit	Mio. t							3,2
.Gips, gebrannt	T t		217,1	243,6	313,2	311,7	302,4	292,4
Kalidüngemittel	Mio. t K_2O	1,3	1,7	2,4	3,4	3,5	3,5	3,2

Quellen: STATISTISCHE JAHRBÜCHER DER DDR 1961, 319 und 1990, 174, 175, 178
INSTITUT FÜR ANGEWANDTE WIRTSCHAFTSFORSCHUNG 1990, 43

Ellenor Oehler

Zur Entwicklung des Umweltrechts

1. Einleitung

Eine rückblickende Analyse der Umweltrechtsentwicklung im Gebiet der DDR zwischen 1945 und 1989 kann nur dann zu den mit dieser Aufsatzsammlung angestrebten Zielstellungen beitragen, wenn man sie in größere zeitliche, räumliche und weltweit-politische Zusammenhänge stellt. Sie baute 1945 auf der vorausgegangenen Gesetzgebung auf, war von der Teilung Deutschlands und der Einordnung der beiden deutschen Staaten in politische Blöcke geprägt und ist seit der politischen „Wende" von der Integrierung in die Rechtsordnungen Deutschlands und der Europäischen Union bestimmt, ist in sie eingegangen. Gewisse deutsche und europäische Kontinuitäten waren und sind dabei mit Spezifika der „realsozialistischen" Entwicklungsetappe verbunden, letztere zugleich auch als Ergebnis der kooperativen Umweltrechtsentwicklung der „sozialistischen Staatengruppe"[1].

2. Entwicklungsetappen

Die Entwicklung des Umweltrechts begann im Gebiet der ehemaligen DDR nicht erst 1945. Bereits frühere, zu Beginn des Jahrhunderts erlassene landesrechtliche Vorschriften waren auf den Schutz von Landschaftsteilen gerichtet.[2] Die darauf gestützten Schutz-Anordnungen wurden durch das Reichsnaturschutzgesetz von 1935[3] in Kraft gelassen. Diese galten, ebenso wie die Reichsnaturschutzgesetzge-

---

[1] Oehler, E.: Internationale Forschungskooperation der ehemaligen RGW-/COMECON-Staaten zum Umweltrecht. Zwischen ihnen bzw. unter ihrer Beteiligung und auf dem Wege zur EU-Osterweiterung, Dr. Kovač, Hamburg 2004, 537 S.

[2] Preußisches Gesetz vom 2.6.1902 gegen die Verunstaltung landschaftlich hervorragender Gegenden; Preußisches Gesetz vom 15.7.1907 gegen die Verunstaltung von Ortschaften und landschaftlich hervorragenden Gegenden; Änderung vom 8.7.1920 des Preußischen Feld- und Forstpolizeigesetzes; Preußisches Gesetz vom 29.7.1922 zur Erhaltung des Baumbestandes und Erhaltung und Freigabe von Uferwegen im Interesse der Volksgesundheit; Naturschutzgesetz Anhalts vom 14.6.1923; Sächsisches Gesetz vom 13.1.1934 zum Schutze von Kunst-, Kultur- und Naturdenkmalen (Heimatschutzgesetz).

[3] Reichsnaturschutzgesetz vom 26.6.1935 (RGBl. I S. 821).

bung selbst[4] und die hierauf begründeten Schutz-Anordnungen im Gebiet der DDR bis zum Inkrafttreten neuer Normativakte bzw. neuer Schutzerklärungen weiter. Gleiches galt für die frühere Wassergesetzgebung[5], Berggesetzgebung[6] und andere umweltbezogene Regelungsbereiche.

Erste eigene Umwelt-Rechtsvorschriften der DDR wurden in den 1950er Jahren erlassen. Die Verfassung von 1949 hatte in Art. 26 Abs. 3 bestimmt: „Die Erhaltung und Förderung der Ertragssicherheit der Landwirtschaft wird auch durch Landschaftsgestaltung und Landschaftspflege gewährleistet." Dazu erging 1953 die Verordnung des Ministerrates zum Schutze der Feldgehölze und Hecken[7], die sich auf Gehölze, Gebüsche, Baumgruppen und Hecken innerhalb der Feldflur, Waldreste und Gehölzstreifen an Böschungen, Gräben, Bach- und Flussufern als „Schutzgehölze" bezog. Neben ökologischen Erfordernissen des Gehölzschutzes in der Landwirtschaft fanden hier aber auch – dem Verfassungsauftrag entsprechend – ökonomische Ziele, nämlich der beginnenden Kollektivierung, Berücksichtigung (Sicherung entsprechender Flureinteilung für Agrartechnik).

Die Verbindung ökologischer und ökonomischer Erfordernisse bestimmte ebenso erste chemikalienrechtliche Vorschriften der 1950er Jahre (Pflanzenschutz, Giftgesetzgebung, Hygieneinspektion),[8] die sich auf den Schutz von Boden, Aufwuchs und Gewässern bezogen. Zu nennen sind aus diesen Jahren weiterhin erste Vorschriften über Jagdwesen, Fischerei und Angelsport, Bienenweide sowie über die Wiedernutzbarmachung bergbaulich genutzter Flächen.[9] Sie alle waren Ausdruck des konzeptionellen Ansatzes, die Natur-/Ressourcennutzung mit ökologischen Schutzerfordernissen zu verbinden.

---

[4] Fn. 3; Verordnung vom 31.10.1935 zur Durchführung des Reichsnaturschutzgesetzes; Verordnung vom 18.3.1936 zum Schutze der wildwachsenden Pflanzen und der nichtjagdbaren wildlebenden Tiere (Naturschutzverordnung); Drittes Gesetz vom 20.1.1938 zur Änderung des Reichsnaturschutzgesetzes; Runderlass vom 2.5.1941 des ehem. Reichsforstmeisters als Oberste Naturschutzbehörde.

[5] Preußisches Wassergesetz vom 7.4.1913; Sächsisches Wassergesetz vom 12.3.1909.

[6] Sächsisches Allgemeines Berggesetz vom 31.8.1910; Preußisches Allgemeines Berggesetz vom 24.6.1965; Berggesetze der früheren Länder Thüringen und Mecklenburg von 1857 bis 1922. Auf der Grundlage von Gesetzen der Länder von 1947 erfolgte die Überführung der Bodenschätze in „Volkseigentum", was mit Art. 25 der DDR-Verfassung von 1949 bestätigt wurde. Die entsprechenden Teile vorstehend genannter früherer Berggesetze traten damit außer Kraft.

[7] Zu der Verordnung vom 29.10.1953 erging mit gleichem Datum die Erste Durchführungsbestimmung.

[8] Gesetz vom 25.11.1953 zum Schutze der Kultur- und Nutzpflanzen; Gesetz vom 6.9.1950 über den Verkehr mit Giften; Verordnung vom 4.12.1952 über die Hygieneinspektion.

[9] Gesetz vom 25.11.1953 zur Regelung des Jagdwesens; Gesetz vom 2.12.1959 über die Binnen- und Küstenfischerei – Fischereigesetz; Verordnung vom 14.10.1954 zur Förderung des Angelsports; Verordnung vom 15.11.1951 zum Schutze der Bienen mit Zweiter Durchführungsbestimmung vom 22.11.1951 – Maßnahmen zum Schutze der Bienen und zur Förderung der Bienenweide –; Verordnung vom 6.12.1951 über die Wiedernutzbarmachung der für Abbau- und Kippenzwecke in Anspruch genommenen Grundstücksflächen.

Infolge sich verstärkender Inanspruchnahmen und Einwirkungen auf die Natur erließ 1954 die Volkskammer der DDR in Fort- und Weiterentwicklung der Reichsnaturschutzgesetzgebung nach mehrjährigen Vorarbeiten das Gesetz zur Erhaltung und Pflege der heimatlichen Natur (Naturschutzgesetz), in dem der Schutz der Natur – den genannten konzeptionellen Ansatz präzisierend – im Sinne erhaltenden, pfleglichen, planvollen, rationellen, dem Gemeinwohl verpflichteten Umgangs mit der Natur zur nationalen Aufgabe erklärt wurde.[10] Die Zentrale Naturschutzverwaltung verabschiedete dazu in den Folgejahren ausführende Rechtsvorschriften.[11] Im Gesetz und in den nachgeordneten Vorschriften waren geregelt:
- die Schutzobjekte (Naturschutzgebiete, Landschaftsschutzgebiete, Naturdenkmäler, Geschützte Tiere, Geschützte Pflanzen);
- die staatliche Naturschutzverwaltung (zentral, bezirklich, kreislich), die Zusammenarbeit mit gesellschaftlichen Organisationen („Massenorganisationen"), die Unterstützung durch Naturschutzbeauftragte und Naturschutzhelfer,[12] die wissenschaftliche Zusammenarbeit und Beratung;
- die Rechtsinstrumente (insbesondere Schutzanordnungen, einstweilige Sicherungen, Vollzug und Rechtsschutz).

Als Weiterentwicklung gegenüber der Reichsnaturschutzgesetzgebung und der dieser vorausgegangenen Landesgesetzgebung sind insbesondere hervorzuheben:
- die in der Präambel des Gesetzes verankerten neuen gesellschaftlichen Zielstellungen;
- Regelungen über Umfang und Art der Bewirtschaftung und der Errichtung von Bauten in Schutzgebieten;
- die einheitliche Kennzeichnung der Schutzgebiete in der Örtlichkeit mittels Tafeln mit der „Naturschutz-Eule";
- die Einbeziehung von Waldungen in der Umgebung größerer Städte und von Parkanlagen in den Status als Landschaftsschutzgebiet;
- die Orientierung auf die Erholungsbedürfnisse (Erholungseignung als Zweckbestimmung der Landschaftsschutzgebiete);
- das Erfordernis der Überprüfung aller landschaftsverändernden Maßnahmen außerhalb geschlossener Ortschaften im Standortgenehmigungsverfahren.

---

[10] Gesetz vom 4.8.1954 (GBL. DDR I S. 695).
[11] Erste Durchführungsbestimmung vom 15.2.1955; Anordnung vom 24.6.1955 zum Schutze von wildwachsenden Pflanzen; Anordnung vom 15.2.1955 zum Schutze von nichtjagdbaren wildlebenden Tieren mit Ausnahme der Vögel; Anordnung vom 24.6.1955 zum Schutze der nichtjagdbaren wildlebenden Vögel.
[12] Ergänzend zu § 12 Naturschutzgesetz („Naturschutzbeauftragte") erfolgte die Einsetzung von Naturschutzhelfern aufgrund einer Empfehlung der Zentralen Naturschutzverwaltung „zur Verbesserung der Naturschutzarbeit und zur Unterstützung der Naturschutzbeauftragten".

Auf der Grundlage dieser Gesetzgebung ergingen noch in den 1950er Jahren Vorschriften zur Unterschutzstellung von Landschaftsteilen[13] sowie zur Neueinstufung von Wäldern in Bewirtschaftungsgruppen.[14]

Diese „*erste Etappe*" der DDR-Umweltgesetzgebung wurde von dem genannten Naturschutzgesetz geprägt, das – trotz aller Neuerungen und Ressourcenbezüge – dem „Naturschutz im engeren Sinne" verpflichtet blieb.

Ende der 1950er und vor allem in den 1960er Jahren folgte als eine „*zweite Etappe*" eine umfassende neue Gesetzgebung auf dem Gebiet der rationellen Ausnutzung und Reproduktion der Naturressourcen (unter Einschluss ökologischer Erfordernisse). Das betraf Wasserrecht, Bergrecht, Bodenrecht, Waldrecht, Jagdrecht, aber auch Vorschriften über Denkmalschutz, Kur- und Heilmittelwesen, Schutz der Wohnumwelt (kommunale Abfallwirtschaft, Luftreinhaltung, Lärmschutz).[15] Geregelt waren dazu – außer den ökologischen Anforderungen für die

---

[13] Anordnung vom 24.6.1957 über die Erklärung von Landschaftsteilen zu Naturschutzgebieten; Anordnung Nr. 1 vom 30.3.1961 über Naturschutzgebiete (endgültige Unterschutzstellung der in den Jahren 1956 bis 1958 von den Räten der Bezirke als Bezirks-Naturschutzverwaltungen einstweilig sichergestellten Naturschutzgebiete).

[14] Anweisung vom 6.3.1956; Verfügung vom 5.8.1959.

[15] Gesetz vom 17.4.1963 über den Schutz, die Nutzung und die Instandhaltung der Gewässer und den Schutz vor Hochwassergefahren – Wassergesetz –; Erste Durchführungsverordnung dazu vom 17.4.1963; Anordnung vom 5.3.1968 über die Zulassung und Tätigkeit ehrenamtlicher Helfer der Gewässeraufsicht; Verordnung vom 18.4.1963 über die Untersuchung und Nutzung der in den Braunkohlefeldern vorhandenen Lagerstätten der Steine- und Erdenrohstoffe; Anordnung vom 2.4.1968 zur Gewährleistung der öffentlichen Sicherheit und zum Schutz der Volkswirtschaft an Halden und Restlöchern; Berggesetz vom 12.5.1969; Erste Durchführungsverordnung dazu vom 12.5.1969; Beschluss vom 6.12.1962 zur Steigerung der Bodenfruchtbarkeit; Verordnung vom 21.6.1962 über die Organisation des Meliorationswesens, mit umfangreicher Folgegesetzgebung; Verordnung vom 11.12.1964 zum Schutz des land- und forstwirtschaftlichen Grund und Bodens und zur Sicherung der sozialistischen Bodennutzung-Bodennutzungsverordnung –; Erste Durchführungsbestimmung dazu vom 28.5.1968 – Ausgleich der Wirtschaftserschwernisse; Verordnung vom 15.6.1967 über die Einführung einer Bodennutzungsgebühr zum Schutz des land- und forstwirtschaftlichen Bodenfonds – Verordnung über Bodennutzungsgebühr –; Erste Durchführungsbestimmung dazu vom 24.5.1968; Dienstanweisungen vom 8.7.1966 und vom 23.12.1967 zur Einstufung der Wälder in Bewirtschaftungsgruppen; Anordnung vom 8.10.1965 über die Bewirtschaftung von Wäldern, die für die Erholung der Werktätigen von großer Bedeutung sind; Anordnung vom 11.3.1969 über den Schutz und die Reinhaltung der Wälder (mit Abschn. III „Ehrenamtliche Helfer des Forstschutzes"); Achte Durchführungsbestimmung vom 14.4.1962 zum Jagdgesetz; Anordnung vom 10.5.1962/Empfehlung vom 21.12.1966 über die Einsetzung von Beauftragten für Naturschutz in den Jagdgesellschaften; Direktive vom 5.9.1969 über Maßnahmen zum Schutz und zur Hege der Wasservögel in der DDR; Verordnung vom 28.9.1961 über die Pflege und den Schutz der Denkmale; Erste Durchführungsbestimmung dazu, vom 28.9.1961; Verfügung vom 30.7.1963 zum Schutz von Parkanlagen; Verordnung vom 3.8.1967 über Kurorte, Erholungsorte und natürliche Heilmittel – Kurortverordnung –; Erste bis Dritte Durchführungsbestimmungen dazu vom 6.3.1968; Anordnung vom 25.7.1960 über die Markierung von Wanderwegen in der DDR; Beschluss vom 8.9.1966 über Maßnahmen zur Reinhaltung der Luft; Anordnung vom 28.6.1968 zur Begrenzung und Ermittlung von Luftverunreinigungen (Immissionen); Anordnung vom 19.2.1969 über die Anwendung der Grundsätze für ökonomische Regelungen zur

Prozesse verstärkter wirtschaftlicher Inanspruchnahme der Ressourcen und anderweitiger Einwirkung auf die „Schutzobjekte" – das Leitungssystem mit wissenschaftlicher Beratung und gesellschaftlicher Mitwirkung; der Planungsmechanismus; die Standortprüfungen; Rechtsinstrumente wie Schutzgebiete mit Rechtsregime, Zulassungsentscheidungen, Kontrollverfahren, Duldungspflichten; Sanktionsmaßnahmen; der Einsatz „ökonomischer Hebel". Dabei zeigten sich jedoch vielfach unterschiedliche Ansätze für gleichgelagerte Erfordernisse in den verschiedenen Ressorts. Komplexität und Verflochtenheit der Umweltbeziehungen waren ungenügend erfasst.

Gestützt und begleitet wurden die Gesetzgebungsarbeiten der 1960er Jahre durch intensive Analysearbeiten über Umweltsituation und Entwicklungstendenzen und vor allem über die sich daraus ergebenden technisch-technologischen, naturwissenschaftlichen, ökonomischen, pädagogischen und organisatorisch-rechtlichen Schlussfolgerungen und Lösungsmöglichkeiten (Analysen, Prognosen, Modellversuche, Erarbeitung von Parametern).[16] Schwerpunkte waren: Abprodukteverwertung zur Minderung von Belastungen für Luft, Wasser, Boden und Landschaft; Landschaftspflege und Gestaltung der Kulturlandschaft; Komplexität und Verflechtungen im Naturhaushalt; Einordnung von Leitung, Planung, Eigenverantwortung und Stimulierung in das „Neue Ökonomische System (NÖS)".[17]

Reinhaltung der Gewässer und der Luft sowie zur rationellen Nutzung des Grund- und Oberflächenwassers; Verordnung vom 19.2.1969 über die Erhöhung der Verantwortung der Räte der Städte und Gemeinden für Ordnung, Sauberkeit und Hygiene im Territorium (mit ökonomischen Regelungen); außerdem galten staatliche Standards für zulässigen Lärm, z.B. für Außenlärm, Wohnumwelt.

[16] Dazu gehörten z.B. die Erarbeitung von Richtlinien und Musterverträgen über das Zusammenwirken von Investoren (Geologie, Energiewirtschaft, Post u.a.) und Landwirtschaftsbetrieben zum Bodenschutz; Untersuchungen zur Annwendbarkeit der Regelungen der Bodennutzungsverordnung (Ausgleich wirtschaftlicher Nachteile) auf das Bergrecht, Wasserrecht, Immissionsschutzrecht (Luftreinhaltung/Immissionsschäden) u.a.; Untersuchungen und Erarbeitung von Empfehlungen zu Ausgleichsmaßnahmen bei Immissionsschäden an landwirtschaftlichen und gartenbaulichen Kulturen; Analysen und Schlussfolgerungen zum ressortübergreifenden Zusammenwirken bei der Gestaltung komplexer Bergbaufolgelandschaften; Prüfung von Alternativen für die Einordnung des Regelungsbereiches Luftreinhaltung in das Umweltrecht oder das Zivilrecht; 1968-1970 umfassendes „Experiment" im Bezirk Halle für ein komplexes Programm auf dem Gebiet der Luftreinhaltung, insbesondere zur Erprobung „ökonomischer Hebel"; Untersuchungen zur Einführung abgestimmter „ökonomischer Hebel" für Boden, Landschaft, Gewässer, Abprodukte; Untersuchungen zu Maßnahmen in Gemeinden zur Erhöhung von Sauberkeit und Hygiene, insbesondere zur Beseitigung von Siedlungsmüll; 1968-1969 Erarbeitung einer Prognose „Industrielle Abprodukte und planmäßige Gestaltung einer sozialistischen Landeskultur in der DDR" durch eine Arbeitsgruppe unter Leitung eines Stellvertretenden Vorsitzenden des Ministerrates, dazu 1968 Stellungnahme einer Expertengruppe. Die Verfasserin hat an diesen Aktivitäten mitgewirkt.

[17] Das NÖS führte in der 2. Hälfte der 1960er Jahre zu erweiterter, ökonomisch stimulierter wirtschaftlicher Eigenverantwortung der „Wirtschaftseinheiten" im staatlichen System der Planung und Leitung. Die Vorbereitung des Landeskulturgesetzes (Fn. 18) und der Umweltgesetzgebung war davon geprägt. Die Wirtschaftspolitik der SED nach 1971 (der „Honecker-Ära") verneinte diesen Kurs. Die Umwelt-

Die Ergebnisse dieser Untersuchungen fanden in einer *„dritten Etappe"* der Gesetzgebungsarbeiten ihren Niederschlag, in deren Mittelpunkt der Erlass eines komplexen Umweltgesetzes, des Landeskulturgesetzes,[18] stand (1970). Vorausgegangen war die Aufnahme des Umweltanliegens in eine neue Verfassung. Diese war nach zweijähriger Vorbereitung,[19] breiter öffentlicher Diskussion[20] und Abstimmung in einem Volksentscheid[21] am 6.4.1968 angenommen worden. Ihr Artikel 15, der ebenso wie das Landeskulturgesetz bis zum Ende der DDR unverändert blieb,[22] lautete: „(1) Der Boden der Deutschen Demokratischen Republik gehört zu ihren kostbarsten Naturreichtümern. Er muss geschützt und rationell genutzt werden. Land- und forstwirtschaftlich genutzter Boden darf nur mit Zustimmung der verantwortlichen staatlichen Organe seiner Zweckbestimmung entzogen werden. (2) Im Interesse des Wohlergehens der Bürger sorgen Staat und Gesellschaft für den Schutz der Natur. Die Reinhaltung der Gewässer und der Luft

---

gesetzgebung konnte aber aus einer „Novellierung" herausgehalten werden und enthielt somit bis zuletzt vielfältige ökonomische Regelungen, die sich bewährt haben. Wichtige NÖS-Regelungen waren die in Fn. 15 genannten 4 Normativakte von 1966, 1968 und 1969.

[18] Gesetz vom 14.5.1970 über die planmäßige Gestaltung der sozialistischen Landeskultur in der Deutschen Demokratischen Republik – Landeskulturgesetz – (GBl. DDR I S. 67). Die einzige Änderung erfolgte 1982 zu § 28 (als Anpassung der Formulierungen zu Wasserschutzgebieten an das Wassergesetz).

[19] Die Volkskammer der DDR hatte 1967 eine Kommission zur Ausarbeitung des Verfassungsentwurfs eingesetzt, der 41 Personen angehörten; hinzu kamen 22 namentlich benannte „Persönlichkeiten ... zur Unterstützung der Tätigkeit der Kommission", darunter der für die Umweltfragen zuständige Stellvertreter des Vorsitzenden des Ministerrates (Dr. Werner Titel), zugleich als Mitglied des Präsidiums des Parteivorstandes der DBD (Bauernpartei).

[20] Der Verfassungsentwurf der Kommission (Fn. 19) wurde am 31.1.1968 der Volkskammer unterbreitet, die ihn nach Aussprache „zur Kenntnis nahm", eine „umfassende Volksaussprache" beschloss und die Kommission mit der Auswertung der eingereichten Vorschläge und der Vorlage eines überarbeiteten Verfassungsentwurfs beauftragte. Über das Ergebnis der Volksaussprache berichtete auf der Volkskammertagung am 26.3.1968 der Präsident des Nationalrats der Nationalen Front (Abgeordneter Prof. Dr. Dr. Erich Correns); die Kommission hatte einen schriftlichen Bericht am 22.3.1968 vorgelegt. An der Aussprache hatten sich 11 Millionen Bürger beteiligt, es waren 12.454 formulierte Vorschläge unverbreitet worden, die zu 118 Änderungen des Entwurfs geführt hatten (an Präambel und 55 Artikeln). Zum Umweltschutz-Artikel (15) war vorgeschlagen worden, die Nutzung des Bodens und seinen Schutz vor Zweckentfremdung umfassender zu regeln, was mit Art. 15 Abs. 1 erfolgte. Die Volkskammer beschloss in der Sitzung ein „Gesetz zur Durchführung eines Volksentscheids über die Verfassung" (Fn. 21).

[21] Der Volksentscheid über den Verfassungsentwurf fand am 6.4.1968 statt, wozu die Volkskammer eine „Zentrale Abstimmungskommission" berufen hatte, der auf Antrag aller Fraktionen der Volkskammer 17 Personen angehörten. Lt. Bericht der Kommission vom 8.4.1968 hatten von den 12.208.986 Abstimmungsberechtigten 11.536.803 (94,49 %) zugestimmt.

[22] Die „politisch begründete" Verfassungsänderung der Honecker-Ära vom 7.10.1974 betraf nicht den Umweltschutz-Artikel. Obwohl die offizielle Quellenangabe lautete: „Verfassung der Deutschen Demokratischen Republik vom 6.4.1968, GBl. I Nr. 8 S. 199, i.d.F. des Gesetzes zur Ergänzung und Änderung der Verfassung der Deutschen Demokratischen Republik vom 7.10.1974, GBl. I N. 47 S. 425", wird oft auch der Umweltschutzartikel als von 1974 stammend zitiert, was falsch ist.

sowie der Schutz der Pflanzen- und Tierwelt und der landschaftlichen Schönheiten der Heimat sind durch die zuständigen Organe zu gewährleisten und sind darüber hinaus auch Sache jedes Bürgers". In diesem Verfassungsartikel fand die vorausgegangene gesetzgeberische Arbeit zum Naturschutz, zur Gewässer- und Luftreinhaltung sowie zum Bodenschutz verallgemeinernd Ausdruck; der Verfassungsrang der Norm bestimmte zugleich das nun entstehende System eines komplexen Umweltrechts. Der Verfassungsartikel beinhaltete – nach heute gebräuchlichen Begriffen – eine „Staatsaufgabe"/„Staatszielbestimmung" Umweltschutz/Umweltgestaltung, darüber hinaus diese als gesellschaftliche Aufgabe und Bürgeranliegen (eine grundsätzliche Orientierung für Staat und Gesellschaft und für die staatsbürgerlichen Rechte und Pflichten jedes Bürgers).[23]

Während der Vorbereitung der Verfassung begannen zugleich die Vorbereitungen für den Erlass des Landeskulturgesetzes. Den offiziellen Auftrag dazu erteilte der Ministerrat der DDR im Februar 1969 unter ausdrücklicher Bezugnahme auf Artikel 15 der Verfassung;[24] im November 1969 behandelte der Staatsrat einen ersten Entwurf und beschloss die öffentliche Diskussion ab Dezember 1969, die zu rund 1.600 Änderungsvorschlägen führte.[25] Das Gesetz wurde am 14.5.1970 von der Volkskammer beschlossen. Die Verfasserin war während all dieser Etappen Mitglied der Gesetzgebungskommission. Begründung und Diskussion in der Volkskammer unterstrichen – ebenso wie die vorausgegangene öffentliche Diskussion – die politische Bereitschaft von Staat, Gesellschaft und Bürgern zum Umweltschutz und zeigten das große öffentliche Interesse an wirksamen Maßnahmen zur Überwindung von Umweltbelastungen. Zugrunde lagen das Wachstum der Industrie, des Bauwesens und des Verkehrswesens, die Konzentration der Bevölkerung in Städten und industriellen Zentren, die Intensivierung der landwirt-

---

[23] Umweltrechtsrelevant sind außer Art. 15 auch die Verfassungsartikel 35 (Gewährleistung des Rechts der Bürger auf Schutz der Gesundheit) und 34 (Recht auf Erholung), die aus der Verfassung von 1968 auch nach der Verfassungsänderung von 1974 (Fn. 22) unverändert fortgalten.

[24] Beschluss des Ministerrates der DDR vom 5.2.1969 über die planmäßige Entwicklung einer sozialistischen Landeskultur in der DDR mit folgender Ziffer 6: „Zur Schaffung der notwendigen Rechtsgrundlagen für die Verwirklichung des Art. 15 der Verfassung der DDR ist ein Gesetz für die Entwicklung einer sozialistischen Landeskultur (als Rahmengesetz) zu erarbeiten". Gemäß Ziffer 5 Buchst. B vorg. Beschlusses war zugleich zur Gewährleistung der Aufgaben zur planmäßigen Entwicklung einer sozialistischen Landeskultur" beim Präsidium des Ministerrates eine „Ständige Arbeitsgruppe für sozialistische Landeskultur" zu bilden (weiter dazu Fn. 38). Der Beschluss enthielt außerdem die offiziellen Stellungnahme zu der in Fn. 16 (am Schluss) genannten komplexen Prognose.

[25] Beschluss des Staatsrats der DDR vom 20.11.1969; Abt. Presse und Information des Staatsrates der DDR (1970): Planmäßige Gestaltung der sozialistischen Landeskultur-Verwirklichung eines Verfassungsauftrages. Aus der Tätigkeit der Volkskammer und ihrer Ausschüsse, 5. Wahlperiode, Berlin, Heft 18, 109 S. (5 f., 18/19). An 80 Stellen des ersten Gesetzentwurfes wurden aufgrund der öffentlichen Diskussion inhaltliche Änderungen vorgenommen.

schaftlichen Produktionsprozesse, das zunehmende Bedürfnis nach Erschließung und Schutz von Erholungsräumen.

Das Landeskulturgesetz enthielt als „komplexes Rahmengesetz" Vorschriften über die grundlegenden Zielstellungen und Prinzipien sowie die Grundsatzregelungen zu den Teilbereichen Naturschutz/Landschaftspflege, Boden, Wälder, Gewässer, Luft, Abprodukte und Lärm. Bestehende Spezialgesetze zu Teilbereichen sowie als Durchführungsverordnungen zum Landeskulturgesetz erlassene[26] bzw. zu erlassende Rechtsvorschriften dienten der Umsetzung und Konkretisierung des Rahmengesetzes. Erklärte Anliegen waren die Überwindung unabgestimmten, ressortmäßigen Herangehens bei gleichgelagerten Eingriffen in den Naturhaushalt, langfristig-prognostische Untersuchungen, ökonomisch stimulierte Minimierung von Umweltbelastungen, höhere ökonomische Ergebnisse durch Beachtung und Nutzung von Stoffkreisläufen und Mehrfachfunktionen sowie das Zusammenwirken verschiedener Adressatengruppen (auch der Belaster mit den Betroffenen) unter Mitwirkung einer breiten Öffentlichkeit, wobei die Präambel des Gesetzes auch auf die Verantwortung für künftige Generationen verwies. Erfahrungen und Anstrengungen, die von Naturliebe und Einsatzbereitschaft beim Schutz von Natur und Umwelt zeugten und die insbesondere in Aktivitäten der Naturschutzbewegung Ausdruck gefunden hatten, wurden als wichtige Grundlage für die Verwirklichung des Gesetzes hervorgehoben. Der Bedeutung entsprechend wurden Naturschutz/Landschaftspflege als erster Teilbereich des Gesetzes erfasst[27] und in der 1. Durchführungsverordnung (Naturschutzverordnung) mit gleichem Datum wie das Landeskulturgesetz präzisiert; gleichzeitig trat das Naturschutzgesetz von 1954 außer Kraft.

Eine „*vierte Etappe*" umfasste die Vervollkommnung des Umweltrechts auf der Grundlage der Prinzipien des Landeskulturgesetzes. Das betraf vor allem folgende Richtungen:

---

[26] Mit gleichem Datum wie das Landeskulturgesetz (14.5.1970) wurden vom Ministerrat erlassen: Erste Durchführungsverordnung – Schutz und Pflege der Pflanzen- und Tierwelt und der landschaftlichen Schönheiten (Naturschutzverordnung); Zweite Durchführungsverordnung – Erschließung, Pflege und Entwicklung der Landschaft für die Erholung –; Dritte Durchführungsverordnung – Sauberhaltung der Städte und Gemeinden und Verwertung von Siedlungsabfällen –; Vierte Durchführungsverordnung – Schutz vor Lärm –.

[27] Hierin kommt der übergreifende Charakter von Natur und Landschaft im Rahmen der Naturhaushaltsbeziehungen zum Ausdruck. Ausgehend von der Erfassung des Naturschutzes in Art. 15 der Verfassung betonte schon die Präambel des Landeskulturgesetzes mehrfach Erfordernis und Bedeutung von Naturschutz und Landschaftspflege im übergreifenden Sinne. Die neu in den Komplex aufgenommenen, den traditionellen Gebiets-/Flächen- und Artenschutz ergänzenden Regelungen über Landschaftsplanung und -gestaltung, über die Mehrfachnutzung der Landschaft sowie über Eingriffsbeschränkungen unterstreichen das, wie überhaupt der Landschaftsbegriff eine besondere, sehr breite raumbezogene Bedeutung erhielt.

- Vervollkommnung der präzisierenden Gesetzgebung zu den Teilbereichen;[28]
- Integrierung der Umwelterfordernisse entsprechend ihrer Komplexität und Verflechtungen in die Gesetzgebung in Bezug auf Leitung, Planung, Bilanzierung, Investitionen, Standardisierung, Überwachung und Kontrolle;[29]
- Integrierung in die Gesetzgebung in Bezug auf Verantwortlichkeit, Sanktionen und Durchsetzungsverfahren;[30]
- Erweiterung der Sphäre völkerrechtlicher Regelungen mit ihren Beziehungen zum innerstaatlichen Recht.[31]

---

[28] Dazu gehörten: Novellierung der Naturschutzverordnung (1989), Erlass der Artenschutzbestimmung (1984), Erlass der Baumschutzverordnung (1981); Erlass der Fünften Durchführungsverordnung zum Landeskulturgesetz – Reinhaltung der Luft – (1973) mit Durchführungsbestimmungen, sowie der Sechsten Durchführungsverordnung zum Landeskulturgesetz – Nutzbarmachung und schadlose Beseitigung von Abprodukten – (1975, 1983) mit Durchführungsbestimmungen; Novellierung der Bodennutzungsverordnung (1981) und der Verordnung über Bodennutzungsgebühr (1981), einschließlich Durchführungsbestimmungen; Novellierung des Wassergesetzes (1982) und der Ersten Durchführungsverordnung (1982), Erlass der Zweiten Durchführungsverordnung – Abwassergeld und Wassernutzungsentgelt – (1982); Ergänzung der Berggesetzgebung (1974-1982), Vorbereitung der Novellierung des Berggesetzes; Novellierung und Ergänzung waldrechtlicher Bestimmungen (1980, 1982, 1984, 1985), des Jagdrechts (1977, 1984), des Gift- und Gefahrstoffrechts (1977, 1978, 1980, 1981, 1983, 1988); der Strahlenschutzgesetzgebung (1971, 1975, 1983).

[29] Dazu gehörten: Erfassung im Ministerratsgesetz (1972, § 1 Abs. 7); Ministerratsbeschluss über das Statut des (1972 gebildeten) Ministeriums für Umweltschutz und Wasserwirtschaft (1975) und Erfassung in Statuten anderer Ministerien (1975); Erfassung in den Gesetzen über die örtlichen Volksvertretungen und ihre Organe (1973, 1985), in Beschlüssen über die Zusammensetzung dieser Organe (1972 ff.) und Erlass von Rahmenarbeitsordnungen für die speziellen Umweltschutzorgane; Erfassung in der Verordnung über die staatlichen Wirtschaftsbetriebe (1979), die Novellierung des Gesetzes über die landwirtschaftlichen Produktionsgenossenschaften (1982) und die Folgegesetzgebung; Erfassung ab 1971 in den Gesetzen und Anordnungen über die Planungsordnungen für die Jahres- und Fünfjahrespläne, ab 1973 mit gesonderten Planteilen „Umweltschutz"; Erfassung in der Bilanzierungsverordnung (1979, 1981); Erfassung in den Verordnungen über die Standortverteilung der Investitionen (1972, 1979), über die Vorbereitung der Investitionen (1978, 1979, 1980, 1985), über die Planung, Vorbereitung und Durchführung von Folgeinvestitionen (1978) und über die Durchführung von Investitionen (1980, 1988), in der Anordnung über Flächenbedarfsnormative für Investitionen der Industrie und Lagerwirtschaft (1982), in der Projektierungsverordnung (1985), in der Anordnung über die Generalbebauungsplanung der Städte (1988) und in der Verordnung über die Generalverkehrsplanung (1988); Erlass der Siebenten Durchführungsbestimmung zur Standardisierungsverordnung von 1967 – Standardisierung von Forderungen zur Gewährleistung der sozialistischen Landeskultur und des Umweltschutzes – (1975); Erlass der Verordnung über die Staatliche Umweltinspektion (1985), Erfassung in den Novellierungen der Verordnung über die Staatliche Hygieneinspektion (1975, 1978), in Verordnungen über den Katastrophenschutz (1981) und den Havarieschutz (1981), in einer Anordnung über Aufgaben bei gefahrdrohenden Wettererscheinungen (1983) und im Statut des Meteorologischen Dienstes der DDR (1982).

[30] Erfassung im novellierten Strafgesetzbuch (1974, 1977, 1979, 1982, 1987) mit speziellen umweltbezogenen Normen, Erfassung im novellierten Ordnungswidrigkeitsgesetz (1973, 1979, 1982) und in der Ordnungswidrigkeitsverordnung (1984), im Vertragsgesetz (1982) und im Zivilgesetzbuch (1975). Zu ökologisch wirkenden Sanktionen wird auf Regelungen gemäß Fn. 28 verwiesen.

Diese Etappe reichte über die zwei Jahrzehnte bis zum Ende der DDR 1989/ 1990 und war von Aktualisierungen und Erweiterungen der Gesetzgebung entsprechend den ständig wachsenden Dimensionen und Verschärfungen der Mensch-Umwelt-Beziehungen und den daraus folgenden neuen nationalen und internationalen Anforderungen geprägt.[32]

Als eine „*fünfte Etappe*" der Gesetzgebung kann der mit der Wiedervereinigung Deutschlands verbundene Prozess bezeichnet werden. Auf der Grundlage von Umweltrahmengesetz[33] und Einigungsvertrag[34] erfolgte eine weitgehende Übernahme des Bundes- und des EG-/EU-Rechts sowie in den 5 neuen Bundesländern die Entwicklung einer neuen Landesgesetzgebung unter partieller Bewahrung und Einordnung früheren DDR-Rechts.[35]

3. Prinzipien des DDR-Umweltrechts

Aus der Verfassung von 1968 und dem Landeskulturgesetz von 1970 ergaben sich Grundsätze (Prinzipien), die die Umweltpolitik und das Umweltrecht – als eines der wichtigsten staatlichen Instrumente zu deren Umsetzung – bis zum Ende der DDR bestimmten. Komprimiert seien sie genannt:
- die Integrierung der Umweltbeziehungen als untrennbarer Bestandteil der gesellschaftlichen Entwicklung in ihre komplexe Leitung und Planung zur zielgerichteten Realisierung der Umwelterfordernisse;
- Beachtung der Komplexität und Verflochtenheit der Umweltbeziehungen unter Nutzung von Konzentrations- und Kombinationseffekten;

---

[31] Oehler, E. (2004) – in: Fn. 1, S. 212-215, und Verzeichnisse völkerrechtlicher Abkommen, an denen die DDR beteiligt war, S. 314-363 (Anhang Nr. 18-Nr. 29).

[31] Oehler, E. (2004), Fn. 1, zeigt auf, welche Rolle dabei die internationale Forschungskooperation zum Umweltrecht zwischen den ehemaligen RGW-/COMECON-Staaten bzw. unter ihrer Beteiligung im grenzüberschreitenden und systemübergreifenden Rahmen, insbesondere im System der UNO, gespielt hat.

[33] Umweltrahmengesetz vom 29.6.1990 (GBl. DDR I S. 649), in Kraft getreten am 1.7.1990. Das Gesetz regelte die weitgehende Übernahme bundesdeutscher Umweltrechtsvorschriften, verbunden mit Anpassungsregelungen.

[34] Vertrag vom 31.8.1990 zwischen der Bundesrepublik Deutschland und der Deutschen Demokratischen Republik über die Herstellung der Einheit Deutschlands – Einigungsvertrag – (BGBl. II S. 889). Der Vertrag bestätigte im Wesentlichen die Festlegungen des Umweltrahmengesetzes (Fn. 33).

[35] Oehler, E.: Zur Entwicklung des Agrarumweltrechts in der DDR. In: Götz, V. & Winkler, W. für Institut für Landwirtschaftsrecht der Universität Göttingen (Hg.): Jahrbuch des Agrarrechts Bd. I, Heymanns, Köln 1997, 223-366 (294-321, 356-366); Oehler, E.: Agrarumweltrecht in den neuen Bundesländern. In: Götz, V. & Winkler, W. für Institut für Landwirtschaftsrecht der Universität Göttingen (Hg.): Jahrbuch des Agrarrechts Bd. IV, Heymanns, Köln 2002, 1-576.

- Zusammenwirken der Staatsorgane, Wirtschaftsleitungsorgane, Betriebe, Genossenschaften, wissenschaftlichen Einrichtungen, gesellschaftlichen Organisationen und Bürger, bei Betonung der gemeinsamen Verantwortung und Bestimmung konkreter Verantwortungsfelder;
- die Gewährleistung der gesellschaftlichen Mitwirkung der Bürger, der Öffentlichkeitsarbeit, der Erziehungs- und Bildungsarbeit, daraus abgeleitet die Mitwirkungsformen gesellschaftlicher Organisationen und Kräfte (Aktivs, Kommissionen, Beauftragte, Helfer u.a.);
- die Sicherung der Vorsorge, Nachhaltigkeit und Planmäßigkeit bei der Bestimmung der Umweltaufgaben; die Regelung der Verantwortung für höchste Ressourcenökonomie, Abprodukteverwertung und Wertstoffrückgewinnung in den Wirtschaftsprozessen; langfristige umfassende Standortprüfung und Begutachtung der Umweltverträglichkeit von Vorhaben;
- die Verursacherverantwortung für Vermeidung bzw. Verminderung von Beeinträchtigungen/Inanspruchnahmen der natürlichen Umwelt, strenge Pflichtenregelung und juristische Verantwortlichkeit für pflichtwidriges Verhalten;
- Mitwirkungs-, Ausgleichs- und Anpassungsverantwortung Betroffener;
- materielle und finanzielle Sicherung der Maßnahmen über einen Komplex von Quellen (geplante Investitionsmittel, Kredite, Leistungen aus Umweltfonds, gemeinsamer Mitteleinsatz von Betrieben und Kommunen, Leistungen aus dem Staatshaushalt, von Stiftungen und anderen Förderern);
- Verflechtung internationaler und innerstaatlicher Umweltaufgaben und optimale Nutzung internationaler Erfahrungen;
- vorrangiger Schutz von Leben und Gesundheit bei der Schwerpunktbestimmung/Abwägung erforderlicher Umweltaufgaben.

Diese Prinzipien waren darauf gerichtet, dass entsprechend der Einheit der Natur als Lebens- und Produktionsgrundlage und ihrer naturgegebenen Begrenztheit soweit entsprechend dem intensiven gesellschaftlichen Stoffwechselprozess mit der Natur eine planmäßige Regulierung und Steuerung der Nutzung der Naturreichtümer sowie der stoff-, energie- und materialwirtschaftlichen Prozesse gewährleistet wurde (Einheit von Ökonomie und Ökologie). Gefordert war dabei die Konzentration der Maßnahmen und Mittel auf umweltpolitische Schwerpunkte im Rahmen der Verbindung von Wirtschafts- und Sozialpolitik.[36]

---

[36] Zur Umsetzung der Prinzipien in die „Umweltrealität" folgen Ausführungen im Abschn. 5.

4. Organisation, Verfahren und Instrumente sowie Sanktionen als spezielle Regelungsbereiche des Umweltrechts

Zuständigkeit und *Funktionen* der Akteure der Umweltbeziehungen waren in Grundsätzen im Landeskulturgesetz und aufgabenbezogen in der konkretisierenden Umweltgesetzgebung sowie im Einzelnen in speziellen Normativakten (z.B. Statuten, Arbeitsordnungen) oder als Einzelbestimmungen in staats-, verwaltungs- oder wirtschaftsrechtlichen Regelungen erfasst.

Die Volkskammer als oberstes Staatsorgan beschloss außer den umweltbezogenen Gesetzen auch die Plangesetze (für Fünfjahres- und Jahreszeiträume), damit auch die jeweiligen speziellen Planteile „Umweltschutz" und die Einordnung von Umweltaufgaben in andere Planteile (insbesondere Wissenschaft und Technik, Investitionen, Materialökonomie, Territorialplanung, Wohnungsbau, Kultur, Gesundheitswesen sowie Volkswirtschaftszweige). Einen speziellen Ausschuss der Volkskammer für die Umweltfragen gab es nicht; die den Ausschüssen generell obliegenden Beratungs- und Kontrollaufgaben nahmen hierzu insbesondere die Ausschüsse für Industrie, Bauwesen und Verkehr, für Landwirtschaft, Forstwirtschaft und Nahrungsgüterwirtschaft sowie für Gesundheitswesen wahr.

Der Ministerrat (die Regierung) trug gemäß § 3 Landeskulturgesetz die Verantwortung für die zentrale staatliche Leitung und Planung der Grundfragen des Umweltschutzes in ihrer Komplexität und Einordnung in die gesellschaftliche Entwicklung,[37] wobei speziell auf die Nutzung ökonomischer Regelungen verwiesen wurde.

Beratendes Organ des Ministerrates war der „Beirat für Umweltschutz" (mit dieser Bezeichnung seit 1972, vorher seit 1969 „Ständige Arbeitsgruppe für sozialistische Landeskultur"), geleitet vom Stellvertreter des Vorsitzenden des Ministerrates und Minister für Umweltschutz und Wasserwirtschaft.[38] Die Verfasserin gehörte dem Organ als Vertreterin der Rechtswissenschaft von 1969 bis 1989 an.

---

[37] Im Ministerialgesetz (Fn. 29) war die Entgegennahme von Informationen und die Beschlussfassung zu Maßnahmen die Leitung und Planung, u.a. zur Gewährleistung einer abgestimmten Entwicklung der Zweige, Bereiche und Territorien unter Berücksichtigung der Umwelterfordernisse vorgesehen. Er traf Entscheidungen zu ausgewählten wichtigen Umweltschutzmaßnahmen und zur langfristigen Standortverteilung der Investitionen, traf die Erklärungen über den Status von Schutzgebieten von zentraler Bedeutung und erließ die zahlreichen umweltrelevanten Verordnungen (Fn. 7, 8, 9, 15, 26, 29, 30).

[38] Zur Bildung des Organs Fn. 24. Mitglieder waren verantwortliche Vertreter der zentralen Staatsorgane (in der Regel stellvertretende Minister), Vorsitzende bzw. stellvertretende Vorsitzende ärztlicher Räte, verantwortliche Vertreter wissenschaftlicher Einrichtungen und gesellschaftlicher Organisationen. Funktion und Tätigkeit des Organs sind in einem gesonderten Beitrag dieser Aufsatzsammlung dargestellt.

Als zentrales Staatsorgan (Ministerium), das auf dem Gebiet des Umweltschutzes mit weitreichenden Koordinierungsfunktionen ausgestattet war, wurde 1972 das Umweltministerium[39] gebildet. Zu seinen Organen gehörte u.a. die „Staatliche Umweltinspektion"[40] und als wissenschaftliche Einrichtung das „Zentrum für Umweltgestaltung". Teilverantwortung für Umweltfragen oblag einer Vielzahl weiterer zentraler Staatsorgane.

Auf den sogen. örtlichen Ebenen (Bezirke, Kreise, Städte und Gemeinden) trugen gemäß Landeskulturgesetz und spezieller Umweltgesetzgebung die Volksvertretungen und ihre Räte umfangreiche Verantwortung für Umweltfragen.[41] Bei den Bezirkstagen und Kreistagen bestanden Ständige Kommissionen (bzw. Aktivs) für sozialistische Landeskultur bzw. Umweltschutz, bei den Räten entsprechende Ständige Arbeitsgruppen bzw. Beiräte. Bei den Räten der Bezirke und Kreise waren außerdem Ratsmitglieder für Umweltschutz und Wasserwirtschaft und entsprechende Fachorgane tätig. Diese Leitungsstruktur entstand bereits Anfang der 1970er Jahre parallel zur zentralen Organisation. 1986 wurden bei den Räten der Bezirke noch als spezielle Überwachungsorgane „Staatliche Umweltinspektionen" gebildet.

Eine solche Leitungsorganisation, die auf allen Ebenen interdisziplinär und stark kooperativ geprägt war, entsprach der Komplexität und Verflochtenheit der Komponenten der natürlichen Umwelt als Lebens- und Produktionsgrundlage. Sie war aber ebenso Ausdruck der „realsozialistischen" Macht- und Eigentumsverhältnisse, indem die Staatsorgane mit spezieller Umweltkompetenz nicht nur mit Wissenschaft und gesellschaftlichen Kräften kooperierten, sondern indem auch die wirtschaftsleitenden Organe und die sogen. Wirtschaftseinheiten (Kombinate, Betriebe, Genossenschaften) in die staatlichen Strukturen fest integriert waren. Bei aller betonten Einheit von Ökonomie und Ökologie[42] erlangten bei dieser Konstellation jedoch bei wirtschaftlichen „Engpässen" die wirtschaftlichen Planaufgaben der Wirtschaftszweige Vorrang und entstanden Widersprüche zu den Umweltaufgaben (näher nachfolgend Abschn. 5).

---

[39] Zum Statut Fn. 29. Das Ministerium sicherte, dass die wichtigsten komplexen Grundsatzfragen im Beirat für Umweltschutz des Ministerrates (Fn. 38) beraten wurden; das Ministerium nahm Sekretariatsfunktionen für den Beirat wahr.

[40] Zur Rechtsgrundlage Fn. 29. Zur Kontrolltätigkeit des Organs nachsteh. in diesem Abschnitt.

[41] Zu den Rechtsgrundlagen Fn. 29. Funktion und Tätigkeit sind in gesonderten Beiträgen dieser Aufsatzsammlung dargestellt.

[42] Zu den hierauf gerichteten Prinzipien vorsteh. Abschn. 3.

Weitgehend rechtlich geregelt[43] war das *Kontroll- und Überwachungssystem*. Dazu gehörten:
- spezielle staatliche Kontrollorgane, insbesondere die Staatliche Umweltinspektion (zentral und bezirklich), der Meteorologische Dienst (zentral) sowie entsprechende Organe für Bauaufsicht, Pflanzenschutz, Fischereiaufsicht, Geologische Aufsicht u.a.m.; als bei den „örtlichen" Räten gebildete Organe insbesondere Stadtinspektionen, Ortshygieneaktivs, Bodenkommissionen, Schutzzonenkommissionen, Gewässerschutzkommissionen, Staubeiräte, Lärmschutzkommissionen;
- spezielle gesellschaftliche Kontrollorgane, insbesondere ehrenamtliche Inspekteure der Staatlichen Umweltinspektion, ehrenamtliche Helfer der Staatlichen Gewässeraufsicht, Helfer der Wasserwirtschaft, ehrenamtliche Helfer des Forstschutzes, Naturschutzbeauftragte und -helfer, Fischereiaufseher und Helfer der Fischereiaufsicht;
- direkt dem Ministerrat unterstellte Organe, insbesondere die Oberste Bergbehörde (mit Bergbehörden für territoriale Aufsichtsbereiche und dem Institut für Bergbausicherheit), das Staatliche Amt für Atomsicherheit und Strahlenschutz;
- Kontrollkräfte in den „Wirtschaftseinheiten", insbesondere Umweltschutzbeauftragte, Wasserbeauftragte, Emissionsbeauftragte/Abgasbeauftragte, Betriebshygieneaktivs, Beauftragte für Sekundärrohstoffe/Altölbeauftragte, Giftbeauftragte, Wiederurbarmachungsbeauftragte;
- die Kontrollbeantwortung der Gewerkschaften, Kontrollposten der Jugendorganisation FDJ, Kontrollverantwortung der Gesellschaft für Natur und Umwelt, des Anglerverbands, der Jagdgesellschaften;
- übergeordnet die ständige Kontrolle durch die Volksvertretungen und ihre Organe, die allgemeine Leistungskontrolle durch die Räte und den Staatsapparat, die Kontrolle im Rahmen der Wirtschaftsleitung sowie die Aufsicht und Gesetzlichkeitskontrolle durch Staatsanwaltschaft, staatliche und gesellschaftliche Gerichte sowie die Staatlichen Vertragsgerichte;
- die Kontrolle im Rahmen der Bearbeitung von Eingaben und Beschwerden.

Im Umweltrecht geregelte[44] *Verfahren und Instrumente* waren vor allem:
- die Planung, darunter: Prognosen/langfristige Zielprogramme/Konzeptionen zur komplexen Ermittlung der Entwicklung des Umweltzustandes und der Naturnutzung als Voraussetzung für erforderliche Maßnahmen; spezielle komplexe

---

[43] Rechtsgrundlagen waren spezielle Verordnungen und Anordnungen (Fn. 29) bzw. Einzelbestimmungen in Gesetzen, Verordnungen und Anordnungen, z.B. zum Wasserrecht, Bodenrecht, Bergrecht, Jagdrecht, Giftrecht u.a.m.

[44] Rechtsgrundlagen waren spezielle Gesetze, Verordnungen und Anordnungen (Fn. 29) bzw. Einzelbestimmungen in Gesetzen, Verordnungen und Anordnungen der Regelungsbereiche des Umweltrechts.

Umwelt-Sonderabschnitte im Rahmen des Volkswirtschaftsplanung (Fünfjahres- und Jahresplanung); Fachplanungen z.B. für Wasserwirtschaft, Abfallwirtschaft, Bergbau/Energie, Rekultivierungen, Landwirtschaft, Forstwirtschaft – in Bezügen an Raum-/, Standort-/Landschaftsplanung; umweltbezogene Bilanzierung;
- Standorteinordnungen und -entscheidungen, darunter: prognostisch/langfristig ausgerichtete Generalschematas/Generalpläne; Territorialkonzeptionen/territoriale Nutzungskonzeptionen und -pläne; standortkonkrete Pläne (Bebauungspläne, Abbaupläne, Grünzonen- und Erholungsgebietspläne, Dorf- und Flurgestaltungspläne); Standortplanungen und -einordnungen für konkrete umweltbezogene Investitionen (über Standortbestätigungen/-genehmigungen, ggf. mit Auflagen zu ökologischen Erfordernissen); Gutachten, Variantenvergleiche, Ressourcennutzungs- und andere Normative sowie ökonomische Stimuli als Bestandteile der Standortplanungen, -zuordnungen und -entscheidungen;
- Vorbehalts- und Schutzgebiete, insbesondere solche „Vorbehaltsgebiete" wie Abbaugebiete und Gebiete für perspektivische Wassergewinnung als planbezogene Instrumente, die in die Raumplanung aufgenommen wurden, sowie über 40 Arten „Schutzgebiete" in allen Teilbereichen des Umweltrechts, die als „Bestand" der Flächennutzungen zur Sicherung von Vorrang- und Mehrfachnutzungen im jeweiligen Gebiet und zum Ausschluss/zur Koordinierung entgegenstehender/beeinträchtigender Maßnahmen dienten; dazu entsprechende Pflege- und Gestaltungsdokumente;
- Grenzwerte und andere Umweltstandards als Qualitätsziele und zur verursacherbezogenen Pflichtenregelung (bezeichnet als Grenzwerte, Standards,[45] Normative, Normen, Kennwerte, Kennziffern, Limits, Schwellenwerte, Bestwerte, höchstzulässige Werte, Höchstmengen). Sie enthielten zur Immissionsbegrenzung für die Schutzgüter (Natur, Naturressourcen, Umweltzustand, Gesundheit der Menschen) strenge Parameter (ggf. mit Differenzierung nach Zonen, Nutzungszwecken, Klassifizierungen der Schutzobjekte, Einwirkungszeiten), regelten aber für die Emissionsbegrenzung (für Umweltbeeinflussungen aus Anlagen, Tätigkeiten, Stoffen) viele Ausnahme- und Befristungsmöglichkeiten zur Berücksichtigung der (begrenzten) finanziellen und materiellen Möglichkeiten der Verursacher;

---

[45] Zur Rechtsgrundlage Fn. 29. Auf der Grundlage der Siebenten Durchführungsbestimmung zur Standardisierungsverordnung erging der ab 1.3.1981 verbindliche spezielle Standard „TGL 34137 Landeskultur und Umweltschutz; Struktur und Inhalt des Standardkomplexes: Grundlegende Bestimmungen", der 12 Standard-Teilkomplexe beinhaltete, wozu zahlreiche spezifische staatliche DDR- und Fachbereichsstandards sowie betriebliche Standards als Werkstandards erlassen wurden.

- ökonomische Instrumente,[46] insbesondere: Umweltfonds mit zweckgebundener Umverteilung (z.B. „Fonds der Bodennutzungsgebühr", „Fonds des Staub- und Abgasgeldes", „Fonds der Baumschutzgelder", „Pflanzenschutzfonds"), gespeist aus Gebühren und Abgaben, Bußgeldern, freiwilligen Zahlungen, ggf. mit Zu- und Abschlägen; Gebühren, Abgaben, Entgelte für rechtmäßige Umweltnutzungen und -beeinflussungen (z.b. für Bodennutzung, Rohstoff- und Deponienutzung, Gewässernutzung) mit Vergünstigungen (z.B. für Verwertung von Begleitrohstoffen, Nachnutzung bergbaulicher Anlagen); weitere begünstigende finanzielle Stimuli (z.B. Kreditvergünstigungen, Preisregelungen, Erlass oder Minderung von Abgaben, Prämiengewährungen); ökonomisch wirkender „Ausgleichsmechanismus" zur vertraglichen Regelung zwischen Verursachern und Betroffenen bei rechtmäßigen Umweltnutzungen und -beeinflussungen;
- kommunale Ordnungen als Satzungen (Stadt- und Gemeindeordnungen, Grünordnungen, Hygieneordnungen), betriebliche Ordnungen (Betriebs-, Deponie-, Havarieordnungen, Wartungsvorschriften, Nachweise zum Gesundheits-, Arbeits- und Brandschutz);
- Datenerfassung, Überwachung und Kontrolle sowie Vermeidung und Überwindung außergewöhnlicher Situationen, insbesondere als staatliche Überwachung durch spezielle Einrichtungen (Meteorologischer Dienst, Staatliche Hygieneinspektion, Staatliche Gewässeraufsicht, Staatliche Umweltinspektion u.a.) mit ihren spezifischen Instrumentarien zur Datenermittlung und -auswertung (Errichtung und Betrieb von Messpunkten und -netzen, automatisch-registrierende Messverfahren, Kontrollberichte, Lagepläne, Verzeichnisse, Listen) mit rechtlich geregelten Auflagenrechten der Kontrollorgane sowie Mitwirkungs-, Duldungs- und Auskunftspflichten der Kontrollierten, weiterhin als Eigenüberwachung in den Verursacherbereichen (Messpunkte, Aufzeichnungs- und Aufbewahrungspflichten, Meldeverfahren, Berichtsbogen); besondere Aufgaben und Kontrollbefugnisse sahen die Rechtsvorschriften für außergewöhnliche Situationen (Havarien, Störungen, besonders ungünstige meteorologische Verhältnisse) vor, wie Warnsysteme, Havariedokumente, besondere Kontrollmaßnahmen und Auflagenrechte, Meldepflichten. Unterstützt und ergänzt wurden die genannten Überwachungs- und Kontrollinstrumente durch die Tätigkeit der vorn bei der Organisationsstruktur erfassten gesellschaftlichen und ehrenamtlichen Kontrollkräfte, wobei insbesondere den Beauftragten und Helfern rechtlich geregelte Befugnisse zustanden.

Juristische Verantwortlichkeit (bei rechtswidrigem Verhalten), *Sanktionen und Durchsetzungsverfahren*[47] waren unverzichtbarer Bestandteil des umweltrechtli-

---

[46] Zu Rechtsgrundlagen Fn. 15, 16, 17, 28.
[47] Zu Rechtsgrundlagen Fn. 30.

chen Regelungsmechanismus. Allerdings kamen dabei weitgehend die Vorschriften des allgemeinen Strafrechts, Verwaltungsrecht, Wirtschaftsrechts und Arbeitsrechts, Landwirtschafts- (Genossenschafts-)rechts und Zivilrechts zur Anwendung, wenn auch verbunden mit spezifisch umweltrechtlichen Bestimmungen. Auf strafrechtlichem Gebiet war bereits 1977 in das Strafgesetzbuch ein gesonderter Abschnitt „Verursachung einer Umweltgefahr" eingefügt worden, der auch den Bodenschutz umfasste. Maßnahmen verwaltungsrechtlicher Verantwortlichkeit, insbesondere Ordnungsstrafmaßnahmen (Bußgelder), waren in allem Teilbereichen des Umweltrechts (in etwa 80 Tatbeständen) vorgesehen, jedoch blieb der Schuldnachweis infolge vieler geregelter Entlastungsmöglichkeiten wegen fehlender materieller und finanzieller Mittel in der Wirtschaft schwierig; außerdem waren die vorgesehenen Strafmaße niedrig und deshalb ungenügend wirksam. Breite Anwendung fanden dagegen die speziell umweltrechtlich-ökonomischen Sanktionen, die an Abgaben- und Gebührenregelungen anknüpften und in den Staatshaushalt oder in Umweltfonds eingingen, insbesondere das „Staub- und Abgasgeld" und das „Abwassergeld". Sie waren nichtplanbare, nichtkalkulierbare finanzielle Sanktionen gegen Betriebe, die entsprechend Zeit und Ausmaß der Rechtspflichtverletzung gestaffelt und mit Zu- und Abschlägen verbunden erhoben wurden und im Verwaltungsweg vollstreckbar waren. Aber auch diese Sanktionsarten wirkten nicht ausreichend (Höhe, konsequente Anwendung, Befreiungsmöglichkeiten, Wirkungen im Betrieb). Geregelt waren außerdem Wirtschaftssanktionen, Verwaltungszwangsmaßnahmen, arbeitsrechtliche Sanktionen sowie Formen zivilrechtlicher Verantwortlichkeit. In vielen Fällen wurden außergerichtlich „Zahlungen" der Verursacher an Geschädigte vermittelt. So kann zwar die rechtliche Regelung des Verantwortlichkeits- und Sanktionsmechanismus vom System her als relativ tragfähig eingeschätzt werden, von der Wirkung her blieb sie aber beschränkt, zumal viele Umweltbelastungen als „rechtmäßig", weil „gestattet", einzustufen waren und so nur einem „Ausgleichsmechanismus" und nicht den Verantwortlichkeits- und Sanktionsregelungen unterlagen.

5. Rahmenbedingungen der Verwirklichung des Umweltrechts

Wie in der Einleitung angemerkt, waren Umweltpolitik und Umweltrechtsentwicklung der DDR Teil weltweiter Prozesse. Eingebunden in ihre internationale Zusammenarbeit und völkerrechtliche Abkommen gehörten zu den auch für die DDR geltenden globalen Zielen der schonende Umgang mit den Naturressourcen und die Eindämmung der Umweltbelastungen. Dass dies in der DDR von einer ungünstigen wirtschaftlichen Basis aus erfolgte (Rohstoff-, Wasserhaushalts- und

Wirtschaftsstruktur, Belastungen durch Nachkriegsreparationsleistungen und nachfolgende Lieferverpflichtungen an die Sowjetunion, hohe militärische Aufwendungen im „Warschauer Pakt", beschränkte internationale Wirtschaftsbeziehungen), begrenzte die Ergebnisse. Hinzu kamen unter den Bedingungen des „Kalten Krieges" die Autarkiebestrebungen, wobei vor allem die weitestgehende Nutzung der einheimischen Braunkohle als Energieträger bei veralteten Technologien zu hohen Schwefeldioxidbelastungen und Landinanspruchnahmen führte. Die entwickelten technisch-/technologischen Lösungen, insbesondere geschlossener Stoffkreisläufe, reichten zum Ausgleich zunehmender Umweltbelastungen nicht aus; diese erlangten vielmehr bis zum Ende der DDR die bekannten kritischen Ausmaße.

Die politisch proklamierte Zielstellung der DDR, eine ökonomische Überlegenheit gegenüber dem kapitalistischen Wirtschaftssystem (und dessen Gewinnoptimierungspraktiken) erreichen zu wollen, war unter diesen Prämissen von Anfang an nicht nur völlig unrealistisch, sondern muss rückblickend als politisch „betrügerisch" gekennzeichnet werden, da sie die bald deutlich werdende Erkenntnis verschleierte, dass wirtschafts-, sozial- und umweltpolitische „Erfolge" nur zu Lasten der Substanz und mit wachsender Verschuldung zu erreichen waren, deren ganzes Ausmaß auch erst nach der politischen „Wende" erkennbar wurde. Eine „Einheit" von Ökonomie und Ökologie, aus der genügend Mittel für den Umweltschutz resultieren würden, konnte es in der Wirtschaftspraxis nicht geben, da die sich verstärkenden wirtschaftlichen Zwänge alle Kapazitäten banden und aufwändigen Umweltschutz nicht zuließen. Damit soll aber nicht dem richtigen Ansatz widersprochen werden, dass (technischer) Umweltschutz mit den Wirtschaftsprozessen (in „Einheit" mit der Ökonomie) und nicht daneben oder danach zu erfolgen hat.

Das Instrumentarium der Volkswirtschaftsplanung bei überwiegend staatlich organisierter Wirtschaftsstruktur bot die juristische Grundlage, die umweltpolitisch vorgegebene Orientierung (§ 2 Landeskulturgesetz) der Konzentration der Kräfte und Mittel auf Schwerpunkte immer stärker zugunsten der dringendsten wirtschaftlichen Aufgaben einzuschränken und dabei notwendig gewesene Umweltschutzmaßnahmen aus finanziellen und materiellen Gründen auszuklammern. Umfangreiche Vorlaufkoordinierungen und Abstimmungen, Bilanzierungen und Prüfungen zentral, bezirklich, kreislich sowie mit, in und zwischen den Betrieben (Erarbeitung langfristiger Konzeptionen, zweiglich-territoriale Planabstimmungen, bezirkliche Vorschläge für notwendige Maßnahmen nach Rang- und Reihenfolgen u.a.m.) führten zumeist letztlich – zumindest in den 1980er Jahren – nicht zur Aufnahme in die staatlichen und betrieblichen Fünfjahres- und Jahrespläne. Es gab zudem weder zentral noch auf anderen Ebenen Umweltprogramme und -berichte, die zielbestimmend und bindend für konkrete Maßnahmen hätten sein können.

Aus umweltrechtlicher Sicht boten auch die für wirtschaftliche Engpässe normierten Ausnahmegenehmigungen für die Überschreitung von Grenzwerten und Nichteinhaltung von Auflagen und die für diese Fälle vorgesehenen (niedrigen) ökonomischen Leistungen (Abgaben, Gebühren, Entgelte u.ä.) „legale" Möglichkeiten fortwährender bzw. zunehmender Umweltbelastungen. Betriebsbeschränkungen bzw. -stilllegungen erfolgten bei der auf Wirtschaftswachstum („um jeden Preis") ausgerichteten Politik nicht. Diese „Rechtslage" verdeckte den „umweltschutzwidrigen" Zustand der Grenzwertüberschreitungen und ihrer Folgen.

Heutige Analysen des Umweltrechts der DDR im Vergleich zum Umweltrecht der Bundesrepublik weisen außerdem auf Defizite im verwaltungsrechtlichen Instrumentarium des Vollzugs und der Kontrolle in Bezug auf Umweltrechtspflichten hin. Das Umweltrecht der DDR erfasste zwar die Komplexität der Umweltbeziehungen und enthielt anspruchsvolle „Aufgabennormen" auch für den technischen Umweltschutz; die rechtssystematische Verknüpfung mit dem Vollzugsinstrumentarium, samt gerichtlichen Verfahren, war jedoch nicht entsprechend entwickelt. Die Integrierung in das Verwaltungs- und Wirtschaftsrecht (deren „Ökologisierung") war nur in den Grundsätzen geregelt, entsprechende Verfahren einer verbindlichen Integrierung fehlten.

Diese Bilanz der Verwirklichung des Umweltrechts der DDR in Bezug auf den technischen Umweltschutz könnte zu dem Schluss führen, dass der hohe theoretische Anspruch und das gesetzgeberisch entwickelte „Normengebäude" keinerlei positiven Einfluss auf umweltpolitischem Gebiet, insbesondere auf die „Umweltrealität" gehabt hätte. Dass dies jedoch nicht der Fall ist, wird nicht zuletzt rückblickend seit den Jahren nach der politischen „Wende", die den Vergleich früherer und heutiger Umweltpolitik zulassen, deutlich. Es zeigt sich, dass die Prinzipien (Abschn. 3) und die Regelungen des DDR-Umweltrechts stärker verinnerlicht wurden, als dies wohl vermutet wurde und wird und dass hier – positive – „*Rahmenbedingungen*" der Verwirklichung jetzigen Umweltrechts wirken, die gründliche Analyse verdienen:

- Zur Beziehung Ökonomie-Ökologie: Wenn auch, wie aufgezeigt, in der DDR die ökonomischen Erfordernisse immer stärker bestimmend geworden waren, blieb das Ziel gegenwärtig, ökonomische Interessen nicht entgegen/ohne ökologische Erfordernisse durchzusetzen. Sparsamer, vorsorglicher Umgang mit der Natur erfolgte nicht nur aus Gründen des Mangels an materiellen und finanziellen Ressourcen, sondern war durchaus umweltpolitisch motiviert, wenn auch immer zugleich auf ökonomische Zielstellungen gerichtet. Mehrfachnutzungen, Kreisläufe und Wiederverwertungen wurden als Beispiele dieser Einheit gesehen. Eine dem widersprechende heutige Wirtschaftspraxis stößt auf Ablehnung (z.B. Flut der Verpackungsmaterialien; „Opferung" von Alleen für

ungebremste Verkehrsentwicklung, von Bäumen für Baustellen, von Wald für Kiesabbau; ökonomische *Förderung* des Abwasser- und Abfallanfalls, kaum Orientierung auf Bodensparen; Angebot an kurzlebigen Gütern über Mode- und Reklameaktionen mit entsprechendem Abfallanfall: Papiervergeudung durch Flut von Werbeschriften/Postwurfsendungen);
- Zur Verbindung wirtschafts- und sozialpolitischer Zielstellungen: Umweltpolitische Ergebnisse wurden in der DDR-Umweltpolitik als Bestandteile der „Hauptaufgabe" (Einheit von Wirtschafts- und Sozialpolitik) proklamiert. Schutz, rationelle Nutzung und Gestaltung der „natürlichen Lebens- und Produktionsgrundlagen" korrespondierten mit den Forderungen nach „Sicherung eines kontinuierlichen Wachstums der Volkswirtschaft und (der) Verbesserung der Arbeits- und Lebensbedingungen der Bürger" (Präambel, § 1 Landeskulturgesetz). Das umfasste „die Förderung der Gesundheit und Lebensfreude der Bürger, ihre Erholung und Freizeitgestaltung". Im DDR-Recht normiert gewesener allgemeiner Zugang zur Natur für Erholung, Bildung, Freizeitgestaltung wird auch weiterhin als umweltpolitische „Errungenschaft" verstanden. Zugleich war und ist die Forderung nach *gesunden* Umweltbedingungen ein Hauptanliegen der Kritik an ungenügender DDR-Umweltpolitik; die vorrangige sozialpolitische Zielstellung der DDR „Lösung des Wohnungsproblems" blieb immer konfrontiert mit der Einforderung umweltschutzgemäßer Gesundheitspolitik, *Sozial*politik wird aber auch heute wegen ihrer naturbezogenen gesundheits- und erholungspolitischen Komponenten als *umwelt*politisches Ergebnis wahrgenommen und gefordert.
- Zur privaten Verfügung über die Natur: Der Vorrang gesellschaftlicher Interessen, auf die Allgemeinheit und künftige Generationen bezogen, bei der Nutzbarmachung und Nutzung der Natur als „Allgemeingut" (Präambel, §§ 1 ff. Landeskulturgesetz) gegenüber einer andere ausschließenden oder negierenden privaten Verfügung und Verwertung war bejahtes umweltpolitisches Prinzip und fand in vielfältigen Formen des Zusammenwirkens Ausdruck. Entgegengesetztes Verhalten (z.B. private Einzäunung von Ufergrundstücken zur Sperrung des Uferzugangs, „illegale" Abfallbeseitigung, Mängel bei der Bodennutzung) fanden schon zu DDR-Zeiten breite Missbilligung und wurden als Rechtspflichtverletzungen geahndet und mit „ökonomischen Mitteln" auszuschließen versucht.

Die jetzige forcierte Privatisierungspolitik, auch von Grundstücken in Schutzgebieten, hat demgegenüber verstärkt zu privilegierten Vorrangnutzungen geführt (z.B. Erwerb von Forstgrundstücken zur Jagdausübung; Grundstückserwerb von Neuinvestoren und -einwohnern zur Anlage großzügiger Wohnanlagen oder von Freizeit- und Vergnügungsparks [mit großflächigen Golfplätzen,

Reiterhöfen, Hotelkomplexen]; Verbauung und Sperrung des Zugangs zu Erholungsgewässern; überdimensionierte Gewerbeflächen und Handelseinrichtungen „auf der grünen Wiese"[48], Erwerb von Gewinnungsrechten zum gewerblichen Sandabbau), die als Widerspruch zur Zugänglichkeit und zum „Genuss" der Natur durch die Allgemeinheit angesehen werden und ebenso negativ gewertet werden wie kostengünstige „Verlagerungen" umweltgefährdender Produktionsprozesse und Abfallentsorgungen.[49] Das nachwirkende frühere, andersartige (kollektive) „Werte- und Verhaltensverständnis" bezieht sich auch auf Unverständnis über die aus den Privatinteressen folgenden Prozessierungen (über mehrere Instanzen) statt des Versuchs, Einvernehmen zu erreichen.

- Zur Planmäßigkeit der Umweltnutzung: Wenn auch das Instrumentarium der Raum- und Landschaftsplanung im DDR-Recht nicht so detailliert geregelt war wie im Bundesrecht, hat es doch zu anerkannten praktischen Ergebnissen geführt, wie z.b. die Entwicklung von komplexen Bergbaufolgelandschaften, von großflächigen Schutzgebieten und Erholungslandschaften, Kultivierungen und Flurgestaltungen mit gleichzeitigen und nacheinander folgenden Mehrfachnutzungen zeigen. Grundsätze hierzu enthielten die Umweltgesetzgebung,[50] die Territorialplanungs-, Standortplanungs- und Investitionsgesetzgebung. Zitiert seien Grundsätze aus dem 1. Teilkomplex des Landeskulturgesetzes (Naturschutz/Landschaftspflege): „Die planmäßige Gestaltung und Pflege der Landschaft, die Erhaltung und Verbesserung der gesundheits- und erholungsfördern-

---

[48] Für das Land Brandenburg z.b. wurde mit Beginn der Landesplanung 1991/1992 eingeschätzt, dass zwischenzeitlich ein Vielfaches des Bedarfs an Gewerbeflächen, Einkaufszentren, Golfplätzen usw. entstanden war.

[49] Schon zu DDR-Zeiten war von zentraler Stelle (aus politischen und Deviseneinnahmegründen) das Verbringen von Abfällen aus Altbundesländern der Bundesrepublik sowie aus westeuropäischen Staaten und die Errichtung von „Sonderdeponien" in der landwirtschaftlichen Flur der DDR gestattet worden, wobei oft Schutzgebietsfestlegungen und andere Beschränkungen außer Acht blieben. Das ergaben Anhörungen im November 1989 in Potsdam, an denen die Verfasserin teilgenommen hat, wo aufgedeckt und mit Empörung zur Kenntnis genommen wurde, dass 6 derartige Ablagerungen im Bezirk Potsdam genutzt wurden, die geologisch nur für Bauschutt und andere nichttoxische Abfälle entsprechend den Anträgen geprüft worden waren, dann aber überwiegend für toxische Abprodukte genutzt wurden; sie befanden sich teils in Trinkwasser- und in naturschutzrechtlichen Schutzgebieten. Aus einem Umweltbericht für den Bundestag (1990, BT-Drucks. 11/7168, S. 163) ergibt sich, dass noch 1989 über 1 Million Tonnen Abfälle aus der Bundesrepublik zur Deponie Schönberg (DDR, Mecklenburg-Vorpommern) verbracht worden sind. Heute geht es um „kostengünstige" Verbringungen ins Ausland.

[50] Zu Rechtsgrundlagen Fn. 27, 29. Landschaftspläne, Landschaftsrahmenpläne, Landschaftsentwicklungspläne wurden auf der Grundlage der rechtlich vorgegebenen Grundsätze als spezielle landschaftsbezogene Planungsformen für Bezirke und spezielle Landschaftsteile erarbeitet. Zu den rechtlich geforderten Pflege- und Gestaltungsdokumenten für Schutzgebiete (insbesondere Landschaftspflegepläne für Landschaftsschutzgebiete) wird in nachfolgendem Aufsatz „Gestaltung und Pflege der Landschaft" berichtet.

den, der naturwissenschaftlichen und kulturhistorischen sowie der ästhetischen Werte der ... Heimat sind ... zu gewährleisten. Die Gestaltung und Pflege der Landschaft, einschließlich der Entwicklung der natürlichen Umweltbedingungen in den Städten und Gemeinden, sind langfristig und komplex zu planen" (§ 10); „Maßnahmen, die die Landschaft verändern oder beeinflussen, sind so durchzuführen, dass entsprechend den Voraussetzungen der Landschaftshaushalt nicht gestört und eine Mehrfachnutzung der Landschaft erreicht wird. ... sind verpflichtet, den Charakter der Landschaft verändernde Maßnahmen, wie Bauten, Trassen, Verkehrs- und andere Anlagen, rechtzeitig vorzubereiten und so in die Landschaft einzufügen, dass eine rationelle und landschaftsgemäße Flächennutzung gewährleistet wird. Dabei sind der Erholungswert und die Schönheit der Landschaft weitgehend zu erhalten und nach den gegebenen Möglichkeiten zu steigern" (§ 11 Abs. 1); „Durch wirtschaftlich-technische Eingriffe biologisch gestörte Landschaften sind entsprechend den gegebenen Möglichkeiten so wiederherzustellen und zu entwickeln, dass ihre sinnvolle und rationelle gesellschaftliche Nutzung gesichert wird und diese Landschaften ihre landeskulturellen Funktionen wieder erfüllen können" (§ 11 Abs. 2). Aufbauend auf solchen Grundsätzen, den früheren planerischen Dokumentationen und Ergebnissen sollte das Erreichte bewahrt und fortentwickelt werden.

Die vorstehend kurz umrissenen Anliegen des Fortwirkens von Grundsätzen früheren DDR-Umweltrechts haben in den *Landesverfassungen der neuen Bundesländer* Ausdruck gefunden, die die gesellschaftlichen Anforderungen an den Umweltschutz – auch bezogen auf die Verantwortung für kommende Generationen und unter Charakterisierung des Staates als dem Umweltschutz verpflichtet – verankert haben:
- Land Brandenburg (1992): Schon die Präambel („... von dem Willen beseelt, ... Natur und Umwelt zu bewahren und zu schützen ...") und die „Grundsätze" (§ 2 Abs. 1: „Brandenburg ist ein ... dem Schutz der natürlichen Umwelt ... verpflichtetes ... Land ...") enthalten bedeutsame Ökologiebezüge. Dazu kommen im Hauptteil „Grundrechte und Staatsziele" ein gesonderter Abschnitt (8.) „Natur und Umwelt" (Art. 39, Art. 40) und im 9. Abschnitt („Eigentum, Wirtschaft, Arbeit und soziale Sicherung") konkrete Bezüge im Art. 42 („Wirtschaft") und im Art. 43 („Land- und Forstwirtschaft"). So heißt es in Art. 39 („Schutz der natürlichen Lebensgrundlagen"): „(1) Der Schutz der Natur, der Umwelt und der gewachsenen Kulturlandschaft als Grundlage gegenwärtigen und künftigen Lebens ist Pflicht des Landes und aller Menschen. (2) ... (3) Tier und Pflanze werden als Lebewesen geachtet. Art und artgerechter Lebensraum sind zu erhalten und zu schützen. (4) Die staatliche Umweltpolitik hat auf den sparsamen Gebrauch und die Wiederverwendung von Rohstoffen sowie auf den

sparsamen Gebrauch von Energie hinzuwirken. (5) ... Öffentliche und private Vorhaben bedürfen nach Maßgabe der Gesetze des Nachweises über Umweltverträglichkeit. Eigentum kann eingeschränkt werden, wenn durch seinen Gebrauch rechtswidrig die Umwelt schwer geschädigt oder gefährdet wird. (6)–(9) ..."; in Art. 40 („Grund und Boden"): „(1) Die Nutzung des Bodens und der Gewässer ist in besonderem Maße den Interessen der Allgemeinheit und künftiger Generationen verpflichtet ... (2) ... (3) Land, Gemeinden und Gemeindeverbände sind verpflichtet, der Allgemeinheit den Zugang zur Natur, insbesondere zu Bergen, Wäldern, Seen und Flüssen, unter Beachtung der Grundsätze für den Schutz der natürlichen Umwelt freizuhalten und gegebenenfalls zu eröffnen. (4) – (5) ..."; in Art. 42: „(2) Das Wirtschaftsleben gestaltet sich nach den Grundsätzen einer ... dem Schutz der natürlichen Umwelt verpflichteten marktwirtschaftlichen Ordnung ..." und in Art. 43: „(1) Die Nutzung des Bodens durch die Land- und Forstwirtschaft muss auf Standortgerechtigkeit, Stabilität der Ertragsfähigkeit und ökologische Verträglichkeit ausgerichtet werden. (2) Das Land fördert insbesondere den Beitrag der Land- und Forstwirtschaft zur Pflege der Kulturlandschaft, zur Erhaltung des ländlichen Raumes und zum Schutz der natürlichen Umwelt".

- Freistaat Sachsen (1992): In der Präambel wird der Wille betont, „der Bewahrung der Schöpfung zu dienen", und in Art. 1 ausgesagt, dass das Land ein „dem Schutz der natürlichen Lebensgrundlagen ... verpflichteter sozialer Rechtsstaat" ist. Im 1. Abschnitt („Die Grundlagen des Staates") ist ein gesonderter Artikel 10 ausschließlich grundsätzlichen Umwelterfordernissen gewidmet. Dessen Abs. 1 lautet: „Der Schutz der Umwelt als Lebensgrundlage ist, auch in Verantwortung für kommende Generationen, Pflicht des Landes und Verpflichtung aller im Land. Das Land hat insbesondere den Boden, die Luft und das Wasser, Tiere und Pflanzen sowie die Landschaft als Ganzes einschließlich ihrer gewachsenen Siedlungsräume zu schützen. Es hat auf den sparsamen Gebrauch und die Rückgewinnung von Rohstoffen und die sparsame Nutzung von Energie und Wasser hinzuwirken." Abs. 3 legt fest: „Das Land erkennt das Recht auf Genuss der Naturschönheiten und Erholung in der freien Natur an, soweit dem nicht die Ziele nach Absatz 1 entgegenstehen. Der Allgemeinheit ist in diesem Rahmen der Zugang zu Bergen, Wäldern, Feldern, Seen und Flüssen zu ermöglichen". Diese Aufträge werden mit Art. 13 präzisiert: „Das Land hat die Pflicht, die in dieser Verfassung niedergelegten Staatsziele anzustreben und sein Handeln danach auszurichten". Hervorzuheben ist weiter der Grundrechte-Artikel 31, betreffend Eigentum und Erbrecht, dessen Abs. 2 über Art. 14 Abs. 2 Grundgesetz hinausgehend bestimmt: „Eigentum verpflich-

tet. Sein Gebrauch soll zugleich dem Wohl der Allgemeinheit dienen, insbesondere die natürlichen Lebensgrundlagen schonen."
- Land Sachsen-Anhalt (1992): Anknüpfend an allgemeine Bezüge in der Präambel („die natürlichen Lebensgrundlagen zu erhalten") und in Art. 2 („ (1) Das Land ... ist ein ... dem Schutz der natürlichen Lebensgrundlagen verpflichteter Rechtsstaat") wird im 2. Hauptteil „Bürger und Staat" Konkreteres bestimmt. So enthält der (Erste) Abschnitt – „Grundrechte" – in Art. 18 zum Eigentum folgende Bestimmung: „(2) Eigentum verpflichtet. Sein Gebrauch soll zugleich dem Wohle der Allgemeinheit, insbesondere dem Schutz der natürlichen Lebensgrundlagen, dienen", und im (Dritten) Abschnitt – „Staatsziele" – sind in Art. 35 („Schutz der natürlichen Lebensgrundlagen") folgende Grundsätze enthalten: „(1) Das Land und die Kommunen schützen und pflegen die natürlichen Grundlagen jetzigen und künftigen Lebens. Sie wirken darauf hin, dass mit Rohstoffen sparsam umgegangen wird. (2) Jeder einzelne ist verpflichtet, hierzu nach seinen Kräften beizutragen. (3) Eingetretene Schäden an der natürlichen Umwelt sollen, soweit dies möglich ist, behoben und andernfalls ausgeglichen werden. (4) Das Nähere regeln die Gesetze".
- Freistaat Thüringen (1993): Allgemeine Bezüge in der Präambel („Natur und Umwelt zu bewahren und zu schützen") und im (Ersten) Abschnitt – „Grundlagen" des Zweiten Teils – „Der Freistaat Thüringen" – (Art. 44 Abs. 1: „Der Freistaat ... ist ein ... dem Schutz der natürlichen Lebensgrundlagen des Menschen verpflichteter Rechtsstaat") sind mit speziellen Artikeln verbunden, und zwar im Ersten Teil – „Grundrechte, Staatsziele und Ordnung des Gemeinschaftslebens" – zu „Natur und Umwelt" (Vierter Abschnitt, Art. 31-33) und zur Wirtschaft (Fünfter Abschnitt, Art. 38) sowie mit der Pflicht des Freistaates (Siebter Abschnitt, Art. 43), „nach seinen Kräften und im Rahmen seiner Zuständigkeiten die Verwirklichung der in dieser Verfassung niedergelegten Staatsziele anzustreben und sein Handeln danach auszurichten". Im Einzelnen legt Art. 31 fest: „(1) Der Schutz der natürlichen Lebensgrundlagen des Menschen ist Aufgabe des Freistaates und seiner Bewohner. (2) Der Naturhaushalt und seine Funktionsfähigkeit sind zu schützen. Die heimischen Tier- und Pflanzenarten sowie besonders wertvolle Landschaften und Flächen sind zu erhalten und unter Schutz zu stellen. Das Land und seine Gebietskörperschaften wirken darauf hin, dass von Menschen verursachte Umweltschäden im Rahmen des Möglichen beseitigt oder ausgeglichen werden. (3) Mit Naturgütern und Energie ist sparsam umzugehen. Das Land und seine Gebietskörperschaften fördern eine umweltgerechte Energieversorgung". Art. 38 lautet: „Die Ordnung des Wirtschaftslebens hat den Grundsätzen einer sozialen und der Ökologie verpflichteten Marktwirtschaft zu entsprechen".

- Land Mecklenburg-Vorpommern (1993/1994): Allgemeine Ökologiebezüge enthalten die Präambel („ ... die natürlichen Grundlagen des Lebens zu sichern") und Art. 2 – „Staatsgrundlagen" – („... dem Schutz der natürlichen Lebensgrundlagen verpflichteter Rechtsstaat"). Konkret ist sodann im Teil „III. Staatsziele" des 1. Abschnitts – „Grundlagen" in einem gesonderten Artikel 12 („Umweltschutz") – unter Gesetzesvorbehalt gemäß Abs. 5 – in Abs. 1 für alle Träger der öffentlichen Verwaltung festgelegt, „im Rahmen ihrer Zuständigkeiten die natürlichen Grundlagen jetzigen und künftigen Lebens (zu) schützen und (zu) pflegen" sowie „auf den sparsamen Umgang mit Naturgütern hin(zuwirken)." Abs. 2 lautet: „Land, Gemeinden und Kreise schützen und pflegen die Landschaft mit ihren Naturschönheiten, Wäldern, Fluren und Alleen, die Binnengewässer und die Küste mit den Haff- und Boddengewässern. Der freie Zugang zu ihnen wird gewährleistet." Nach Abs. 3 ist „jeder gehalten, zur Verwirklichung der Ziele der Absätze 1 und 2 beizutragen". Gemäß Satz 2 „gilt (dies) insbesondere für die Land-, Forst- und Gewässerwirtschaft in ihrer Bedeutung für die Landschaftspflege." Abs. 4 schließlich postuliert, dass „Eingriffe in Natur und Landschaft ... vermieden, Schäden aus unvermeidbaren Eingriffen ausgeglichen und bereits eingetretene Schäden, soweit es möglich ist, behoben werden (sollen)."

Es sei darauf hingewiesen, dass diese hier ausführlich zitierten Verfassungsbestimmungen beschlossen wurden, bevor 1994 in das Grundgesetz mit Art. 20a eine Staatszielbestimmung „Umweltschutz" eingefügt wurde, und dass sie dem ökologischen Anliegen umfassender entsprachen als die damals geltenden Landesverfassungen der alten Bundesländer.[51] Zugrunde lagen die nach der politischen

---

[51] Soweit sie überhaupt umweltbezogene Bestimmungen enthielten, regelten sie – in Anlehnung an Art. 150 Abs. 1 der Weimarer Verfassung von 1919 –: *Baden-Württemberg* in Art. 86 (Umwelt-, Landschafts-, Denkmalschutz) „Die natürlichen Lebensgrundlagen, die Landschaft sowie die Denkmale ... der Natur genießen öffentlichen Schutz und die Pflege des Staates und der Gemeinden", *Hamburg* in der Präambel „Die natürlichen Lebensgrundlagen stehen unter dem besonderen Schutz des Staates", *Hessen* in Art. 62 (Denkmal- und Landschaftsschutz) Satz 1 „Die Denkmäler ... sowie die Landschaft genießen den Schutz und die Pflege des Staates und der Gemeinden", *Rheinland-Pfalz* in Art. 40 (... Denkmal- und Landschaftspflege) Abs. 3 Satz 1 „Der Staat nimmt die Denkmäler der ... Natur sowie die Landschaft in seine Obhut und Pflege, *Saarland* in Art. 34 (..., Natur- und Landschaftsschutz) Abs. 2 Satz 1 „Die Denkmäler der ...Natur sowie die Landschaft genießen den Schutz und die Pflege des Staates". Weitergehende Bestimmungen enthielten die Verfassungen: *Bayern* mit Art. 141 Abs. 3 über den freien Zugang zu landschaftlichen Schönheiten, ergänzend zu den Grundsätzen in Art. 3 Abs. 2 „Der Staat schützt die natürlichen Lebensgrundlagen ..." und in Art. 141 Abs. 2 „Staat, Gemeinden und Körperschaften des öffentlichen Rechts haben die Aufgabe, die Denkmäler ... der Natur sowie die Landschaft zu schützen und zu pflegen ..." und dem ausführlichen Art. 141 Abs. 1 „Der Schutz der natürlichen Lebensgrundlagen ist, auch eingedenk der Verantwortung für die kommenden Generationen, der besonderen Fürsorge jedes einzelnen und der staatlichen Gemeinschaft anvertraut. Mit Naturgütern ist schonend und sparsam umzugehen. Es gehört auch zu den vorrangigen Aufgaben von Staat,

„Wende" von „Runden Tischen" und Arbeitsgruppen erarbeiteten Verfassungsentwürfe,[52] die auch das Umweltrecht der DDR kritisch überprüften und Bewahrungswertes aufgriffen. Ausgehend von den zitierten Verfassungsartikeln haben die neuen Bundesländer in ihre neue Umweltgesetzgebung (zu Naturschutz, Wasser, Boden, Wald, Jagd, Abfallwirtschaft, Energiewirtschaft) entsprechende Grundsätze und Einzelbestimmungen aufgenommen, ebenso wie in die Regelungen zu Landesplanung und Bauordnung, soweit nicht DDR-Recht sowieso entsprechend den Festlegungen des Einigungsvertrages als Landesrecht fortgalt.

Abschließend sei noch auf das für die Aufsatzsammlung als Zielsetzung benannte Anliegen eingegangen, *Funktion und Bedeutung des gesellschaftlichen Engagements* – des „Ehrenamts", der „freiwilligen gesellschaftlichen Tätigkeit" – rückblickend zu bewerten.

Zugrunde lag auch für die Umweltbelange die allgemeine Verfassungsaussage, die innerhalb des Abschnitts II („Bürger und Gemeinschaften in der sozialistischen Gesellschaft"), Kapitel 1 [„Grundrechte und Grundpflichten der Bürger"], in Artikel 21 der DDR-Verfassung proklamierte: „(1) Jeder Bürger der Deutschen

---

Gemeinden und Körperschaften des öffentlichen Rechts, Boden, Wasser und Luft als natürliche Lebensgrundlagen zu schützen, eingetretene Schäden möglichst zu beheben oder auszugleichen und auf möglichst sparsamen Umgang mit Energie zu achten, die Leistungsfähigkeit des Naturhaushaltes zu erhalten und dauerhaft zu verbessern, den Wald ..., die heimischen Tier- und Pflanzenarten ...", *Bremen* in Art. 11a (Schutz der natürlichen Lebensgrundlagen) „Staat, Gemeinden und Körperschaften des öffentlichen Rechts tragen Verantwortung für die natürlichen Lebensgrundlagen. Daher gehört es auch zu ihren vorrangigen Aufgaben, Boden, Wasser und Luft zu schützen, mit Naturgütern und Energie sparsam umzugehen sowie die heimischen Tier- und Pflanzenarten und ihre natürliche Umgebung zu schonen und zu erhalten. Schäden im Naturhaushalt sind zu beheben oder auszugleichen" sowie in Art. 65 (Staatsziele) „Die freie Hansestadt Bremen bekennt sich zu ... Schutz der natürlichen Umwelt ...", *Nordrhein-Westfalens* in Art. 29a (Umweltschutz) „(1) Die natürlichen Lebensgrundlagen stehen unter dem Schutz des Landes, der Gemeinden und Gemeindeverbände. (2) Die notwendigen Bindungen und Pflichten bestimmen sich unter Ausgleich der betroffenen öffentlichen und privaten Belange. Das Nähere regelt das Gesetz", sowie des *Saarlands*, ergänzend zu der vorn zitierte allgemeinen Aussage in Art. 34 Abs. 2 Satz 1, als 6. Abschnitt „Schutz der natürlichen Lebensgrundlagen" in Art. 59a „Der Schutz der natürlichen Lebensgrundlagen ist der besonderen Fürsorge des Staates und jedes einzelnen anvertraut. Es gehört deshalb zu den erstrangigen Aufgaben des Staates, Boden, Wasser und Luft als natürliche Lebensgrundlagen zu schützen, eingetretene Schäden zu beheben oder auszugleichen, mit Energie sparsam umzugehen, die Leistungsfähigkeit des Naturhaushaltes zu erhalt und dauerhaft zu verbessern, den Wald ..., die heimischen Tier- und Pflanzenarten ... Das Gesetz bestimmt die notwendigen Bindungen und Pflichten, es ordnet den Ausgleich der betroffenen öffentlichen und privaten Belange und regelt die staatlichen und kommunalen Aufgaben".

[52] Beispiel: „Verfassung des Landes Sachsen – Gohrischer Entwurf", die von April bis August 1990 von einer Arbeitsgruppe der „Gemischten Kommission Baden-Württemberg/Sachsen" im Auftrag des Dresdner Koordinierungsausschusses für die Bildung des Landes Sachsen, unterstützt von Beratern aus beiden Ländern, erarbeitet wurde. An Abstimmungen nahmen die sächsischen Berater gleichberechtigt teil, die bundesdeutschen Berater blieben ausgeschlossen. Der Entwurf wurde am 5.8.1990 der Öffentlichkeit zur Diskussion unterbreitet (Broschüre mit Entwurf und Nachbemerkung und Aufruf zur Abgabe von Stellungnahmen bis 30.9.1990).

Demokratischen Republik hat das Recht, das politische, wirtschaftliche, soziale und kulturelle Leben der sozialistischen Gemeinschaft und des sozialistischen Staates umfassend mitzugestalten. ... (3) Die Verwirklichung dieses Rechts der Mitbestimmung und Mitgestaltung ist zugleich eine hohe moralische Verpflichtung für jeden Bürger. Die Ausübung gesellschaftlicher oder staatlicher Funktionen findet die Anerkennung und Unterstützung der Gesellschaft und des Staates". Entsprechende Aussagen enthielten andere Verfassungsartikel,[53] so auch der vorn im Abschnitt 2 zitierte Umweltschutz-Artikel 15, der die Gewährleistung der Umweltanliegen auch zur „Sache jedes Bürgers" erklärte. Das über die Präambel ausdrücklich auf Artikel 15 der Verfassung und diese Aussage bezogene Landeskulturgesetz enthielt nicht nur einen entsprechenden Grundsatz-Paragraphen (6)[54], sondern im Weiteren auch zu jedem Teilkomplex in einem speziellen „Zielstellungs"-Paragraphen das Erfordernis des Zusammenwirkens mit den Bürgern und ihren gesellschaftlichen Organisationen. Die konkretisierende Umweltgesetzgebung gestaltete dies weiter aus (einschließlich Regelungen über Förderung und

---

[53] Art. 5 Abs. 2 „Die Volksvertretungen sind die Grundlage des Systems der Staatsorgane. Sie stützen sich in ihrer Tätigkeit auf die aktive Mitgestaltung der Bürger an der Vorbereitung, Durchführung und Kontrolle ihrer Entscheidungen"; Art. 19 Abs. 1 Satz 1 „Die Deutsche Demokratische Republik garantiert allen Bürgern ... ihre Mitwirkung an der Leitung der gesellschaftlichen Entwicklung"; Art. 29 „Die Bürger der Deutschen Demokratischen Republik haben das Recht auf Vereinigung, um durch gemeinsames Handeln in politischen Parteien, gesellschaftlichen Organisationen, Vereinigungen und Kollektiven ihre Interessen in Übereinstimmung mit den Grundsätzen und Zielen der Verfassung zu verwirklichen"; Art. 41 Abs. 1 Sätze 1 und 2 „Die sozialistischen Betriebe, Städte, Gemeinden und Gemeindeverbände sind im Rahmen der zentralen staatlichen Planung und Leitung (i.d.F. von 1974: Leitung und Planung) eigenverantwortliche Gemeinschaften, in denen die Bürger arbeiten und ihre gesellschaftlichen Verhältnisse gestalten. Sie sichern die Wahrnehmung der Grundrechte der Bürger, die wirksame Verbindung der persönlichen mit den gesellschaftlichen Interessen sowie ein vielfältiges gesellschaftlich-politisches und kulturelles Leben", dazu Art. 42 (Betriebe), Art. 43 (Städte, Gemeinden, Gemeindeverbände), weiter Art. 44, 45 (Gewerkschaften) und Art. 46 (Produktionsgenossenschaften). In anderen Artikeln ist näher ausgestaltet, was in Art. 21 Abs. 2 generell so geregelt ist: „Das Recht auf Mitbestimmung und Mitgestaltung ist dadurch gewährleistet, dass die Bürger alle Machtorgane demokratisch wählen, an ihrer Tätigkeit und an der Planung, Leitung (i.d.F. von 1974: Leitung, Planung) und Gestaltung des gesellschaftlichen Lebens mitwirken; Rechenschaft von den Volksvertretungen, ihren Abgeordneten, den Leitern staatlicher und wirtschaftlicher Organe über ihre Tätigkeit fordern können; mit der Autorität ihrer gesellschaftlichen Organisationen ihrem Wollen und ihren Forderungen Ausdruck geben; sich mit ihren Anliegen und Vorschlägen an die gesellschaftlichen, staatlichen und wirtschaftlichen Organe und Einrichtungen wenden können; in Volksabstimmungen ihren Willen bekunden".

[54] § 6 lautete: „(1) Die Staats- und Wirtschaftsorgane und die Betriebe [gemäß § 1 Abs. 2 waren im Betriebsbegriff auch die Genossenschaften erfasst] sind dafür verantwortlich, im Zusammenwirken mit der Nationalen Front sowie den gesellschaftlichen Organisationen vielfältige Möglichkeiten zur Mitwirkung der Bürger bei landeskulturellen Maßnahmen zu entwickeln, ihre Initiative zu fördern und sie in die Kontrolle der Durchführung dieser Maßnahmen einzubeziehen. Zur Aufklärung und Unterrichtung der Bürger sowie zur Information der Betriebe ist eine zielgerichtete Öffentlichkeitsarbeit zu leisten. (2) ... Erziehungs- und Bildungsarbeit ..., Weiterbildung ...".

Anerkennung). Das waren die gesetzlichen Grundlagen der vielfachen Formen und Ergebnisse gesellschaftlichen Engagements beim Umweltschutz,[55] auf die auch in anderen Beiträgen dieser Aufsatzsammlung eingegangen wird. In Weiterführung dieser Erfahrungen haben alle neuen Bundesländer in ihren Landesverfassungen den Umweltschutz zur „Jedermanns"-Aufgabe erklärt,[56] womit sie sich von Konzeption und Regelungen des Grundgesetzes und der Landesverfassungen der meisten Altbundesländer (Ausnahmen: Bayern, Saarland mit „Jedermanns"-Regelung) unterscheiden.[57]

Es handelt sich hierbei um eine sehr wichtige positive „Rahmenbedingung" engagierter Verwirklichung des Umweltrechts, die zugleich vielseitige Aspekte der verflochtenen Umweltbeziehungen zusammenführt.[58] In der DDR waren dagegen solche Institutionen „strukturfremd"/„systemfremd", wie die auf Konfrontation und „Einmischung" angelegten „Bürgerinitiativen"[59] und die auf prozessuale (Überprüfung und) Anfechtung von Verwaltungsentscheidungen (mit beabsichtigten Masseneinwendungen und Verfahrensausuferung) angelegte „Mitwirkung"

---

[55] Außer der Tätigkeit in Volksvertretungen, ihren Kommissionen und Aktivs, in Parteien und gesellschaftlichen Organisationen, als „Beauftragte" oder „Helfer" und in Kommissionen waren das Aktivitäten in den rund 3000 weiteren Organisationen und Vereinigungen auf wissenschaftlichen, sozialen, kulturellen, sportlichen und anderen Gebieten, Mitarbeit in Komitees, Ausschüssen, Räten und Beiräten, Teilnahme an Wettbewerben, Pflanz-, Frühjahrsputz-, Altstoffsammelaktionen, Teilnahme an Veranstaltungen in Betrieben, Gemeinden, Haus- oder Wohngebietsgemeinschaften, Stellungnahmen zu Gesetzesentwürfen. So wurden persönliche Initiativen und Verantwortung, Wissen und Erfahrungen der Bürger in breitem Rahmen für den Umweltschutz nutzbar gemacht.

[56] Vorstehend zitierte Verfassungsregelungen enthalten diese Aussage.

[57] Das Grundgesetz regelt in Abschn. I („Die Grundrechte") in Art. 5, 8 und 9 die Meinungs- und Pressefreiheit, die Versammlungsfreiheit und die Vereinigungsfreiheit sowie im Abschn. II („Der Bund und die Länder") in Art. 20 Abs. 2 als Verfassungsgrundsatz „Alle Staatsgewalt geht vom Volke aus. Sie wird vom Volke in Wahlen und Abstimmungen ... ausgeübt", in Art. 21 Abs. 1 Satz 1 „Die Parteien wirken bei der politischen Willensbildung des Volkes mit" sowie in Art. 28 das Erfordernis von Volksvertretungen in Ländern, Kreisen und Gemeinden und den Grundsatz „gemeindlicher Selbstverwaltung". Die Verfassungen einiger „Altbundesländer" enthalten eine Verpflichtung zur Übernahme von „Ehrenämtern" (Bayern Art. 121, Bremen Art. 9, Hessen Art. 25, Rheinland-Pfalz Art. 21 Abs. 1, Saarland Art. 19) bzw. postulieren die ungehinderte Wahrnahme öffentlicher Ehrenämter (Berlin Art. 7, Hamburg Art. 73, Art. 56), wobei die Regelung Bayerns die „Ehrenämter" präzisiert: „insbesondere als Vormund, Waisenrat, Jugendpfleger, Schöffe und Geschworener". Im Übrigen gehen die Landesverfassungen nicht über die genannten Bestimmungen des Grundgesetzes hinaus.

[58] Die breite gesellschaftliche Mitwirkung aus allen Bereichen mit jeweils spezifischem Sachverstand und speziellen Interessen war eine Grundlage „kollektiver" Erörterung und Umsetzung der Aufgaben. Ein Beispiel war die als Organisations- und Demokratieform entwickelte Institution der „Landschaftstage", mit der die örtlichen Staatsorgane ihre Verantwortung für die planmäßige Gestaltung der jeweiligen Landschaft verbunden mit gesellschaftlichen und betrieblichen Aktivitäten wahrnahmen.

[59] Weiss, H.: Das Umweltproblem als Umweltgeschichte. Das Beispiel Verbandsnaturschutz in Berlin, in: Institut für Umweltgeschichte und Regionalentwicklung e.V. (Hg.): Umweltgeschichte und Umweltzukunft. Schwerpunkt: Umweltbewegungs- und Umweltforschungsgeschichte (Forum Wissenschaft Studien 19), BdWi-Verlag, Marburg 1993, 82-91.

von Vereinen/Verbänden.[60] Sie wurden aber in Vor- und Nach„wende"zeiten aus der bundesdeutschen Praxis und Gesetzgebung „eingeführt"[61], sind auch in Verfassungen[62] und Gesetzgebung[63] der neuen Bundesländer eingegangen und zeigen

---

[60] Ebd., mit Ausführung zur Rivalität zwischen den Verbänden, zu Entwicklungsschritten und zur zunehmenden Professionalisierung unter Zurückdrängung der Mitwirkung der Mitglieder im internen Willensbildungsprozess.

[61] Es entstanden (und verschwanden wieder) in der „Wendezeit" in der ehemaligen DDR/ in den neuen Bundesländern eine Vielzahl Umweltverbände, -vereinigungen und -bewegungen (vor allem auf dem Gebiet Naturschutz/Landschaftspflege), die bisherige Mitwirkungsformen (bei sinkenden Zahlen der Akteure) „ersetzten". Die Übernahme des § 29 Bundesnaturschutzgesetz („Mitwirkung von Verbänden") bedingte aber eine recht baldige Bildung und Stabilisierung rechtsfähiger Vereine, die den Bedingungen der rechtlich geforderten „Anerkennung" entsprachen; sie sollten die Ziele des Naturschutzes/der Landschaftspflege fördern, ihnen nicht durch Protesthaltung „hinderlich" sein. Die Schwierigkeit der neuen Bundesländer, solche Vereine zu benennen und Akzeptanz für die neue Lage zu erreichen, ist nur *ein* Beispiel für den entstandenen „Bruch" im breiten gesellschaftlichen Engagement für den Umweltschutz.

[62] Art. 15 der DDR-Verfassung mit ihrer charakterisierten Bürger-Mitwirkung-Regelung war im Juni 1990 mit der Verabschiedung neuer „Verfassungsgrundsätze" außer Kraft gesetzt worden; mit der Wiedervereinigung entfiel die – inzwischen nach der „Wende" mehrfach veränderte – DDR-Verfassung als Ganzes, es galt zentral nur noch das Grundgesetz. In Bezug auf die Landesverfassungen ist ergänzend und präzisierend zu den vorstehend in diesem Abschnitt zitierten Regelungen auf folgende Bestimmungen zu verweisen: *Land Brandenburg* – Art. 39 Abs. 1 (Jedermannspflicht) – Art. 20 (Vereinigungsfreiheit) Abs. 3 „Parteien und Bürgerbewegungen, die sich öffentlichen Aufgaben widmen und auf die öffentliche Meinungsbildung einwirken, müssen in ihrer inneren Ordnung demokratischen Grundsätzen entsprechen. Die Freiheit ihrer Mitwirkung an der politischen Willensbildung ist zu gewährleisten", Art. 21 (Recht auf politische Mitgestaltung) Abs. 1 „Das Recht auf politische Mitgestaltung ist gewährleistet", Abs. 3 Satz 1 „Alle Menschen haben das Recht, sich zu Bürgerinitiativen oder Verbänden zur Beeinflussung öffentlicher Angelegenheiten zusammenschließen", Art. 39 Abs. 8 „Die Verbandsklage ist zulässig. Anerkannte Umweltverbände haben das Recht auf Beteiligung an Verwaltungsverfahren, die die natürlichen Lebensgrundlagen betreffen. Das Nähere regelt das Gesetz"; *Freistaat Sachsen* – Art. 10 Abs. 1 (Jedermannspflicht) – Art. 10 Abs. 2 „Anerkannte Naturschutzverbände haben das Recht, nach Maßgabe der Gesetze an umweltbedeutsamen Verwaltungsverfahren mitzuwirken. Ihnen ist Klagebefugnis in Umweltbelangen einzuräumen; das Nähere bestimmt das Gesetz"; *Land Sachsen-Anhalt* – Art. 35 Abs. 2 (Jedermannspflicht) – Art. 13 (Vereinigungsfreiheit) – Abs. 2 Satz 1 „Alle Deutschen haben das Recht, Vereine und Gesellschaften zu bilden sowie sich an Bürgerbewegungen zu beteiligen"; *Freistaat Thüringen* – Art. 31 Abs. 1 (Jedermannsaufgabe) – Art. 9 „Jeder hat das Recht auf Mitgestaltung des politischen Lebens im Freistaat. Dieses Recht wird im Rahmen dieser Verfassung in Ausübung politischer Freiheitsrechte, insbesondere durch eine Mitwirkung in Parteien und Bürgerbewegungen wahrgenommen"; *Land Mecklenburg-Vorpommern* – Art. 12 Abs. 3 (Jedermannspflicht) – Art. 3 (Demokratie) Abs. 2 „Die Selbstverwaltung in den Gemeinden und Kreisen dient dem Aufbau der Demokratie von unten nach oben", Abs. 4 „Parteien und Bürgerbewegungen wirken bei der politischen Willensbildung des Volkes mit".

[63] Alle neuen Bundesländer übernahmen in ihre Landesnaturschutzgesetze eine Regelung gemäß § 29 BNatSchG über die Mitwirkung von Verbänden (das Land Brandenburg und der Freistaat Sachsen auch in ihre Verfassungen, Fn. 62) und, wie auch die meisten Altbundesländer, zusätzliche Regelungen über die Verbandsklage. Das für das Umweltrecht der Bundesrepublik betonte „Kooperationsprinzip", dessen Ausdruck auch die Verbands-/Vereinsbeteiligung ist, brachte für das Umweltrecht der neuen Bundesländer zugleich wichtige Regelungsimpulse zur Überwindung des Regelungsdefizits

sich oftmals in organisierten, jahrelangen Protest- und Widerspruchsaktionen. Früher hoch engagierte Bürger der ehemaligen DDR suchen in diesem neuen Umfeld rechtlicher und organisatorischer Art vielfach noch ihren Platz, sich gestaltend, unterstützend, beratend, aber auch kritisch begleitend, im Interesse des Umweltschutzes erneut einzubringen.

Literatur

Oehler, E.: Internationale Forschungskooperation der ehemaligen RGW-/COMECON-Staaten zum Umweltrecht/ Zwischen ihnen bzw. unter ihrer Beteiligung und auf dem Wege zur EU-Osterweiterung, Dr. Kovač, Hamburg 2004, 537 S.

Oehler, E.: Zur Entwicklung des Agrarumweltrechts in der DDR. In: Götz, V. & Winkler, W. für Institut für Landwirtschaftsrecht der Universität Göttingen (Hg.): Jahrbuch des Agrarrechts Bd. I, Heymanns-Verlag, Köln 1997, 223-366 (294-321, 356-366)

Oehler, E.: Agrarumweltrecht in den neuen Bundesländern. In: Götz, V. & Winkler, W. für Institut für Landwirtschaftsrecht der Universität Göttingen (Hg.): Jahrbuch des Agrarrechts Bd. IV, Heymanns-Verlag, Köln 2002, 1-576.

Weiss, H.: Das Umweltproblem als Umweltgeschichte. Das Beispiel Verbandsnaturschutz in Berlin (W.). In: Institut für Umweltgeschichte und Regionalentwicklung e.V. (Hg..): Umweltgeschichte und Umweltzukunft/ Schwerpunkt: Umweltbewegungs- und Umweltforschungsgeschichte (Forum Wissenschaft Studien 19), BdWi-Verlag, Marburg 1993, 138 S. (82-91).

Karl Hermann Tjaden

Natur, Mensch und Gesellschaft –
Zur „Sozialistischen Reproduktionstheorie"

Die DDR, die 1949 das materielle Erbe der kapitalistischen Produktionsweise und Gesellschaft und das ideelle Erbe eines durch die Arbeiterbewegung geformten Marxismus übernommen hatte, hat während der vier Jahrzehnte ihrer Existenz versucht, auf jenem praktischen Erbe eine staatlich geplante und geleitete Volkswirtschaft aufzubauen; und sie war dabei zugleich bestrebt, aus diesem theoretischen Erbe eine politisch-ökonomische Konzeption gesamtwirtschaftlicher Entwicklung unter postkapitalistischen Produktionsverhältnissen zu erarbeiten. Mit diesem zuletzt genannten Bestreben befassen wir uns hier. Es hat einige bemerkenswerte theoretische Ergebnisse gezeitigt, die über das formationsübergreifende oberflächliche Wachstumsgerede hinauswiesen. Diese Erkenntnisse fanden aber an einer gewissen Naturblindheit marxistischer Denkmuster ihre Grenzen, so wie sie auch unverträglich waren mit einem gewissen Wachstumswahn des spätsozialistischen Politikmusters. Insgesamt bedeutete das, dass diese Theorie – es geht um die „Reproduktionstheorie" in der „Politischen Ökonomie des Sozialismus" – zum Scheitern verurteilt war. Sie ist es trotzdem wert, dass man sie kritisch überdenkt: nicht nur, um aus ihren Vorzügen und Fehlern zu lernen, sondern auch, um Beschränkungen zu überwinden, welche die der Theorie zugrunde liegende Gesellschaftslehre von K. Marx und F. Engels kennzeichnen.

Die Rede ist also von einer ökonomischen Theorie gesellschaftlicher Reproduktion. Eine solche Theorie befasst sich vor allem mit der gesamtwirtschaftlichen Entwicklung einer Gesellschaft unter dem Gesichtspunkt der Erneuerung dessen, was bei der Erzeugung von Gütern und Leistungen verbraucht wurde. Dabei geht es insbesondere um das, was man auch Produktionsfaktoren nennt, so um Arbeitskraft, Arbeitsmittel und Arbeitsgegenstände. Marxisten denken dabei nicht nur an die Werte, sondern auch an die sog. Gebrauchswerte. Der historisch-geographische Kontext, die Bevölkerung, der Naturhaushalt, die Raumausstattung des jeweiligen Landes, liegen in der Regel außerhalb des Rahmens dieser Denkweise. Da in der Politischen Ökonomie von Marx aber die Gütererzeugung und Wertbildung durch gesellschaftliche Arbeit im Mittelpunkt stehen und Arbeit als ein „Prozeß zwischen Mensch und Natur" aufgefasst wird (MEW 23, 192), haben Marxistinnen und Marxisten auch immer wieder Ansätze dazu gemacht, auch die ökonomische Reproduktion irgendwie als in Beziehungen zwischen menschlicher und außermenschlicher Natur eingespannt zu begreifen. Hauptsächlich geht es im Folgenden um Aspekte der in der DDR konzipierten „sozialistischen Reproduktionstheorie".

Kurzer Blick zurück auf Marx und Engels

Die historisch-materialistische Reproduktionstheorie ist von K. Marx als ökonomische Theorie begründet worden, wobei die kapitalistische Produktionsweise im Mittelpunkt stand. In Anknüpfung an das Modell eines Wirtschaftskreislaufs von F. Quesnay (1694-1774) erarbeitete er eine Theorie des gesamtwirtschaftlichen Kreislaufs von Produktionsfaktoren und produzierten Gütern sowie der Werte, die in diesen verkörpert sind, unter den Bedingungen kapitalistischen Wirtschaftswachstums, wobei er den antagonistischen Charakter von Gütererzeugung und Güterverwendung bzw. Wertschöpfung und Wertverwendung herausstellte – eine nicht nur damals, sondern bis heute äußerst „bedeutungsvolle" Leistung (HOFMANN 1966, 63; vgl. WAGENFÜHR 1973 [2], 309-314). Reproduktion heißt hier vorab Verwendung von Werten aus dem gesamtwirtschaftlichen Produkt für Investitions- und Konsumzwecke, um dadurch die Wirtschaftstätigkeiten fortsetzen zu können („Wertersatz") und diese, typisch für die kapitalistische Wirtschaft, auszuweiten. Reproduktion heißt damit zugleich auch Verwendung von Gütern aus dem gesamtwirtschaftlichen Produkt für die Erneuerung verbrauchter Arbeitsgegenstände und -mittel sowie verausgabter Arbeitskraft zwecks Fortsetzung der Produktionstätigkeit („Stoffersatz") wie – wiederum in der kapitalistischen Produktionsweise – ihrer Ausdehnung: Kapitalistisches Wirtschaftswachstum ist erweiterte Produktion von Werten und Gütern auf Grundlage einer erweiterten Reproduktion von eingesetzten Kapitalelementen und Produktionsfaktoren. Marx hielt es für wichtig, diese gesamtwirtschaftliche Reproduktion (die mittels einer produktiven und konsumtiven Verwendung oder Konsumtion von Produkten bewirkt wird) und die Produktion selber als „Glieder" einer – produktionsdominierten – „Totalität" zu begreifen, in die die Distribution und Zirkulation von Waren einbegriffen ist. Das hatte er in einer Einleitung zu den „Grundrissen der Kritik der politischen Ökonomie" dargelegt (MARX 1953, 5-31). Dieses Ziel war für den Fall der kapitalistischen Wirtschaft und Produktionsweise angesichts der Vermittlung der Tätigkeit der konkurrierenden Unternehmen durch Märkte besonders schwer zu verwirklichen. Die Allokation der Produktionsfaktoren aufgrund einer Vielzahl einzelwirtschaftlicher Entscheidungen in einer wachsenden Wirtschaft garantiert nicht die Übereinstimmung von „Wertersatz und Stoffersatz" und fördert Krisen und Disproportionen der gesamtwirtschaftlichen Entwicklung. Zum

Beispiel ist es unter diesen Verhältnissen ein Problem, das Angebot und die Nachfrage nach Waren oder die Verwendung von Kapitalerträgen und den Ausbau von Produktionskapazitäten in gesamtwirtschaftlichem Maßstab aufeinander abzustimmen. Das Hauptwerk Marxens, das „Kapital", ist ein Versuch zu zeigen, wie gesamtwirtschaftliches Wachstum unter kapitalistischen Verhältnissen überhaupt möglich ist und welche Regel- und Gesetzmäßigkeiten ihm innewohnen, beispielsweise: die Tendenz zur Verringerung der Wertschöpfung durch lebendige Arbeit aufgrund vermehrten Einsatzes sächlicher Produktionselemente, auch vergegenständlichte Arbeit genannt (steigende „technische Kapitalzusammensetzung"). Dieses ganze Werk ist eine Theorie der erweiterten Reproduktion einer kapitalistischen Ökonomie (MEW 23, 24, 25).

Diese Theorie will nicht nur zeigen, wie in einem kapitalistischen ökonomischen System immer wieder die Werte verfügbar gemacht werden, derer es für die Finanzierung der Fortsetzung der Warenerzeugung bedarf, sondern möchte auch verdeutlichen, dass die hierzu erforderlichen Produktionselemente in Gestalt der jeweils zweckdienlichen Arbeitskräfte, Arbeitsmittel, Arbeitsgegenstände und sonstigen technischen, stofflichen und energetischen Bedingungen immer wieder bereitgestellt werden. Damit betrifft sie eine Nahtstelle nicht nur zwischen der ökonomischen Reproduktion von abstrakten Werten (letzten Endes des Kapitals) und derjenigen von Gebrauchswert tragenden konkreten Produkten und Produktionsfaktoren. Hier sehen wir vielmehr auch eine Nahtstelle zwischen der ökonomischen Reproduktion als ganzer und der Reproduktion der menschlichen, natürlichen und sächlichen Voraussetzungen der Wirtschaftstätigkeit einer Gesellschaft überhaupt. Letztere besteht insbesondere in der generativ-regenerativen Reproduktion der Bevölkerung und des Naturhaushalts der Gesellschaft, aus der die Arbeitskräfte und die Arbeitsgegenstände für die Gütererzeugung schließlich kommen. Die ökonomische Reproduktion ist also in den vorgegebenen Natur-Mensch-Zusammenhang einer Gesellschaft eingefügt. Davon vermitteln die beiden genannten kapitalismustheoretischen Werke von Marx durchaus eine Ahnung. Es ist ja bekannt, dass K. Marx und F. Engels im Laufe ihres Lebens zunehmend Forschungsergebnisse über die Geschichte der Natur und die darin eingeschlossene Geschichte der Menschen zur Kenntnis genommen, vielfach sich zu eigen gemacht und verschiedentlich in ihre theoretische Argumentation eingebaut haben. Allerdings ändert dies nichts daran, dass die außermenschliche und die menschliche Natur in ihren Wechselbeziehungen im Hauptwerk von Marx, in „Das Kapital", im Wesentlichen – die wichtigste Ausnahme ist der bereits erwähnte Arbeitsbegriff – als Voraussetzungen und Randbedingungen des makroökonomischen Systems erscheinen. Gewiss gibt es den Begriff des „Stoffwechsels", der durch gesellschaftliche Arbeit vermittelt und gehandhabt werde, ferner die Betonung der

Differenz von „Wert- und Stoffersatz" sowie die Hervorhebung der Rolle der „technischen Kapitalzusammensetzung", die sich in entsprechenden Wertverhältnissen niederschlägt. Und es gibt mancherlei treffende Aussagen über energetische und stoffliche *inputs* und *outputs* der Produktion und deren desaströse Effekte auf „die Erde und den Arbeiter". Die eigentlichen „Naturbedingungen" aber erscheinen im Wesentlichen, wie das menschliche Arbeitsvermögen, eben als bloße *Bedingungen* gesellschaftlicher Arbeit (MEW 23, 192 f., 529 f., 535 f. und passim). Die stofflichen, energetischen und informationellen Interaktionen der menschlichen und außermenschlichen Naturmomente werden nicht als Inhalte der ökonomischen Verhältnisse und Beziehungen begriffen. Marxens „Kapital" ist keine Theorie der ökonomisch geprägten Mensch-Natur-Beziehungen, sie wollte das auch gar nicht sein. Das Problem der Erhaltung bzw. angemessenen Erneuerung der menschlich-natürlichen Grundlagen des Wirtschaftens stand, obwohl es immer wieder erwähnt wurde, daher auch alles andere als im Zentrum der Theorien von Marx und Engels – vermutlich waren sie der Meinung, diese würden sich im Sozialismus mehr oder minder selbstverständlich ergeben, wenn mit einer „neuen Produktionsweise" eine „freie, ungehemmte, progressive, und universelle Entwicklung der Produktivkräfte selbst die Voraussetzung der Gesellschaft und daher ihrer Reproduktion bildet". (MARX 1953, 438) Vor einer Fetischisierung der Technik hatte F. Engels allerdings gewarnt. Was die Theorie gesellschaftlicher Reproduktion in einer kommunistischen Gesellschaft betrifft (oder in einer sozialistischen Gesellschaft, wie man deren erste Phase später zu nennen pflegte), so haben sich Marx und Engels freilich ziemlich zurückgehalten. Als wegweisend sollte sich schließlich in der DDR (abgesehen von der eben zitierten Produktivkrafteuphorie) eine Fußnote von F. Engels zu seinem Begriff der „Nutzeffekte der verschiedenen Gebrauchsgegenstände" erweisen: Die „Abwägung von Nutzeffekt und Arbeitsaufwand bei der Entscheidung über die Produktion [ist] alles […], was in einer kommunistischen Gesellschaft vom Wertbegriff der politischen Ökonomie übrigbleibt […]." (MEW 20, 288 f.) Man beginnt zu ahnen, wie schwierig es sein sollte, nicht nur eine Theorie der ökonomischen Reproduktion unter sozialistischen Produktionsverhältnissen zu entwickeln, sondern auch, eine hiermit eng verbundene Theorie der Reproduktion der menschlichen und natürlichen Grundlagen der Wirtschaft zu entwerfen, dessen, was man auch nichtökonomische Basis einer Gesellschaft nennen könnte.

Vorläufer und Grundzüge der „Sozialistischen Reproduktionstheorie"

Die marxistische Diskussion der Marxschen Reproduktionstheorie, die Ende des 19. Jh. einsetzte und von W. I. Lenin, R. Hilferding und R. Luxemburg bis zu N. Bucharin, F. Sternberg, H. Grossmann, O. Bauer und K. A. Wittfogel reichte, hat sich – mit Ausnahme des Frühwerks des Letztgenannten – auf die ökonomischen Formen und Tendenzen der kapitalistischen Reproduktion konzentriert, wenngleich verschiedene Autorinnen und Autoren auch technische und andere nichtökonomische Faktoren ins Spiel brachten (vgl. CZESKLEBA-DUPONT & TJADEN 1987, 29-34). Letztere spielten bei den wissenschaftlichen Vorläufern der „Sozialistischen Reproduktionstheorie" in der DDR eine eher noch geringere Rolle. Als wichtigstes Vorläuferwerk kann das noch in der kurzen Phase des „neuen ökonomischen Systems der Planung und Leitung" (ca. 1963-1969) konzipierte kurzlebige Buch „Politische Ökonomie des Sozialismus und ihre Anwendung in der DDR" gelten, das von einem Autorenkollektiv verfasst und von W. Ulbricht mit einem Vorwort bedacht worden war (MITTAG et al. 1969). Es handelt sich um einen anspruchsvollen Versuch, grundlegende Strukturen und Prozesse einer sozialistischen Ökonomie, darunter „die sozialistische Reproduktion", theoretisch zu fassen. Ausgegangen wurde von der – an das obige Engels-Zitat offenbar anknüpfenden – Prämisse, dass es in „der sozialistischen Ökonomik [...] darauf an[kommt], die gesellschaftlichen Bedürfnisse mit einem möglichst geringen und beständig zu minimierenden Arbeitsaufwand zu befriedigen [...]." Als Zielgröße der Wirtschaftstätigkeit von „hervorragender Bedeutung" galt in dieser Theorie das Nettoprodukt an materiellen Gütern und unmittelbar damit verbundenen Leistungen oder, wertmäßig ausgedrückt, das Nationaleinkommen (was ungefähr den Stellenwert des Volkseinkommens der Volkswirtschaftlichen Gesamtrechnung westlichen Typs hat), also die gesamtwirtschaftliche Wertschöpfung. Dieser stand vor allem die gebrauchswertschaffende (lebendige) gesellschaftliche Arbeit gegenüber, die für ihre Erzeugung erforderlich war. Durch Gegenüberstellung des Arbeitsaufwands und des Arbeitsergebnisses auf gesamtwirtschaftlicher Ebene konnte ein Maß der Arbeitsproduktivität gewonnen werden. Durch eine solche Gestaltung des Begriffs der Arbeitsproduktivität wurde versucht, bestimmte auf einzelwirtschaftlichen Aufwand und Ertrag und auf den Gegensatz von Klassen fixierte kapitalorientierte Kategorien (Profit, Lohnkosten etc.) zu überwinden, ohne eine „wirtschaftliche Rechnungsführung" der vergesellschafteten Unternehmen aus dem Auge zu verlieren (MITTAG et al. 1969, 238 f., 252, 254 f., 542-545, 724-838). Diese frühe Theorie der ökonomischen Reproduktion des sozialistischen Systems akzentuierte den Primat der Produktion und ihrer Erweiterung mittels wissenschaftlich-technisch effektivierter Produktionsmittel, führte den Begriff des Nationalreichtums ein, der im Wesentlichen die zu erhaltenden und erweiternden Bestände produzierter Güter und Anlagen (auch solcher territorialen Charakters) sowie Naturreichtümer umfassen sollte, betonte die Wichtigkeit der Gebrauchswerteigenschaft von Gütern als Elementen des gesamtwirtschaftlichen Produkts und seiner „materiellen Struktur" und bemühte sich schließlich um die Konzipierung von Kriterien einer Effektivität der Produktion. Die Beziehungen der Menschen zur übrigen Natur fanden allenfalls sporadisch Erwähnung. Letztere erschien – entsprechend dem damals in der DDR dominierenden Geographie-Paradigma, das G. Schmidt-Renner vertreten hatte – vor allem als Standort und Gegenstand der ökonomischen Produktion und als Quelle eines hemmungslos zu vermehrenden Güterreichtums: In diesem Sinne stellten sich „Naturreichtümer", wenn sie von der politischen Ökonomie überhaupt erwähnt wurden, vor allem unter dem Gesichtspunkt „der erschlossenen sowie erschließbaren natürlichen Ressourcen" dar (MITTAG et al. 1969, 481-499, 523-560, 624-682; SCHMIDT-RENNER 1960, 847 ff.; vgl. CZESKLEBA-DUPONT & TJADEN 1987, 5, 9).

Anregungen zur Entwicklung und Verfeinerung dieser rohen reproduktionstheoretischen Konzepte kamen zunächst weniger aus dem Spektrum der politischen Ökonomie des sozialistischen Reproduktionssystems, sondern u.a. aus den Geschichts-, Forst-, Geo- und Umweltwissenschaften, aus der Ökologie und auch aus der Philosophie. Beispielsweise wurden in einem bahnbrechenden Aufsatz des Historikers H. Mottek aus dem Jahre 1972 wichtige Begriffe einer kritisch-materialistischen Konzeption der arbeitsvermittelten Beziehungen zwischen Menschen und Umwelt vorgetragen (in einer Zeit, als manchen Philosophen zum Mensch-Natur-Verhältnis hauptsächlich der Begriff Herrschaft über die Natur einfiel), wobei u.a. auf das Erfordernis aufmerksam gemacht wurde, Aufwendungen für eine Vermeidung bzw. Behebung destruktiver Effekte der Warenproduktion in den Wert des Produkts, aus dessen Herstellung die Schäden herrühren, einzurechnen (MOTTEK 1972). Was das alles bedeuten würde, wurde spätestens klar, als er im Rahmen der internationalen Ökosystemforschung dafür plädierte, die Produktions- und Konsumtionseffekte auf die Natur, insbesondere die Biosphäre, einschließlich aller Neben-, Fern- und Rückwirkungen hinsichtlich der gegenwärtigen und künftigen menschlichen Bedürfnisse und ihrer Befriedigung „in a complex manner" zu untersuchen (MOTTEK 1973, 1 f.; bei einem Festkolloquium zum 65. Geburtstag Hans Motteks wurden geschichts- wie umweltwissenschaftliche Beiträge vorgetragen: SCHEEL, Hg., 1976). Nach der Ablösung des Naturschutzgesetzes durch das umfassendere Landeskulturgesetz der DDR im Jahre 1970 versuchte der Geograph und Landschaftsökologe E. Neef, den Gesichtspunkten des Schutzes wie der Gestaltung der natürlichen Umwelt mittels eines voluminösen Handbuchs

„sozialistische landeskultur" stärkere öffentliche Beachtung zu verschaffen. Dabei wurde – auf Grundlage der Konzession, dass der sozialistische Staat seine Macht sichern und das Wirtschaftswachstum vorantreiben müsse – davon ausgegangen, dass „viele Fragen [...] des Stoffwechsels zwischen Mensch und Natur noch nicht ausreichend erforscht sind", dass die „gesellschaftlichen Aufwendungen [...], die aus Umweltschädigungen resultieren", beachtet werden müssten und dass „viele Umweltprobleme den herkömmlichen Nutzeffektberechnungen oft nicht zugänglich sind, weil sich viele Beeinträchtigungen der Umwelt nicht oder nur teilweise in ökonomischen Kategorien ausdrücken lassen." (NEEF & NEEF 1977, 31 f.) Dies war insgesamt ein (wohl unbeabsichtigter) Schlag gegen ein umfassendes Konzept der gesamtwirtschaftlichen Effektivität sozialistischer Ökonomie, noch bevor dieses überhaupt fertig entwickelt worden war. Des Weiteren verwiesen Roos, Streibel und andere Wissenschaftlerinnen und Wissenschaftler 1979 darauf, dass es außer dem (heute durch Verarbeitungstechnik geprägten) massenhaften gesellschaftlichen Stoff- und Energieumsatz zwischen Mensch und Natur auch einen „direkten, organgebundenen Stoffwechsel mit der Natur" gebe und dass die natürlichen Ressourcen einem weiter gefassten, grundsätzlich vielfältig nutzbaren „Naturpotential" entsprängen, welches räumlich gegeben sei und das der Regeneration bzw. gesellschaftlichen Reproduktion bedürfe (ROOS et al. 1979, 36-46, 62-72, 77-87, 88-144). Paucke und Bauer schließlich brachten 1980 den Begriff der „anthropogenen Einflüsse auf den Naturhaushalt" ins Spiel, setzten zu einer ökologischen Problematisierung der Kategorien „Wirtschaftswachstum" und „Arbeitsproduktivität" an und verwiesen auf die Schadwirkungen gesellschaftlich „verformter Stoffe" für Stoffkreisläufe in der Natur und für die Gesundheit der Menschen, denen man auch in einer sozialistischen Wirtschaft vorbeugen müsse und könne (PAUCKE, & BAUER 1980, 102-171, 183-190, 214-232).

Innerhalb der „Politischen Ökonomie des Sozialismus" führten Probleme der realen ökonomischen Reproduktion seit den 1970er Jahren (darunter die Verteuerung importierter Rohstoffe und Energieträger, die Verknappung inländischer Arbeitskräfte sowie das Wachstum der Aufwendungen für die Exploitation einheimischer Bodenschätze, für die Alimentation der eigenen Bevölkerung und für militärische und polizeiliche Zwecke) zur politischen Zielvorstellung einer „Intensivierung" der Produktion und Reproduktion des mittlerweile so genannten „ökonomischen Systems des Sozialismus". Damit sollte zugleich den mittlerweile sich aufdrängenden Ressourcen- und Umweltproblemen begegnet werden, denen Wirtschaftswissenschaftler/innen nun zunehmend Beachtung schenkten (vgl. z.B. Zentralinstitut für Wirtschaftswissenschaften der AdW der DDR – Abteilung Dokumentation/Bibliothek 1975). Intensivierung hieß in der marxistischen Tradition Ausweitung der Erzeugung von Gütern und Leistungen durch bessere Nutzung vor allem der eingesetzten Arbeitskräfte, aber auch der Arbeitsmittel und Arbeitsgegenstände. Das Wort wurde nun zu einer Bezeichnung für die „Gesamtheit aller wirtschaftspolitischen Maßnahmen zur Erhöhung der Effektivität und Qualität der sozialistischen Produktion und zur Gewährleistung eines stabilen ökonomischen Wachstums zum Wohle des Volkes" (EHLERT et al. 1989, 424). Was wie eine bloße Phrasensammlung klang, die der westdeutsche Leser bestenfalls mit einem ironischen Lächeln quittierte, reflektierte bis zu einem gewissen Grade die „sozialistische Reproduktionstheorie", die seit den 1970er Jahren durch Wissenschaftler/innen verschiedener Fachrichtungen erarbeitet und die teilweise auch in Hand-, Lehr- und Wörterbüchern rezipiert worden war (so beispielsweise noch in der letzten Auflage des lesenswerten „Lehrbuchs für das marxistisch-leninistische Grundlagenstudium" von RICHTER et al. 1989). Liest man die entsprechenden wissenschaftlichen Darstellungen, so erweist sich diese Theorie als ein intelligentes gesamtwirtschaftliches Programm, mit dem der Verschwendung von Arbeitskraft, Naturressourcen und Sachmitteln sowie dem Mangel an bedarfsgerechten Gütern und Leistungen hätte entgegengewirkt werden können, wenn es denn in die Praxis umgesetzt worden wäre. Die folgende Darstellung bezieht sich hauptsächlich auf das Werk „Grundfragen der sozialistischen Reproduktionstheorie" einer Gruppe von Wirtschaftswissenschaftlerinnen und -wissenschaftlern aus der Akademie der Wissenschaften aus dem Jahre 1982, das 1987 durch einen weiteren Sammelband ergänzt wurde (HEINRICHS 1982a; HEINRICHS 1987; vgl. für weitere Quellen und für eine ausführlichere Darstellung: TJADEN 1992a, 169-190).

Die ökonomische Theorie hatte in der DDR den gesamtwirtschaftlichen Wirkungsgrad bis dahin im Wesentlichen – wie oben erwähnt – mit den rohen Begriffen des gesamten Aufwandes an gebrauchswertschaffender lebendiger Arbeit für die Erzeugung des gesamten gebrauchswerttragenden Nettoprodukts beschrieben. Freilich gab es – einerseits – für praktische Zwecke auch noch gröbere Maße, und es gab – andererseits – auch Ansätze zu Verfeinerungen der Begriffsbildung, wenn z.B. Kategorien betrieblicher Selbstkosten oder solche verbesserter Bedürfnisbefriedigung ins Spiel gebracht wurden. Aber leitend blieb die Gegenüberstellung von verausgabter gebrauchswertschaffender Arbeit und erzielten gebrauchswerttragenden Gütern und Leistungen in der gesamten Volkswirtschaft. Das war die materialistische Version des Begriffs der Arbeitsproduktivität oder Produktivkraft der Arbeit, deren bloße Steigerung lange Zeit als wichtigstes Mittel für die Bewältigung aller Schwierigkeiten, und, mit den Worten W. I. Lenins, „für den Sieg der neuen Gesellschaftsordnung" galt (MITTAG et al. 1969, 624-637). Die angedeuteten Verschlechterungen der ökonomischen und ökologischen Bedingungen und die Mängel der verschiedenen Formen der Planung und Leitung der Volkswirtschaft (deren Entwicklung oft durch politische Willkür behindert wurde) zwangen nun dazu, genauer herauszuarbeiten, was unter dem (möglichst zu verringernden) gesamtwirtschaftlichen Aufwand zu begreifen und welches (möglichst zu vergrößernde) gesamtwirtschaftliche Ergebnis eigentlich anzustreben sei. Man musste, mit anderen Worten, die traditionellen Kategorien der Arbeitsökonomie und der Bedürfnisorientierung, die im Grundriss der Politischen Ökonomie des Sozialismus von 1969 herausgestellt worden waren, genauer fassen. Der Begriff der einzusparenden „gesellschaftlich notwendigen Arbeit" bezog sich nun (im Unterschied auch zu im Westen üblichen Berechnungen der Arbeitsproduktivität) zunächst ausdrücklich auf den gesamten laufenden Aufwand an lebendiger wie „vergegenständlichter" Arbeit, d.h. auch auf die in den verbrauchten Rohstoffen, Energieträgern und Vorprodukten steckende Arbeit. Dieser Gedanke wurde zudem dahingehend weiterentwickelt, dass auch der vorgetane gesellschaftliche Arbeitsaufwand für eingesetzte und genutzte Anlagen und andere Vorausleistungen dieser Art Gegenstand der Ökonomisierung der Arbeit in der gesamtwirtschaftlichen Produktion und Reproduktion sein solle (HEINRICHS 1982c, 62 ff., 69 ff.). Als anzustrebendes gesamtwirtschaftliches Ergebnis sollte nun vor allem (im Unterschied auch zu den im Westen üblichen Konzepten des Bruttoinlandsprodukts und des Bruttosozialprodukts) ein Ensemble fertiger Ge- und Verbrauchsgüter und Arbeitsmittel gelten, das sog. Endpodukt gebrauchsfähiger Güter für den konsumtiven und investiven Endverbrauch. Weitergehende Überlegungen betonten die zusätzliche Bestimmung, dass dieses Endprodukt (eine „Gebrauchswert"-Größe) aus Erzeugnissen bestehen solle, die gesellschaftlich Nutzen bringen, indem sie tatsächlich auf Bedürfnisse der Gesellschaftsmitglieder und des gesellschaftlichen Gemeinwesens bezogen sind (HEINRICHS 1982c, 45 f.). Durch die Gegenüberstellung der umfassenden (auch den Wert installierter Anlagen enthaltenden) Arbeitsaufwandsgröße und der beschränkten (nur wirklich nützliche Güter und Leistungen umfassenden) Ergebnisgröße der Volkswirtschaft wurde schließlich ein Begriff makroökonomischer Effektivität gebildet (HEINRICHS 1982c, 68-72). Er stellte einen sinnvollen Ansatz für Leitlinien wirtschaftlichen Handelns und Verhaltens dar, auch wenn die gemeinte Aufwand-Ergebnis-Beziehung nicht quantifizierbar war. Jedoch: „Die Effektivitäts-Formel kann zum Ausdruck einer entfalteten Bedürfnisorientierung und Arbeitsökonomie werden, wenn man sie richtig begreift." (TJADEN 1992a, 174, vgl. hierzu und zum Folgenden auch 108 f., 175-190, 192-210)

Um ein solches besseres Begreifen haben sich verschiedene Autorinnen und Autoren aus dem Spektrum der sozialistischen Reproduktionstheorie in der DDR bemüht. Was den gesamtwirtschaftlichen Aufwand für die Güter- und Leistungserstellung betrifft, so wurde verschiedentlich dazu angesetzt, Arbeitsaufwendungen für die Reproduktion allgemeiner Produktionsvoraussetzungen als wirtschaftliche Größen in die Betrachtung des Wirtschaftskreislaufs einzubeziehen, so in Bezug auf die „Reproduktion des gesellschaftlichen Arbeitsvermögens" (WAHSE & SCHÄFER 1982) und die Reproduktion der „natürlichen Existenzquellen" (ROOS 1982, 348) Um „die zunehmende Verflechtung von gesellschaftlicher und natürlicher Reproduktion stärker zu berücksichtigen" (HEINRICHS 1982b, 39), wurde in dem schon mehrfach zitierten Sammelband von 1982 beispielsweise von Graf dafür plädiert, in dem Wert eines stofflichen Erzeugnisses „die Summe der Arbeitsaufwendungen der verschiedenen Stufen [von der Rohstoffgewinnung einschließlich der Erkundung, Erhaltung und ggf. Erneuerung von Rohstoffquellen über die Gewinnung, Be- und Verarbeitung dieser Stoffe bis zu ihrer Rückgewinnung aus dem vernutzten Erzeugnis] einschließlich der gefahrlosen Rückführung in das natürliche Milieu aus[zu]weisen." (GRAF 1982, 376 ff.) Bezüglich der sog. Gratisleistungen der Natur sei es „aus reproduktionstheoretischer Sicht [...] erforderlich, die ökonomische Effektivität von Technologien, Einzelmaßnahmen und auch Strategien (z.B. Intensivierungsprogrammen) auch danach zu beurteilen, in welchem Umfang sie zur Beeinträchtigung (oder ggf. gesteigerten Wirksamkeit) solcher Gratisleistungen führen." (GRAF 1984, 37) Hinsichtlich des Ergebnisses gesamtwirtschaftlicher Tätigkeit bemühte man sich, den Begriff der gesellschaftlichen Nützlichkeit der Gebrauchsgegenstände des Endprodukts unter Verwendung eines Begriffs von F. Engels dahingehend zu klären, dass diesen Gegenständen dann „Nutzeffekte" zukämen, wenn sie einen „Beitrag [...] zur Befriedigung der produktiven und konsumtiven Bedürfnisse der Gesellschaft leisten." (LUDWIG 1982, 209 f.) Zudem wurde dafür plädiert, Bedürfnisbefriedigung nicht nur an die Resultate laufender Produktion zu binden, sondern auch die Bestände und Vermögen vorhandener und einander ergänzender „Gebrauchswerte" zu berücksichtigen, den „Nationalreichtum" (MÜLLER 1987, 29-33), in den die „Naturressourcen" unbedingt einzubeziehen seien (GRAF 1984, 37). Es zeichneten sich so Umrisse einer systematischen Theorie ab, welche anstrebt, die gesellschaftliche Wirtschaft in dem Zusammenhang der Bevölkerung und des Naturhaushalts zu begreifen, in den das ökonomische System eingefügt ist.

Stärken und Schwächen der „Sozialistischen Reproduktionstheorie"

Die in der DDR entwickelte Sozialistische Reproduktionstheorie ist selbstverständlich vor dem Hintergrund einer Wirtschaftsverfassung zu betrachten und zu bewerten, in der die privateigentümliche Verfügungsgewalt über Produktivvermögen aufgehoben und die Volkswirtschaft im Wesentlichen mittels politischer Planung und Leitung gesteuert worden war, und zwar so, dass es anscheinend wohl verschiedentlich Unterbeschäftigung, aber gewiss keine Massenarbeitslosigkeit gab und dass der Grundbedarf für den Lebensunterhalt der Bevölkerung gesichert war. Dabei müssen Variationen der Planungsmethodik und Extravaganzen der politisch-ökonomischen Praxis der SED-Führung im Rahmen dieses Beitrags ebenso außer acht gelassen werden wie die Historie der materiellen Disproportionen in der Geschichte der DDR-Wirtschaft (vgl. hierzu insgesamt SCHÜRER 1996, 55-178; WENZEL 1998, 24-100, 127-160; WENZEL 2003, 182-245).

Schon die Vor- und Frühformen dieser Theorie wiesen – etwa in ihren Kategorien der Volkswirtschaftlichen Gesamtrechnung und Begriffen der Arbeitsproduktivität – interessante Merkmale auf, die sie auf charakteristische Weise von der herrschenden bürgerlichen Wirtschaftslehre unterschieden. Das den volkswirtschaftlichen Ertrag kennzeichnende gesamtwirtschaftliche Ergebnis sollte hier nicht – wie in den verschiedenen Fassungen des westlichen *System of National Accounts (SNA)* – nachträglich, als ein Aggregat gewinngesteuerter einzelwirtschaftlicher Produktionswerte (zu denen auch eine Vielzahl von Dienstleistungen gezählt werden und die insgesamt das Bruttoinlandsprodukt bilden), festgestellt werden. Es sollte – im Sinne des *Material Product System (MPS)* der sozialistischen Länder – vielmehr (in Gestalt des gesamtwirtschaftlichen Nettoprodukts an Gütern und damit unmittelbar verbundenen Dienstleistungen und seiner Wertgröße, des Nationaleinkommens) als eine vorangestellte Leitgröße der Wirtschaftstätigkeit der einzelnen Betriebe und Bereiche dienen, welche keine Durchlaufgrößen, aber auch keine Abschreibungen enthielt und welche die wirkliche Wertschöpfung (den neugeschaffenen Wert) der Beteiligten darstellte, über die gesamtgesellschaftlich verfügt werden konnte. Die frühe tonnenideologische Praxis der Orientierung an einem Bruttoprodukt (dessen Beschränkung auf die „materielle Produktion" und unmittelbar damit verbundene Leistungen aber auch einen gewissen Sinn hatte und als solche weiter gelten sollte) war bereits zurückgedrängt, und um so deutlicher trat nun schon der Kontrast zwischen dem aufgeblähten marktpreisbestimmten Bruttoinlandsprodukt als einer statistischen Größe („West") und dem auf Gebrauchswerte beschränkten Nettoprodukt als einer Steuerungsgröße („Ost") hervor. Dem im Vergleich zur BRD-Rechnung konkreteren Konzept des gesamtwirtschaftlichen Ergebnisses stand bereits in den Vorformen der sozialistischen Reproduktionstheorie eine realistische Aufwandsrechnung gegenüber, die den gesamten Aufwand an Arbeit für die Gebrauchsgütererzeugung und für unmittelbar damit verbundene Leistungen in Rechnung stellte. Unter den Bedingungen der Vollbeschäftigung machte das einen Großteil des überhaupt verfügbaren gesellschaftlichen Arbeitsvermögens aus. Das unterschied sich vom kapitalistischen Konzept der Arbeitsproduktivität, bei dem vor allem (neben anderen Kosten) die Löhne für die (bezahlte) Arbeit der beschäftigten Arbeitskräfte in unternehmerische Aufwandsrechnungen eingebracht werden bzw. die insgesamt geleisteten Arbeitsstunden als Bezugsgröße in einer gesamtwirtschaftlichen Produktivitätsziffer dienen, in deren Zähler meist das oben erwähnte Bruttoinlandsprodukt steht; wobei eine etwaige Massenerwerbslosigkeit überblendet wird. Es waren und sind – abgesehen von den krassen Unterschieden zwischen den historischen Vor- und Randbedingungen der Wirtschaftsentwicklung in DDR und BRD – solche methodischen Differenzen, welche den Vergleich der volkswirtschaftlichen Leistungen zwischen den beiden deutschen Staaten stets sehr erschwert haben und trügerisch werden lassen (WAGENFÜHR 1973 [2], 303-341; vgl. WENZEL 2003, 35-62).

Betrachtet man die (unvollendete) Endgestalt, die die Sozialistische Reproduktionstheorie im Laufe der 1980er Jahre in der DDR durch weiterführende Beiträge erhalten hatte, so werden aus der Sicht einer reproduktiv orientierten Gesellschaftswissenschaft, der es um den Unterhalt, den Schutz und überhaupt die „Selbsterhaltung" der Bevölkerung und des Naturhaushalts einer Gesellschaft geht (SPERLING et al. 2004, 15-23), insbesondere folgende Stärken und Schwächen hervorzuheben sein (vgl. auch TJADEN 1990):

Der Begriff der Wirtschaftstätigkeit ist nicht (wie im westlichen SNA) an ein abstraktes Produktionskonzept, sondern an die Konzeption konkreter Produkte als deren laufendes Ergebnis gebunden worden (vgl. WAGENFÜHR 1973 [2], 337). Es wurde darüber hinaus auf eine Bestandsgröße „Vermögen" (Nationalreichtum, einschließlich Naturreichtümer, nicht zuletzt in Gestalt ökologischer Systeme) als Quelle von Bedürfnisbefriedigung verwiesen. Zu einer systematisch-theoretischen Einbeziehung solcher Naturreichtümer in die Sozialistische Reproduktionstheorie in anderer Form als derjenigen von zu bewertenden „Naturgüterfonds" ist es aber nicht gekommen (MÜLLER 1987, 128-133, 144-153).

Bezüglich der verschiedenen gesamtgesellschaftlich-volkswirtschaftlichen Aufwandrechnungen muss als besondere Leistung der Gedanke hervorgehoben werden, dass der Sozialistischen Reproduktionstheorie zufolge nicht nur der gesamte laufende Aufwand an lebendiger und vergegenständlichter Arbeit (Lohnkosten, Material- und Energieverbrauch und sonstige Vorleistungen, Abschreibungen) und für die Effektivitätskalkulation auch der einmalige Aufwand für Anlagen und Bauten in Rechnung gestellt werden sollte. Vielmehr wurde es auch als notwendig erachtet, sämtliche sonstigen Aufwendungen für die Naturnutzung, Arbeitskraftnutzung, Weiternutzung und Entsorgung in Zusammenhang mit der Erzeugung und Verwendung eines Gebrauchsguts in dessen Wert und Preis einzurechnen. Dies sollte unter Beachtung sämtlicher (negativer und positiver) Effekte, Neben- und Rückwirkungen auf „Mensch" und „Natur" geschehen. Aufgrund der politisch-gesamtgesellschaftlichen Verfügung über und damit Verantwortung für die Wirtschaftstätigkeit im ganzen Land konnte es theoretisch keine externalisierten, „sozialen Kosten" – auch nicht solche sekundärer, tertiärer etc. Effekte – geben; diese waren vielmehr zu bewerten und in Werten und Preisen der Güter auszudrücken (vgl. KAPP 1988). Ein Autorenkollektiv um D. Graf hatte Überlegungen „zu Ansätzen praktischer Berechnung" dieser Art vorgetragen und mit Bezug auf die Nutzung verschiedener Ökosysteme Entscheidungshilfen für Wirtschaftsleiter erarbeitet. Dabei wurde aber ausdrücklich auf „eines der gravierenden Probleme der Bewertung" hingewiesen, nämlich, dass diese erfordere, dass „die Funktionen von Ökosystemen für die gesellschaftliche Bedürfnisbefriedigung in rechenbare Größen transformiert werden müssen." (GRAF 1984, 87)

Hinsichtlich der verschiedenen gesamtgesellschaftlich-volkswirtschaftlichen Ergebnisrechnungen ist hervorzuheben, dass in der Sozialistischen Reproduktionstheorie nicht nur vorrangig Art und Menge der erzeugten Gebrauchsgüter und damit verbundene Leistungen, insbesondere die fertiggestellten Erzeugnisse (Endprodukt aus Konsumtionsmitteln und Investitionsmitteln), betrachtet und grundsätzlich auf die Befriedigung individueller und kollektiver Bedürfnisse bezogen wurden. Zielgröße sollte vielmehr auch die tatsächliche Eignung dieser Güter und Leistungen für die Bedürfnisbefriedigung sein, was nicht nur mit dem wenig aussagekräftigen Wort Qualität, sondern auch und vor allem mit dem – allerdings wohl nur ansatzweise durchdachten – anspruchsvollen Begriff „Nutzeffekt" eines Gutes beschrieben werden sollte, der von F. Engels übernommen worden war. Indem und insoweit mit dem Begriff Nutzeffekt auf einen „Beitrag" von Gebrauchsgegenständen oder brauchbaren Leistungen zur Befriedigung eines Bedürfnisses aufgrund ihrer Nutzeffekte abgestellt wurde, verallgemeinerte die Theorie (vermutlich, ohne sich dessen bewusst zu sein) den Begriff der „Dienstleistung" einer Gebrauchswert tragenden Ware, der in der westdeutschen energiepolitischen Diskussion Anfang der 1980er Jahre geprägt worden war und mit dem eben auch die für die Befriedigung eines Bedürfnisses nützliche Wirkung des Gebrauchs einer Ware unter bestimmten mitwirkenden Bedingungen gemeint war (KRAUSE et al. 1980, 231). Als Energiedienstleistung bezeichnet man seitdem den Nutzeffekt des Gebrauchs einer Menge Endenergie, z.B. Braunkohle, durch Umwandlung in Nutzenergie, z.B. Ofenwärme, unter gegebenen und sozusagen mitwirkenden Umweltbedingungen, z.B. Außentemperatur, Bauweise, und dieser Nutzeffekt besteht in einer bestimmten Raumtemperatur, mit der ein Bedürfnis befriedigt wird. Für eine sinnvolle und kostensenkende Einbindung der Wirtschaftstätigkeit in die Umwelt- und Naturbedingungen eines Territoriums hat diese Zielgröße des Nutzeffekts, des Dienstes oder der Dienstleistung eines Gebrauchsguts eine entscheidende Bedeutung. Aber es leuchtet ein, dass es sich bei einer solchen Wirkung von

Gebrauchswerten um eine komplexe Kombination von Produkt- und Milieueffekten handelt. Nun war nicht nur die Erfassung der quantitativen und qualitativen Merkmale der Unzahl der erzeugten Güter und Leistungen ein Problem, sondern darüber hinaus und vor allem eine Erfassung ihrer (endogenen) Beiträge zu ansonsten exogenen Gesamt-Nutzeffekten. Das hat wohl zu der Einsicht eines der Hauptautoren der Sozialistischen Reproduktionstheorie geführt, dass „wir aber über keine praktikablen Verfahren zur Messung des gesellschaftlichen Nutzens verfügen" (HEINRICHS 1982, 46) und dass „eine umfassendere Betrachtung über die Rolle des Gebrauchswerts und Nutzens in der Entwicklung der verschiedenen Produktionsweisen" erforderlich sei (HEINRICHS 1987, 370).

Was schließlich eine Formel makroökonomischer Effektivität betrifft, welche die entwickelten volkswirtschaftlichen Gesamt-Aufwands- und Ertragsgrößen einander gegenüberstellt und die tendenziell die Effektivität des gesamten gesellschaftlichen Reproduktionsprozesses widerspiegeln soll, so dürfte aus den bisherigen Ausführungen, insbesondere denen der letzten Absätze, hervorgehen, was weiter oben bereits angedeutet wurde: diese Formel lässt sich aus praktischen, letztlich aber auch aus theoretischen Gründen, nicht quantifizieren. Letzteres deshalb, weil eine den theoretischen Ansprüchen genügende Erfassung und Bewertung aller negativen und positiven Effekte der gesellschaftlichen Produktion und Reproduktion auf den Naturhaushalt und auf die Bevölkerung als (zu beachtende zusätzliche) Aufwendungen bzw. Aufwandsminderungen ebenso wenig möglich ist wie die Umsetzung aller geplanten oder verwirklichten Beiträge der gesamten Wirtschaftstätigkeit zu angestrebten Nutzeffekten in Rechengrößen. Wahre Aussagen müssen aber nicht unbedingt quantifizierbar sein. Und so bietet der Begriff der Effektivität gesellschaftlicher Produktion und Reproduktion durchaus richtige Ansatzpunkte für Leitlinien einer – im oben genannten Sinn – reproduktiv orientierten Theorie und Praxis der Ökonomie. Man muss sparsam und zurückhaltend mit dem Energie- und Materialeinsatz, vor allem aber mit der Errichtung aufwendiger Anlagen und Bauten umgehen: große Wärmekraftwerke, speziell Atomkraftwerke, oder chemieindustrielle Großanlagen senken die gesamtwirtschaftliche Effektivität. Dasselbe tun aber meistens auch ihre Produkte und Abprodukte: unfallträchtige und gesundheitsschädliche Erzeugnisse und giftige Emissionen verringern die Nutzeffekte eines Endprodukts beträchtlich, chlorchemische Erzeugnisse oder Atommüll z.B. laufen der Effektivität der gesellschaftlichen Produktion und Reproduktion entschieden zuwider (vgl. auch TJADEN 1992a, 203-210). Die politische Leitung der Volkswirtschaft in der DDR hat das allerdings nicht so gesehen. Schon mit ihrer Politik der rigorosen Verbilligung der Grundbedarfsgüter und -leistungen arbeitete sie der Forderung einer Einrechnung auch nur des unmittelbaren Arbeitsaufwands in die Warenpreise diametral entgegen, ganz abgesehen davon, dass die Berechnung der Arbeitswerte ein ungelöstes Problem war, und rationale reproduktionsorientierte Nutzenerwägungen fanden hier, aus welchen Gründen auch immer, offenbar nicht statt. Man kann immerhin vermuten, dass die SED-Führungsgruppe nicht nur, wie manchmal gesagt wird, ein „falsches Menschenbild" hatte, sondern auch ein verkehrtes Natur- und Gesellschaftsbild (vgl. WENZEL 1998, 43f; WENZEL 2003, 222-231, 241).

Realität und Theorie der „Sozialistischen Reproduktion"

Das, was G. Schmidt-Renner 1960 zu einer „Naturschranke" der gesellschaftlichen Produktion gezählt haben würde, welche durch „die fortschrittliche Menschheit" „in Zukunft immer stärker zurückgedrängt werden" würde, hatte ganz im Gegenteil, wie bereits erwähnt, die Volkswirtschaft der DDR seit den 1970er Jahren immer stärker bedrängt. Der Mangel an (billigen) Energieträgern und Rohstoffen hatte sich Anfang der 1980er Jahre spürbar noch weiter verschärft. Es drängten sich also bestimmte „Naturbedingungen" immer mehr in die politische Ökonomie des Sozialismus hinein, was die politische Führung Anfang der 1980er Jahre dazu brachte, den „rationelle[n] Einsatz von Energie- und anderen Rohstoffen zu einer Schlüsselfrage für die weitere Entwicklung der Wirtschafts- und Sozialpolitik" zu erklären, wozu die sog. wissenschaftlich-technische Revolution voranzutreiben sei (SCHMIDT-RENNER 1960, 850 f.; PAUCKE 1996, 207 f.). Auch als die Preise diverser Ressourcen Mitte der 1980er Jahre wieder sanken, bewegte sich die Wirtschaft der DDR, vor allem aufgrund eingefahrener Muster und Bahnen der außenwirtschaftlichen Verflechtungen und Abhängigkeiten, auf inzwischen etablierten Linien technischer Produktivitätssteigerungen um jeden Preis (SCHÜRER 1996, 152 ff.; WENZEL 2003, 17-23). Unter diesen Bedingungen wurde die ihrem Ansatz nach weit gefasste, vernünftige Sozialistische Reproduktionstheorie in den 1980er Jahren, ungeachtet der erwähnten wissenschaftlichen Verfeinerungen, die sie gerade in dieser Zeit erfahren hatte, aus politischen Gründen durch repräsentative Theoretiker verschiedentlich verengt.

Als generelle Theorie wurde sie mit dem Programm einer „umfassenden Intensivierung" der Ökonomie im Sinne technischer Rationalisierung in der Produktionsmittelproduktion verknüpft (HEINRICHS 1987). Sie entsprach insofern – auch wenn die Planung und Leitung der Volkswirtschaft wohl immer mehr durch politische Willkür gestört wurde – dem Typ eines Wachstums des Nationaleinkommens, das durch eine vor allem technisch bewirkte Ökonomisierung von Energie- und Materialeinsatz gekennzeichnet sein und das (außer der tatsächlich als vordringlich erachteten Verbesserung der Versorgung der Bevölkerung) möglichst einer Steigerung des Exports dienen sollte. Man könnte von einer rationalisierungsorientierten Reproduktionstheorie sprechen. Eine an dieser Theorie orientierte Steuerung der Wirtschaft musste auf die eigentlich angestrebte Reproduktion von Naturpotentialen und letztlich sogar auch von Arbeitsvermögen und auf die Einbindung der Ökonomie in das historisch-geographische Milieu immer weniger Rücksicht nehmen – obwohl man durchaus die praktische Erfahrung machen konnte, dass die Nutzeffekte von produzierten Gebrauchsgütern (und damit auch ihr realisierbarer Wert) vielfach von den Eigenschaften eben dieses Milieus abhingen (vgl. WENZEL 2003, 59). Liest man die rückblickenden Berichte der Chefplaner der Volkswirtschaft in der DDR, so gewinnt man allerdings ohnehin den Eindruck, dass die zentralen Kategorien der Sozialistischen Reproduktionstheorie – gleich, ob es sich um die eben erwähnte rationalisierungsorientierte Version oder um die ursprüngliche kritische Konzeption handelt – für die von ihnen intendierte Planung (wenn überhaupt) keine große Bedeutung hatten (SCHÜRER 1996; WENZEL 1998, bes. 145 f.; WENZEL 2003). So verwundert es überhaupt nicht, dass die tatsächliche Praxis der Wirtschaftslenkung in der DDR auf die Reproduktion außerökonomischer Produktionsvoraussetzungen wenig Rücksicht nahm, ausgenommen z.B. bestimmte Recyclingbemühungen in der Abfallwirtschaft und, selbstverständlich, die Versorgung der Bevölkerung mit Grundbedarfsgütern und -leistungen. Zugleich konnten wissenschaftliche Arbeiten, die davon ausgingen, dass auch in der sozialistischen Gesellschaft die „Notwendigkeit" bestehe, „den komplexen Zusammenhang von Ökonomie und Ökologe weiter zu untersuchen", aufgrund einer Intervention des Leiters der Abteilung Grundstoffindustrie des ZK der SED nicht veröffentlicht werden (PAUCKE et al. 1986, 9; vgl. PAUCKE 1992, 35-37). Einige der Autoren konnten sich freilich gegen Ende der DDR-Geschichte durchaus mit Beiträgen in das Umweltsymposium der Akademie der Wissenschaften der DDR im September 1988 einbringen (INSTITUT FÜR SOZIOLOGIE UND SOZIALPOLITIK DER AKADEMIE DER WISSENSCHAFTEN DER DDR 1989).

Jedoch gab es im letzten Jahrzehnt der DDR hier ein umfassendes Programm gesellschafts-, ingenieur- und naturwissenschaftlicher Forschungen zur Thematik „Ressourcen/Ökonomie/Umwelt", über das Paucke detailliert berichtet hat (PAUCKE 1994, 135-163; BEHRENS & PAUCKE 1994, 84-102). Viele Arbeiten dienten wohl der Umsetzung des – reduzierten – Programms einer „rationalisierungsorientierten" Reproduktionstheorie und waren, nicht nur unter den gegebenen Bedingungen, nützliche technische Beiträge zu einem sparsamen Umgang mit natürlichen Ressourcen. Sie reichten von Untersuchungen zu material- und energieökonomischen und kreislaufführenden Verfahrenstechniken bis zu betriebswirtschaftlichen Überlegungen zu effektivierend-reproduktiven Maßnahmen in der Industrie (z. B. LINDENBACH & KRETZER 1983; SCHUBERT 1987; TECHNISCHE UNIVERSITÄT

DRESDEN Sektion Sozialistische Betriebswirtschaft 1987). Der Typ einer „rationalisierungsorientierten Reproduktionstheorie" selber, die sich dem real existierenden sozialistischen Reproduktionstyp anpasste und daher kaum als wissenschaftlich vorwärtsweisend gelten kann, ist in einer intelligenten Studie von H. Koziolek und anderen Autoren gegen Ende der DDR-Geschichte systematisch vorgestellt worden. Hierbei wurde die auf K. Marx verweisende Theorie der gesellschaftlichen Produktion und Reproduktion den – tatsächlichen oder vermeintlichen – Planungs- und Leitungserfordernissen der Spätzeit der DDR angepasst und in diesbezügliche Begriffe der Volkswirtschaftlichen Gesamtrechnung umgesetzt (KOZIOLEK et al. 1988).

Nochmals Marx: „Mensch", „Natur" und Gesellschaft im Historischen Materialismus

Der „Reale Sozialismus [war] der Versuch, gemeinwirtschaftliche Vorstellungen unter Anwendung eines Theoriestandes, wie er mit der klassischen Arbeitswertlehre und deren durch Marx vorgenommene immanenter Kritik erreicht worden war, zu verwirklichen. Dieser reichte ganz offensichtlich nicht aus." (FÜLBERTH 1993, 76) Gründe dafür dürften sowohl in Defiziten der theoretischen Ausarbeitung und praktischen Anwendung ökonomischer Kategorien liegen als auch – und hiervon soll im Folgenden noch kurz gehandelt werden – in einer Limitierung des Horizonts der ökonomischen Theorie als solcher.

Reproduktion ist eigentlich ein Vorgang, der historisch und theoretisch über den Tellerrand der Wirtschaft bzw. Wirtschaftslehre hinausreicht. Menschliche Lebewesen haben sich seit Millionen Jahren in und mit natürlichen Umwelten reproduziert, zusammen mit anderen Lebewesen und weiteren, abiotischen Elementen ihres jeweiligen Habitats. Erst mit der allmählichen Fixierung von Menschen und anderen Lebewesen in bestimmten Lebensräumen gegen Ende der Eiszeit und mit der daraufhin tastend entstehenden Domestikation von Pflanzen und ggf. Tieren entstand überhaupt gesellschaftliche Produktion im Sinne systematischer Gütererzeugung sowie das Erfordernis wirtschaftlich-gezielter Reproduktion von Arbeitskräften und Produktionsmitteln. Mit dieser Dimension ökonomischer Reproduktion, die sehr rasch herrschaftlich gestaltet wurde und nun durch Ausbeutung von Arbeitskräften geprägt war, verband sich sogleich eine gesellschaftliche Regulierung der an sich naturwüchsigen Reproduktion der Bevölkerung und des Naturhaushalts des jeweiligen Territoriums durch weitere herrschaftliche Institutionen, nämlich die patriarchale Familie und den Staat. Das Nachdenken über die ökonomische Produktion und Reproduktion setzte natürlich schon früh ein, auf unserm

Kontinent schon in der Antike. Doch erst mit der sehr viel späteren Herausbildung großräumiger ökonomischer Systeme kommt es zur Ausarbeitung einer Theorie der ökonomischen Produktion und Reproduktion als eines Wirtschaftskreislaufs, die große Leistung, im Anschluss an F. Quesnay, von K. Marx.

Es war aber eben eine Theorie des Wirtschaftskreislaufs und sonst (fast) nichts. Marxens Kritik der vorgefundenen politischen Ökonomie blieb eine politische Ökonomie. Durch sie hatte er idealistische Theorien vom Kopf auf die Füße gestellt, und da stand sie nun, inmitten eines historisch-geographischen Milieus naturgeschichtlich entwickelter und kulturgeschichtlich überformter Beziehungen der Menschen zur natürlichen Um- und Mitlebewelt – ohne Aufschluss darüber zu geben, wo sie stand. Eine ökonomische Theorie bleibt nun einmal eine Wirtschaftslehre, selbst dann, wenn ihr Autor all die Einsichten in die Naturgeschichte und zivilisatorische Gesellschaftsgeschichte hat, über die K. Marx (auch hierin hervorragend unterstützt durch F. Engels) verfügt hat. Sie abstrahiert als generalisierende Theorie von raum-zeitlichen Bestimmungen und allem vor- und nichtökonomischen Geschehen im jeweiligen geographisch-historischen Milieu (vgl. dazu CZESKLEBA-DUPONT 2004, 6; vgl. ferner HEINRICH 1996, 70). Auch wenn man es wollte, ließen sich ja, wie an den Entwürfen zu einer Sozialistischen Reproduktionstheorie inzwischen deutlich geworden ist, die gesamten natürlichmenschlichen Vorausleistungen der gesellschaftlichen Warenproduktion und ökonomischen Reproduktion ebenso wenig als Aufwendungen in die Werte der Waren einrechnen, wie sich die Beiträge der erzeugten Gebrauchswerte zu deren Nutzeffekten in wechselhaften historisch-geographischen Milieus zuverlässig erfassen ließen. Eine solche (ausschnittweise) Einbeziehung der Reproduktion von „Mensch" und „Natur" und ihrer Beziehungen in die ökonomische Theorie und Praxis ist schon aus methodischen Gründen nicht zu verwirklichen: Dass die Preise die ökologische Wahrheit sagen sollen, wie manchmal naiv gefordert wird, ist eine illusionäre Forderung, weil die ökologische Wahrheit gar nicht bekannt ist und auch nie ganz bekannt sein kann (vgl. CZESKLEBA-DUPONT 2004, 8), ebenso wie das Bemühen um eine Messung der Gebrauchswertnutzen eine vergebliche Mühe ist. Es liegt aber der bürgerlichen Denk- und Handlungsweise, die sich in der klassischen politischen Ökonomie niedergeschlagen hat, auch grundsätzlich fern, auf die Reproduktion der menschlichen und außermenschlichen Natur, in der sich die Bedürfnisse und Begabungen der Bevölkerung und des Naturhaushalts der Gesellschaft in erster Linie realisieren, Rücksicht zu nehmen. Und das ist für ökonomische Praxis und Theorie überhaupt wie für ihre Kritik, auch für die von K. Marx, kennzeichnend geworden. Ökonomische Praxis, die massenhafte Erzeugung und Verwendung eines gesellschaftlichen Produkts einschließlich eines (von wem auch immer) angeeigneten Überschusses, ist ja gerade eine Entfremdung gesellschaftlicher Tätigkeit von jenen Bedürfnissen und Begabungen, so wie der Kern einer ökonomischen Theorie darin besteht, dass sie die gesellschaftlichen Tätigkeiten, die die Beziehungen der Menschen zueinander und zu ihrer natürlichen Umwelt vermitteln, nur kalkulatorisch-mechanistisch als Erzeugung, Austausch und Verwendung von Güter und Leistungen auffasst und daher verdinglicht. Das bedeutet, dass man aus der Sicht der Ökonomie (auch wenn sie noch so kritisch und, heutzutage, „ökologisch" orientiert sein will) die naturgeschichtlich immer weder erzeugten und (behindert durch die Ökonomie) begrenzt erneuerten und zugleich gesellschaftlich überformten materiellen Interaktionen der Menschen untereinander und mit ihrer natürlichen Um- und Mitlebewelt überhaupt nicht begreifen kann, seien diese Beziehungen grundständig-naturwüchsig oder durch technisch unterstützte soziale Praxen vermittelt. Anstelle der – heute wohl gerade für Marxistinnen und Marxisten attraktiven – Idee, in der Ökonomie sog. ökologische Voraussetzungen und Erfordernisse zu beachten, muss man sich mit dem Gedanken der Notwendigkeit vertraut machen, die Blickrichtung umzukehren (vgl. dazu COMMONER 1977; CZESKLEBA-DUPONT 2003; CZESKLEBA-DUPONT 2004, 8): Aus der Art und Weise, wie die Bevölkerung und der Naturhaushalt einer Gesellschaft im gegebenen geographischen Territorium und in der gegebenen historischen Periode sich reproduzieren und grundständig miteinander interagieren und daraus, wie diese Beziehungen technisch und kulturell – insbesondere durch die Produktion von Gütern und Leistungen und andere Praxen – vermittelt sind, müssen Forderungen für eine sinnvolle Strukturierung dieser technisch-kulturellen Sphäre entwickelt werden; hieraus wiederum sind Vorgaben und Ansprüche an die Gestaltung der gesamtwirtschaftlichen Tätigkeit und Verfassung abzuleiten. In dieser Perspektive gewänne auch das reproduktionstheoretische Denken Marxens, insbesondere seine Kritik der antagonistischen kapitalistischen Reproduktion, seinen Sinn – aber das ist nicht die eigene Perspektive von K. Marx, wenn er politische Ökonomie betreibt.

Eine Ausnahme scheint auf den ersten Blick die Behandlung der Landwirtschaft zu sein. Einmal ist sie das wohl wichtigste Beispiel für Marxens vielfältige Hinweise auf Schadwirkungen der kapitalistischen Wirtschaft. Aber, so heißt es, für destruktive Effekte der Agrikultur auf die Böden „ist Liebig nachzusehen" (MEW 25, 753; vgl. MEW 23, 529) – der große Chemiker, der selber „in problematischer Weise Wegbereiter einer reduktionistischen Denkweise in den Landwirtschaftswissenschaften wurde" (HENSELING 1992, 54). Zum anderen spielt unter den verschiedenartigen außermenschlichen Naturbedingungen gesellschaftlicher Arbeit, die Marx anführt, die „Bodenfruchtbarkeit" als Voraussetzung agrarischer Produktion (MEW 23, 535) eine besondere Rolle, da „eine ausreichende natürliche agrarische Arbeitsproduktivität […] die Grundlage der gesellschaftlichen Entwicklung" überhaupt ist (BEHRENS 1991, 133). Bei der ausführlichen Behandlung von Grund und Boden in Marxens „Kapital" geht es aber ausdrücklich nur um ein besonderes Anlagefeld für Kapital und um dessen Erträge in Gestalt einer Grundrente (MEW 25, 627). Das alles bestätigt, dass die politische Ökonomie, konzentriert auf die kapitalistische Produktionsweise, die menschliche und außermenschliche Natur zwar als Vor- und Randbedingungen des Wirtschaftskreislaufs einbezieht, expressis verbis aber nicht von diesen beiden Momenten und ihrem naturwüchsigen Zusammenhang ausgeht.

Das ist verständlich. Marx hatte schließlich (zu einer Zeit, als das Wort Ökologie gerade erfunden wurde) kein Werk über die Verflechtungen der Menschen mit der Bio-Geosphäre (und anderen Sphären der Erdkugel) schreiben wollen. Er verfolgte beim Schreiben von „Das Kapital" als „[...] letzte[n] Endzweck dieses Werks, das ökonomische Bewegungsgesetz der modernen Gesellschaft zu enthüllen [...]." (MEW 23, 15 f.) Das wäre so weit in Ordnung, wenn man sich nicht zweierlei fragen müsste. Erstens: führt die Zurückdrängung des natürlichen Kontextes der ökonomischen Praxis vielleicht zu Problemen in der ökonomischen Theorie? Es gibt Hinweise darauf, dass die Verdrängung bzw. eingeschränkte Beachtung von naturwüchsigen Voraussetzungen und Randbedingungen des Wirtschaftens zu Schwachstellen der politökonomischen Theorie selber geführt haben. Beispielsweise haben neuere Forschungen ergeben, dass das für die Kapitalismusanalyse zentrale Theorem der „Tendenz zum Fall der Profitrate" heute ohne Beachtung der ökonomischen Effekte ressourcen- und umweltwirtschaftlicher Restriktionen gar nicht voll verstanden werden kann (MEW 25, 221-277; COMMONER 1977; vgl. TJADEN 1992b). Zweitens: kann man bei Ausklammerung der mehr oder minder gesellschaftlich geregelten, aber an sich naturwüchsigen Reproduktionsprozesse, die wir naturwissenschaftlich als Reproduktion der Population und Reproduktion des Habitats bezeichnen können und die in den zivilisatorischen Gesellschaften insbesondere durch familiale und politische Institutionen geformt werden, davon ausgehen, dass nur „das ökonomische Bewegungsgesetz der modernen Gesellschaft" diese bürgerliche Gesellschaft bewege? Es gibt immerhin eine Reihe von Fragen, auch in Bezug auf die modern-bürgerliche Gesellschaft, die von Seiten der modernen Geschichts- und Gesellschaftswissenschaften zwecks Klärung eigener Erkenntnislücken an die Natur- und die Technikwissenschaften gerichtet werden können (vgl. auch TJADEN 2002).

Ob Marx das alles wirklich bzw. immer so eng sah, ist natürlich die Frage. Anzunehmen ist, dass er für vorkapitalistische Gesellschaften, die ja realiter nicht so stark produktionsorientiert waren wie die kapitalistische Produktionsweise, eine weit stärkere Prägung der Gesellschaftsgeschichte durch nicht-ökonomische Beziehungen zwischen der menschlichen und der außermenschlichen Natur im jeweiligen geographisch-historischen Milieu angenommen hat, darunter wohl auch durch solche Beziehungen, die Roos als „direkten, organgebundenen Stoffwechsel" bezeichnet hatte (Vgl. MARX 1953, 385 f.; ROOS et al. 1979, 37). Dass er so weit gegangen wäre, moderne menschliche Gesellschaften als herrschaftlich, insbesondere ökonomisch überformte globalisierte Systeme von Populationen und Habitaten zu begreifen, ist unwahrscheinlich. F. Engels hat einmal in knappen (allzu knappen) Worten folgendes angedeutet: „Nach der materialistischen Auffassung ist das in letzter Instanz bestimmende Moment in der Geschichte: die Produktion und Reproduktion des unmittelbaren Lebens. Diese ist aber selbst wieder doppelter Art. Einerseits die Erzeugung von Lebensmitteln […] und den dazu erforderlichen Werkzeugen; andrerseits die Erzeugung von Menschen selbst […]" (MEW 21, 27 f.). Von der Reproduktion der außermenschlichen Mitlebewelt oder gar der anorganischen Elemente der Naturausstattung einer Gesellschaft ist auch hier noch nicht die Rede.

Dank

Für wichtige Anregungen und Hinweise danke ich Margarete Tjaden-Steinhauer und Rolf Czeskleba-Dupont.
Dem Studienarchiv Umweltgeschichte des IUGR e.V. an der Hochschule Neubrandenburg danke ich für umfassende Unterstützung dieser Arbeit.

Literatur

Behrens, H.: Marktwirtschaft und Umwelt, Zur Formationslogik von Umweltproblemen – Beispiel Landwirt schaft, Peter Lang, Frankfurt-M. etc. 1991, 421 S.
Behrens, H. & Paucke, H., Hg.: Umweltgeschichte: Wissenschaft und Praxis, Umweltgeschichte und Umweltzukunft II, BdWi-Verlag, Marburg 1994, 235 S.
Commoner, B.: Energieeinsatz und Wirtschaftskrise. Die Grundlagen für den radikalen Wandel (The Poverty of Power <dt.>), Rowohlt, Reinbek 1977, 249 S.
Czeskleba-Dupont, R.: Sustainnable Word-System Development, Restructuring Societal Metabolism, Review Fernand Braudel Center 26 (2003) 2, 221-239
Czeskleba-Dupont, R.: Networking for the Critical Nexus: Sustainability Science + Democratic Governance in the E.U.Countries, Contribution to the European Conference on The Future of the European Welfare States, Roskilde University August 2004 (www.kienet.ruc.dk)
Czeskleba-Dupont, R. & Tjaden, K. H.: Beiträge zur Reproduktionstheorie, Gesamthochschule Kassel: FPN, Kassel 1987, 40 S.
Ehlert, W., et al.: Wörterbuch der Ökonomie Sozialismus, Neuausgabe, Dietz Verlag, Berlin (DDR) 1989, 1086 S.
Fülberth, G.: Eröffnungsbilanz des gesamtdeutschen Kapitalismus, Vom Spätsozialismus zur nationalen Restauration, Konkret Literatur Verlag, Hamburg 1993, 160 S.
Graf, D.: Reproduktionstheoretische Probleme der volkswirtschaftlichen Bewertung von Naturressourcen, in: Heinrichs, W., (Hg.): Grundfragen der sozialistischen Reproduktionstheorie, Dietz Verlag, Berlin (DDR) 1982, 370-405

Graf, D., Hrsg.: Ökonomie und Ökologie der Naturnutzung – Ausgewählte Probleme –, VEB Gustav Fischer Verl., Jena 1984, 216 S.

Heinrich, M.: Geschichtsphilosophie bei Marx,in: Geschichte und materialistische Geschichtstheorie bei Marx, Beiträge zur Marx-Engels-Forschung Neue Folge 1996, Argument Verlag, Berlin, Hamburg 1996, 62-72

Heinrichs, W., (Hg.): (1982a): Grundfragen der sozialistischen Reproduktionstheorie, Dietz Verlag, Berlin (DDR) 1982, 454 S.

Heinrichs, W. (1982b): Die erweiterte Reproduktion in der entwickelten sozialistischen Gesellschaft,in: Heinrichs, W., (Hg.): Grundfragen der sozialistischen Reproduktionstheorie, Dietz Verlag, Berlin (DDR) 1982, 13-39

Heinrichs, W. (1982c): Der Reproduktionstyp,in: Heinrichs, W., (Hg.): Grundfragen der sozialistischen Reproduktionstheorie, Dietz Verlag, Berlin (DDR) 1982, 40-90

Heinrichs, W. (Hg.): Umfassende Intensivierung und Reproduktionstheorie, Dietz Verlag, Berlin (DDR) 1987, 423 S.

Henseling, K. O.: Ein Planet wird vergiftet. Der Siegeszug der Chemie: Geschichte einer Fehlentwicklung, Rowohlt, Reinbek 1992, 314 S.

Hofmann, W.: Theorie der Wirtschaftsentwicklung, Vom Merkantilismus bis zur Gegenwart, Duncker & Humblot, Berlin (West) 1966, 321 S.

Institut für Soziologie und Sozialpolitik der Akademie der Wissenschaften der DDR (Hg.): Protokolle und Informationen Umweltsymposium 3/89, Wissenschaftlicher Rat für Sozialpolitik und Demografie, Berlin (DDR) 1989, 260 S.

Kapp, K. W.: Soziale Kosten der Marktwirtschaft, Fischer Taschenbuch Verl., Frankfurt-M. 1988, 263 S.

Koziolek, H.; Matthes, B. & Schwarz, R.: Grundzüge einer Systemanalyse von Reproduktionskreisläufen, Akademie-Verlag, Berlin (DDR) 1988, 231 S.

Krause, F.; Bossel, H. & Müller-Reißmann, K.-F.: Energie-Wende, Wachstum und Wohlstand ohne Erdöl und Uran, Ein Alternativ-Bericht des Öko-Instituts/Freiburg, S. Fischer, Frankfurt-M. 1980, 234 S.

Lindenlaub, W & Kretzer, J. (Hg.) : Rationeller Stoffkreislauf, VEB Deutscher Verlag für Grundstoffindustrie, Leipzig 1983, 244 S.

Ludwig, U.: Reproduktionstheoretische Probleme der Effektivitätsbewertung des volkswirtschaftlichen Ressourceneinsatzes und der Bedürfnisbefriedigung,in: Heinrichs, W. (Hg.): Grundfragen der sozialistischen Reproduktionstheorie, Dietz Verlag, Berlin (DDR) 1982, 202-221

Marx, K.: Grundrisse der Kritik der politischen Ökonomie (Rohentwurf) 1857-1858, Dietz Verlag, Berlin (DDR) 1953, 1102 S.

MEW: Marx, K. & Engels, F., Werke, 1-39, Dietz Verlag, Berlin (DDR) 1956-1968

Mittag, G., et al.: Politische Ökonomie des Sozialismus und ihre Anwendung in der DDR, Dietz Verlag, Berlin (DDR) 1969, 904 S.

Mottek, H.: Zu einigen Grundfragen der Mensch-Umwelt-Problematik, Wirtschaftswissenschaft 20 (1972) 1, 36-47

Mottek, H.: Material to the research project „ecological systems", [o. J., o.O., mimeograph. Typoskript im Studienarchiv Umweltgeschichte des IUGR a. d. HS Neubrandenburg], 1973

Müller, E.: Der Nationalreichtum, Verlag Die Wirtschaft, Berlin (DDR) 1987, 231 S.

Neef, E. & Neef, V. (Hg.): sozialistische landeskultur, umweltgestaltung-umweltschutz, Brockhaus, Leipzig 1977, 605 S. (brockhaus handbuch)

Paucke, H.: Umweltforschung in der ehemaligen DDR,- in: Arbeitskreis „Kritische Ökologie" des BdWi; Forschungs-, Informations- und Bildungsstelle beim BdWi (FIB) (Hg.): Umweltsanierung in den neuen Bundesländern, BdWi, Marburg 1992, S. 34-39

Paucke, H.: Chancen für Umweltpolitik und Umweltforschung, Zur Situation in der ehemaligen DDR, BdWi-Verlag, Marburg 1994, 219 S.

Paucke, H.: Ökologisches Erbe und ökologische Hinterlassenschaft, BdWi-Verlag, Marburg 1996, 292 S.

Paucke, H. & Bauer, A.: Umweltprobleme – Herausforderung der Menschheit, Dietz Verlag, Berlin (DDR) 1980, 284 S.

Paucke, H.; Streibel, G. & Horsch, G. (Hg.): Umwelt und Gesellschaft, [mimeograph. Typskript im Studienarchiv Umweltgeschichte des IUGR a.d. HS Neubrandenburg], 1986, 397 S.

Richter, H., et al.: Politische Ökonomie des Kapitalismus und des Sozialismus, Lehrbuch für das marxistisch-leninistische Grundlagenstudium, 15. Aufl., Dietz Verlag, Berlin (DDR) 1989, 928 S.

Roos, H., et al.: Umweltgestaltung und Ökonomie der Naturressourcen, Verlag Die Wirtschaft, Berlin (DDR) 1979, 270 S.

Roos, H.: Probleme der Nutzung der Naturressourcen im volkswirtschaftlichen Reproduktionsprozeß,in: Heinrichs, W. (Hg.): Grundfragen der sozialistischen Reproduktionstheorie, Dietz Verlag, Berlin (DDR) 1982, 347-367

Schmidt-Renner, G.: Der Einfluß der Natur auf die materielle Produktion und ihre Standortbildung, Wirtschaftswissenschaft 8 (1960) 6, S. 847-860

Scheel, H. (Hg.): Gesellschaft und Umwelt, Hans Mottek zum 65 Geburtstag, Akademie-Verlag, Berlin (DDR) 1976, 128 S. (Sitzungsberichte der Akademie der Wissenschaften der DDR, Gesellschaftswissenschaften, Jg. 1976 Nr. 2/G)

Schubert, M. (Hg.): Abproduktarme und abproduktfreie Technologie, VEB Deutscher Verlag für Grundstoffindustrie, Leipzig 1987, 288 S.

Schürer, G.: Gewagt und verloren, Eine deutsche Biographie, 2. Aufl., Frankfurter Oder Editionen, Frankfurt/Oder, 295 S.

Sperling, U.; Tjaden-Steinhauer, M.; Lambrecht, L.; Mies, T. & Tjaden, K. H.: Statt einer Einleitung: Anmerkungen zum Fortschritt in der Geschichte, in: Sperling, U. & Tjaden-Steinhauer, M. (Hg.): Gesellschaft von Tikal bis irgendwo, Europäische Gewaltherrschaft, gesellschaftliche Umbrüche, Ungleichheitsgesellschaften neben der Spur, Winfried Jenior Verl., Kassel 2004, 7-42

Technische Universität Dresden, Sektion Sozialistische Betriebswirtschaft: II. Gesellschaftswissenschaftliches Umweltkolloquium zum Thema Messung und Stimulierung umweltreproduktiver Maßnahmen, Studie und Diskussionsbeiträge, 5. November 1987 in Dresden, 1987, 164 S.

Tjaden, K. H.: Politische Ökonomie des Sozialismus – außer Spesen nichts gewesen? Das Argument 180, Zeitschrift für Philosophie und Sozialwissenschaften, 32 (1990) 2, 225-232

Tjaden, K. H. (1992a): Mensch – Gesellschaftsformation – Biosphäre, Über die gesellschaftliche Dialektik des Verhältnisses von Mensch und Natur, 2. Aufl., Verlag Arbeit & Gesellschaft, Marburg 1992, 311 S.

Tjaden, K. H. (1992b): Wie sich Mensch und Natur in Marxens Kapital bemerkbar machen, in: Goldschmidt, W. (Hg.): Zur Kritik der politischen Ökonomie, 125 Jahre *Das Kapital*, Dialektik, Enzyklopädische Zeitschrift für Philosophie und Wissenschaften 1992/2, Meiner, Hamburg 1992, 51-66

Tjaden, K. H.: Aufgaben und Ziele der Ökosystemforschung, Anforderungen aus Sicht der Geistes- und Sozialwissenschaften, in: Fränzle, O. et al. (Hg.): Handbuch der Umweltwissenschaften, Grundlagen und Anwendungen der Ökosystemforschung, ecomed, Landsberg 2002 (Loseblatt, Teil II.1.2)

Wagenführ, R.: Wirtschafts- und Sozialstatistik Band 1, Band 2, Rudolf Haufe Verlag, Freiburg i. Br. 1970 (Band 1, 584 S.), 1973 (Band 2, 474 S.)

Wahse, J. & Schäfer, R.: Das gesellschaftliche Arbeitsvermögen – Bedingungen seiner qualitativen und quantitativen Entwicklung und die Nutzung der Qualifikation,in: Heinrichs, W. (Hg.): Grundfragen der sozialistischen Reproduktionstheorie, Dietz Verlag, Berlin (DDR) 1982, 279-306

Wenzel, S.: Plan und Wirklichkeit, Zur DDR-Ökonomie, Dokumentation und Erinnerungen, Scripta Mercaturae Verlag, St. Katharinen 1998, 195 S.

Wenzel, S.: Was war die DDR wert? Und wo ist dieser Wert geblieben? Versuch einer Abschlußbilanz, 4. Aufl., Das Neue Berlin, Berlin 2003, 303 S.

Zentralinstitut für Wirtschaftswissenschaften der AdW der DDR – Abteilung Dokumentation/ Bibliothek: Gesellschaftlicher Reproduktionsprozeß und natürliche Umweltbedingungen, Literaturbericht, Akademie der Wissenschaften der DDR, Berlin (DDR) 1975, 624 S.

„pro domo – Gesellschaft für Natur und Umwelt im Kulturbund der DDR". Gestalter: Norbert Vogel (1987). Quelle: Plakatsammlung im Studienarchiv Umweltgeschichte des Instituts für Umweltgeschichte und Regionalentwicklung e.V. an der Hochschule Neubrandenburg

Herbert Hörz

Philosophie und Ökologie – Erfahrungen eines Beteiligten

Erfahrungshintergrund

Es ist schwer, die Vielfalt der Diskussionen zu philosophischen Problemen der Ökologie in der DDR zu erfassen. Nachzuweisen sind sie dort, wo sie publiziert wurden. Der Rückblick eines Beteiligten ist mit seinem Erfahrungshintergrund verbunden. Er wird manches einseitig sehen, auf seine Arbeiten, Aufzeichnungen und Erinnerungen zurückgreifen und damit einen Stein zum Puzzle beifügen, das entstehen soll, wenn man das Bild vom Umweltschutz und der Umweltgestaltung in der DDR zeichnen will. Weitere Puzzleteile sind erforderlich, die von anderen beigetragen werden.

Charakterisiert man den eigenen Erfahrungshintergrund, der einen zu bestimmten Fragen und Antworten anregte, dann sind sowohl die inhaltlichen Debatten von Interesse, die eigenen publizierten Äußerungen dazu, doch auch die organisatorischen Strukturen, in denen die Auseinandersetzungen zu führen waren und viele persönliche Erlebnisse, die sowohl die Übereinstimmungen als auch die Differenzen mit Kolleginnen und Kollegen deutlich machen. Ökologische Probleme beschäftigten mich, ausgehend von meiner Spezialisierung auf dem Gebiet der philosophischen Probleme der Naturwissenschaften, sehr stark. Zwar ging es mir erst um philosophische Probleme der Physik, doch wer mit weitem und offenem Blick an das Weltgeschehen und die wissenschaftliche Bearbeitung komplexer Fragen herangeht, kommt als Philosoph unweigerlich zu Fragen nach dem Mensch-Natur-Verhältnis, zur Verwertung naturwissenschaftlicher Erkenntnisse in allen Lebensbereichen, zu den ökologischen Gefahren durch Kriege mit qualitativ neuen Waffensystemen. Die in der Philosophie der DDR erwartete und bestimmende marxistische Problemsicht förderte diese Betrachtungsweise, da sie auf die Rolle der Produktivkräfte für die konkret-historische Arbeits-, Lebens- und Denkweise der Menschen verwies, deren neue Qualität Wissenschaftsphilosophen mit der Roboterisierung der Industrie, der Computerisierung des Lebens, der Revolution der Denkzeuge und der Geningenieurtechnik in den Auswirkungen auf die Naturgestaltung untersuchten. Leitgedanke war der Hinweis von Karl Marx, die Naturwissenschaft habe „vermittelst der Industrie in das menschliche Leben eingegriffen und es umgestaltet und die menschliche Emanzipation vorbereitet." (MARX 1968, 543)

Nahm man den Marxismus mit seiner Forderung ernst, Erbe und Bewahrer aller wichtigen Erfahrungen, Gedanken und kulturellen Leistungen der Vergangenheit und Gegenwart zu sein, dann war Weltoffenheit gefordert. Alle positiven Ansätze zur Lösung ökologischer Probleme, unabhängig von ihrer weltanschaulichen Herkunft und ihren sozialökonomischen Bedingungen, waren zu prüfen und auf ihre Tauglichkeit für sozialistische Bedingungen zu testen. Insofern war für mich der Marxismus keine Denkbarriere, kein philosophisches Sektierertum, sondern Aufforderung zur vorurteilslosen Problemanalyse. Das schließt Auseinandersetzungen mit dogmatischen Auffassungen und Selbstkritik ein (HÖRZ 2005a). Philosophie ist einerseits als Weltanschaugstheorie mit allen Aspekten der öffentlichen und informellen Debatten um die humane Gestaltung des Mensch-Natur-Verhältnisses verbunden, da sie Begriffsentwicklungen im wechselnden Naturverständnis untersucht, Humankriterien begründet, Menschen als Naturgestalter in ihrer naturerhaltenden und landschaftszerstörenden Art betrachtet und die Akzeptanzprobleme für bestimmte gesellschaftspolitische Strategien des Umweltschutzes analysiert. Dabei kann sich der Philosoph nicht auf entsubjektivierte, von der Wissenschaftlergemeinschaft allgemein anerkannte Theorien berufen, sondern muss sich seine eigenen Auffassungen erarbeiten und, wenn möglich, öffentlichkeitswirksam vertreten. Andererseits ersetzt Philosophie zwar keine politischen Entscheidungen, ökonomischen Mechanismen und wissenschaftlichen Spezialerkenntnisse, doch ist sie in der Lage, das Problembewusstsein von Betroffenen und Entscheidern zu schärfen, erkenntnistheoretisch-methodologische Hilfe zu geben und so die inter-, multi- und transdisziplinäre Diskussion zu befruchten. Voraussetzung ist, dass der ökologisch interessierte Philosoph Spezialwissen verarbeitet und die Zusammenarbeit mit denen sucht, die sich mit ökologischen Teilgebieten beschäftigen. Deshalb wirkte ich in interdisziplinären Gruppen mit, befasste mich mit der entsprechenden nationalen und internationalen Literatur und analysierte aufmerksam Berichte über antiökologische und ökologische Maßnahmen, um die Welt der pessimistischen oder schönen Bilder mit den Erfahrungen Beteiligter vergleichen zu können.

Philosophen sind nicht nur Nach- sondern auch Vordenker, wenn sie es denn sein wollen und dazu aus der Umklammerung durch die großen Vorfahren ausbrechen, um nicht nur Plato, Aristoteles, Kant, Hegel, Marx, Heidegger u.a. zu rezipieren, sondern sich mit den Problemen der Gegenwart auseinanderzusetzen. Dabei sind sie manchmal Querdenker, da sie nicht den vorgegebenen und gewollten Denkschemata des Zeitgeistes folgen, sondern indem sie über den Rand ihrer Disziplin hinausschauen, neue Fragen stellen, nach dem Motto: Ein Philosoph kann mehr fragen, als zehn Spezialwissenschaftler beantworten können. Dabei gab und gibt es immer gesellschaftliche Rahmenbedingungen für die Diskussionen. Das war auch in der DDR so. In der Propaganda wurden die Vorzüge des Sozialismus betont, die sich für das Mensch-Natur-Verhältnis vor allem in der humanen Gestaltung auswirken sollten, während in der Ökonomie und Politik die Effektivität gegenüber der Humanität im Vordergrund stand. Für den Philosophen war das ein Spannungsfeld, das selbst der Analyse bedurfte. So wurde die Beziehung zwischen Effektivität und Humanität zum zentralen Punkt meiner philosophischen Überlegungen, die ich mit Gleichgesinnten besprach. Als wichtige Gruppe globaler Probleme sahen wir die „Erhaltung der natürlichen Bedingungen menschlicher Existenz, die gegen den Raubbau an der Natur gerichtet" ist. „Das betrifft nationale und internationale Maßnahmen gegen die Umweltverschmutzung, die Nutzung der Meere, wirtschaftlich bedeutsame Ergebnisse der Kosmosforschung und die Erhaltung, Gestaltung und Entwicklung ökologischer Zyklen." (HÖRZ 1983, 1316)

In einem Material über „Gebiete der Zusammenarbeit zu Philosophie-Wissenschaften" in den verschiedenen philosophischen Einrichtungen der DDR für den von mir geleiteten Problemrat „Philosophie-Wissenschaften" schrieb ich Anfang 1987 zum ersten Punkt „Wissenschaft und Humanismus": „Es geht darum, Wissenschaftsgeschichte, Stellungnahmen hervorragender Wissenschaftler und die Rolle der Wissenschaft in der Gegenwart zu analysieren, um die Humanpotentiale des wissenschaftlich-technischen Fortschritts bei der Lösung globaler Probleme genauer zu bestimmen. Das ist Grundlage für die Auseinandersetzung mit Wissenschafts- und Technikpessimismus, mit Havarieangst. Dabei ist die Verantwortung der Wissenschaftler im Friedenskampf, bei der Stärkung des Sozialismus und bei der humanen Beherrschung der Umwelt tiefer zu begründen."

Ich versuchte stets, konstruktiv auf vorhandene Probleme einzugehen. Die Zukunft allein pessimistisch zu beurteilen, war sicher der leichtere Weg, doch wir, das heißt diejenigen, die sich dem Sozialismus als Ideal einer Assoziation freier Individuen mit sozialer Gerechtigkeit und ökologisch verträglichem Verhalten verpflichtet fühlten, wollten die Potenzen des Sozialismus nutzen, um die humane Gestaltung der Natur voranzubringen. Dazu waren die Erfolgsrisiken einzugehen, Gefahrenpotentiale zu analysieren, Risiken zu minimieren, die ökologischen Zyklen zu untersuchen und Vorzüge des Sozialismus als Kreativitätsmotivation zu fördern, denn wer für das ganze Volk statt für den Profit arbeitet, ist nicht zur Profilierung gegen andere gezwungen, um sich selbst herauszustellen, sondern er kann seine Ideen in der Gemeinschaft weiter entwickeln, um wissenschaftlich brauchbare Ergebnisse zu erzielen.

Es soll hier nicht auf die Gründe für die Implosion der Staatsdiktatur des Frühsozialismus und die Probleme beim Übergang zur Kapitaldiktatur eingegangen werden, die die persönliche Abhängigkeit durch die sachliche mit monetären und bürokratisch-rechtlichen Strukturen ersetzt (HÖRZ 1993). Wichtig ist es für unser Thema, die Kluft zwischen sozialistischen Idealen und der Wirklichkeit, die aktive Arbeit der Wissenschaftler zur Erforschung von Ökosystemen und die schleppende Umsetzung notwendiger Maßnahmen, die Entwicklung der Kommandowirtschaft als Hemmnis für Eigeninitiative und das sich herausbildende Macht- und Wahrheitsmonopol einer kleinen Gruppe von Politikern zu beachten, das jedoch Nischen für die konstruktive wissenschaftliche Arbeit ließ.

Veränderungen im Umweltbewusstsein

Internationale Debatten, interdisziplinäre Diskussionen und Fachgruppensitzungen schärften dem Philosophen den Blick für ökologische Fragen. Sie traten in den verschiedensten Foren auf und oft hatte der Philosoph die Aufgabe, die propagandistisch gemalte Welt der schönen Bilder kritisch zu durchleuchten, um nicht die wirklichen Ergebnisse in Theorie, Recht und Praxis zu negieren und doch die noch zu lösenden Aufgaben zu bestimmen.

Wer allein dem Fortschrittsdenken verpflichtet war, sah die hervorragenden Ergebnisse von Wissenschaft und Technik für die Erhöhung der Lebensqualität und unterschätzte oft die Gefahren. Doch es gab viele warnende Stimmen, die der Philosoph aufmerksam verfolgte. Ein Beispiel dazu: 1968 wurden Beiträge von Urania-Konferenzen der Jahre 1966 und 1967 veröffentlicht. Ludwig Bauer, Direktor des Instituts für Landschaftsforschung und Naturschutz Halle der Deutschen Akademie für Landwirtschaftswissenschaften, machte auf planlose Urbanisierung und die Verschmutzung der Luft, des Wassers und des Bodens durch Abfallprodukte aufmerksam und bemerkte: „Häufig aus Unkenntnis der landwirtschaftlichen Zusammenhänge, der Wechselbeziehungen im Gefüge einer Landschaft, oft aber auch aus egoistischem Profitstreben heraus, wurden seither viele Naturschönheiten zerstört, Tier- und Pflanzenarten ausgerottet und die Bodenfruchtbarkeit ganzer Gebiete beeinträchtigt." (BAUER 1968, 215) Er verwies auf die Beziehung von Landschaftspflege und Naturschutz zu den ökonomischen Berechnungen und stellte die Frage: „Mit welchen Werten ist aber die physische und psychische Minderung des Wohlbefindens unserer werktätigen Menschen durch die Luftverunreinigung in den industriellen Ballungsgebieten in Rechnung zu setzen?" (BAUER 1968, 222)

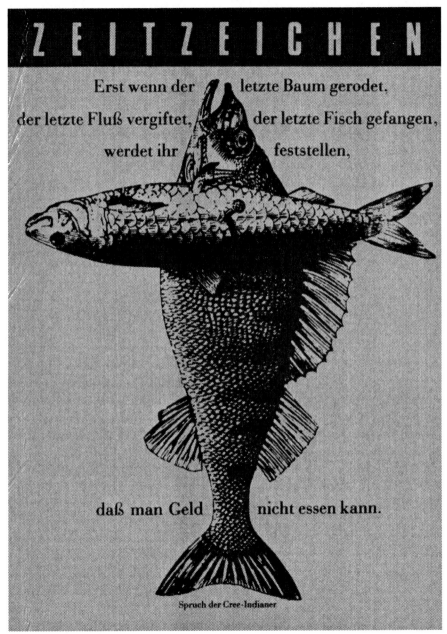

„Zeitzeichen". Spruch der Cree-Indianer. Gestalter, Jahr, Ort unbekannt. Quelle: Plakatsammlung im Studienarchiv Umweltgeschichte des Instituts für Umweltgeschichte und Regionalentwicklung e.V. an der Hochschule Neubrandenburg

Es war das Problem des Verhältnisses von Ökologie und Ökonomie, das uns später immer wieder beschäftigte, wofür wir in der Umweltgruppe der Akademie der Wissenschaften der DDR (AdW), auf die noch einzugehen ist, theoretische Ansätze entwickelten, Reglungen vorschlugen, ohne eine brauchbare durchschlagende praktikable Lösung für die Einheit von Effektivitätssteigerung und Humanitätserweiterung als Förderung spezifischer sozialistischer Formen der Effektivität zu finden. Darüber ist mit den gesammelten negativen Erfahrungen weiter nachzudenken, wenn eine zukünftige humane Gesellschaft angestrebt wird, denn wissenschaftlich sind auch Wege wichtig, die erfolglos gegangen wurden, um sie nicht wieder zu betreten.

Mit Hinweis auf die Chemisierung der Natur bei der Schädlingsbekämpfung und die Entwicklung resistenter Stämme forderte ich damals, trotz der Erfolge die Auswirkungen nicht zu missachten. „Die Aufgabe der Wissenschaftler muß heute schon darin bestehen, die Gefahr zu sehen, die durch eine schleichende Vergiftung der Natur droht, und wirksame Gegenmaßnahmen zu erforschen." (HÖRZ 1968, 250)

Verschiedene Erlebnisse verdeutlichen, wie sich das eigene Umweltbewusstsein formte. Bei einer Reise nach Japan zu einem Kongress der Wissenschaftshistoriker 1974 machte ich die Erfahrung, wie vorsichtig mit Informationen umzugehen ist, die andere Länder betreffen. Aus den Nachrichten wussten wir DDR-Teilnehmer von der Umweltverschmutzung in Japan und meinten, die Einwohner in den Großstädten würden mit Atemmasken herumlaufen. Von den Gastgebern, die über unsere Erzählungen lächelten, erfuhren wir von einem Programm zur Reinhaltung der Luft in Tokyo, das schon zu wirken beginne.

Als ich Mitte der 1970er Jahre in Bitterfeld zu wissenschaftlich-technischem Fortschritt und Humanismus vortrug, warnte die Leitung mich, das Umweltproblem anzusprechen. Grund war die kritische ökologische Situation in dieser Region. Um es trotzdem zu tun, ging ich einen Umweg. Ich hatte bei meinem Kongressaufenthalt in Tokio mit Wissenschaftlern Kontakt, die sich mit der Minamata-Krankheit, hervorgerufen durch Quecksilberverseuchung von Fischen, beschäftigt hatten. Die Seuche breitete sich in der Minamatabucht aus und führte zu körperlichen und psychischen Schäden, vor allem bei Neugeborenen. Es begann ein langer Kampf gegen den Chisso-Konzern als Verursacher. Wissenschaftliche Nachweise für rechtliche Klagen gegen ihn entkräfteten Gegengutachten. Langwierig zogen sich die Verhandlungen zur Verbesserung der Umweltsituation hin, bis eine neue Technologie ein Teil der Probleme löste. Das zeigte die Verflechtung von Umweltverschmutzung, Profitinteresse und ungenügendem Gesundheitsschutz in imperailistischen Ländern (HÖRZ 1976, 60 f.). Das konnte ich konkret schildern, um dann darauf aufmerksam zu machen, wie wichtig es für uns sei, die Vorzüge des

Sozialismus zur Problemlösung zu nutzen, damit nicht die Nachteile die Vorteile überwiegen. Zu den Mängeln zählte ich die politisch motivierte antiökologische konsum- und wachstumsorientierte Produktion mit alleinigem ökologischem Havariedienst.

Das Umweltbewusstsein wuchs in der DDR immer mehr. Im Vortrag „Weltanschaulich-philosophische Aspekte des Mensch-Natur-Verhältnisses" auf der Konferenz des Präsidiums der Urania vom 11.10.1984 versuchte ich die verschiedenen Tendenzen und Wendungen einzuschätzen (HÖRZ 1984, 31). Eine Zäsur sah ich Ende der 60er und Anfang der siebziger Jahre des 20. Jahrhunderts. Das Mensch-Natur-Verhältnis trat im Zusammenhang mit Debatten über den Nutzen der Wissenschaft, über die Verantwortung der Wissenschaftler für die Be- und Verwertung ihrer Erkenntnisse, immer mehr in den Mittelpunkt internationaler weltanschaulicher Diskussionen. Umweltschützer machten auf die ökologische Krise, auf Auswirkungen bei der Vergiftung der Natur, auf Artensterben, auf Tankerunglücke usw. und ihre Folgen aufmerksam. Mit den Berichten an den Club of Rome zu den Grenzen des Wachstums verstärkten sich in den siebziger Jahren die Tendenzen, sich intensiver mit dem Rohstoff- und Energieproblem zu befassen. Erstaunt war ich, als ich bei einem Vortrag Mitte der 1970er Jahre zu philosophischen Problemen der Entwicklung von Wissenschaft und Technik, zu dem mich das Energieministerium der DDR eingeladen hatte, auf diese Berichte zu sprechen kam und sie dort kaum bekannt waren. Meine Frage, ob die angegebenen Zahlen überprüft worden seien, wurde verneinend beantwortet. Die ideologische Abwertung der Berichte hatte den geforderten Sachverstand getrübt. Das war mir deutlich geworden, als ich in einem Artikel für die „Einheit", das theoretische Organ der SED, auf die ökologischen Probleme einging und diese für die Publikation gestrichen wurden.

Ausgehend von meiner Teilnahme am Kolloquium „Die Biologie und die Zukunft des Menschen" 1974 in Paris, auf dem die Tendenzen der Forschungen zur Ökologie eingeschätzt wurden, befasste ich mich im Abschnitt „Die bewußte Gestaltung einer menschenfreundlichen Umwelt" meines Büchleins „Mensch contra Materie?" mit philosophischen Konsequenzen aus der Ökologiedebatte (HÖRZ 1976). Es ging sowohl um ein kritisches Umweltbewusstsein als auch um die Auseinandersetzung mit resignierenden Stimmen, die ökologische Katastrophen ahnten und sich selbst als ohnmächtig sahen. Ich forderte wissenschaftliche Anstrengungen und betonte: „Manch früherer Optimismus beruhte auf dem Mangel an Informationen. Aber die Erkenntnis der Probleme ist in der Wissenschaft schon der halbe Weg zur Lösung." (HÖRZ 1976, 58)

1984 versuchte ich dann, rückblickend die Gründe für die Tendenzwende zu größerem Umweltbewusstsein zu bestimmen. Politökonomisch sah ich sie, sicher illusionär und einseitig, doch mit gewisser Berechtigung, in der Kluft zwischen der auf Wachstum orientierten Politik der sozialistischen Ländern und Krisenerscheinungen im Imperialismus. Ich wandte mich gegen die These bürgerlicher Ideologen, dass Bevölkerungsexplosion, Rohstoffknappheit, Energieprobleme, Umweltverschmutzung zu einer allgemeinen Krise der Menschheit führen sollen (HÖRZ 1984, 34). Heute kann ich sagen, Potenzen des Sozialismus für eine ökologische Politik wurden unzureichend genutzt, um eine soziale Alternative auf ökologischem Gebiet zum Kapitalismus aufzubauen. Nun leben wir mit dieser Krise im kapitalistischen Umfeld und suchen Auswege aus ihr. Es gilt jedoch weiter, dass Wissenschaft und Technik nicht die Ursachen für ökologische Krisen und die Krise der Menschheit sind, sondern der Umgang mit ihnen. Ohne ökologische Gegensteuerung gegen den normalen Umgang mit der Natur, der Katastrophen auslösen muss, werden die Krisen wachsen.

Für die politisch-ideologische Auseinandersetzung sah ich die Umweltproblematik als globales Problem Nr. 1, wobei Frieden Voraussetzung für dessen Lösung sei. Die Wissenschaftsentwicklung war ein weiterer Grund für die Tendenzwende, da sie in ihren positiven und negativen Wirkungen immer mehr in die Öffentlichkeit rückte. Ich nannte Illusionen über die schnelle Lösung des Energieproblems durch Kernfusion, auch die fehlende Gesamtsicht, und sah zugleich positiv die Tendenz der Wissenschaft, vom Struktur- , zum Prozess- und Entwicklungsdenken überzugehen. Das ist ein Prozess, der jedoch nun wieder stagniert, da interdisziplinäre Arbeit kaum gefördert wird. Gruppeninteressen überwiegen das Gesamtinteresse an ökologischen Lösungen, wie das Ringen um jede Formulierung in internationalen Dokumenten zeigt. Der technische Fortschritt in seinen negativen Wirkungen verdeutlichte für viele die wachsenden ökologischen Probleme und tut es heute noch. Dem kann Technikfolgenabschätzung nur ungenügend entgegenwirken. Außerdem galt: „Das Ende der 60er Jahre beginnende Eintreten vieler Entwicklungsländer in die internationale Arena zwang dazu, ihre Probleme zu reflektieren. Wachsende Bevölkerung, Nahrungssorgen, mangelnder Gesundheitsschutz, technologische Rückständigkeit ließen manche bürgerliche Ideologen den sozialen Kern der Probleme vergessen." (HÖRZ 1983, 35)

Ich selbst machte unterschiedliche Erfahrungen in verschiedenen Ländern. Mit Yrjö Haila aus Helsinki diskutierte ich über die Rolle der Ökologie für die Evolutionsbiologie. Er schrieb auf meine Anregung dazu einen Beitrag für einen von mir mit herausgegebenen Band zum Erbe der „Dialektik der Natur" von Friedrich Engels. Mit Hinweis auf die Bemerkung von Engels, dass wir keineswegs die Natur beherrschen, wie ein Eroberer ein fremdes Volk beherrscht, sondern ihr mit Haut und Haaren angehören, begründete er, dass die Folgen menschlicher Aktivitäten in ökologischer Hinsicht soziale Maßnahmen und wissenschaftliche Kenntnisse erfordern (HAILA 1986, 245). Mit Freunden aus der Sowjetunion ging es um die positiven und negativen Folgen der Naturgestaltung, um die Eroberung des Neulands, um Großprojekte, um den Baikalsee und den Raubbau in Sibirien nach dem Motto: Die DDR ist ein kleines Land mit kleinen Problemen und die Sowjetunion ein großes Land mit großen Schwierigkeiten. An der Südchinesischen Landwirtschaftsuniversität, die sich mit Waldschäden durch Schwefeldioxidemmission befasste, hatten wir interessante Debatten über mögliche Kooperationen mit der DDR und über Philosophie und Ökologie. In Nordkorea beeindruckte mich der Hinweis darauf, dass Kim Il Sung den Abbau von Gold durch eine ausländische Firma unterbrochen habe, um die Landschaft in ihrer Schönheit zu schützen. So entstand auch durch verschiedene Erlebnisse ein persönlich geprägtes Umweltbewusstsein, das sich vor allem in der Forderung nach wissenschaftlichen Analysen und ökologischer Politik äußerte, ohne die Gefahren zu verniedlichen und Erfolge zu vergessen.

In vielen gesellschaftswissenschaftlichen Arbeiten wurde seit den 1970er Jahren mit Hinweis auf Karl Marx die ökologische Problematik umfassender angegangen. Vor allem seine Bemerkungen im dritten Band des „Kapital", dass die assoziierten Produzenten ihren Stoffwechsel mit der Natur „mit dem geringsten Kraftaufwand und unter den, ihrer menschlichen Natur würdigsten und adäquatesten Bedingungen vollziehn" (Marx 1964, 828), wurde als philosophische Grundlage genommen, um die gesellschaftliche Relevanz ökologischer Fragen zu zeigen, finanzielle und personelle Mittel zur Forschung zu fordern, die Beziehungen von Effektivität und Humanität zu untersuchen und ein politisches Alibi für Arbeiten zur Ökologie zu haben. Das war zugleich ein Kreativitätsschub für philosophisches Wirken in der inter-, multi- und transdisziplänen Forschung auf ökologischem Gebiet.

Interdisziplinäre Veranstaltungen – Fallbeispiele

Viele Diskussionen zur Ökologie waren interdisziplinär geprägt, was den Philosophen vor allem interessierte. So nahm ich an Sitzungen verschiedener Klassen der AdW teil, die sich mit ökologischen Aspekten befassten. Am 17.01.1985 hielt ich den vom Vorsitzenden der Klasse Umweltschutz und Umweltgestaltung der AdW Edgar Lehmann erbetenen Vortrag „Philosophie und Ökologie" zur Abschlusssitzung dieser Klasse (HÖRZ 1986). Das Umweltsyndrom, historisch entstanden, wurde in seiner neuen Qualität, dem globalen Charakter, dem Vernichtungspotential, den Langzeitschäden und der Komplexität charakterisiert und der ökologische Grundwiderspruch bestimmt, der sich aus der Bedürfnisbefriedigung der Menschen ergibt und die dialektische Einheit von Natur- und Gesellschaftszyklen umfasst. Als Diskussionsebenen unterschied ich aus philosophischer Sicht die politisch-ideologische, emotional aufgeladene Kritik an der Umweltverschmutzung und der profitorientierten Ausbeutung der Natur, die ökologischen Probleme in der komplexen Mensch-Natur-Beziehung und die ökologische Forschung, die sich mit dem Beziehungsgefüge von Einzelorganismen, Lebensgemeinschaften und Umwelt befasst. Als spezielle philosophische Probleme der Ökologie behandelte der Vortrag die mit der wissenschaftlich-technischen Revolution verbundene neue Mensch-Natur-Beziehung und eine Reihe erkenntnistheoretisch-methologischer Fragen, auf die noch hinzuweisen ist.

Es ging dabei um Ergebnisse meiner langjährigen Beschäftigung mit der philosophischen Analyse ökologischer Probleme, die E. Lehmann in seinen Bemerkungen sehr hoch bewertete, wobei er vor allem ihren konstruktiven Charakter hervorhob, der mit Vorträgen der Naturwissenschaftler in der Klasse korrespondierte (LEHMANN 1985). Die problemgebundene Klasse hatte seit 1971 Stellungnahmen und Expertisen erarbeitet, die von der Vorbereitung internationaler Konferenzen über Forschungskonzeptionen und Realisierungsvorschläge bis zu Anforderungen an die Bildung reichten, wie Präsident Werner Scheler in seiner Würdigung hervorhob (SCHELER 1985). Nun übernahm der Wissenschaftliche Rat für Grundlagen der Umweltgestaltung und des Umweltschutzes beim Präsidium der AdW die Aufgabe, Forschungen zu initiieren und zu koordinieren.

Um dem wachsenden Informationsbedürfnis zur Umweltproblematik gerecht zu werden, veranstaltete das Präsidium der Urania am 11.10.1984 eine Konferenz zum Thema „Das Verhältnis von Mensch und Natur – Anforderungen an das populärwissenschaftliche Wirken der Urania". Ich erinnere mich an den vollen Saal der Kongresshalle am Alexanderplatz und die gespannte Aufmerksamkeit der Zuhörer, ging es doch um ein politisch brisantes Thema, das durch bestimmte Kreise, wie informelle oder in Kirchen sich organisierende Gruppen, genutzt wurde, um Systemkritik zu üben, Reformen zu fordern oder die DDR generell in Frage zu stellen. Umwelt war das Vehikel, das die Systemkritik transportierte. Was war an der Kritik berechtigt? Was war vorgeschoben, um den Antisozialismus zu begründen? Diese Fragen waren nicht leicht zu beantworten, da manche staatstragenden Gruppen die Kritiker generell kriminalisierten, andere die Problematik erkannten, doch unsicher mit ihr umgingen. Meine Erfahrungen besagten, dass die offensive Darlegung der Probleme immer der beste Weg ist, um Verständnis für bestimmte Maßnahmen, auch für Unterlassungen, zu erreichen. Deshalb unterstützte ich den Gedanken, diese Konferenz durchzuführen. Er war sicher nicht leicht umzusetzen, da viele Funktionäre bei solchen Gelegenheiten nicht nur mitredeten, sondern auch von ihrem Vetorecht Gebrauch machen wollten und konnten, denn was nicht stattfand und nicht veröffentlicht wurde, konnte keine Kritik der Obrigkeit auslösen. Die Konferenz fand statt.

Das erste Hauptreferat hielt der Umweltminister der DDR Dr. Hans Reichelt. Er gehörte der Demokratischen Bauernpartei Deutschlands an und war seit 1972 Stellvertreter des Vorsitzenden des Ministerrats und Minister für Umweltschutz und Wasserwirtschaft. Es ist bezeichnend für die politischen Strukturen in der DDR, dass er zur ökonomischen Strategie der SED sprach, obwohl er einer Blockpartei angehörte. Die führende Rolle der SED galt auch für den Staatsapparat, was zu manchen Problemen führte, da manche Parteiveranstaltung der SED zu einer staatlichen Sitzung verkam. Die Trennung von Partei- und Staatsaufgaben gelang kaum noch. Reichelt betonte den Zusammenhang von Umwelt- und Friedenspolitik, begründete die Ziele der Umweltpolitik in der DDR und erläuterte die These, dass die ökonomische Strategie der 1980er Jahre am besten den Zielen der Umweltpolitik von heute und morgen dient. Er ging auf die Reinhaltung der Luft und den Schutz der Wälder, auf die rationale Wasserverwendung, auf den Schutz des Bodens und auf die Umweltpolitik im Sozialismus ein, die alle Seiten der Beziehungen von Mensch und Umwelt umfasse. Aufgaben der Urania, Umweltschutz und Umweltgestaltung als Bestandteil sozialistischen Wettbewerbs und die zum Umweltschutz praktizierte internationale Zusammenarbeit waren weitere Themen, die er behandelte. Es war eine umfassende Information, die die vorhandenen Probleme als lösbar und schon in Bearbeitung befindlich charakterisierte (REICHELT 1984).

Mein Referat „Weltanschaulich-philosophische Aspekte des Mensch-Natur-Verhältnisses" setzte andere Bezugspunkte (HÖRZ 1984). Ich wies auf die kritischen Bemerkungen von J. J. Rousseau von 1750 hin, dass Wissenschaft gefährlich, unnütz und Zeitverschwendung sei, das Gute behindere und den Luxus fördere, womit er die Forderung begründete, zurück zur Natur zu gehen. Voltaire hatte 1755 dagegen gehalten: „Ich habe ihr neues Buch gegen das Menschengeschlecht empfangen. ... Niemals hat man so viel Geist auf die Bemühung verwandt, uns wieder zu Tieren zu machen, man kriegt ordentlich Lust, auf allen vieren zu gehen, wenn man ihr Buch liest." Diese historische Kontroverse zeigte, dass der Streit immer neu entbrennt, wenn die Beziehungen der Menschen zur Natur durch Wissenschaft und Technik eine neue Qualität erreichen. Weitere Themen meines Vortrags waren die Darlegung des ökologischen Grundwiderspruchs, die Entwicklung des gegenwärtigen Umweltsyndroms, die schon genannten Gründe für die Tendenzwende im weltanschaulichen Bewusstsein und die Problemdimensionen. Als historische Dimension sah ich die durch den Sozialismus mögliche, kapitalistischem Profitstreben entgegenstehende, humane Gestaltung der Naturgestaltung, denn Naturgestaltung sei nicht Natureroberung. Zugleich betonte ich: „Es wäre sicher verkehrt, ökologische Probleme im Sozialismus verschweigen zu wollen. Den Eingeweihten sind sie sowieso offensichtlich." (HÖRZ 1984, 37) Ich forderte mit der politischen Dimension die demokratische Kontrolle für die Entwicklung neuer Technologien und Techniken, gerichtet gegen antiökologische Maßnahmen.

Dabei griff ich eine Diskussion auf, die ich an der Parteihochschule der SED zu meinem Vortrag über das Mensch-Natur-Verhältnis mit der damaligen Direktorin Hanna Wolf hatte. Sie argumentierte gegen meine Warnungen vor der Ausbeutung der Natur und den ökologischen Schäden, die ich mit dem Hinweis auf begrenzte Ressourcen verband, mit der Unerschöpflichkeit der Natur und der Möglichkeit, diese zu nutzen. Doch es gilt: „Die Unerschöpflichkeit der Natur ist nicht mit der Unerschöpflichkeit der natürlichen Ressourcen, der Rohstoffe, der Energie unter konkreten Bedingungen des wissenschaftlich-technischen Fortschritts gleichzusetzen." Ich verwies auf die damit verbundenen Herausforderungen von Wissenschaft und Technik, „neue Ressourcen in einem bestimmten Land zu einer bestimmten Zeit" zu erschließen, denn die „Entwicklung kostengünstiger umweltfreundlicher Verfahren macht Materialökonomie nicht nur zu einem ökonomischen, sondern auch zu einem ökologischen Gebot." (HÖRZ 1984, 35)

Die nachfolgenden Gespräche zur Urania-Tagung zeigten, wie wichtig es war, Referenten, die in allen gesellschaftlichen Bereichen wirkten und so Multiplikatoren für die Meinungsbildung waren, über das Thema umfassend zu informieren. Manche meinten dann, der Minister habe die positiven Seiten gezeigt und der Philosoph auf wichtige kritische Aspekte verwiesen. So war es oft in der Meinungsbildung zu bestimmten Fragen in der DDR. Wer heute meint, durch Aktenstudium offizieller Dokumente die Vielfalt von Meinungen in der DDR erfassen zu können oder gar eine Polarisierung zwischen Staatstreuen und Staatsgegnern ausmacht, zeigt seine Unfähigkeit zur historischen Analyse, denn Dokumente verlangen Ergänzung durch Zeitzeugen verschiedenster Art und Beachtung der Gegendokumente. Doch wer zieht, um auf die Ökologie zu kommen, für Vergleiche in der ökologischen Politik der BRD und DDR, die Beschlüsse der BRD und ihrer Verbündeten zur Embargopolitik und zur psychologischen Kriegsführung, zu Geheimdienstmaßnahmen und Geldern für die Infiltration von Gruppen heran, in denen sich Systemgegner fanden. Diese wissenschaftliche Ignoranz ist gewollt, teilweise auch erzwungen, da die entsprechenden Gegendokumente nicht freigegeben sind, was jedoch jeden seriösen Historiker zur Vorsicht bei Einschätzungen mahnen sollte. Ich kann nur bestätigen, dass die Debatten zur Ökologie unter Spezialisten und Interessierten sehr kontrovers geführt wurden, um das gemeinsame Ziel zu erreichen, eine ökologische Politik durchzuführen.

Am 14. und 15.1.1989 fand im Hotel Bellevue in Dresden der 87. Bergedorfer Gesprächskreis zum Thema „Globale Umweltproblematik als gemeinsame Überlebensfrage – neue Kooperationsformen zwischen Ost und West" statt, an dem ich als Mitglied des Umweltrats der AdW teilnahm (BERGEDORFER GESPRÄCHSKREIS 1989). Unter den Teilnehmern waren Umweltexperten aus der DDR, Wissenschaftler und Journalisten aus verschiedenen Ländern und wichtige Politiker der BRD, wie etwa Kurt Biedenkopf, Klaus von Dohnany, Walther Leisler Kiep u.a. Es war eine spannende und interessante Diskussion, in der man sich bemühte, die Möglichkeiten der Kooperation zwischen Ost und West seriös zu bestimmen. Aus der Sicht des Philosophen gab es verschiedene wichtige Problemfelder. So polemisierten von Dohnany, der die Rolle der Politik für ökologische Regelmechanismen statt des Moralisierens betonte, und Biedenkopf, der für Politik erst eine entsprechende moralisch-philosophische Basis forderte, gegeneinander. Ich ergänzte das mit einer zustimmenden Bemerkung zur Kritik am Appellationismus, da bei fehlender Akzeptanz moralische Forderungen nicht helfen. Deshalb gehe es um wirtschaftliche Mechanismen und rechtliche Normierungen auf der Grundlage bestimmter Wertvorstellungen (BERGEDORFER GESPRÄCHSKREIS 1989, 48). Das Verhältnis von Wissenschaft und gesellschaftlichen Werten, also Bedeutungsrelationen von Sachverhalten für die Menschen, die Nützlichkeit, Sittlichkeit und Schönheit umfassen, sich in rechtlichen und moralischen Normen als Wertmaßstab und Verhaltensorientierung ausdrücken, waren Gegenstand der Diskussion, von mir mehrmals angesprochen. Ich betone das Utopiedefizit im Zusammenhang mit den unterschiedlichen Auffassungen dazu, wie ökologisch verträgliches Verhalten in der Zukunft aussehen solle, die nicht an ein bestimmtes Gesellschaftssystem gebunden sind. Ökologische Wissenschaft könne sich jedoch als moralische Instanz entwickeln. Während Prof. Goltermann von der Universität Leiden meinte, dann handle es sich weniger um Wissenschaft denn um Religion, betonte Prof. Haber von der TU München, dass es bei der Ökologie um eine bestimmte Weltsicht ginge (BERGEDORFER GESPRÄCHSKREIS 1989, 32 f.). Biedenkopf sprach in diesem Zusammenhang von der Zukunftsfürsorge, der wir verpflichtet sind, egal, wie sie moralisch begründet ist. Er meinte: „Eines der Schlüsselprobleme im Zusammenhang mit dem Umweltschutz hat Herr Hörz angesprochen, als er sagte, daß wir, wie immer wir dies rational, philosophisch oder anders begründen, unsere gesellschaftlichen Aktivitäten aus Gründen des Naturschutzes nachhaltig begrenzen müssen." (BERGEDORFER GESPRÄCHSKREIS 1989, 34)

Dieses Gespräch bestätigte mir die Möglichkeit, zwischen Ost und West Gemeinsamkeiten zu finden, um der von allen anerkannten ökologischen Krise zu begegnen. Viele Themen wurden angesprochen, so die Manipulierung der Massen in den Westmedien mit dem Gift der Woche in den Nahrungsmitteln, das zur Sorge veranlasste, doch keine Lösungen bot. Prognosen der Wissenschaft sollten so exakt sein, dass Politiker darauf aufbauen können. Doch es kann nur Voraussagen mit bestimmter Wahrscheinlichkeit geben, weshalb politische Entscheidungen Erfolgs- und Gefahrenrisiken mit berücksichtigen müssen. Unsere Verantwortung für den humanen Umgang mit der Natur im Interesse der Nachkommen spielte eine große Rolle. Die Basis für eine politische Verständigung zwischen Ost und West war da. Als sich dann die Ereignisse überstürzten, waren alle Einigungsansätze vergessen, Ökologie als Westdomäne entdeckt, die DDR als unfähig für eine ökologische Politik verunglimpft, wie ein okkupiertes Land in der Infrastruktur zerstört und die wissenschaftlichen Eliten „abgewickelt".

1987 sprach ich in Zürich über „Wissenschaftsentwicklung als zyklischer Typenwandel" vor einem großen Auditorium, das, interdisziplinär zusammengesetzt, interessiert den Vortrag zur Kenntnis nahm und in der Diskussion vor allem auf Gemeinsamkeiten und Unterschiede in den Überlegungen zur Wissenschaftsentwicklung in Ost und West einging. Es war keine der manchmal üblichen politischen Kampfveranstaltungen des kalten Krieges, sondern eine offene Debatte über Vor- und Nachteile sozialer Systeme für die Wissenschaftsentwicklung. Ein Aspekt davon ist für unser Thema interessant. Ich hatte auf die rücksichtslose Ausbeutung der Natur im Profitinteresse hingewiesen und die Gefahren militärischer Tests genannt. Im Kommentar zu meinem Vortrag befasste sich Hermann Lübbe, damals Philosophieprofessor an der Universität Zürich, nach zustimmenden Bemerkungen zu meinen Ausführungen mit ökologischen Problemen. Nach dem Hinweis auf den Wissenschaftsmissbrauch des NS-Regimes stellte er fest: „Wie man den politischen Gebrauch, den die amerikanische Regierung von Wissenschaft und Technik gemacht hat, zu validieren habe, bleibe hier unerörtert. Insoweit möchte ich mich lediglich darauf beschränken, im Interesse ausgleichender Gerechtigkeit Herbert Hörz gegenüber auf einige negative Konsequenzen der Verwissenschaftlichung und Technisierung unserer Zivilisation aufmerksam zu machen, die sich im System des real existierenden Sozialismus ungleich schärfer als unter kapitalistischen Bedingungen ausprägen. Ich meine die ökologischen Nebenfolgen unserer technisch instrumentierten industrialisierten Arbeit. Meine These ist, daß im real existierenden Sozialismus die Produktion in ökologischer Hinsicht ungleich rücksichtsloser erfolgt, und der Laienblick genügt, um diese These beispielsweis in Oberschlesien oder auch im nördlichen Böhmen bestätigt zu sehen." (LÜBBE 1988, 255)

Die Beispiele betrafen nicht die DDR, doch wie so oft in internationalen Diskussionen war der DDR-Vertreter herausgefordert, für die sozialistische Staatengemeinschaft insgesamt zu sprechen, was insofern gerechtfertigt war, als wir oft die kapitalistischen Staaten ebenfalls generell ideologisch angriffen. Lübbe nannte als Gründe für seine These drei Faktoren: Den ideologischen Faktor sah er darin, dass im Sozialismus der Stellenwert der industriellen Güterproduktion so hoch war, dass er sich im Konkurrenzfall gegen die Zwecke des Umweltschutzes durchsetzen würde. Ordnungspolitisch sah er in dem durch die Einheitspartei geprägten demokratischen Zentralismus weniger Möglichkeiten ökologische Notwendigkeiten politisch effektiv zu machen, als in einer liberalen Demokratie. Als dritten Faktor für seine These nannte Lübbe die Mobilisierbarkeit wirtschaftlicher Interessen für den Umweltschutz. Zwar sah er die berechtigte Kritik von Umweltschützern am Profitinteresse und belegte das mit Beispielen. Er wandte sich jedoch gegen die These, man habe mit planwirtschaftlichen Methoden das subjektive ökonomische Interesse aus dem Verkehr zu ziehen. Dagegen setzte er, dass wirtschaftende Subjekte aus Gewinninteresse ökologische Forderungen durchsetzen.

Die von Wolfgang Harich propagierte Ökodikatur hielt er für grundsätzlich falsch, wobei für ihn zusätzlich galt: „Ein auf Öko-Diktaturzwecke umfunktionierter Marxismus-Leninismus wäre gar nicht mehr er selbst und daher vermutlich auch für die Erfüllung dieser Zwecke gar nicht verfügbar." (LÜBBE 1988, 259) Ich wandte mich ebenfalls gegen eine Ökodiktatur. Das drückte ich später in einer Rezension zu Rudolf Bahros Buch „Logik der Rettung" aus (HÖRZ 1990). Bahro bat mich, als ich ihm meine Ausarbeitung zur Kenntnis gab, in der Überschrift nicht, wie von mir vorgesehen, „Ökodiktatur contra Ökodemokratie?" zu schreiben, da sich die Angriffe gegen ihn gerade auf die Ökodiktatur, die er forderte, konzentrierten, wobei ihm Ökofaschismus vorgeworfen würde. Ich änderte die Überschrift, doch nicht meine Forderung, die ökologischen Probleme demokratisch zu lösen.

Lübbe sprach theoretische und praktische ökologische Lücken an, die uns ebenfalls bewegten, so die ungenügende Kopplung von Ökonomie und Ökologie, die Motivation zu ökologischem Verhalten usw. Ich konnte zu den Argumenten mit Beispielen aus dem Umweltrat, auf den noch einzugehen ist, Stellung nehmen, wie wir uns die humane Gestaltung der Mensch-Natur-Beziehungen denken.

Problemfelder

Eines der wichtigsten Problemfelder, auf dem wir als Wissenschaftsphilosophen in der DDR uns wissenschaftlich fundierte Standpunkte erarbeiteten und sie dann publizierten, war die Beziehung zwischen der wissenschaftlich-technischen Entwicklung und dem Humanismus. Es ging um Überlegungen zu globalen Problemen, die Menschheitsinteressen ansprachen, die in Kooperation der sozialökonomisch unterschiedlich strukturierten Systeme zu lösen waren. Ansätze dazu gab es viele, doch Auswirkungen des kalten Krieges verhinderten nicht selten konstruktive Lösungen.

Als Leiter des Bereichs „Philosophische Fragen der Wissenschaftsentwicklung" am Zentralinstitut für Philosophie der AdW hatte ich in unser Forschungsprogramm den Punkt „Wissenschaftlich-technischer Fortschritt und Humanismus" aufgenommen. Wir sahen den Humanismus als Programm zur Beseitigung jeglicher Diskriminierung von Menschen, zur Abwendung von Gefahrenrisiken für die Menschheit und zur Erhöhung der Lebensqualität. Es galt: „Bei Kritikern antihumaner Gesellschafts- und Wissenschaftsstrategien dominiert das Verständnis des Risikos als Gefahrenrisiko. Aber die Menschheit ist nicht nur eine Gefahrengemeinschaft zur Beseitigung von Risiken für die Gattungserhaltung. Sie entwickelt sich als konstruktive Interessengemeinschaft zur humanen Lösung globaler Probleme. Dazu muß sie das dazu vorhandene Erfolgsrisiko analysieren und eingehen. Verantwortung erweist sich immer als Pflicht zur Beförderung der Humanität unter konkret-historischen Bedingungen. Diese sind durch die Systemauseinandersetzungen zwischen Sozialismus und Imperialismus, durch die zur Lösung anstehenden globalen Probleme und durch die geforderte humane Gestaltung des wissenschaftlich-technischen Fortschritts und der wissenschaftlich-technischen Revolution gegeben." (HÖRZ 1988c, 873) Die geforderte Lösung globaler Probleme erhöhte die Verantwortung für vernünftiges Handeln aller Betroffenen, unabhängig von sozialen Erfahrungen in unterschiedlichen Gesellschaftsformationen, von politischen Haltungen und weltanschaulichen Überzeugungen.

Humanismus war so Ziel, Bewertungskriterium und Anforderungsstrategie bei der Gestaltung der wissenschaftlich-technischen Entwicklung, was uns zwang, den ökologischen Problemen großen Raum zu widmen. In dem von mir mit herausgegebenen Wörterbuch „Philosophie-Naturwissenschaften" ist „Ökologie" seit der 1. Auflage 1978 enthalten. Ausgehend von der Bestimmung durch Ernst Haeckel als Wissenschaft von den Wechselbeziehungen zwischen Organismus und Umwelt wird Ökologie als biologische Umweltlehre bezeichnet, doch auch ausdrücklich auf humanökologische Untersuchungen aufmerksam gemacht, die mit der Humanisierung der Natur verbunden sind. Es heißt in dem von Martin Schellhorn verfassten Stichwort: „Sozialistische Umweltgestaltung ist bewußte, zielgerichtete Organisation der Umwelt entsprechend den sozialistischen Zielsetzungen." (HÖRZ, LÖTHER & WOLLGAST 1978, 683) Das wird im Stichwort „Sozialistische Landeskultur", verfasst von Wolfgang Viebahn, mit Hinweis auf die Verfassung, verschiedene Gesetze, wie das Naturschutzgesetz von 1954, präzisiert, wobei das Landeskulturgesetz von 1970 hervorgehoben wird. „Es stellt die Rechtsgrundlage zur Gestaltung und zum Schutz der Natur, zur Unterschutzstellung von Landesteilen, Tieren, Pflanzen, Naturgebilden, zur Nutzung, Erhaltung, Pflege und Verbesserung des Bodens, des Waldes, der Luft im Interesse der gesamten sozialistischen Gesellschaft dar." Außer dem Naturschutz als Teil der sozialistischen Landeskultur enthält es auch „Regelungen zur Verschönerung der Wohngebiete und Arbeitsstätten, zur Entwicklung und Gestaltung von Erholungsgebieten, zur Nutzbarmachung bzw. Beseitigung von Abprodukten und zum Schutz vor Lärm" (HÖRZ, LÖTHER & WOLLGAST 1978, 840).

Diese Forschungsorientierung für die Wissenschaftsphilosophie der DDR, ökologische Probleme in die verschiedensten Ausarbeitungen, von der globalen Modellierung, über die Kosmosforschung, die militärische Nutzung naturwissenschaftlicher Erkenntnisse, die Risikoproblematik, die Artenentwicklung, die biochemischen Prozesse, die Soziogenese, die Anthropologie, bis zum Menschen als biopsychosozialer Einheit, einzubeziehen, setzten wir konsequent fort, um die Philosophie auf diesem Gebiet weiter zu entwickeln und selbst für die interdisziplinären Gespräche und internationalen Auseinandersetzungen gerüstet zu sein.

Auf einige Probleme, die sich in der Diskussion befanden und zu denen wir bestimmte Standpunkte vertraten, soll nun kurz hingewiesen werden, um die Breite der von der Wissenschaftsphilosophie zu bearbeitenden ökologischen Problemfelder zu verdeutlichen.

Immer mehr zeigte sich, dass Ökologie eine neue Form der Verantwortung verlangte, die rechtlich und moralisch zu normieren war. Es ging um den Übergang von der Verursacher- zur Folgenverantwortung (HÖRZ 1988, 684). Trotz unsicherer Prognossen waren die Folgen gegenwärtigen Handelns für die Zukunft der Menschheit zu bedenken. Mehr noch: Es galt nicht post festum, nach eingetretenem Schaden, die Verursacher zu finden, sondern möglichst durch Verantwortung für mögliche Folgen die Schäden zu vermeiden oder zu minimieren. Dazu sollten die von uns angestrebten Umweltverträglichkeitsprüfungen beitragen, auf die noch einzugehen ist.

Auf den verschiedensten Gebieten setzte sich unsere Gruppe von Wissenschaftsphilosophen gegen die weltanschauliche Haltung vom Menschen als der Krone der Schöpfung ein, die u.a. dazu führte, Forschungsrestriktionen gegen die Geningenieurtechnik mit konservativen ethischen Maximen zu begründen. Eine Debatte, die heute noch geführt wird. Nicht nur die Bestimmungen von Natur, Technik und Kultur und ihre wechselseitigen Beziehungen waren zu analysieren, sondern auch die Stellung der Menschen dabei zu bestimmen. Der Mensch braucht die Natur, die Natur nicht den Menschen. Man konnte ihn auch als Schmutzeffekt der kosmischen Evolution fassen, frei nach der Anekdote, nach der sich bei einem Treffen von Planeten einer beklagt, er sei durch homo sapiens infiziert und ihn der andere tröstet, das habe er auch gehabt, doch das vergehe. Wir wollen jedoch als irdisches Menschengeschlecht nicht einfach wieder verschwinden, sondern setzen uns als Menschheit für den Erhalt der Gattung und ihrer natürlichen Lebensbedingungen ein. In diesem Sinne sprach ich stets von einer Wertehierarchie, an deren Spitze diese Forderungen standen und die heute mit der Forderung nach einer Weltkultur zu verbinden ist, die in partikularen Interessen von Individuen, Gruppen und Ländern allgemeine Menschheitsinteressen ausdrückt, wie die Erhaltung der Gattung und der natürlichen Lebensbedingungen, die friedliche Lösung von Konflikten und den Freiheitsgewinn aller Glieder der Gesellschaft nach Humankriterien (HÖRZ 2005b). Diese Weltkultur wäre keine uniformierte Wertegemeinschaft, sondern Rahmenbedingung für die Existenz soziokultureller Identitäten, die sich im Gesamtinteresse auch für die Gestaltung einer menschenwürdigen und ökologisch verträglichen Lebensqualität aller Glieder einer solchen Identität einsetzen. Damit wäre Folgenverantwortung mit Zielvorstellungen gekoppelt, die sich der humanen Gestaltung der Mensch-Natur-Beziehungen verpflichtet fühlen, ein Thema, das schon die Dresdner Ökologieberatung prägte.

Ein wichtiges Problemfeld betraf in der DDR die Kernenergie, über die auch international umfangreich diskutiert wurde. In einer Debatte des Umweltrats wurde auf die Gefahren der Kernenergie verwiesen. Ich plädierte dafür, sie in unsere Stellungnahme aufzunehmen, während besorgt gefragt wurde, was der Energierat, in dem vorbehaltlose Verfechter der Kernenergie saßen, dazu sagen würde. Mir war es wichtig, dass unser Rat seine Probleme wissenschaftlich begründet und unabhängig von den Auffassungen anderer Räte darlegt. Meine Erfahrungen waren zwiespältig. Wissenschaft sollte keinem Glaubenskrieg der Kerngegner und Kernbefürworter ausgesetzt sein. Sine ira et studio waren die Bedenken zur Sicherheit von Kernkraftwerken zu prüfen, neue Verfahren zu entwickeln und die Risiken nicht kleinzureden. Bei einem Auftritt während des Düsseldorfer Philosophieweltkongresses 1978 auf einer Konferenz linker Theoretiker sprach ich über die Gefahren der Atomenergie und benutzte das Argument, dass es keine absolute Sicherheit für Kernkraftwerke in den sozialistischen Ländern gebe, da sozialistische Rahmenbedingungen Naturgesetze nicht außer Kraft setzen, die Risiken von Kernkraftwerken nicht allein gesellschaftlich determiniert sind und menschliches Fehlverhalten überall auftreten kann. Da war die Kritik derer auszuhalten, die meinten, nur die Profitmaximierung im Kapitalismus bringe Gefahren hervor, während der Sozialismus sie beseitige. So einfach war es jedoch nicht. Leider haben spätere Katastrophen meine philosophische Sicht bestätigt.

Ich befürwortete die sozialistischen Ziele: „Im Sozialismus geht es um die Steigerung der Effektivität zum Nutzen der Humanität. Humanität bedeutet für uns, das Ziel aller unserer Anstrengungen in der Erhöhung des materiellen und kulturellen Lebensniveaus des Volkes als Voraussetzung für ein sinnerfülltes Leben, für Glück und Zufriedenheit zu sehen. ... Effektivität ist das Mittel, um das humane

Ziel zu erreichen." (HÖRZ 1983, 796 f.) Doch die Gefahren waren nicht zu unterschätzen. In Diskussionen mit fortschrittlichen Kollegen aus dem Ausland kamen wir oft auf das Problem zu sprechen, dass die These, der Sozialismus könne die Gefahren der Kernenergie ausschalten, als Konsequenz verlange, dass sozialistische Wissenschaftler und Ingenieure kreativer als ihre kapitalistischen Kollegen sein müssten, was so nicht stimmen kann. Wissenschaftliche Forschung im Sozialismus und Kapitalismus beschäftigte sich damit, Sicherheitsrisiken zu minimieren. Die Kluft zwischen Befürwortern und Gegnern bestimmter Technologien war nicht mit den gesellschaftlichen Bedingungen festgelegt, sondern ging durch alle sozialen Systeme.

Mir liegt ein Brief eines österreichischen Naturwissenschaftlers, eines Freundes aus Wien vom 2.4.1987 vor, der zeigt, wie die Diskussion um Kernenergie nach Tschernobyl sich verschärfte. Auf Empfehlung von mir und dem Kernphysiker Karl Lanius wendet sich H. M. an Karl Alexander, den Direktor des Zentralinstituts für Elektronenphysik der AdW, der sich intensiv mit Energieproblemen befasste, um wichtige Fragen im Zusammenhang mit dem Reaktorunfall zu klären, die in einem Schwerpunkt einer österreichischen Zeitschrift, die von ihm mit herausgegeben wurde, behandelt werden sollen. Darin heißt es: „Eine konstruktive und zugleich offensive Diskussion z.B. der Frage ‚Ausstieg/Umstieg' ist auch für die Tätigkeit von Wissenschaftlern in der Friedensbewegung – insbesondere für ihre Glaubwürdigkeit – von besonderer Bedeutung. Neben diesem politisch-taktischem Grund wurde sicherlich durch diesen Unfall das Augenmerk auf einige Fragen des gegenwärtigen Stands der technischen Entwicklung wie z.B. der Beherrschung komplexer Systeme gelenkt. ... Eine Schwäche in der Auseinandersetzung hier im ‚Westen' ist das passive oder aktive Ignorieren des Diskussionsstandes in den sozialistischen Ländern in verschiedenen praktischen Fragen der technischen Entwicklung, im speziellen der Energiegewinnung und ihrer Perspektiven. Es wäre für uns von bedeutendem Wert, wenn wir in unserer Zeitschrift auch einen authentischen, kompetenten Standpunkt aus einem sozialistischen Land veröffentlichen könnten. Ich möchte folgende Fragenbereiche zur Diskussion stellen: Aspekte der Sicherung der Energieversorgung der DDR, Fragen der inhärenten Sicherheit von Leichtwasserreaktoren, Fusion – der ‚gefahrlose' Ausweg? (Hybridreaktoren), Vor- und Nachteile verschiedener Reaktortypen, ... Diskussion zum Reaktorunfall in wissenschaftlichen Gremien der DDR, welche Aussichten haben gänzlich neue Reaktortypen, Verbindung zwischen militärischen und zivilen Reaktoren ..." Der Brief zeigt die Breite der Themen, die bei uns, wie im Ausland, kontrovers diskutiert wurden. Manche davon sind weiter aktuell. Es sollten deshalb die Erfahrungen damaliger Diskussionen nicht vergessen werden.

„Zeitzeichen. Die Erde ist endlich …". Gestaltung: Eva und Bernd Haak, Berlin (1989/90). Quelle: Plakatsammlung im Studienarchiv Umweltgeschichte des Instituts für Umweltgeschichte und Regionalentwicklung e.V. an der Hochschule Neubrandenburg

Auf jeden Fall ist die Frage nach der erforderlichen ökologischen Transformation im Zusammenhang mit der Energieproblematik in unserer Wissenschaftsakademie, der Leibniz-Sozietät, die in der Tradition der Brandenburgischen Sozietät der Wissenschaften, begründet 1700, steht, brennend aktuell. Im Bericht an den Leibniztag 2004 stellte ich als Präsident dazu fest: „Wir können uns nicht erst zu gesellschaftlich relevanten Problemen äußern, wenn alle Mitglieder vorgeschlagenen Lösungen zustimmen. Das gilt auch für die zukünftige Energiepolitik. Die Sozietät behandelte verschiedene Aspekte, so Möglichkeiten und Gefahren bei der Energiegewinnung im Unterkritischen Reaktor. Die wichtige Rolle erneuerbarer Energien war Gegenstand der Konferenz ‚Solarzeitalter – Vision und Realität'. Gert Blumenthal hat mit den Mitstreitern wesentlich zum Erfolg beigetragen. Das Präsidium regte an, die Diskussion erst einmal in der Sozietät weiterzuführen. Geeignete Formen dafür werden wir finden. Es liegt der Entwurf einer Stellungnahme von G. Blumenthal vom Arbeitskreis Solarzeitalter vor, in dem es heißt: ‚Die Gesellschaft steht vor einer ihrer folgenschwersten Entscheidungen: Sie muß im globalen Maßstab in historisch kurzer Frist den Übergang zu einem neuen Typ der Energie- und Stoffwirtschaft vollziehen. Diese Wirtschaft muß nachhaltig sein, um den jetzt Lebenden wie auch den kommenden Generationen ein Leben in Frieden, Gleichberechtigung, Würde und Gesundheit zu ermöglichen.' Zwänge und Instrumente der Transformation werden behandelt und die gesellschaftliche Diskussion gefordert. Debatten über gesellschaftliche Rahmenbedingungen der Transformation, über Zeithorizonte und das Verhältnis von Energie- und Stoffwirtschaft sind damit angeregt. Sie sind bis zur Klärung von Gemeinsamkeiten und argumentativ begründeten Differenzen zu führen. Es ist akademiewürdig, wenn sich Mitglieder mit bestimmten Positionen an die gesamte Sozietät und dann an die Öffentlichkeit wenden, die nicht von allen gleichermaßen verfochten werden. Gerade dann, wenn zu bestimmten relevanten Fragen keine einheitliche Auffassung erreicht werden kann, zwingt uns wissenschaftliches Gewissen und humane Verantwortung dazu, unsere Stimme zu erheben. Solange genau ausgewiesen ist, welche Spezialisten in diesem Sinne mit welchen Argumenten wofür eintreten, gibt es keine Probleme. Kontroversen sind Stimulatoren der Erkenntnisgestaltung, weil sie zur Prüfung von Argumenten zwingen und soziale Experimente herausfordern." (HÖRZ 2005c)

Neben den Problemen der Energieversorgung, Havarien in großtechnischen Systemen, Risikoabschätzungen ging es in der DDR auch um Probleme bei der militärischen Nutzung der Kernenergie und um die erforderliche Abrüstung. Dazu gab es umfangreiche Debatten in verschiedenen Klassen der AdW, da es um das Verbot von chemischen und Biowaffen ebenso ging, wie um das der Kernwaffen. Ein Beispiel ist die Sitzung der Klasse Geo- und Kosmoswissenschaften am

19.2.1987, die sich mit dem Thema „Wissenschaftlich-technische und politische Aspekte der Überwachung eines Kernwaffenteststops" befasste und an der ich aktiv teilnahm. In den Thesen hieß es:

„Bei Einstellung aller Kernwaffentests
- wäre keine Entwicklung neuer und Perfektionierung bestehender Kernwaffen (auch der für SDI und moderne Präzisionswaffen) möglich,
- würden die bestehenden Kernwaffenarsenale verkümmern und nicht mehr zuverlässig einsetzbar sein,
- würde das Regime der Nichtweiterverbreitung von Kernwaffen (NPT – Non Proliferation Treaty) gestärkt werden,
- könnten Milliardensummen für die ökonomische und soziale Entwicklung freigesetzt werden,
- würden die Gefahren der radioaktiven Kontamination der Atmosphäre, Hydrosphäre und Erdoberfläche drastisch reduziert werden." Festgestellt wurde weiter, dass der nukleare Teststop kein Kontrollproblem, sondern eine Frage des politischen Willens ist.

Mit den wissenschaftlichen Fragen zur Kernenergie werden erkenntnistheoretisch-methodologische Probleme wie die Beherrschung komplexer technischer Systeme angesprochen. Das ist für die Ökologie wichtig. Im Vortrag vor der Umweltklasse gab ich den Hinweis auf das 2 + 1-Prinzip. Wir sind stets nur in der Lage, zwei Intergrationsebenen zu analysieren, entweder das Verhältnis von System und Umwelt oder die Beziehungen zwischen System und Element. Hinzu kommt eine Hintergrundtheorie. Das ist am Fallbeispiel Ökologie ausführlicher zu betrachten, indem z.B. auf die Untersuchung eines Sees verwiesen wird (HÖRZ 1988a, 304-310). Die entsprechende Hintergrundtheorie befasst sich mit dem Mensch-Natur-Verhältnis und den politischen, rechtlichen, ökonomischen und ökologischen Rahmenbedingungen, die nicht Gegenstand der Forschung sind, zu denen jedoch in den Konsequenzen Stellung genommen werden kann. Um keinen Wechsel in den Forschungszielen vorzunehmen, sind Ergebnisse aus anderen Wissenschaften in die Analyse der Beziehungen zwischen See und Eintragungen, See und Flora, See und Fauna usw. einzubeziehen, wie das Verhalten der Fische, die Wirkung von Giften usw., ohne sie selbst zum Forschungsgegenstand zu erheben.

Für die Ökologie ist auf die Existenz der Ökozyklen zu verweisen, in denen sich Kreisläufe in der Zeit verändern, um in der Entwicklung zu einem anderen, doch mit der Ausgangsphase vergleichbaren Zustand zu kommen. Auch die Zeithorizonte sind zu beachten. Sie spielten in der Diskussion eine Rolle, die zu meinem Vortrag in der Umweltklasse stattfand. Das nutzte ich, um in weiteren Forschungen differenzierter das Verhältnis von Zeitdimensionen und Zeithorizonten in ihrer

Relevanz für Zeitprognosen, Planung und Entscheidung zu analysieren (HÖRZ 1989, 109 ff.).

Damit ist gezeigt, dass Philosophie und Ökologie in Wechselbeziehungen standen, die sich für beide fruchtbar auswirkten. Der Philosoph nahm Anregungen zur Präzisierung ethischer, weltanschaulicher, erkenntnistheoretischer und methodologischer Auffassungen auf. Zugleich zeigte sich, wie wichtig für die Beteiligung eines Philosophen an ökologischen Diskussionen die eigene Forschungsarbeit ist, damit er mit wesentlichen Beiträgen, darunter Fragen an die Spezialwissenschaftler, auftreten kann, um Philosophie als Heuristik, als Denkprovokation zu nutzen. In diesem Sinne nahm ich an Debatten im Umweltrat und in der von mir geleiteten Umweltgruppe teil, auf die nun einzugehen ist.

Umweltrat

Am 20.1.1986 konstituierte AdW-Präsident Werner Scheler den Wissenschaftlichen Rat der AdW für Grundlagen der Umweltgestaltung und des Umweltschutzes (Umweltrat), dessen Mitglied ich als Leiter der Gruppe zum Komplex V „Gesellschaftswissenschaftliche Grundlagen für die humane Gestaltung der Mensch-Umwelt-Beziehungen" (Umweltgruppe) war. Mein Stellverteter Dr. sc. Manfred Braun, Ökonom, gehörte ebenfalls dem Rat an. Er kam vom Zentralinstitut für Wirtschaftswissenschaften. Auf die Gruppe ist später einzugehen. Die Arbeit im Umweltrat umfasste mit der komplexen Forschungsaufgabe (KFA) von den Strategien bis zur Detailforschung über Boden, Luft, Wasser, Wald usw. alle auch für den interdisziplinär orientierten Philosophen wichtigen Probleme.

In den Sitzungen der Ratsleitung, an denen ich als Projektleiter teilnahm, und denen des Rates wurde offen und kritisch zu Defiziten in der Forschung, zur schleppenden Umsetzung von wissenschaftlichen Erkenntnissen in politische Maßnahmepläne, zu neuen Erkenntnissen und zur Verflechung von Umweltforschung und anderen Forschungsrichtungen Stellung genommen. Dazu einige Beispiele aus meinen speziellen Erfahrungen.

Auf der am 14.4.1987 durchgeführten erweiterten Ratsleitungssitzung sprach u.a. Egon Seidel als Vorsitzender der Kommission für die Begutachtung von Umweltliteratur im Zentrum für Umweltgestaltung zu „Einige Fragen der Öffentlichkeitsarbeit im Umweltschutz der DDR". Er betonte die Notwendigkeit der Umweltinformation und berichtete über Maßnahmen zu ihrer Verbesserung. Dabei ging es um entsprechende Literatur und Videos. In der Diskussion verwies ich auf den Zusammenhang von Umwelt- und Informationspolitik, wobei ich die Qualität der letzteren scharf, wie auch an anderen Stellen, kritisierte, da ich in philosophischer Sicht die Informationstechnologien als Bewusstseinstechnologien sah, die zur Manipulierung der Menschen dadurch geeignet sind, dass Ereignis- und Informationswelt getrennt sind. Menschen können so in einer Welt der schönen Umweltbilder ebenso leben, wie in einer Welt pessimistischer Einschätzungen eines ökologisch bedingten Untergangs der Menschheit. Nur eine der Ereigniswelt entsprechende, mit Argumenten begründete und mit Fallbeispielen zu belegende Information konnte dem entgegenwirken. Umweltpsychologie und die Probleme der Ethik sollten mehr berücksichtigt werden. Aus Erfahrungen mit manchen Autoren, so mit Schriftstellern, wusste ich von Klagen eines kleinlichen Umgangs mit ihren Arbeiten. Mir schien es unproblematisch, alles zu veröffentlichen, was auf Schwierigkeiten hinwies, wenn mögliche Wege zur Überwindung angesprochen wurden. Das wachsende Problembewusstsein wurde durch Berichte über Umweltsünden der DDR in westlichen Medien gefördert und es war nicht leicht, wirkliche, scheinbare, historisch bedingte und derzeit noch nicht zu lösende Probleme auseinanderzuhalten. Manipulierung konnte durch wahrheitsgemäße Berichte gemildert werden, hatten sich doch inzwischen Fundamentalkritiker der DDR gerade die Umwelt als Vehikel gesucht, um ihre prinzipielle Ablehnung des sozialistischen Systems zu artikulieren. Ihren Zielen kam m.E. eine vereinfachte, nur auf die positiven Seiten sozialistischer Umweltpolitik aufmerksam machende Informationspolitik entgegen, was leicht zu widerlegen war.

Auf der Leitungssitzung des Rats vom 17.11.1987 gab es einen Überblick über Ergebnisse der verschiedenen Projekte, die sich mit Luft, Wasser und Boden, mit Atmosphärenchemie, Wald, Luftschadstoffverminderung, Fernerkennung, Gesundheit, Expertensystemen, Deponien usw. befassten. Für mich war es bedenkenswert, welche umfangreiche Forschung schon geleistet wurde. Es schien an der Zeit, die Ergebnisse zusammenzufassen, um sie zu staatlichen Maßnahmen zu bündeln.

Die Sitzungen der Ratsleitung und des Rates waren stets offen für kritische Äußerungen zum Forschungsstand und zur politischen Umsetzung. Auf einige der von mir angesprochenen Probleme, wie sie aus meinen Notizen zu den Sitzungen hervorgehen, will ich verweisen. Erstens hielt ich die am 10.5.1988 gebrauchte Formulierung von der klaren ökologischen Strategie für problematisch. In einer Diskussion, an der Frank Herrmann, stellvertretender Umweltminister und Leiter der Umweltinspektion der DDR, teilnahm, begründete ich, dass wir eine auf Wachstum orientierte Produktion materieller Güter mit Raubbau an der Natur, verbunden mit ökologischem Havariedienst, betreiben, was noch keine klare Strategie darstellt. Schon in der Diskussion um das Parteiprogramm der SED Mitte der 1970er Jahre, das auf dem 9. Parteitag 1976 beschlossen wurde, kritisierte ich, dass ökologische Fragen nur im Zusammenhang mit der Landwirtschaft genannt wurden, obwohl es dringender genereller ökologischer Analysen bedürfe. Die darauf erfolgende Änderung erweiterte das Verständnis von Ökologie, doch nur im Zusammenhang mit der Ökonomie. Die Rolle wissenschaftlicher Forschungen wurde nicht betont. Eine umfassende ökologische Strategie der Partei- und Staatsführung fehlte m.E. trotz wichtiger Gesetze, denn es herrschte, auch in den Äußerungen vieler Funktionäre, tatsächlich eine produktionsorientierte mit ökologischem Zierrat versehene Gesellschaftsstrategie vor, die auf ökologische Katastrophen oft erst zu reagieren gestattete, wenn sie eintrafen. Das hebt richtige ökologische Beschlüsse und Maßnahmen, über die Beteiligte und Informierte besser berichten können, nicht auf.

Zweitens beschäftigte mich die Frage, wie Entscheidungen auf diesem Gebiet vorbereitet und dann gefällt werden. Von leitenden Chemikern an der AdW hörte ich von einem umfassenden Modernisierungsprogramm für Buna und Leuna, das jedoch durch politische Entscheidungen zu einem mit Sparmaßnahmen und fehlenden Devisen begründeten Sanierungsprogramm für unbedingt notwendige Verbesserungen in Teilbereichen reduziert wurde. Das führte zu Zweifeln an der notwendigen wissenschaftlichen Grundlage der Entscheidungen. Außerdem hielt ich die Beziehung zu den anderen Räten für wichtig, die in verschiedenen Fragen zu unterschiedlichen Auffassungen kamen, wie sich etwa in der Stellung des Umweltrats zur Kernenergie zeigte, die der des Energierats nicht entsprach.

Drittens waren Kriterien für die Bestimmung der Umweltqualität wichtig. Dazu gehörten aus philosophischer Sicht: „Die Erhaltung oder Wiederherstellung der Reproduktionsfähigkeit ökologischer Systeme oder – bei wesentlichen irreparablen Störungen – ihre Gestaltung in ökologischen Zyklen; die Erhaltung der natürlichen Bedingungen menschlicher Existenz durch Schutz und gezielte Eingriffe, um die materiellen und kulturellen Bedürfnisse sinnvoll zu befriedigen; Garantie natürlicher Entwicklungsmöglichkeiten durch Landschafts- und Artenschutz, wobei Schaden für die Menschheit abzuwenden ist; technische Gestaltung und Erhaltung der Natur, die ästhetischen Anforderungen entspricht; verantwortungsbewußter Umgang mit Natur." (HÖRZ 1988c, 691) Damit waren eine Vielzahl philosophischer Aufgaben verbunden, deren Lösung wichtig war, um philosophische Argumente zur ökologischen Debatte in die Diskussion im Umweltrat einbringen zu können. Um nur einige zu nennen: Der Hinweis auf die ökologischen Zyklen richtete sich gegen die alleinige Betonung von natürlichen und technischen Kreisläufen, die dem Entwicklungsproblem nicht gerecht wurden. Zyklen bezogen den Zeitfaktor ein, der heute vor allem mit der Nachhaltigkeit betont wird. Er berücksichtigt die Veränderung von Kreisläufen, was Möglichkeiten eröffnete, Schäden an Kreisläufen im zyklischen Geschehen zu reparieren, falls man dazu gewillt war.

Ein wichtiges Problem stellte für den Philosophen die Bedürfnisbefriedigung dar. Ich vertrete die These, dass Bedürfnisse über Werbung gestaltbar sind, doch zugleich ihr Sinn geprüft werden sollte. Sinnvolle Bedürfnisse sind an Humankriterien gebunden, zu denen ich die Möglichkeit nützlicher gegenständlicher und mentaler Tätigkeit, persönlichkeitsfördernde Kommunikation, Sicherung der materiellen und kulturellen Versorgung, Entfaltung individueller Fähigkeiten als Grundlage des Glücksanspruchs und Integration Behinderter und sozial Schwacher, verbunden mit der Beseitigung jeder Diskriminierung, rechne. Auch Natur, Technik und Kultur waren in ihrem Wechselverhältnis und in den neuen Dimensionen genauer zu bestimmen, wobei der aufkommende Trend, vor allem die Koevolution zu betonen, m.E. nicht ausreichte, um die Wechselbeziehungen zu erfassen.

Viertens war die Zusammenarbeit zwischen Natur- und Technikwissenschaften zu fördern, weil die technologische Nutzung naturwissenschaftlicher Erkenntnisse ebenfalls dem Verhältnis von Effektivität und Humanität unterlag (HÖRZ & SEIDEL 1984).

Die 8. Ratstagung befasste sich am 8.12.1987 mit dem Komplex V der KFA. Nach den Vorträgen „Weltanschauliche Probleme der Naturaneignung im Sozialismus" (H. Hörz) und „Umweltgestaltung als Bestandteil der intensiv erweiterten Reproduktion" (M. Braun) gab es eine intensive Beratung, an der sich 14 Diskutanten beteiligten. Im Protokoll heißt es: „Die Diskussion wurde vom Verantwortlichen für den KFA-U-Komplex V, AKM Hörz zusammengefaßt:

- Die vorgestellten Arbeitsrichtungen und Zielstellungen wurden von allen Diskussionsrednern zustimmend kommentiert. Die diesbezüglichen gemeinsamen Forschungsarbeiten sind unter Berücksichtigung der in der Diskussion gegebenen Hinweise und Anregungen fortzusetzen.
- Die Empfehlungen werden grundsätzlich bestätigt ...

Anschließend schätzte der Ratsvorsitzende die Darlegungen und Diskussionen zum Komplex V als sehr nützlich ein und stellte die Aufgabe, sich vorrangig der Ausarbeitung von ökonomischen Äquivalenten für ökologische Effekte zuzuwenden und praxisrelevant bereitzustellen."

In meinen Bemerkungen hatte ich mich vor allem mit den Ergebnissen der bisherigen Arbeit befasst und dabei generell folgende Punkte hervorgehoben: die notwendige komplexe Sicht auf die Umweltprobleme, die nur durch interdisziplinäre Zusamenarbeit zu erreichen ist, das wachsende Problembewusstsein zu Umweltfragen in der Öffentlichkeit, das ungenügend befriedigte Informationsbedürfnis und die Umwelt als Fokus für rechtliche, politische, ökonomische und weltanschauliche Probleme. Bei den Positionen zur humanen Gestaltung der Mensch-Natur-Beziehungen stellte ich die Frage nach den spezifischen Kriterien der Effektivität in der sozialistischen Gesellschaft, die fehlen, weil ökologische Erfordernisse nicht mit ökonomischen Bewertungen so verbunden sind, dass Effektivitätsgewinn zugleich Humanitätserweiterung mit sich bringt. Zugleich waren die ökologischen als globale Problem zu sehen, die internationale Übereinkünfte erforderten.

Hier sei eine Anmerkung zur weiteren Entwicklung gestattet: Seit Mitte der achtziger Jahre diskutierten wir in meinem Bereich über die zukünftige Weltentwicklung mit Auswirkungen auf Deutschland. Uns war klar, dass die These von den zwei Nationen keinen Bestand haben konnte, da derjenige, der die DDR verließ und in die BRD ging, von Deutschland nach Deutschland „auswanderte". Immer mehr traten mit den partikularen Interessen von sozialen Systemen globale Probleme in den Mittelpunkt, für die ich als These formulierte, dass sich die Menschheit bei Strafe des Untergangs zu einer Verantwortungsgemeinschaft finden müsse, um sie zu lösen, da sie bisher nur als Katastrophengemeinschaft existiere. Dazu gab es Anstrengungen in internationalen Gremien, vor allem in der UNO, die jedoch oft an engen Großmachtinteressen bestimmter Gruppen scheiterten. Die DDR versuchte diesem Trend mit einer, durch die sowjetischen Generalsekretäre bis zu Gorbatschow, kritisch beäugten Politik der Annäherung an die BRD zu entsprechen. Neben engerer wirtschaftlicher und politischer Zusammenarbeit mit der BRD zeigten sich Ansätze für ökologisches Zusammenwirken. So erschien uns der Weg einer Konföderation, beginnend mit ökonomischen und ökologischen einheitlichen Maßnahmen, als geeignet, um das deutsche Problem zu lösen. Doch die Geschichte lief anders. Nachdem das herrschende Machtzentrum der DDR, das Politbüro der SED, Reformen prinzipiell ablehnte, auf Proteste mit Kriminalisierung reagierte, kaum noch selbständig agierte, später sogar das Reagieren auf anstehende Probleme unterließ und nur den Hinweis auf die große Volksaussprache nach dem 40. Jahrestag der DDR propagierte, wurde es der letzte Jahrestag dieser Republik. Das System implodierte mit äußerer Hilfe (HÖRZ 1993). Die soziale und damit mögliche ökologische Alternative zu einem flexibel auf die Herausforderungen der wissenschaftlich-technischen Revolution reagierenden Kapitalismus waren durch die Staatsdiktatur des Frühsozialismus verspielt, was die Ideale einer Assoziation freier Individuen mit sozialer Gerechtigkeit und ökologisch verträglichem Verhalten nicht widerlegt, wohl aber für lange Zeit als illusionär erscheinen lässt.

Doch zurück zu den Bemerkungen im Umweltrat bei der Diskussion unserer Vorträge. Bei den erkenntnistheoretisch-methodologischen Problemen ging es mir mit der statistischen Gesetzesauffassung vor allem darum, einen manchmal anzutreffenden Gesetzesfetischismus theoretisch begründet zurückzuweisen, der zu einem Automatismus des Fortschritts führt, was der Wirklichkeit nicht entspricht.

Die Zukunft ist offen, doch nach bestimmten Zielstellungen gestaltbar, wobei Risiken auftreten, denen mit Strategien zu begegnen ist. Ein Problem bestand für mich in der Festlegung von Grenzwerten und den Sanktionen bei ihrer Überschreitung, die meist nicht dem Schaden angemessen waren, der angerichtet wurde. Ich plädierte für Sollwerte, die in einem Intervall einzuhalten sind, an deren Ende die Grenzwerte stehen, die nicht zu überschreiten sind oder dann drastische Sanktionen erfordern.

Ein wichtiges Problem der Diskussion betraf Umweltverträglichkeitsprüfungen, u.a. auch für Deponien. In den angenommenen Empfehlungen unterstützte der Rat eine interdisziplinär zusammengesetzte Gruppe „Umweltverträglichkeitsprüfung", die „Expertenberatungen mit dem Ziel durchführt, die auf Innovationen zielenden Reglungen des Wirtschaftsmechanismus konsequenter durch Kriterien der Umweltverträglichkeit, des Recycling usw. zu ergänzen." Ein wichtiges Problem, das in den Empfehlungen ebenfalls angesprochen wurde, betraf die Datenverfügbarkeit. Es heißt dazu: „Deshalb sind Wege zur verbesserten Datenerfassung, -übermittlung und -auswertung zu finden und komplexe Datenbanken auch für die gesellschaftswissenschaftlich orientierte Forschung vorzubereiten. Es wird empfohlen, eine Datenbank aufzubauen, die zunächst folgenden Zweck verfolgen soll:
- Erfassung aller technischen und ökonomischen Daten zu Entschwefelungs- und Entstickungstechnologien, die weltweit in der Literatur angegeben werden,
- Ergänzung der Datenbank durch die Literaturerfassungsprogramme zu dieser Problematik,
- Gestaltung der Grunddaten im Programm in der Art, daß eine Erweiterungsfähigkeit besteht und außerdem die Verarbeitung weiterer in der Literatur angegebener Umweltinformationen möglich sind."

Am 6.10.1988 erhielt ich vom Projektverantwortlichen für „Umweltverträglichkeitsprüfung" (UVP) die entsprechenden Projektunterlagen. Es ging vor allem um Expertenberatungen, die nach der Sichtung des nationalen und internationalen Materials Vorschläge für ökonomisch-ökologisch-technologische Parameter zur Einführung von UVP-Konzepten machen sollten, auf deren Grundlage Gesetzesänderungen vorzuschlagen und methodische Möglichkeiten zur Einführung von UVP zu prüfen waren. Die Arbeit lief an. Ein Vorschlag für eine Rechtsvorschrift zur UVP liegt vor. Die Ergebnisse waren dann nicht mehr gefragt, da das auf der Marktwirtschaft basierende System nicht an unseren Ergebnissen interdisziplinärer ökologischer Arbeit interessiert war.

Ergebnisse der Forschungen fasste der Sekretär des Umweltrats Helmut Schieferdecker 1988 in seiner Dissertation für den Dr. sc. zusammen, die das Thema „Über Umwelteffekte, neuartige Technologien und Herangehensweisen im Zusammenhang mit dem Konzept der ökologischen Sicherheit" hatte. Gutachter waren: Heinz Kroske, Rudolf Schubert, Achim Heinzmann und Herbert Hörz. Manches davon ging dann in die auf der 14. Ratstagung am 18.4.1989 beratenen „Empfehlungen des Umweltrats zur Umweltstrategischen Standpunkt-Bestimmung aus der Sicht der Grundlagenforschung der DDR" ein. Das daraus hervorgehende Material für den vorgesehenen XII. Parteitag der SED war gegenstandlos, da DDR, SED und AdW nicht mehr existierten.

Umweltgruppe

Unsere Gruppe befasste sich mit weltanschaulichen Problemen der Naturaneignung im Sozialismus, wofür ich verantwortlich war, und mit der Umweltgestaltung als Bestandteil der intensiv erweiterten Reproduktion, die mein Stellvertreter Manfred Braun verantwortete.

Unsere Gruppe brauchte Experten, die sich mit Teilproblemen befassten. In Absprache mit Manfred Braun schrieb ich deshalb am 16.4.1986 an die Leiter von Einrichtungen, um personelle Vorschläge zu unterbreiten. Es ging um kompetente Vertreter der TU Dresden, der Akademie für Staats- und Rechtwissenschaften, des Zentralinstituts für Wirtschaftsführung beim ZK der SED, von dem dann Prof. Dr. Schwarz bei uns mitarbeitete, des Instituts für Internationale Politik und Wirtschaft (IPW), des Zentrums für Umweltgestaltung. Von der TU Dresden kam Helmar Hegewald, der sich als Philosoph schon seit mehreren Jahren mit Umweltproblemen und vor allem mit ethischen Fragen des Umweltschutzes befasste. Weitere Experten kamen aus Instituten der AdW. Im genannten Brief wird auf die Aufgabe der AdW in Abstimmung mit dem Ministerium für Umweltschutz und Wasserwirtschaft verwiesen, wissenschaftliche Grundlagen der Umweltgestaltung und des Umweltschutzes zu erarbeiten, „um der Partei- und Staatsführung wissenschaftlich begründete Hinweise und Lösungsvorschläge zur Gestaltung und Überwachung einer produktiven, aber ökologisch gesunden Wechselwirkung von Natur und Gesellschaft zu übergeben." Es wird im Brief die notwendige koordinierte Zusamenarbeit betont: „Neue gesellschaftliche Anforderungen führen zu einer immer umfassenderen Einbeziehung des Umweltaspektes in immer mehr Wissenschaftsdisziplinen und Forschungsvorhaben. Daher ist die Schaffung der erforderlichen wissenschaftlichen Grundlagen unter Beachtung der Einheit von Natur- und Gesellschaftswissenschaften, von Grundlagen- und angewandter Forschung, von Akademie-, Hochschul- und Industrieforschung sowie von disziplinärer Vertiefung und interdisziplinärer Kooperation und Koordination voranzutreiben." Die Reaktion war positiv. Zwei Beispiele belegen das. Vom IPW bekamen wir unseren Vorschlag bestätigt, Dr. Helmbold in die Arbeit einzubeziehen. Im Brief des stellvertretenden Direktors Prof. Dr. Lutz Maier heißt es dazu: „Wir sind an der Mitwirkung dieser Arbeitsgruppe vor allem deshalb interessiert, weil wir für unsere Arbeit einen ständigen Kontakt zu den Ergebnissen der Untersuchung von Umweltproblemen in der DDR bzw. in den sozialistischen Ländern brauchen." Der Direktor des Zentrums für Umweltgestaltung W. Imming teilte mit, dass Dr. Rudolf beauftragt sei, bei uns mitzuarbeiten, verbunden mit dem Vorschlag, eine gemeinsame Beratung durchzuführen. Der von uns vorgeschlagene Prof. Dr. Egon Seidel beteiligte sich aktiv an unserer Arbeit.

Am 18.6.1986 lag eine Konzeption der gesamten KFA mit Angaben zu den Komplexen vor. So auch für unseren Komplex V. In der gesellschaftswissenschaftlichen Begründung und wissenschaftlichen Zielstellung dazu wird das hohe aktuelle und das besondere strategische Interesse an der Problematik betont und das Forschungsanliegen formuliert, „theoretisch und praktisch bedeutsame Fragen der humanen Gestaltung der Mensch-Umwelt-Beziehungen im Blick auf das Jahr 2000 zu klären und gesellschaftsstrategische Perspektiven sowie Entwicklungstendenzen der Mensch-Umwelt-Beziehungen im Sozialismus herauszuarbeiten. Von besonderer Bedeutung ist dabei die Einordnung von Umweltschutz und Umweltgestaltung in die intensiv erweiterte Reproduktion." Es wurde die Zusammenarbeit von natur- und gesellschaftswissenschaftlichen Forschungspotentialen gefordert und der Zusammenhang zu Friedens-, Wirtschafts- und Sozialpolitik hergestellt. Zum nationalen und internationalen Stand der Forschungen wird auf das in vielen Publikationen sich ausdrückende „weltweit stark angewachsene Problembewußtsein" und auf Untersuchungen in der sowjetischen Wissenschaftsliteratur verwiesen. „Die dort dargestellten Ergebnisse zielen im wesentlichen darauf ab, Ursachen und Wesen der Umweltprobleme aufzudecken, die Verbindung zwischen Friedenskampf und Umweltschutz zu unterstreichen, Grundlagen für umweltpolitische Lösungen im Sinne der Einheit von Wirtschafts- und Sozialpolitik zu erarbeiten und zukünftige Entwicklungsprobleme beim Übergang zum verstärkten Einsatz von Schlüsseltechnologien zu prognostizieren."

Die Hauptlinien und Schwerpunkte der Forschung für Projekt 5.1. „Gesellschaftsstrategie des Sozialismus und Entwicklungstendenzen der Mensch-Umwelt-Beziehungen" umfassten „Erarbeitung von marxistisch-leninistischen Grundpositionen zu Fragen der Menschheitsentwicklung unter Berücksichtigung ökologischer Belange und Erfordernisse, Begründung der historischen Überlegenheit des Sozialismus bei der bewußten Gestaltung der Umwelt, Herausarbeitung der Dialektik des Mensch-Natur-Verhältnisses unter den Bedingungen der wissenschaftlich-technischen Revolution und ihrer Ausprägung im Sozialismus." Für das Projekt 5.2. „Umweltgestaltung als Bestandteil der intensiv erweiterten Reproduktion und Konsequenzen für die Leitung und Planung" galt: „Zusammenhang von ökonomischem Wachstum als Entwicklungsprozeß der entwickelten sozialistischen Gesellschaft und produktiver Naturnutzung unter den Bedingungen der umfassenden Intensivierung, Einfluß von Entwicklungstendenzen der materiell-technischen Basis der entwickelten sozialistischen Gesellschaft zu umweltfreundlichen und ressourcensparenden Technologien auf die Nutzung der natürlichen Umwelt, Reproduktion der Energie- und Rohstoffbasis unter den Bedingungen der umfassenden Intensivierung sowie die hieraus resultierenden ökonomischen Probleme des Umweltschutzes, Umweltreproduktion und Ressourcenbewertung im Sozialismus, Bedeutung der Erzeugung und Befriedigung von Bedürfnissen für die Entwicklung des Verhältnisses von Natur und Gesellschaft, Umweltgestaltung, Bedürfnisbefriedigung und sozialistische Lebensweise." Hinzu kam noch Projekt 5.3. „Weltanschauliche Probleme der Naturaneignung im Sozialismus" und Projekt 5.4. „Analyse und Kritik des Umweltverständnisses der bürgerlichen Ideologie und Umweltpolitik". Alles war mit Themen, Terminen und verantwortlichen Institutionen untersetzt. Später wurde das Hauptthema unseres Komplexes in drei Richtungen untergliedert, wie sie sich auch in der Übersicht der KFA vom 5.7.1987 wiederfinden:

5.1. Weltanschauliche Probleme der Naturaneignung im Sozialismus (Ver. Hörz)
5.2. Umweltgestaltung als Bestandteil der intensiv erweiterten Reproduktion (Ver. Braun)
5.3. Soziale Ziele und Bedingungen der sozialistischen Umgestaltung (Ver. Gunnar Winkler)

Im Zentralen Forschungsplan der Gesellschaftswissenschaften von 1986-1990 lautete das entsprechende Forschungsthema „Ökologische Probleme bei der weiteren Entwicklung der sozialistischen Gesellschaft und in der Auseinandersetzung zwischen Sozialismus und Imperialismus um die Zukunft der Menschheit."

Mit uns arbeiteten Mitglieder von Expertengruppen, so bei mir Rolf Löther, Dr. Krug und Horst Paucke. Manfred Braun wurde ebenfalls von Experten unterstützt. Unsere Sitzungen zu inhaltlichen Problemen führten wir mindestens vier Mal im Jahr durch. Sie waren öffentlich. Außer den Experten nahmen immer Interessierte teil. Der Kreis umfasste so stets 10 bis 20 Wissenschaftlerinnen und Wissenschaftler, die zu einem intensiven Meinungsaustausch zusammenkamen. Dabei ging es um ein umfangreiches Spektrum wichtiger Probleme. Um das zu verdeutlichen, sei auf einige Themen verwiesen.

Am 14.1.1987 sprach Dr. D. Schadow „zu einigen politischen, ökonomischen und ökologischen Problemen in Bezug auf Einschätzung der Bundespartei ‚Die Grünen'". Es ging um die Entwicklung neuer demokratischer Bewegungen, um die Debatten zwischen Fundamentalisten, Realpolitikern, Ökosozialisten und ökolibertären Strömungen, um den Umbau der Industriegesellschaft mit den Forderungen: ökologisch, sozial, basisdemokratisch, gewaltfrei. An der in der Gruppe stets lebhaften Diskussion beteiligten sich fast alle Anwesenden. Trotz vieler kontroverser Auffassungen zu politischen, ökonomischen, ökologischen und philosophischen Fragen gab es einheitliche übergreifende Standpunkte. Sie betrafen vor allem die friedliche Lösung von Konflikten, ökologische Gefahrenpotentiale der wissenschaftlich-technischen Entwicklung als globale Probleme, die Suche nach neuen Effektivitätskriterien des Sozialismus im Zusammenhang mit der humanen Naturgestaltung und die notwendige weitere Erforschung der Ökosysteme in ihrer Selbstorganisation, um die Fremdorganisation durch die Menschen gering zu halten.

Am 9.3.1988 sprach Prof. Dr. Egon Seidel zu „Ökonomische Grundlagen der Beurteilungen von Maßnahmen im Umweltschutz (Umweltverträglichkeitsprüfung)". Das Problem der Bewertung spielte im Zusammenhang mit der Datenfülle eine wichtige Rolle. Ebenso ging es um Beurteilungsgrundlagen durch Prognosen für Gesundheit, Flora und Fauna, Gebäude und Anlagen, Denkmale usw. Über die Reproduktionsfähigkeit ökologischer Zyklen bis zur Sekundärrohstofferfassung (SERO) wurde ebenso gesprochen, wie über lokale Reglungen im Rahmen genereller Maßnahmen.

Der Vortrag von Dr. sc. Klaus Ahrends „Wechselbeziehungen zwischen umfassender Intensivierung der Agrarproduktion und Reproduktion der natürlichen Umwelt" am 4.5.1988 befasste sich mit einem für die DDR wichtigen Thema. Die Landwirtschaft der DDR hatte sich positiv entwickelt, die Versorgung der Bevölkerung mit hochwertigen Nahrungsgütern wurde immer besser. Doch die Tendenzen der Naturausbeutung waren nicht zu übersehen. Das Gülleproblem wurde thematisiert. Fehler in der Landwirtschaftspolitik spielten eine Rolle. Es ging also um Maßnahmen, die zur Reproduktion der natürlichen Umwelt beitragen sollten. In den dazu vorgelegten Thesen wurde auf die Verbesserung der Bedingungen für die Reproduktion der natürlichen Umwelt eingegangen und festgestellt: „Vor allem die immer breitere Nutzung der Schlüsseltechnogien trägt dazu bei, schrittweise zu geschlossenen Stoffkreisläufen auf der Grundlage abproduktarmer bzw. -freier Technologien überzugehen." Es war eine Grundtendenz unserer Diskussionen zu ökologischen Herausforderungen, stets die positiven Seiten herauszustellen, die durch weitere Anstrengungen zu erreichen waren, ohne die Mängel und Fehler zu vergessen. Doch ein Grundsatz der Philosophie besagt: Aufklärung dient der Analyse von Differenzen zwischen Ideal und Wirklichkeit, Apologie verherrlicht das Bestehende. Mancher Umweltwissenschaftler in der DDR war mehr der Aufklärung und andere mehr der Apologie verpflichtet, doch die Problemsicht blieb bei beiden Gruppen. In der Diskussion zum Vortrag ging es um die in den

Thesen angesprochene Übereinstimmung von ökonomischen Interessen der Gesellschaft, den Kollektiven und Individuen als Triebkraft für die Herstellung der Einheit von Ökonomie und Ökologie, die nicht spontan entsteht, sondern gezielt zu fördern sei. Dazu wurde gefordert: 1. Erhöhung der Langfristigkeit und der Bedarfsgerechtheit der Volkswirtschaftsplanung. 2. Sicherung der Komplexität und inneren Ausbilanziertheit der Planung der Landwirtschaft. Kritisiert wurde die relative Isoliertheit der Planung der Intensivierung auf der einen und des Umweltschutzes auf der anderen Seite. 3. Einbeziehung landeskultureller Leistungen der Landwirtschaft bzw. der landwirtschaftlichen Wirtschaftseinheiten in die Leistungsbewertung.

Fünf Sitzungen im Jahr 1989 befassten sich mit folgenden Themen: Prof. Dr. Rolf Löther behandelte „Philosophische Aspekte der Evolution der Biosphäre". Da er sich intensiv mit den Auffassungen von Wernadskij befasste, ging er auf den Übergang der Bio- zur Noosphäre, der bewussten Gestaltung der Biosphäre durch die Menschen und die neuen Probleme ein, die sich nun mit der Ökologie ergaben. Dr. sc. R. Hettwer sprach zu: „Aktuelle[n] Probleme[n] der ökologischen Sicherheit". Das ist ein eminent wichtiges philosophisches Problem, da es mit Risikobetrachtungen verbunden ist. Meine These war, dass wir es sowohl mit Gefahren- als auch mit Erfolgsrisiken zu tun haben. Gefahrenrisiken sind zu minimieren und Erfolgsrisiken einzugehen. Es gab eine umfangreiche Diskussion um Sicherheitszonen, Abwendung von Gefahren und Nutzung ökologischer Potenzen. Dr. L. Möller analysierte zum Verhältnis von Ökonomie und Ökologie „Wirtschaftsmechanismen und Umweltreproduktion". Behandelt wurden von Dr. M. Siegmund „Probleme der rechtlichen Reglung des Umweltschutzes – internationale Aspekte." Prof. Dr. Horst Paucke sprach zu: „Ergebnisse[n] soziologischer Untersuchungen zum Umweltbewußtsein und Umweltverhalten." Damit war die Verbindung zwischen den Richtungen unserer Gruppe, zwischen weltanschaulichen und soziologischen Problemen der Ökologie, den ökonomischen, rechtlichen, ethischen u.a. Aspekten hergestellt.

Die Richtung 5.3. bezog sich auf die soziologischen Untersuchungen. Gunnar Winkler als Direktor des Soziologieinstituts der AdW verantwortete das ganze Thema. Dazu gehörte die Arbeit des Mitglieds der Umweltgruppe Horst Paucke, der mit seiner Forschungsgruppe nun an diesem Institut tätig war. Im Brief vom 14.10.1987 an den Ratsvorsitzenden Wolfgang Mundt gab Gunnar Winkler einen Überblick über die zu diesem Punkt gehörenden Projekte, darunter auch Tagungen. Horst Paucke verantwortete dabei zwei, für unsere Gruppe wichtige Projekte: das Projekt 3 „Umweltgestaltung, Bedürfnisentwicklung und sozialistische Lebensweise" und das Projekt 4 „Ökologische Probleme bei der weiteren Entwicklung der sozialistischen Gesellschaft und in der Auseinandersetzung zwischen Sozialismus und Imperialismus um die Zukunft der Menschheit". Dr. Kausmann, der in der Ökologiegruppe von Horst Paucke arbeitete, beschäftigte sich im Projekt 2 mit der „Analyse globaler Modelle hinsichtlich umweltrelevanter Aspekte".

Horst Paucke, ein aktiver Umweltforscher, gehörte mit seiner Forschungsgruppe eine gewisse Zeit meinem Bereich an der AdW an, um dann zu den Soziologen zu gehen, was jedoch die fruchtbaren Kontakte nicht unterbrach. Wir waren nicht immer einer Meinung, doch regte er mit seinem umfangreichen Wissen zum Nachdenken an. Er zwang spezialisierte Philosophen zu Überlegungen, wie die komplexe Umweltproblematik in allen Bereichen unserer Arbeit zu berücksichtigen ist. Insofern schränkten wir auch die Arbeit unserer Umweltgruppe nicht auf die Gesellschaftswissenschaften ein. Horst ärgerte sich, wenn seine Arbeiten von fachfremden Gutachtern aus politischen Gründen zurückgewiesen wurden. Oft holte er sich bei mir Rat, wie man gegen Einwände dogmatischer Art argumentieren könne. So meinten manche mit der oft benutzten Killerphrase arbeiten zu können: Was ist daran marxistisch oder sozialistisch? Das Bewusstsein, dass es sich beim Marxismus nicht um eine Sektiererideologie handelte, sondern er mit dem Anspruch angetreten war, wichtige Erkenntnisse der Vergangenheit und Gegenwart in sich aufzunehmen, schien einigen dogmatischen Verteidigern abzugehen. Ob sie sich heute an ihre Positionen gern erinnern, weiß ich nicht. Horst Paucke legte großen Wert auf die Aussagen der Klassiker des Marxismus-Leninismus zur effektiven und humanen Gestaltung der natürlichen Umwelt. Das weitere mir oft begegnete Argument, das können auch Nicht-Sozialisten geschrieben haben, war oberflächlich, weil es bei den Umweltproblemen, wie der UNO-Umweltbericht (UNO-UMWELTBERICHT 1988) zeigte, um globale Probleme ging. Diese mussten in Kooperation zwischen allen Ländern, Staatengemeinschaften und Regionen gelöst werden.

Leider starb Horst Paucke viel zu früh. Seine Rückblicke und Ausblicke wären sicher interessant gewesen. Einiges findet sich in seinen nach der „Wende" geschriebenen beiden Monographien (PAUCKE 1993, 1995). Am 22.05.1996 schrieb ich zu seinem Ableben an seine Frau: „Ich hatte mich gefreut, als mir Horst, bei unseren losen Kontakten der letzten Zeit, von seinen immensen wissenschaftlichen Aktivitäten berichtete und mir von den fertigen und projektierten Publikationen erzählte. Er hat die Veränderung der gesellschaftlichen Verhältnisse nicht etwa als Grund für Resignation, wie das manche andere taten, gesehen, sondern sich in seine wissenschaftliche Arbeit gestürzt, um über das Verhältnis von Mensch und Natur weiter zu forschen, den Legenden, die über die Geschichte des Umweltschutzes in der DDR entweder nostalgisch beschönigend oder nihilistisch abwertend, je nach dem Geschmack der Vertreter, verbreitet wurden, argumentativ, auf der

Grundlage von Dokumenten, eigener Erfahrung und soliden Untersuchungen entgegenzutreten.

Ich weiß, daß man den Verlust, der Sie getroffen hat, kaum nachempfinden kann. Mir ist jedoch ein geschätzter Kollege, ein Mitstreiter, ein ehemaliger Mitarbeiter meines Bereichs, ein kreativer Wissenschaftler und anständiger Mensch unwiederbringlich verloren gegangen. Darauf gründet sich mein Mitgefühl. Vieles von dem, was er sich vorgenommen hatte, konnte er doch noch verwirklichen. Er sprühte vor Ideen. Im Gegensatz zu manchen anderen blieb er jedoch dabei nicht stehen, sondern setzte sie um. So bewies er unter neuen Bedingungen mit seinen Vorträgen, Publikationen und weiteren Aktivitäten, daß er als solider Wissenschaftler seriöse Untersuchungsergebnisse erreichen und vorlegen konnte. Es mag ein kleiner Trost sein, daß er so manches von dem, was er plante, noch realisierte. Denn, wer über die Geschichte des Naturschutzes in der DDR weiter arbeiten will, kann an den Erkenntnissen von Horst nicht vorbei."

Wichtige Ergebnisse der Arbeit in der Umweltgruppe faßten Manfred Braun und ich in einem Manuskript zum Titel „Philosophie-Ökonomie-Ökologie. Grundlegende Positionen aus marxistisch-leninistischer Sicht" zusammen. Auf dieser Grundlage arbeiteten wir das Hauptreferat für die Tagung der Vereinigung für ökologische Wirtschaftsforschung e.V. (VÖW) im Juni 1990 in Berlin aus, dass Manfred Braun zum Thema „Sind die Industriesysteme ökologisch reformierbar?" vortrug. (BRAUN, HÖRZ 1990) Wir formulierten 4 Eckpfeiler, auf denen ökologische Reformen der Industriesysteme aufbauen müssen: (1) Minimierung von Störungen ökologischer Zyklen durch nachdrückliche Berücksichtigung ökologischer Kriterien bei der weiteren Gestaltung der Natur und der Ökonomie. (2) Konsequente Einordnung ökologischer Strukturen in die Gesellschaftsstrategie. (3) Schrittweise Lösung des ökologischen Grundwiderspruchs auf der Basis eines neuen Verhältnisses von Natur und Technik. (4) auf wachsendem Umweltbewußtsein aufbauende Ökodemokratie. Diese Eckpfeiler sind weiter zu beachten.

Fazit

Wenn man rückblickend auf die intensiven und oft erregten Diskussionen zu wichtigen ökologischen Themen in unserer Umweltgruppe, die ein Spiegelbild anderer Debatten war, blickt, die vor allem von den humanen Zielen einer sozialistischen Gesellschaft geleitet waren, alles für das Wohl des Volkes zu tun, dann kann man verschiedene Tendenzen erkennen:

Erstens ging es allen darum, die wissenschaftliche Forschung zu verbessern, um relevante Maßnahmen vorschlagen zu können, mit denen ökologischen Herausforderungen auf den verschiedensten Gebieten entsprochen werden kann. Dabei war man sich der Defizite in der Forschung zu den ökologischen Zyklen sehr wohl bewusst, kritisierte jedoch die schleppende Umsetzung vorhandener Erkenntnisse.

Zweitens war der Rückstand in der Entwicklung von Technologien gegenüber dem Weltstand zu bedenken. Oft ging es um spezifische DDR-Lösungen, da durch die Embargopolitik gegen sozialistische Länder wichtiges Know-how, Materialien und Geräte nur schwer zu bekommen waren. Spitzenleistungen aus unserem Land wurden nicht schnell genug umgesetzt.

Drittens war der richtige sozialistische Grundsatz von der Gesamtplanung auf der Basis von Gesamtinteressen und der Durchsetzung mit einem Gesamtwillen dadurch deformiert, dass im Wesentlichen der Mangel verwaltet wurde, Kommandowirtschaft Initiativen erstickte, zu wenig Wert auf prinzipielle Informationen gelegt wurde und sogar Gesellschaftsphilosophen die unmarxistische Auffassung vertraten, es gäbe einen spezifischen sozialistischen Typ der wissenschaftlichen-technischen Revolution, womit man eine gewisse Abkopplung vom Weltmarkt begründete, was zu verheerenden Folgen führte, weil es die technologische Rückständigkeit verstärkte.

Viertens waren uns die in der kapitalistischen Marktwirtschaft vorherrschenden Prinzipien der Orientierung auf den Profit, der Konkurrenz und der Durchsetzung ökonomischer Macht gegen humane Interessen fremd. Wir freuten uns über jede demokratische Umweltbewegung, die sich für die Durchsetzung des Umweltschutzes als Staatsaufgabe in kapitalistischen Ländern einsetzte und waren überzeugt, dass das trotz vorhandener, doch überwindbarer Mängel im „realen Sozialismus" geregelt war.

Fünftens wird deutlich, wie differenziert die Debatten um Philosophie und Ökologie in der DDR waren. Marxistische Philosophie bewährte sich oft als Denkprovokation, was zur Kritik dogmatischer Haltungen führte. Wir waren als Philosophen an den nationalen und internationalen ökologischen Diskussionen mit fundierten Standpunkten beteiligt, beschäftigten uns mit Strategien zur Überwindung der Nachteile sozialistischer Vorzüge, forderten weitere ökologische Forschungen, um die Selbstorganisation der Ökosysteme durch möglichst geringe Fremdorganisation nutzen zu können, um eine menschenfreundliche Umwelt zu gestalten. Vor allem ging es um die interdisziplinäre Arbeit, die eine Strategie für die gesamte Gesellschaft auf ökologischem Gebiet zum Ziel hatte.

Manche Organisationsform, bestimmte Erkenntnisse und Initiativen könnten die gegenwärtige wissenschaftliche Arbeit befruchten, wenn man sie nicht aus politischer Rechthaberei einfach ignorieren würde. Die Forderung nach ökologischer Transformation ist weiter aktuell, doch die gegenwärtig etablierten Philosophen befassen sich kaum noch in der Zusammenarbeit mit den Wissenschaftlern anderer

Disziplinen umfassend mit komplexen Forschungsaufgaben und gesamtgesellschaftlichen ökologischen Strategien. Manche widmen sich der Profilierung auf Spezialgebieten, andere versuchen öffentlichkeitswirksam auf der Welle aktueller Themen zu schwimmen, einige ziehen sich auf ihren Status zurück, der es gestattet, die gesellschaftliche Relevanz der Philosophie zu vergessen. Doch die Wirklichkeit wird die Philosophie dazu zwingen, aus ihrem ökologischen Schlaf zu erwachen. Dann können aus Rückblicken in die Vergangenheit auch Ausblicke für die Zukunft werden.

Literatur

Bauer, L.: Landeskultur und Landnutzung. In: Blick ins nächste Jahrzehnt, Urania-Verlag, Leipzig, Jena, Berlin 1968, 215-223

Bergedorfer Gesprächskreis: Globale Umweltproblematik als gemeinsame Überlebensfrage – neue Kooperationsformen zwischen Ost und West, Protokoll Nr. 87/1989, Körber-Stiftung, Hamburg 1989

Braun, M. & Hörz, H.: Sind die Industriesysteme ökologisch reformierbar? (Ausschnitt) in: Informationsdienst VÖW 5 (1990) 3/4, 7-9

Haila, Y.: Zum theoretischen Verständnis des ökologischen Theaters. In: Buhr, M. & Hörz, H. (Hrsg.), Naturdialektik –Naturwissenschaft, Akademie-Verlag, Berlin 1986, 226-245

Hörz, H.: Zu den Beziehungen zwischen Philosophie und Naturwissenschaft. In: Blick ins nächste Jahrzehnt, Urania-Verlag, Leipzig, Jena, Berlin 1968, 238-251

Hörz, H.: Mensch contra Materie? Standpunkte des dialektischen Materialismus zur Bedeutung naturwissenschaftlicher Erkenntnisse für den Menschen, VEB Deutscher Verlag der Wissenschaften, Berlin 1976

Hörz, H.: Globale Probleme der Menschheitsentwicklung. In: Deutsche Zeitschrift für Philosophie 30 (1982) 11, 1301-1321

Hörz, H.: Natur, Naturwissenschaften, Kultur. In: Deutsche Zeitschrift für Philosophie 31 (1983) 7, 785-799

Hörz, H.: Weltanschaulich-philosophische Aspekte des Mensch-Natur-Verhältnisses. In: Das Verhältnis von Mensch und Natur – Anforderungen an das populärwissenschaftliche Wirken der URANIA, Präsidium der Urania (Hg.): Schriftenreihe für den Referenten, (1985) 6, 26-40

Hörz, H. (Hg.): Philosophie und Ökologie, Sitzungsberichte d. AdW d. DDR, 5N/1986, Akademie-Verlag, Berlin 1986, 5-24

Hörz, H. (1988a): Wissenschaft als Prozeß, Akademie-Verlag, Berlin 1988

Hörz, H. (1988b): Natur, Technik, Ökologie. In: Deutsche Zeitschrift für Philosophie 36 (1988) 8, 683–692

Hörz, H. (1988c): Risiko und Verantwortung. In: Deutsche Zeitschrift für Philosophie 36 (1988) 10, 873-884

Hörz, H.: Philosophie der Zeit. Zeitverständnis in Geschichte und Gegenwart, Deutscher Verlag der Wissenschaften, Berlin 1989

Hörz, H.: Ist Rettung möglich? (Bemerkungen zum Buch von Rudolf Bahro „Logik der Rettung"). In: Umwelt 1 (1990) 1, 24-25

Hörz, H.: Selbstorganisation sozialer Systeme. Ein Modell für den Freiheitsgewinn der Persönlichkeit, LIT-Verlag, Münster 1993

Hörz, H. (2005a): Lebenswenden. Über das Werden und Wirken eines Philosophen vor, in und nach der DDR, trafo-Verlag, Berlin 2005

Hörz, H. (2005b): Ist eine ideologiefreie Wissenschaft gegenwärtig möglich?. In: Berichte der Internationalen wissenschaftlichen Vereinigung für Weltwirtschaft und Weltpolitik 15 (2005) 151, 2-23

Hörz, H. (2005c): Wissensverwalter oder Erkenntnisgestalter? Bericht des Präsidenten an den Leibniztag 2004. In: Sitzungsberichte der Leibniz-Sozietät (2005) 74

Hörz, H. & Seidel, D.: Humanität und Effektivität – zwei Seiten der wissenschaftlich-technischen Revolution, Dietz-Verlag, Berlin 1984

Hörz, H.; Löther, R. & Wollgast, S. (Hg.): Wörterbuch Philosophie-Naturwissenschaften, Dietz-Verlag, Berlin 1978

Lehmann, E.: in: Hörz, H. (Hg.): Philosophie und Ökologie, SB d. AdW d. DDR, 5N/1986, 28-33

Lübbe, H.: Dialektik, Gesellschaftssystem und die Zukunft der wissenschaftlich-technischen Zivilisation. Kommentar zum Beitrag von Herbert Hörz. In: Hoyningen-Huene, P. & Hirsch, G. (Hg.): Wozu Wissenschaftsphilosophie? Positionen und Fragen zur gegenwärtigen Wissenschaftsphilosophie, Walter de Gruyter, Berlin, New York 1988, 252-264

Marx, K.: Das Kapital, Band 3. In: K. Marx, F.Engels, Werke Band 25, Dietz-Verlag, Berlin 1964

Marx, K.: Ökonomisch-philosophische Manuskripte aus dem Jahre 1844. In: K. Marx, F.Engels, Ergänzungsband 1. Teil, Dietz-Verlag, Berlin 1968

Paucke, H.: Chancen für Umweltpolitik und Umweltforschung. Zur Situation in der ehemaligen DDR (Forum Wissenschaft Studien 30), BdWi-Verlag, Marburg 1993

Paucke, H.: Ökologisches Erbe und ökologische Hinterlassenschaft (Forum Wissenschaft Studien 34), BdWi-Verlag, Marburg 1995

Reichelt, H.: Die ökonomische Strategie der SED für die 80er Jahre und die Aufgaben der Umweltpolitik. In: Das Verhältnis von Mensch und Natur – Anforderungen an das populärwissenschaftliche Wirken der URANIA, Präsidium der Urania (Hg.): Schriftenreihe für den Referenten, (1985) 6 Berlin, 10-25

Scheler, W.: Abschlußbemerkungen. In: Hörz, H. (Hg.): Philosophie und Ökologie, SB d. AdW d. DDR, 5N/1986, 25-27

UNO-Umweltbericht: „Unsere gemeinsame Zukunft". Der Bericht der UNO-Weltkommission für Umwelt und Entwicklung – eine kritische Übersicht. In: Literaturstudien. Akademie der Wissenschaften der DDR, Zentrum für gesellschaftswissenschaftliche Informationen (1988) 1

Rolf Löther

Bemerkungen zum Verhältnis von Natur, Mensch und Gesellschaft in der Geschichte der marxistischen Philosophie

Offizielle Theorie und Praxis von Umweltschutz und Umweltgestaltung in der DDR befanden sich in einem Spannungsverhältnis mit dem Philosophieren über Natur und Umwelt im Marxismus. Einerseits wurde die marxistische Philosophie herangezogen, um den Umgang des DDR-Staatssozialismus mit Natur und Umwelt zu begründen, zu rechtfertigen und zu beschönigen. Andererseits barg sie seit Karl Marx (1818-1883) und Friedrich Engels (1820-1895) ein erhebliches kritisches Potential, das sich nicht nur gegen die kapitalistische Gesellschaft auch in ihrem Verhältnis zu Natur und Umwelt richtete, sondern in dieser Hinsicht auch gegen den Staatssozialismus, von dessen behaupteter neuer Qualität des Umgangs mit Natur und Umwelt wenig zu spüren war. Betrachtet man die Kritik von Marx und Engels an den Auswirkungen der kapitalistischen Produktionsweise auf Mensch und Natur mitsamt den Konsequenzen für die zukünftige Gestaltung dieser Beziehungen, wird die Diskrepanz zwischen diesen Schlussfolgerungen und dem Realsozialismus, der sich doch als praktische Verwirklichung der Lehren von Marx und Engels darstellte, offenkundig: „Vom Standpunkt einer höhern ökonomischen Gesellschaftsformation wird das Privateigentum einzelner Individuen am Erdball ganz so abgeschmackt erscheinen wie das Privateigentum eines Menschen an einem andern Menschen. Selbst eine ganze Gesellschaft, eine Nation, ja alle gleichzeitigen Gesellschaften zusammengenommen, sind nicht Eigentümer der Erde. Sie sind nur ihre Besitzer, ihre Nutznießer, und haben sie als boni patres familias den nachfolgenden Generationen verbessert zu hinterlassen." (MARX 1964, 784)[1]

Die Untersuchung der Zusammenhänge und Differenzen zwischen den Menschen und Menschengesellschaften und der sie umgebenden wie der vorangegangenen Natur, ihren natürlichen Umwelten, bilden einen durchgängig vorhandenen Aspekt in den Schriften von Marx und Engels, von Marx' „Ökonomisch-

---

[1] Es lag wohl am kritischen Potential der Philosophie von Marx und Engels, dass Horst Pauckes Textauswahl „Karl Marx und Friedrich Engels über das Verhältnis von Natur und Gesellschaft" nur in einem internen Informationsdienst des Zentrums für Umweltgestaltung erschien (Umweltinform, Heft 1/ 1983 – Sonderinformation).

philosophischen Manuskripten" bis zu Engels' unvollendeter „Dialektik der Natur". Drei große zusammenhängende Problemkomplexe zeichnen sich ab:
1. Probleme des Menschenbildes, der Anthropologie, die mit dem Ursprung von Mensch und Gesellschaft, ihrem Hervorgehen aus der Natur, aus dem Tierreich, verbunden sind. Dazu gehören Fragen des Vergleichs von Menschen und Tieren und von Tier- und Menschengesellschaften sowie der menschlichen Natur und des Verhältnisses von natürlicher, sozialer und kultureller Bedingtheit und Bestimmtheit des Menschen.
2. Probleme der Theorie der Menschengeschichte hinsichtlich der Bedeutung der inneren und äußeren Naturbedingungen des gesellschaftlichen Lebens, d.h. der natürlichen Umwelt, des geographischen Milieus, der Gesellschaften und der diese konstituierenden menschlichen Individuen, in ihrer humanbiologischen und demographischen Charakteristik für den Gang der Geschichte. Dazu gehören auch die Rückwirkungen soziogener Einflüsse auf die natürlichen Bedingungen des gesellschaftlichen Lebens. Insgesamt geht es also um die wechselseitige Abhängigkeit und Wechselwirkung von Natur und Gesellschaft in der Wirkungssphäre des Menschen in ihrer Ko-Evolution.
3. Probleme im Zusammenhang von Ökonomie und Ökologie, wie sie sich angesichts der Auswirkungen der industriellen Revolution im 19. Jahrhundert bereits deutlich abzeichneten und heute zur Sprache kommen, wenn von ökologischer Krise und globalen Menschheitsproblemen die Rede ist. Die Stellungnahmen von Marx und Engels fußen auf ihren Auffassungen zu den ersten beiden Problemkomplexen und führen sie weiter aus.

Die Auffassungen von Marx und Engels über Natur, Mensch und Gesellschaft sind in den gesellschaftlichen Verhältnissen verwurzelt, in denen sie lebten und die sie besser durchschauten als andere. Zugleich sind sie dem damaligen Erkenntnisstand der Wissenschaften verbunden, über den sie gut informiert waren. Für die Frage nach dem Platz des Menschen in der Natur und in der Evolution der Erde und des Lebens sind Traditionen des wissenschaftlichen Denkens bedeutsam, wie sie besonders seit dem 18. Jahrhundert in den Wissenschaften von der Erde, vom Leben, vom Menschen und von der Gesellschaft sowie in der philosophischen Reflexion des Verhältnisses von Mensch und Natur zu finden sind (vgl. LÖTHER 1992, 273 ff.; LÖTHER 2004; PAUCKE 1996). Sie entstanden in der wissenschaftlichen Beschäftigung mit der Natur der Erde und ihrer Veränderung durch den Menschen, die mit der Herausbildung der kapitalistischen Produktionsweise und Okkupation der Erde begann. Zunächst vollzog sie sich innerhalb der beschreibenden, vergleichenden und klassifizierenden Naturgeschichte der drei Reiche (Mineralreich, Pflanzenreich, Tierreich). Sie führte zu fortschreitender Einsicht in das Gefüge der Naturzusammenhänge und ihrer Entwicklung sowie in die Auswirkungen menschlicher Naturveränderung, in die Stellung von Mensch und Gesellschaft in der Natur und die wechselseitigen Beziehungen von Natur, Mensch und Gesellschaft. So reflektierte – um nur einiges zu nennen – bereits Carl von Linné (1707-1778), den man den „ersten Ökologen" genannt hat, in der physiko-theologischen Betrachtungsweise seiner Zeit ökologische Sachverhalte wie das biozönotische Gleichgewicht zwischen den Arten der Lebewesen, Stoffkreisläufe und das später von Charles Darwin (1809-1882), dem Begründer der biologischen Evolutionstheorie, so benannte „Ringen ums Dasein" („struggle for existence").

Jean Baptiste Lamarck (1744-1829) formulierte in seiner „Hydrogeologie" (1802) die wissenschaftsgeschichtlich neue Frage: „Welchen Einfluss haben die lebenden Körper auf die Stoffe der Erdoberfläche bzw. der Kruste, die sie überall umgibt, und was sind die Ergebnisse dieses Einflusses?" (zitiert nach KÜHNER 1913, 70) In seiner Antwort verwies er beispielsweise für die Entstehung von Kalkstein auf Korallenriffe und Konchylien, für Steinkohle auf einstige Wälder, für Erdpech ebenfalls auf Pflanzen. In empirischen Forschungen und theoretischen Erörterungen von Naturforschern wie Alexander von Humboldt (1769-1859), Christian Gottfried Ehrenberg (1795-1876), Bernhard von Cotta (1808-1879), Pieter Harting (1812-1885), Matthias Schleiden (1804-1881) und Darwin wurde Lamarcks Frage nachgegangen. So sind grundlegende Einsichten in das die Erdoberfläche gestaltende Wirken zweier Tiergruppen, der Korallen und der Regenwürmer, mit dem Namen Darwins verbunden.

Eine wichtige Rolle spielten ökologische Gesichtspunkte in der Biogeographie, deren Entstehung in hohem Maße mit dem Namen Humboldt verbunden ist. Darüber hinaus entwarf Humboldt ein Naturbild, das Astronomie, Geologie und Geographie seiner Zeit einbezog. Vor allem in den „Ansichten der Natur" (1808) und im „Kosmos. Entwurf einer physischen Weltbeschreibung" (1845-1863) führte er es einem großen Publikum vor Augen. Sein Streben war es, „die Welterscheinungen als ein Naturganzes aufzufassen, zu zeigen, wie in *einzelnen Gruppen* dieser Erscheinungen die ihnen gemeinsamen Bedingnisse, d.i. das Walten großer Gesetze, erkannt worden sind; wie man von den Gesetzen zu der Erforschung ihres ursächlichen Zusammenhanges aufsteigt." (VON HUMBOLDT 1870, 7)

Der Arzt Julius Robert Mayer (1814-1878), Mitentdecker des Energieerhaltungsprinzips, bezog die lebende Natur in die Erhaltung und Umwandlung der Energie ein: die Energie der Sonnenstrahlen wird von den grünen Pflanzen auf der Erde in chemische Energie umgewandelt, die der Energetik des Lebens zugrunde liegt, über die Nahrungsaufnahme auch der Lebenstätigkeit der Tiere. Damit begründete er die Einheit von lebender und nicht lebender Natur hinsichtlich der

Energie und widerlegte die Annahme einer sie trennenden speziellen Lebenskraft der Organismen.

Darwin entzog die ökologischen Zusammenhänge mit seiner Evolutionstheorie der stationären Gleichgewichts- und Kreislauffassung durch die Einsicht in ihre Veränderlichkeit und teleologischen Interpretationen. Er erweiterte und vertiefte die Einblicke in diese Zusammenhänge und zeigte an vielfältigen Beispielen die mannigfaltigen Interdependenzen zwischen Pflanzen- und Tierarten und dem Menschen. Vor allem aber entdeckte er die im Gefüge der ökologischen Beziehungen stattfindende und zur Evolution der Organismen führende natürliche Auslese. Von Darwins Ideen ging Ernst Haeckel (1834-1919) aus, als er in seiner „Generellen Morphologie" (1866) begründete, dass die Beziehungen der Lebewesen untereinander und zu ihrer nicht lebenden Umgebung – „alle diejenigen verwickelten Wechselbeziehungen, welche Darwin als die Bedingungen des Kampfes ums Dasein bezeichnete" (HAECKEL 1869, 20) – das Forschungsgebiet einer eigenen biologischen Teilwissenschaft sein solle, die er „Ökologie" nannte, und die sich tatsächlich auch unter diesem Namen etablierte.

Momente der Wechselwirkung von Natur und Gesellschaft bezog der Chemiker Justus von Liebig (1803-1873) nachdrücklich in seine wissenschaftliche Arbeit ein. Seine Studien zur Anwendung der Chemie in Landwirtschaft, Physiologie und Pathologie trugen zum Fortschritt der organischen Chemie ebenso bei, wie sie die Verbindung der Chemie mit der gesellschaftlichen Praxis förderten. In diesen Studien skizzierte er die großen und miteinander verflochtenen Kreisläufe chemischer Elemente – die Kreisläufe des Sauerstoffs, des Kohlenstoffs, des Stickstoffs und andere – zwischen Luft, Wasser, Boden und Lebewesen. Das Leben der Mikroorganismen, Pflanzen, Tiere – der wildlebenden Organismen wie der Kulturpflanzen und Haustiere – und des Menschen sah er in den auf die Sonnenstrahlen zurückgehenden Zyklen stofflicher und energetischer Transformation. Klare Vorstellungen besaß er über die Rolle der Pflanzen als Produzenten organischer Substanz vermittels der Photosynthese, der Tiere und des Menschen als Konsumenten organischer Substanz und der Mikroorganismen als ihrer Destruenten.

Angesichts der damaligen Bevölkerungszunahme in Europa orientierte Liebig die Landwirtschaft auf eine rationelle Praxis, die auf einer gegebenen Bodenfläche mehr Brot und Fleisch erzeugt. „Die rationelle Praxis erhält den Kreislauf aller Bedingungen des Lebens; die empirische Praxis zerreißt die Kette, welche den Menschen an seine Heimat fesselt, indem sie dem Boden eine Bedingung der Fruchtbarkeit nach der anderen raubt", erklärte er (VON LIEBIG 1859, 362 f.).

Im 19. Jahrhundert waren nicht nur tiefgehende Einsichten in das Gefüge der Naturzusammenhänge gewonnen worden, auch die Auswirkungen der Industriellen Revolution auf das Verhältnis von Natur und Gesellschaft waren immer stärker hervorgetreten. Eine ganze Reihe von Forschern zeigte negative Auswirkungen auf die natürliche Umwelt, warnte nachdrücklich vor drohenden Gefahren und machte auch konstruktive Vorschläge zur Gestaltung der Beziehungen von Mensch und Natur mit Hilfe von Wissenschaft und Technik. Zu den damals erschienenen Untersuchungen gehören u.a. „Klima und Pflanzenwelt in der Zeit, eine Geschichte beider" (1847) von dem Botaniker und Agrarwissenschaftler Karl Nikolaus Fraas (1810-1875), Schriften des vielseitigen Naturforschers und Publizisten Emil Adolf Roßmäßler (1806-1867), „Otscherki is istorii truda" (Skizzen aus der Geschichte der Arbeit, 1863) von dem russischen revolutionären Demokraten Dimitri I. Pissarew (1840-1868), „Man and Nature" (1864) von dem US-amerikanischen Diplomaten George Perkins Marsh (1801-1882), die Werke des französischen Geographen und anarchokommunistischen Revolutionärs Elisée Reclus (1830-1905) und seiner russischen Fachkollegen und politischen Mitstreiter Pjotr A. Kropotkin (1842-1921) und Lew I. Metschnikow (1838-1888) sowie des russischen Geographen und Klimatologen Alexander I. Wojejkow (1842-1916).

Es hat im 19. Jahrhundert nicht an scharfsichtigen und weit blickenden Warnern, Mahnern und Ratgebern gefehlt, die die Anfänge des heutigen krisenhaften Zustandes im Stoffwechsel zwischen Mensch und Natur bemerkten, die Folgen antizipierten und neue Wege wiesen. Doch nachhaltiger Einfluss größeren Ausmaßes blieb ihnen versagt. Was die ökologische Seite des Marxismus betrifft, ging es Marx und Engels nicht anders als ihren eben erwähnten Zeitgenossen. Marx und Engels begriffen Natur und Gesellschaft als Einheit, die durch die tätige Auseinandersetzung des Menschen mit der Natur vermittelt wird und sich gesellschaftsgeschichtlich realisiert. Eine wesentliche Einsicht aus ihren Untersuchungen ist, dass die Natur der Erdoberfläche, die von den Menschen vorgefunden wird, zeitlich und räumlich (historisch und geographisch) fortschreitend eine von den vorangegangenen Generationen bereits veränderte und umgestaltete Natur ist, sodass die Umwelt der Gesellschaft zunehmend den Charakter einer „künstlichen Umwelt" annimmt, wie der italienische Marxist Antonio Labriola (1843-1904) am Ende des 19. Jahrhunderts dies nannte (vgl. LABRIOLA 1974). Engels schloss aus den negativen Effekten gesellschaftlicher Naturveränderung, „dass wir keineswegs die Natur beherrschen, wie ein Eroberer ein fremdes Volk beherrscht, wie jemand, der außer der Natur steht – sondern dass wir mit Fleisch und Blut und Hirn ihr angehören und mitten in ihr stehen, und dass unsere ganze Herrschaft über sie darin besteht, im Vorzug vor allen andern Geschöpfen ihre Gesetze erkennen und richtig anwenden zu können." (ENGELS 1962, 453)

In Programmatik und Politik all der Parteien und anderen Organisationen, die sich erdweit seit der zweiten Hälfte des 19. Jahrhunderts auf den Marxismus beriefen, wurden die Befunde von Marx und Engels über das Verhältnis von Natur und Gesellschaft vernachlässigt. In der wissenschaftlichen Forschung blieben sie am Rande. Mit der Trennung und Entfremdung von Naturwissenschaften und Geistes- und Sozialwissenschaften (Gesellschaftswissenschaften) im Wissenschaftsbetrieb geriet der Marxismus auf die Seite der Geistes- und Sozialwissenschaften. Die Folge war eine „Soziologisierung" des Marxismus, seine Theoretiker beschränkten sich auf innergesellschaftliche Angelegenheiten. In Darstellungen der marxistischen Gesellschafts- und Geschichtsphilosophie, des historischen Materialismus, geriet die Behandlung des Verhältnisses von Natur und Gesellschaft zu der Tradition und der Zurückweisung nichtmarxistischer, vor allem biologistischer Gesellschafts- und Geschichtsdeutungen geschuldeten Pflichtübung.

Diese Vernachlässigung kulminierte in „Über den dialektischen und historischen Materialismus" (1938), der simplifizierenden Entstellung der marxistischen Philosophie durch Josef W. Stalin (1878-1953). „Das geographische Milieu ist unstreitbar eine der ständigen und notwendigen Bedingungen der Entwicklung der Gesellschaft, und es übt natürlich auf die Entwicklung der Gesellschaft seine Wirkung aus – es beschleunigt oder verlangsamt den Entwicklungsgang der Gesellschaft. Aber sein Einfluss ist kein *bestimmender* Einfluss, da die Veränderungen und die Entwicklung der Gesellschaft unvergleichlich rascher vor sich gehen als die Veränderungen und die Entwicklung des geographischen Milieus", erklärte er (STALIN 1951, 663). Weniger das Gesagte als das Nichtgesagte macht die damit gegebene Deformation des historischen Materialismus aus, die die reale Bedeutung der natürlichen Umwelt für die gesellschaftliche Entwicklung ignoriert. Bei Stalins ideologisch folgenreicher Entstellung (auch) dieses Kapitels marxistischer Geschichts- und Gesellschaftsauffassung spielten die Veränderungen des geographischen Milieus durch die Menschengesellschaften und deren Rückwirkungen auf Mensch und Gesellschaft, die von Marx und Engels und so manchem ihrer Zeitgenossen erkannt worden waren, keine Rolle. Sprüche wie „Man darf von der Natur keine Gnadengeschenke erwarten; unsere Aufgabe ist es vielmehr, ihr diese zu entreißen!" des russischen Pflanzenzüchters Iwan W. Mitschurin (1855-1935) (zitiert nach STUDITSKI 1950, 42) gehörten zu den geflügelten Worten der Stalin-Ära und charakterisierten den Umgang mit Natur und Umwelt.

Seit den 60er Jahren des 20. Jahrhunderts erregten alarmierende Berichte über die Zerstörung der natürlichen Existenzbedingungen der Menschheit auf dem Planeten Erde die Weltöffentlichkeit. Erinnert sei hier nur an das Buch der US-amerikanischen Biologin Rachel Carson „Der stumme Frühling" (1962) und den 1972 von Dennis Meadows und seinen Mitautoren vom Massachusetts Institut of Technology (MIT) vorgelegten Report „Die Grenzen des Wachstums. Bericht des Club of Rome zur Lage der Menschheit" (vgl. WATSON 2003, 824 ff.). Der Umgang mit Natur und Umwelt wurde international als Politikum anerkannt und zog das Interesse breiter Kreise auf sich, die bisher keine Beziehungen zu dieser Problematik hatten. In den Thesen zum 1. Philosophie-Kongress der DDR wurde formuliert: „Mit der zunehmenden, teils beabsichtigten, teils unbeabsichtigten Veränderung der Erdoberfläche durch den Menschen und der damit verbundenen Integration der Naturzusammenhänge in der Noosphäre gewinnen die Probleme der *allgemeinen Ökologie* als Lehre vom Gesamthaushalt der Natur immer mehr an Interesse. Es geht dabei vor allem um das Verhältnis der menschlichen Gesellschaft zur Natur, insbesondere zur lebenden Natur, um die Möglichkeiten des menschlichen Eingriffs in die Biosphäre und dessen Grenzen und Gefahren, um die sinnvolle Nutzung der lebenden Natur, um die Aufdeckung ihrer Gesetzmäßigkeiten und ihre Beherrschung. Hier spielen Fragen der Landeskultur, des Naturschutzes, der Ökonomie, Ethik, Ästhetik, Medizin usw. hinein. Die damit verbundenen philosophischen Probleme bilden noch weitgehend Neuland für die marxistisch-leninistische Philosophie."[2]

Die Verwendung der Begriffe Biosphäre und Noosphäre in dieser programmatischen These verweist auf eine weitere Ausgangsbasis marxistischer Reflexion des Verhältnisses von Natur, Mensch und Gesellschaft neben und in Verbindung mit der allmählichen Aufnahme der ökologischen Seite des Marxismus: auf die Theorie des russisch-ukrainischen Geowissenschaftlers Wladimir I. Wernadski (1863-1945) von der Biosphäre, der lebenden Hülle des Planeten Erde, und ihrer Evolution sowie seiner Vision von der Noosphäre, der Sphäre der Vernunft, dem durch das Denken und die Arbeit der Menschen hervorgebrachten jüngsten Evolutionsstadium der Biosphäre (vgl. LÖTHER 2004).

Eine gründliche historisch-kritische Untersuchung der in der DDR erschienenen Umweltliteratur, darunter der philosophischen, steht noch aus. Eine Studie des Ökonomen Herbert Schwenk zur gesellschaftswissenschaftlichen, einschließlich der philosophischen Umweltliteratur enthält eine echt umfassende Bibliographie, doch leidet der kommentierende Text unter vordergründigen politisch-ideologischen Wertungen allein aufgrund der mehr oder minder kritischen Äußerungen zur Umweltpolitik der DDR und mangelndem inhaltlichen Verständnis der besprochenen Literatur (SCHWENK 1993; zur Literatur vor 1970 vgl. LÖTHER 1969).

Mit der Anerkennung des Umgangs mit Natur und Umwelt als Politikum wurde er auch Gegenstand des Kalten Krieges, der Systemauseinandersetzung zwischen

---

[2] Die marxistisch-leninistische Philosophie und die technische Revolution. Thesen der Sektion Philosophie bei der Deutschen Akademie der Wissenschaften, in: Deutsche Zeitschrift für Philosophie – Sonderheft 1965 „Die marxistisch-leninistische Philosophie und die technische Revolution. Materialien des philosophischen Kongresses vom 22.-24.4.1965 in Berlin", 19 f.

dem westlichen Realkapitalismus und dem östlichen Realsozialismus. Während von realsozialistischer Seite unverdrossen ihre Überlegenheit bei der Lösung der Umweltprobleme behauptet wurde, wuchs die Diskrepanz zwischen diesem Anspruch und der Wirklichkeit. Eine Politik der Desinformation und des Verschweigens sollte diese Diskrepanz vertuschen. Das färbte auch auf die philosophische Umweltliteratur der DDR ab. So mancher Autor gehörte nolens volens zu den Opfern offizieller Desinformation und gab sie auch weiter. Doch lässt sich der Inhalt der philosophischen Umweltliteratur weder auf diese politischen Aspekte reduzieren, noch wird dadurch ihr Engagement für den Schutz und die rationelle Nutzung von Natur und Umwelt zum Wohle des Menschen in der Nachfolge von Marx und Engels negiert. Der Zweifel aber, dass es mit der kapitalistischen Marktwirtschaft möglich sei, die für das Überleben und Vorankommen der Menschheit notwendige grundlegende Neuordnung der Beziehungen der Menschheit zu Natur und Umwelt auf dem Planeten Erde zu schaffen, die der untergegangene Realsozialismus versprochen hatte, erhält täglich neue Nahrung.

Literatur

Die marxistisch-leninistische Philosophie und die technische Revolution. Thesen der Sektion Philosophie bei der Deutschen Akademie der Wissenschaften, in: Deutsche Zeitschrift für Philosophie – Sonderheft 1965 „Die marxistisch-leninistische Philosophie und die technische Revolution. Materialien des philosophischen Kongresses vom 22.-24.4.1965 in Berlin", Berlin 1965

Eichhorn, W., Ley, H. & Löther, R. (Hg.): Das Menschenbild der marxistisch-leninistischen Philosophie. Beiträge, Berlin 1969

Engels, F.: Dialektik der Natur, in: Marx, K. & Engels, F.: Werke, Bd. 20, Berlin 1962

Haeckel, E.: Über Entwicklungsgang und Aufgabe der Zoologie (1869), in: Haeckel, E.: Gemeinverständliche Vorträge und Abhandlungen aus dem Gebiete der Entwicklungslehre, Bd. 2, Bonn 1902

Kühner, G.F.: Lamarck. Die Lehre vom Leben, Jena 1913

Labriola, A.: Über den historischen Materialismus, Frankfurt am Main 1974

Löther, R.: Gesellschaftliche Bedingungen der Naturbeherrschung des Menschen, in: Eichhorn, W., Ley, H. & Löther, R. (Hg.): Das Menschenbild der marxistisch-leninistischen Philosophie. Beiträge, Berlin 1969

Löther, R.: Der unvollkommene Mensch. Philosophische Anthropologie und biologische Evolutionstheorie, Berlin 1992

Löther, R.: Die Zukunft der Biosphäre, in: Bretschneider, J. & Eschke, H.G. (Hg.).: Humanismus, Menschenwürde und Verantwortung in unserer Zeit, Neustadt am Rübenberge 2004

Luisenstädtischer Bildungsverein e.V. (Hg.): Umweltliteratur in der DDR zwischen Mut und Versagen, Protokoll des wissenschaftlichen Kolloquiums am 16. Dezember 1992 der Gruppe Umweltprojekte, Berlin 1993

Marx, K.: Das Kapital. Kritik der politischen Ökonomie, Dritter Band, in: Marx, K. & Engels, F.: Werke, Bd. 25, Berlin 1964

Paucke, H.: Ökologisches Erbe und ökologische Hinterlassenschaft, Marburg 1996

Schwenk, S.: „Wir werden es erleben ..." Gesellschaftswissenschaftliche Umweltliteratur in der DDR 1970-1990. Versuch einer kritischen Bilanz, in: Luisenstädtischer Bildungsverein e.V. (Hg.): Umweltliteratur in der DDR zwischen Mut und Versagen, Protokoll des wissenschaftlichen Kolloquiums am 16. Dezember 1992 der Gruppe Umweltprojekte, Berlin 1993

Stalin, J.: Über dialektischen und historischen Materialismus, in: Stalin, J.: Fragen des Leninismus, Berlin 1951
Studitski, A.N.: Die Entwicklungslehre von Lamarck bis Lyssenko, Berlin 1950
von Humboldt, A.: Kosmos. Entwurf einer physischen Weltbeschreibung, Bd. 3, Stuttgart 1870
von Liebig, J.: Chemische Briefe, Bd. 2, Leipzig, Heidelberg 1859
Watson, P.: Das Lächeln der Medusa. Die Geschichte der Ideen und Menschen, die das moderne Denken geprägt haben. München 2003

DIALEKTIK DER NATUR

FRIEDRICH ENGELS

» Schmeicheln wir uns indes nicht zu sehr mit unsern menschlichen Siegen über die Natur. Für jeden solchen Sieg rächt sie sich an uns. Jeder hat in erster Linie zwar die Folgen, auf die wir gerechnet, aber in zweiter und dritter Linie hat er ganz andre, unvorhergesehene Wirkungen, die nur zu oft jene ersten Folgen wieder aufheben.... Und so werden wir bei jedem Schritt daran erinnert, daß wir keineswegs die Natur beherrschen, wie ein Eroberer ein fremdes Volk beherrscht, wie jemand, der außer der Natur steht – sondern daß wir mit Fleisch und Blut und Hirn ihr angehören und mitten in ihr stehn.... «

„Dialektik der Natur". Gestaltung: Eva und Bernd Haak, Berlin (1989/90). Quelle: Plakatsammlung im Studienarchiv Umweltgeschichte des Instituts für Umweltgeschichte und Regionalentwicklung e.V. an der Hochschule Neubrandenburg

Hubertus Knabe

Zivilisationskritik in der DDR-Literatur[1]

Die gesellschaftliche Debatte um die Rationalität des technisch-ökonomischen Fortschritts und seine negativen Auswirkungen entbrannte in der DDR – anders als in westlichen Industriestaaten – nicht zuerst in der Wissenschaft und auch nicht in den Strukturen einer massenmedialen Öffentlichkeit, die unter den spezifischen Bedingungen des politischen Systems im Sozialismus gegenüber gesellschaftlichen Einflüssen weitgehend abgeschirmt waren und deshalb keinen vergleichbaren Prozess der Politisierung und Pluralisierung durchlaufen konnten. Gleichwohl sind die Zivilisationsgefährdungen auch in der DDR thematisiert worden und haben durchaus eine vergleichbare, wenngleich öffentlich weniger sichtbare Auseinandersetzung zwischen konkurrierenden Rationalitätsansprüchen ausgelöst. Der spezifischen Rolle der Schriftsteller und der Literatur im Prozess politischer Kommunikation in der DDR ist es zuzuschreiben, dass diese Debatte in erster Linie in der Arena der literarischen und kulturellen Öffentlichkeit geführt wurde, und zwar zuerst zwischen Schriftstellern und Literaturkritikern, später zunehmend zwischen Schriftstellern und Naturwissenschaftlern bzw. deren Rationalitätsbegriff verteidigenden Gesellschaftstheoretikern, und am Ende auch zwischen Schriftstellern und Entscheidungsträgern im politisch-administrativen Gefüge.

Diese Zivilisationskritik soll im Folgenden näher analysiert werden, wobei der Untersuchungsgegenstand auf den Bereich der Belletristik und der in ihrem Umfeld geführten kulturpolitischen und literarischen Diskussionen eingegrenzt wird, wo Inhalt und Verlauf der Debatte besonders deutlich hervortreten. Weitestgehend ausgeblendet bleiben dagegen Lyrik (vgl. dazu HEUKENKAMP 1979, 1981), Dramatik und die Bildende Kunst, die jeweils einer eigenen Analyse bedürften. Ohne einen Anspruch auf Vollständigkeit der herangezogenen Texte zu erheben, umfasst das untersuchte Material ein breites Spektrum der Gegenwartsliteratur und bezieht auch die „Niederungen" der künstlerisch weniger wertvollen Arbeiten mit ein, in denen die „Ersatzfunktion" der Literatur häufig besonders stark ausgeprägt war. In einem ersten Teil sollen die wesentlichen Entwicklungslinien der Diskussion nachgezeichnet werden, während es im zweiten und dritten Teil darum geht,

---

[1] Überarbeitete Fassung des Abschnittes 6.1 und 6.2 aus Knabe, H.: Umweltkonflikte im Sozialismus. Möglichkeiten und Grenzen gesellschaftlicher Problemartikulation in sozialistischen Systemen. Eine vergleichende Analyse der Umweltdiskussion in der DDR und Ungarn, Bibliothek Wissenschaft und Politik Band 49, Köln 1993, 233-267. – Mit freundlicher Genehmigung des Autors.

wie die Umweltkrise und die gesellschaftliche Reaktion darauf im Spiegel der Literatur beschrieben werden.

1. Natur- und Fortschrittsverständnis in der Geschichte der DDR-Literatur

Der Fortschrittsbegriff und das Verständnis von den Beziehungen zwischen Mensch und Natur erfuhren in der Geschichte der DDR-Literatur einen widersprüchlich verlaufenen, aber tiefgreifenden Wandel. Ohne die ganze Bandbreite des literarischen Schaffens seit Gründung der DDR im Jahre 1949 einer eingehenden Analyse unterziehen zu können, läßt sich dieser Wandel an einer Reihe von Schriftstellern und zahlreichen Prosawerken exemplarisch deutlich machen. Die hier zugrundegelegte Periodisierung – Aufbaujahre, Differenzierungstendenzen in den 1960er und 1970er Jahren, zivilisationskritische Arbeiten seit Ende der 1970er Jahre – dient dabei nur einer groben Strukturierung der literaturhistorischen Entwicklung. Denn die Brüche und Sprünge im Natur- und Fortschrittsverständnis der DDR-Literatur, die Ausdruck eines mühsamen Ablösungsprozesses von wissenschaftsgläubigen und dogmatisch-sozialistischen Positionen zum Wechselverhältnis zwischen Mensch und Natur waren, lassen sich häufig nur an individuellen Standortbeschreibungen und punktuellen Diskussionen der Schriftsteller nachzeichnen.

1.1 Die Tradition der Aufbaujahre (1949 bis Anfang der 1960er Jahre)

Die Kritik in der DDR-Literatur an den negativen Folgeerscheinungen des wissenschaftlich-technischen Fortschritts formierte sich wie anderswo auch als Gegenbewegung zu einem wissenschaftlich-technisch-ökonomischen Rationalitätsmonopol, das als Folge eines sprunghaften Zuwachses von Eingriffs- und Entwicklungsmöglichkeiten nach dem Zweiten Weltkrieg in allen Industriegesellschaften dominierte. In den sozialistischen Ländern verknüpften sich diese allgemeinen Hoffnungen auf die Segnungen der Technik mit den produktivistischen Traditionen der Arbeiterbewegung (MARXISMUS UND NATURBEHERRSCHUNG 1978; MEHTE 1981), den politisch initiierten und gelenkten Industrialisierungs- und Entwicklungsbemühungen der kommunistischen Parteien und den Visionen einer kommunistischen Zukunft ohne jede materielle Not. Die Begeisterung über den wissenschaftlich-technischen Fortschritt bildete ein wesentliches Element der politischen Zielkultur und wurde von Kunst und Literatur fast spiegelbildlich reflektiert; diese Tendenz wurde forciert durch die Hinwendung zum Arbeitsleben und die heldenhafte Stilisierung von leistungsbereiten Proletariern. Beides war Ausdruck der Axiome des „sozialistischen Realismus", in denen die Schriftsteller als „Ingenieure der Seele" definiert wurden, entsprach aber durchaus auch der subjektiven Ansicht vieler Autoren und Künstler.

Die Glorifizierung von schwerer körperlicher Arbeit, der geradezu euphorische Industrialisierungsglaube, der in jedem neuen Kraftwerk, in jedem Stahlwerk und in jedem neu unter den Pflug genommenen Stück Land, einen Sieg über die widerstrebende Natur sah, die Herausarbeitung von schematisch konstruierten Heldenfiguren, die sich im Produktionsprozess bewährten – das waren die typischen Bausteine einer Literatur der „befreiten Arbeit", wie sie von den Entscheidungsträgern der Kulturpolitik in der Aufbauphase der sozialistischen Gesellschaft befürwortet und erwartet wurde. Kritisch hieß es später in der 1977 im Verlag Volk und Wissen erschienenen „Geschichte der Literatur der Deutschen Demokratischen Republik" über diese Arbeiten: „Prosa und Dramatik hoben die produktionstechnische Seite zu isoliert hervor. Die Literaturkritik bildete deshalb zur Bezeichnung solcher Werke die Begriffe ‚Betriebsroman' und ‚Produktionsstück'. (…) Sie kennzeichnen treffend die Mängel vieler dieser Bücher und wurden deshalb auch in späteren Jahren oft in eingrenzendem, wenn nicht abwertendem Sinne gebraucht." (AUTORENKOLLEKTIV 1977, 236)

Diese „Literatur der Arbeit" entsprang nur zum Teil der „Bewegung schreibender Arbeiter", die in der DDR besonders Ende der 1950er, Anfang der 1960er Jahre propagiert wurde. Vielmehr wandten sich gerade auch Schriftsteller mit bürgerlicher Herkunft wie Stephan Hermlin dem Arbeitsleben zu, das sie häufig in der Diktion einer überraschten Begegnung des Schriftstellers mit einer ihm unbekannten Wirklichkeit gestalteten und überhöhten. Dabei entstanden sowohl Reportagen und reportagehafte Erzählungen – z.B. von Willi BREDEL „50 Tage", von Stephan HERMLIN „Es geht um Kupfer", von Helmut HAUPTMANN „Das Geheimnis von Sosa" oder von Eduard CLAUDIUS „Vom schweren Anfang" – als auch episch unterschiedlich ausgebaute Romanhandlungen, von denen dem Buch „Menschen an unserer Seite" von Eduard Claudius eine besondere Vorbildfunktion zuerkannt wurde. Während DDR-Literaturwissenschaftler diese Arbeiten in den 1970er Jahren besonders unter dem Aspekt einer mangelhaften Menschengestaltung kritisierten, wurde die Simplifizierung des Verhältnisses zwischen Mensch und Natur lange Zeit gar nicht registriert oder unter Hinweis auf die ökonomischen Schwierigkeiten der Aufbaujahre in Schutz genommen.

Über die Verherrlichung von Wissenschaft und Technik in den Aufbaujahren der DDR schrieb der Schriftsteller Claus B. Schröder in seinem Buch „In meines Großvaters Kinderwald": „Eine Zeitlang schien es, als wären wir, jedenfalls gedanklich, mehr mit den automatischen Automaten der Zukunft beschäftigt als mit dem Alltag der Gegenwart. Wir wollten alle Sümpfe trockenlegen, alle Wüsten bewässern, oben drüber sollte ein Wunschwetter auf Bestellung stattfinden. (…) Es galt schon als verpönt und antiquiert, einfach so spazierenzugehen. Bäume schön zu finden, ohne an Bretter zu denken. Sich von einer Landschaft zu wünschen, daß sie so bleiben soll, wie sie ist. Überhaupt, ich glaub', wir dachten, daß ein Schönfinden von untechnisierter Natur uns kleinbürgerlich verweichlichen würde, uns von den wirklich wichtigen Fragen der Zukunft nur ablenken könnte. (…) Wir hatten geglaubt, daß einzig das Lied der Arbeit singenswert sei. Daß unser Glück einzig in den Werkhallen und planenden Büros gemacht würde." (SCHRÖDER 1978, 21)

Das Paradigma euphorischer Fortschrittsbejahung, demzufolge unter Berufung auf Bertolt BRECHT „ein Gespräch über Bäume fast (als) ein Verbrechen" galt, wurde allerdings nicht von allen Schriftstellern der jungen DDR akzeptiert; zu Konflikten kam es damals insbesondere über die Frage, ob und wie sich die Autoren auch der Darstellung von Natur zuwenden dürften. So durften die Verse des Lyrikers Georg MAURER aus der Gedichtsammlung „Dreistrophenkalender" 15 Jahre lang nicht in der DDR erscheinen, weil man in seinen poetischen Naturbeschreibungen „den sozialistischen Inhalt vermißte" (PISCHEL 1976, 88), und dies, obwohl in ihnen gerade „jemand, der durch Marx Grund unter den Füßen bekommen hatte, dies mit einem Jubel auf Bäume, Vögel, Kinder, Jahreszeiten usw. beantwortete" (DICHTUNG IST DEINE WELT 1973, 56).

1.2 Differenzierungstendenzen in den 1960er und 1970er Jahren

Die Grenzen, die der „sozialistische Realismus" der Literatur setzte, wurden erst in den 1960er Jahren weiter gezogen: Die literarischen Helden sollten wirklichkeitsnäher gestaltet, Widersprüche beim Aufbau des Sozialismus als solche benannt werden, wenn die „sozialistische Persönlichkeit" an ihnen reifte. Schriftsteller wie Erik Neutsch oder Christa Wolf markierten mit ihren damals heftig diskutierten Romanen „Spur der Steine" (NEUTSCH 1967) und „Der geteilte Himmel" (WOLF 1976) den Wandel zur unverstellten, aber „parteilichen" Beschreibung der Wirklichkeit, der es zuließ, dass nun z.B. auch die verheerenden Umweltbedingungen besonders in den südlichen Industriebezirken der DDR punktuell Eingang in die Literatur fanden.

Die Gleichsetzung von wissenschaftlich-technischem und sozialem Fortschritt wurde in den 1960er und 1970er Jahren vor allem bei drei Themenkreisen in Frage gestellt: In der Debatte über das Verhältnis zwischen Mensch und Natur im Sozialismus, in der Auseinandersetzung mit den Auswirkungen des Fortschritts insbesondere auf dem Lande und in der Kritik an der Technik-Verherrlichung, wie sie vor allem in der Lyrik bis in die späten 1960er Jahre dominierte.

Die kategorische Verneinung eines Eigenwertes der Natur in der Theorie des „sozialistischen Realismus" ließ sich in der Stabilisierungsphase der DDR nach der Errichtung der Berliner Mauer und der Abschneidung der Fluchtbewegung im Jahre 1961 nicht länger aufrechterhalten: Vor allem die Lyriker wandten sich vom Pathos der Aufbaujahre ab, fanden zurück zu menschlichen Dimensionen und zu einem empfindsamen Naturverständnis. In der Belletristik wurde das „Phänomen Natur" ebenfalls wiederentdeckt als bedeutsamer Teil der menschlichen Lebenswelt – auch unter sozialistischen Produktionsverhältnissen.

Besonders in den Erzählungen und Romanen von *Erwin Strittmatter* nahmen der vielfältige Bezug auf die natürliche Umwelt, die Darstellung eines keineswegs harmonischen Verhältnisses zwischen Mensch und Natur und schließlich der direkte Einschub von Naturbeschreibungen als Merkmale seiner Erzählkunst einen bedeutsamen Platz ein, obwohl es auch Strittmatter – zumindest in seinen frühen Romanen (STRITTMATTER 1963, o.J.a, o.J.b) – um ein Menschenbild ging, das „gerade das Schöpfertum, den Genuß am Eingreifen in die Natur (umschließt), um sie in die Botmäßigkeit des Menschen zu zwingen." (JARMATZ 1974, 34) In seinen Erzählungen und „Kleingeschichten" verstärkte sich ab Mitte der 1960er Jahre noch dieses Element differenzierter Naturbetrachtung. Natur war für Strittmatter bereits zu dieser Zeit nicht Rohstoff für die Industrie, sondern lebende Materie, von der er mit Achtung, ja mit Ehrfurcht schrieb. Es ging ihm um einen verantwortungsbewussten, aufmerksamen Umgang mit der Natur, der ihre unsichtbaren Gesetzmäßigkeiten erkennt und berücksichtigt: „Der Mensch, der große Planetenveränderer, entwickelt sich selber und ruht nicht, bis sich auch die Dinge, die Pflanzen und die Tiere um ihn her entwickeln. Aber ein Gesetz kann er dabei nicht außer Kraft setzen: Wo ein Plus ist, ist auch ein Minus" (zitiert in GEORGE 1978, 53). Strittmatters differenzierendes Naturverständnis ruhte zwar weiterhin auf der Vorstellung, „der ‚Natur' eine größere Effektivität für den menschlichen Fortschritt abzuringen" (JARMATZ 1974, 42), aber der Eingriff in die Natur erschien nun in seiner ganzen Ambivalenz: „Die grasenden Pferde, auf deren Rücken wir saßen, ließen uns harmlos erscheinen, bis auf unsere Neugier freilich. Sie ist wie ein Messer, mit dem man schnitzen, aber auch töten kann" (STRITTMATTER o.J.c., 33).

Wie weit Strittmatters Naturverständnis sich bereits Ende der 1960er Jahre von den damals in der DDR vorherrschenden offiziellen Vorstellungen entfernt hatte, wurde erst Jahre später deutlich, als 1981 – mit 15-jähriger Verspätung – Tagebuchnotizen des Schriftstellers im Aufbauverlag erschienen (STRITTMATTER 1981), ironischerweise in der mit „Edition Neue Texte" überschriebenen Buchreihe des Verlages. Darin entfaltet Strittmatter ein ganzheitliches, beinahe religiöses Weltbild, das nicht nur die Achtung der Natur, sondern auch solcher Kräfte und Vorgänge umfasst, die mit wissenschaftlichen Erkenntnismethoden nicht zu begreifen sind. Seine Kritik am instrumentellen Verhältnis zur Natur im Sozialismus konnte man auch einem Interview entnehmen, das Strittmatter 1973 dem DDR-Literaturkritiker Heinz Plavius gab: „Es lag mir fern", formulierte der Autor darin in einer Rückschau, „vorsätzlich über Natur an sich zu schreiben. (...) Ich fand jedoch, wir verloren über unseren ökonomischen und soziologischen Kämpfen ein bißchen aus den Augen, daß der Mensch selber ein Produkt der Natur ist und daß er sich selber vernichtet, wenn er sie in urbanistischer und pseudofortschrittlicher Überheblichkeit mißhandelt und mißbraucht. (...) Unsere marxistischen Klassiker, zum Beispiel Engels, wußten, wie eingewoben der Mensch in die Natur ist, aber wir, ‚die fortschrittsberauschten Jünger', verloren diese Tatsache zuweilen aus den Augen." (PRODUKTIVKRAFT POESIE 1973, 6)

Solchen Positionsbeschreibungen aus den frühen 1970er Jahren ging ein teils mühevoller Diskussionsprozess unter Schriftstellern und Kulturverantwortlichen voraus, wie das Verhältnis zwischen Mensch und Natur im Sozialismus zu definieren sei. Naturdarstellungen galten zwar seit der 1. Jahrestagung des „Deutschen Schriftstellerverbandes" im Jahre 1966 in dem Maße als anerkannt und „parteilich", „wie sie alle antisozialistischen Auffassungen eines gestörten und entfremdeten Verhältnisses zur natürlichen Umwelt zurückweisen." (ZUR THEORIE DES SOZIALISTISCHEN REALISMUS 1974, 564) Gleichwohl blieb die Frage umstritten, ob sozialistische Literatur jene in der Arbeiterbewegung jahrzehntelang dominierende Vorstellung verwerfen durfte, die den Menschen als unumschränkten Herrscher über die Natur verstand.

Der Gegenwartslyrik wurde in einer heftigen Auseinandersetzung, die bis in das Jahr 1972 in der Literaturzeitschrift „Sinn und Form" nachzulesen war, vorgeworfen, „Naturschwärmerei" zu betreiben und eine „antizivilisatorische Wendung" (Adolf ENDLER 1972, 879) zu nehmen (zur Lyrik-Debatte vgl. BATHRICK 1981; EBERSBACH 1973; HAASE 1983; HEUKENKAMP 1979; PISCHEL 1976). Und auf dem VII. Schriftstellerkongress der DDR (1973) mussten sich Schriftsteller wie Erich Arendt und Franz Fühmann gegen Auffassungen zur Wehr setzen, die die Literatur und damit den Menschen auf „gesellschaftliche" Dimensionen reduzierten: „Der Mensch, dies merkwürdige Geschöpf, ist eben nicht nur ein gesellschaftliches Wesen, er ist von der Gesellschaft *wie* von der Natur her bestimmt, eine widersprüchliche, doch unauflösbare Einheit, die eben nur in der Einheit dieses Widerspruchs den *ganzen* Menschen ausmacht (...)." (VII. SCHRIFTSTELLERKONGRESS ..., o.J., 252)

Dieser VII. Schriftstellerkongress spiegelte insgesamt eine Veränderung der Auffassungen der staatlichen Kulturpolitik wider. Die Literaten sollten sich nunmehr stärker auch den Konflikten des Lebens im Sozialismus zuwenden, und in Anlehnung an literaturtheoretische Positionen in der Sowjetunion formulierte man die Annahme, dass sich „in der Epoche des Kommunismus (...) die Hauptquelle tragischer Konflikte ‚aus der Sphäre der Beziehungen zwischen den Menschen in die Sphäre der Beziehungen zwischen Mensch und Natur' verlagern" werde (Moissej KAGAN zitiert bei: PISCHEL 1976, 84).

Auch auf einem Kolloquium von Schriftstellern aus der DDR und der Sowjetunion im Jahre 1973 spielte die Diskussion eines veränderten Naturverständnisses eine Rolle, als der in sorbischer und deutscher Sprache publizierende Schriftsteller Jurij Brězan ein prononciertes Referat dazu vorlegte. Er sei, so schreibt er darin, beileibe kein Romantiker, der mit Jean-Jacques Rousseau rufen wolle „Zurück zur Natur!", sehe aber auch, dass der Mensch mehr und mehr seine Einstellung zur Natur ändere, also auch ein anderer Mensch werde: „Mir scheint: zum Teil ein ärmerer Mensch, ärmer an Gefühlen, ärmer vor allen Dingen an Beziehungen". Die Autoschlangen in den Sommerwäldern, die Jugendlichen, die zu Hunderttausenden mit dem Rucksack unterwegs seien, die „gierig aufgegriffene Lyrik, die entfernt an Gartenlaube-Lyrik erinnert", seien Indiz für „eine Ahnung, der Mensch säge mit seiner Ausbeutung der Natur an dem Ast, auf dem er selber sitzt." (BRĚZAN 1974, 20 f.)

Dass solche Positionsbestimmungen von der offiziellen Kulturpolitik nicht länger bekämpft wurden, erklärt sich nicht nur aus der Neuformulierung der Aufgaben sozialistischer Literatur, die in den frühen 1970er Jahren zu Beginn der Honecker-Ära vorgenommen wurde. Vielmehr war die Neubestimmung des Verhältnisses zwischen Mensch und Natur eingebettet in die zu diesem Zeitpunkt auch in der DDR aufkommende allgemeine Umweltdiskussion, an der sich nicht nur Schriftsteller, sondern auch Naturwissenschaftler, Gesellschaftswissenschaftler und Philosophen beteiligten (KÜHNEN 1980; TIMM 1985; WURM 1985). Der praktische Umweltschutz erlebte in den frühen 1970er Jahren ebenfalls einen Höhepunkt in der DDR, denn erstmals enthielt 1973 ein Volkswirtschaftsplan der DDR ein geschlossenes Umwelt-Investitionsprogramm, und die Bevölkerung wurde für ein größeres Umweltbewusstsein mobilisiert (KNABE 1980).

Die offizielle „Wiederentdeckung der Natur" in der DDR-Literatur dieser Zeit läßt sich, mitsamt ihren Grenzsetzungen, auch an einem anderen Autor nachvollziehen, der in sich die Doppelfunktion eines Kulturfunktionärs und Literaturschaffenden vereinigte: *Gerhard Holtz-Baumert,* Schriftsteller, Chefredakteur der „Beiträge zur Kinder- und Jugendliteratur" und später auch Mitglied des Zentralkomitees. In der ersten Hälfte der 1970er Jahre erschienen die Sammlungen mit Erzählungen „Die drei Frauen und ich", „Der Wunderpilz" und „Sieben und dreimal sieben Geschichten", von denen insbesondere „Der Wunderpilz" unmittelbare Affinität zu den „Kleingeschichten" Strittmatters zeigte. Das Buch wandte sich an Kinder, um mit ihnen „Etüden zur Dialektik des Lebens anhand von Naturereignissen oder in Verbindung mit gesellschaftlichen Ereignissen" (DAMM 1979, 92) durchzuspielen und ihren Blick auf die „kleinen Dinge" und die unscheinbaren Ausdrucksformen der Natur zu lenken: „Die Welt ist voller Wunder, man muß nur seine Sinne zu gebrauchen wissen. Nicht nur Lebewesen und Dinge, auch Farben, Klänge, Düfte umgeben uns." (HOLTZ-BAUMERT 1974, Klappentext) Den Hintergrund dieser Intention bildete – wie bei Strittmatter, allerdings ein ganzes Jahrzehnt später – auch bei diesem Autor die Vernachlässigung dieser Phänomene in dem in der DDR dominierenden Rationalitätsverständnis, die Gerhard Holtz-Baumert in einem Interview aus dem Jahre 1979 so beschrieb: „Wir sägen uns den Ast ab, auf dem wir sitzen, wenn wir nur in den Kosmos hochschauen und eben den Grashalm vergessen, wie es umgekehrt spießig wäre und ebenso gefährlich, nur auf den Grashalm zu schauen und die Welt zu vergessen. Aber diese nicht unkomplizierte Dialektik (...) wird sicher für Kunst und Leben immer wichtiger, und das Büchlein ist eine Reaktion darauf. (...) Die Natur wird eine immer größere Rolle spielen, ihre Bedrohung, auch unter unseren Bedingungen, ihr Schutz, ihre Funktion als Lebensquelle. (...) Der Sozialismus muß eine andere Alternative zeigen als die Vernichtung der Natur, wie es im Kapitalismus geschieht (...)" (DAMM 1979, 92).

Parallel zur Differenzierung des Naturverständnisses, die auch eine kritische Reflexion der poetischen Landschaftsbeschreibung mit sich brachte (PISCHEL 1976, 90 ff.), lässt sich in der DDR-Literatur der 1960er und 1970er Jahre ein zweiter Strang fortschrittskritischer Überlegungen identifizieren: die Auseinandersetzung mit den Auswirkungen technisch-ökonomischer Entwicklungen auf Mensch und Natur; beide Diskussionen sind dabei – etwa bei Strittmatter – häufig eng miteinander verwoben. Die Relativierung des sozialistischen Fortschrittsbegriffs entzündete sich einerseits an den Problemen, die sich aus der technischen und gesellschaftlichen Umwälzung auf dem Lande ergaben, darüber hinaus war sie eine Reaktion auf die überzogene Propagierung der wissenschaftlich-technischen Revolution (WTR) in der späten Ulbricht-Ära, die eine heute geradezu absurd wirkende Euphorie gegenüber den technischen Möglichkeiten zum Ausdruck brachte.

Ursprünglich war die „Landliteratur" – ähnlich wie das Genre der Produktionsstücke – ein literarisches Terrain, wo es vor allem um die Herausarbeitung einer Einheit zwischen gesellschaftlichem und technischem Fortschritt ging. Die Harmonie zwischen Mensch und Natur unter den neuen Verhältnissen ergab sich aus jener einfachen Dialektik, nach der die politische Umwälzung die technische Entwicklung von ihren gesellschaftlichen Fesseln befreite, der technische Fortschritt wiederum die Gesellschaft erst frei machte von den Beschränkungen, die der Zwang zur materiellen Reproduktion den Menschen auferlegte. Gerade das ländliche Milieu diente dabei als Anschauungsmaterial, weil hier sowohl die Notwendigkeit des technischen Fortschritts als auch die Möglichkeit einer prinzipiellen Harmonie zwischen Industrie und Natur im Sozialismus am leichtesten zu belegen war. Auch Erwin Strittmatter arbeitete in seinen frühen Romanen und besonders in dem Drama „Katzgraben" aus dem Jahre 1953 (STRITTMATTER 1967), das als Vorbild für unzählige andere DDR-Bauerndramen der 1960er Jahre fungierte, an dieser „fiktionalen Verbauerung und Naturalisierung des gesellschaftlichen Lebens" (BATHRICK 1981, 159), obwohl er die Durchsetzung des Fortschritts keineswegs als widerspruchs- und konfliktfrei beschrieb.

Während Strittmatter jedoch in seinem Drama den Widerstand gegen die Technisierung auf dem Lande mit dem reaktionären Großbauern Großmann identifizierte, verkehrte sich das Problem in den 1960er und 1970er Jahren, als das Land kollektiviert war, in ein allgemeines gesellschaftliches Dilemma: „Jede höhere Stufe der Menschheitsentwicklung bringt auch Verluste von Werten mit sich, die nicht mehr auf gleicher Stufe reproduzierbar sind. So gehört das individuelle Verhältnis des werktätigen Bauern zum Tier und zum Boden durchaus zum Reichtum seiner Persönlichkeit (...). Bei ihm erschien tatsächlich noch ‚sein Besitztum einer Sache zugleich als eine bestimmte Entwicklung seiner Individualität' (Marx). In der industriellen Tierproduktion wird dieses individuelle Verhältnis zum Tier zu einem Hemmnis (...)" (PISCHEL 1976, 86f.).

Besonders solche Schriftsteller, deren literarische Arbeiten auf dem Hintergrund einer engen Bindung zu ihrer agrarisch geprägten Heimatlandschaft entstanden – z.B. *Joachim Nowotny* oder *Martin Stade* –, schilderten mit großem Einfühlungsvermögen die Veränderungen auf dem Lande (NOWOTNY 1963, 1964, 1965, 1969, 1976; NEUBERT 1982; STADE 1973; BRĚZAN 1982; JARMATZ 1983). Der Verlust der jahrhundertealten Beziehung zum Tier, den auch Gerhard Holtz-Baumert in seinem Bilderbuch „Vier Pferde" warnend beschrieb, diente ihnen dabei als Symbol für den – allerdings als unumgänglich begriffenen – Entfremdungszuwachs durch technische Fortentwicklung: „Die genossenschaftliche Arbeit ist sowohl produktiver als auch leichter als die des Einzelbauern (...). Aber zugleich wird die Arbeit für ihn gleichförmiger und eintöniger, ja, seine schöpferischen Kräfte fühlt er weniger beansprucht als damals, als er von der Saat bis zur Ernte alle Arbeiten verrichtete. (...) In der sozialistischen Produktion (wird) der schöpferische Charakter der befreiten Arbeit nicht automatisch und nicht in den Grenzen der bloßen technologischen Verrichtungen erlebbar (...)" (PISCHEL 1975, 147).

Um dieses Thema ging es auch auf dem VII. Schriftstellerkongress im Jahre 1973, als Joachim Nowotny die Geschichte eines alten Mannes erzählte, der das neue, nur noch instrumentelle Verhältnis zum Tier nicht ertragen kann. Jurij Brězan spitzte den Konflikt weiter zu, als er im selben Jahr auf dem deutsch-sowjetischen Schriftstellerkolloquium sagte: „Ganz in meiner Nähe befindet sich ein moderner Milchviehstall. In diesem modernen Milchviehstall stehen neunhundert Kühe. Das heißt, sie sehen aus wie Kühe, sind ihnen zum Verwechseln ähnlich, aber es sind Milchmaschinen, Milchmaschinen in den Augen der Arbeiter in dieser Fabrik" (BRĚZAN 1974, 20). Schließlich gestaltete auch Martin Stade in seinen Erzählungen „Der Alte und das Pferd" und „Vetters fröhliche Fuhren" das Thema aus jener Perspektive, die gerade nicht – wie früher üblich – die Subjekte des Fortschritts, sondern seine Opfer in den Mittelpunkt stellt, also solche Menschen, „die die Revolution auf dem Dorf nicht gemacht, sondern sie eher erlitten haben" (PISCHEL 1975, 145).

Das Dilemma, dass der Riss zwischen Mensch und Natur in der sozialistischen Industriegesellschaft mit dem technischen Fortschritt größer geworden war, thematisierten heimatverbundene Autoren wie Joachim Nowotny auch anhand solcher Vorgänge, wo industrielles Expansionsbedürfnis sich unmittelbar als Landschafts- und damit Heimatverlust niederschlug. In NOWOTNYS Jugendroman „Riese im Paradies" war ein neu zu errichtendes Kraftwerk die Ursache der Zerstörung, später, in den frühen 1980er Jahren, rückte der Braunkohletagebau als Motiv in den Vordergrund. Schärfer als in der Landwirtschaft ließ sich hier das „Problem des Verändernmüssens von Natur und des in ihr Befangenseins" mit allen Konsequenzen entfalten, weil der technische Fortschritt hier gleichbedeutend mit der Zerschlagung ganzer Landschaften war. Die starken Bindungen an die Natur galten Nowotny als Tugenden, wenn es darum ging, „unsere Beziehungen zur natürlichen Umwelt zu entwickeln, etwa einen Beitrag zur Erhaltung einer Landschaft zu leisten", und das müsste „viel mehr Menschen erfassen." (ANTLITZ DER KLASSE ... 1977, 63; vgl. NEUBERT 1979, 20)

Den dritten Kristallisationskern fortschrittskritischer Überlegungen von DDR-Schriftstellern bildet die Diskussion um die allgemeine Rolle des wissenschaftlichtechnischen Fortschritts, die in den 1960er Jahren in politischen und kulturpolitischen Positionsbestimmungen neu definiert wurde: Der V. Parteitag der SED (1958) hatte den „Aufbau der materiell-technischen Basis des Sozialismus" beschlossen und erstmals als Hauptaufgabe formuliert, die Bundesrepublik im Pro-Kopf-Verbrauch mit wichtigen Lebensmitteln und Konsumgütern bis 1961 zu erreichen und zu übertreffen; der VI. Parteitag (1963) beschäftigte sich mit dem „Neuen Ökonomischen System der Planung und Leitung der Volkswirtschaft" (NÖS), das die Produktion effektiver gestalten sowie Wissenschaft und Technik rasch entwickeln und zur Nutzung bringen sollte. Zeitversetzt um jeweils ein Jahr orientierte die I. Bitterfelder Konferenz (1959) auf ein engeres Verhältnis zwischen Produktion und Kunst, zwischen Arbeitern und Schriftstellern, die zweite (1964) auf die literarische Gestaltung des Veränderungspotentials durch die wissenschaftlich-technische Revolution (WTR).

Das Paradigma des „Bitterfelder Weges" ließ den Ort der Produktion – die Fabrik – wieder als zentrales Thema der Schriftsteller erscheinen, das sie allerdings weniger schematisch als in den 1950er Jahren und ausgezeichnet durch reale Widersprüche und entwickelte Charaktere aufgriffen. Entfremdung erschien in der Literatur jetzt aufhebbar gerade in und durch industriell-technologische Erfahrungen und Möglichkeiten. Während in den Dramen von Heiner Müller, Peter Hacks, Volker Braun und Hartmut Lange und in der Prosa von Christa Wolf, Brigitte Reimann, Erik Neutsch, Karl-Heinz Jakobs und Franz Fühmann diese Hoffnung durchaus widerspruchsvoll gestaltet wird, entwickelte sich in der Lyrik ein geradezu euphorischer technologischer und produktivistischer Optimismus, der Parallelen zur frühen sowjetischen Avantgarde in den 1920er Jahren aufwies. So wie die – in der Regel jüngeren – Lyriker wie Karl Mickel, Heinz Kahlau, Reiner Kunze, Uwe Gressmann, Heinz Czechowski, Günter Kunert, Sarah und Rainer Kirsch sowie Wolf Biermann den Marxismus-Leninismus in ihren Gedichten zu radikalisieren suchten, übersteigerten sie auch die Hoffnungen auf die Möglichkeiten des technischen Fortschritts. Bei Volker Braun, dem bedeutendsten Vertreter dieser Tendenz der NÖS-Periode, liefen auf diese Weise natürliche und produktive Welt vollkommen ineinander, erschienen Gedichte als „Hochdruckventile im Rohrnetz der Sehnsüchte" und als „Telegrafendrähte, endlos schwingend, voll Elektrizität"; Erotik und Raumfahrt, Erotik und Industrie, Lust und Arbeit verbanden sich in seinen Gedichten zu einer symbiotischen Einheit und standen damit als Synonym für Nichtentfremdung (BRAUN 1965, 9; vgl. BRAUN 1966; BATHRICK 1981, 159 ff.).

Auf dem Hintergrund dieser WTR-Euphorie initiierte die FDJ-Zeitschrift „Forum" eine Umfrage unter Schriftstellern, die erklären sollten, ob die technologische Revolution zu Veränderungen des Inhalts und der Struktur der Lyrik geführt habe. Als einziger äußerte dabei Günter Kunert Zweifel am humanen Gehalt des Fortschritts: „Mir scheint als bedeutendste technische Revolution (...) die Massenvernichtung von Menschen, das möglich gewordene Ende allen Lebens. Am Anfang des technischen Zeitalters steht Auschwitz, steht Hiroshima, die ich nur in bezug auf gesellschaftlich organisiert verwendete Technik hier in einem Atemzug nenne. Ich glaube, nur noch große Naivität setzt Technik mit gesellschaftlich-humanitärem Fortschreiten gleich" (zitiert bei RADDATZ 1972, 173). Kunert verwarf damit die Gleichsetzung von gesellschaftlichem und wissenschaftlichem Fortschritt, die in der sozialistischen Theorie eine zentrale Rolle spielte, so dass der stellvertretende Chefredakteur der Zeitschrift, Rudolf Bahro, Kunerts Platz in der sozialistischen Literatur bestritt. Bahro schrieb 1966: „Das eigentlich Bestürzende ist die intellektuell hilflose spätbürgerliche Gesamthaltung des Dichters, die ich mir nur aus einer hochgradigen Isolierung nicht nur von unserer neu entstehenden sozialistischen, sondern von unserer Menschengesellschaft überhaupt erklären kann. (...) Für meine Begriffe arbeiten solche Gedichte wie ‚Notizen in Kreide' bei aller Bescheidenheit ihres Einflusses mit an der Entmachtung, der Zerstörung der Vernunft." (Forum 10/1966, 22)

Dass Günter Kunert ungeachtet der heftigen Kritik, die ihm entgegenschlug, als er seine Bemerkungen und das inkriminierte Gedicht „Notizen in Kreide" an die Zeitschrift „Forum" sandte, durchaus einen Bewusstseinswandel in den Reihen der Schriftsteller anzeigte, wurde erst nach und nach deutlich, als in den Folgejahren auch andere Autoren sich in ähnlicher Weise äußerten. Erwin Strittmatter etwa notierte 1967 zahlreiche kritische Überlegungen über die Rolle von Wissenschaft und Fortschritt in sein Tagebuch und warnte vor dem „neuen Gott (die Wissenschaft, H.K.), den wir uns im Begriff sind zu errichten"; für ihn wäre es ein Fortschritt gewesen, als er erkannt hätte, „daß *der* Fortschritt, von dem wir immerfort reden, Grenzen hat". Die Poesie und die so genannten irrationalen Erfahrungen des Menschen hätten vor wissenschaftlicher Betrachtungsweise nicht in die Knie zu gehen, sondern müssten vielmehr gegenüber vordergründigen Nützlichkeitserwägungen behauptet werden. Die Folgen des Fortschritts stellten seinen ursprünglichen Sinn mehr und mehr in Frage. „In den großen Städten bezahlt der Mensch das Wasser, das er täglich braucht, und er bezahlt, wenn er für vier Wochen reine Luft haben will. Er bezahlt, wenn er Tiere sehen oder an bestimmten Orten sein Wasser abschlagen will. An den Straßenkreuzungen kriecht er unter die Erde, damit ihn die Maschinen, die er sich erfand, nicht umbringen. Aber er lobt die Zivilisation. Was ist mit ihm los, wohin treibt er, frage ich mich, wenn ich das bedenke" (STRITTMATTER 1981, 16, 30, 95).

Strittmatters Zuspitzung der Fortschritts- und Wissenschaftskritik auf das Problem der Reduktion menschlichen Lebens unter dem Paradigma der instrumentellen Vernunft, die später auch von anderen DDR-Schriftstellern aufgegriffen wurde, wies dabei deutliche Bezüge zur westlichen Diskussion Ende der 1960er Jahre auf, in der eine grundsätzliche und theoretisch fundierte Kritik an Wissenschaft, Technik und Fortschritt ausgearbeitet wurde. Die Entwicklung zum „eindimensionalen Menschen", die MARCUSE in seinem gleichnamigen Buch am Beispiel der amerikanischen Gesellschaft aufzeigte, fand über den Umweg der Literatur auch Eingang in die innergesellschaftliche Diskussion der DDR, wenngleich oder besser: *weil* andere Instanzen der Problemartikulation diese Fragestellung abwehrten (KUHNERT 1980). Während Christa Wolf in ihrem Roman „Nachdenken über Christa T." (WOLF 1968) das Problem des Individualitätsverlustes in der erstarrten sozialistischen Industriegesellschaft biographisch entfaltete, führten andere Schriftsteller die Entfremdungsdiskussion in philosophischen Überlegungen weiter. Hanns Cibulka, der 1920 in Böhmen geborene Lyriker, schrieb in seinen 1970 erschienenen Reiseaufzeichnungen „Sanddornzeit": „Die moderne Technik übt auf den Menschen eine hypnotisierende Kraft aus. (…) Doch die Technik allein hat nicht die Kraft, das Antlitz eines Kindes aus dem Ungefähr herauszuheben und zu formen. Auch das elektronische Rechengehirn wird uns den Sinn, den wir dem Leben geben müssen, um zu bestehen, nicht errechnen. (…) Wer nur die Räder sieht, die sich drehen, wird maßlos verarmen." (CIBULKA 1971, 90 ff.)

Die innere Verarmung des Menschen in der Industriegesellschaft spielte auch eine Rolle in dem Referat des sorbischen Schriftstellers Jurij Brězan, das dieser 1973 auf dem deutsch-sowjetischen Schriftstellerkolloquium vortrug. Er spitzte die Entfremdungsproblematik in einer Parabel zu, die man als ein Gleichnis über die DDR betrachten kann: Ein guter König wollte seinen Untertanen zu Wohlstand verhelfen und ließ die Wälder in seinem Reich abholzen, damit jeder sich ein Haus bauen und neue Möbel schreinern konnte. „Dann schrieen die Leute nach neuen, glänzenden Farben, um ihre Häuser und Möbel zu bemalen." Der gute König ließ eine Fabrik errichten, die genug Farben für alle herstellte und sie in den Wassern der Bäche und des einzigen Flusses wusch, damit sie sauber und glänzend waren. Als die Menschen im Winter froren und kein Holz mehr im Wald war, befahl der gute König, die Erde aufzugraben und dort nach Holz aus der Zeit der Sintflut zu wühlen. „Das Holz aber war naß, und der König, der eine gute Welt in seinem Kopf hatte, ließ riesige Backöfen errichten, in denen das Holz getrocknet (...) wurde. Die Backöfen sogen frische Luft in sich hinein und stießen grauen, gelben und schwarzen Rauch aus ihren Nasenlöchern." Nun hatten die Leute alles, aber einen Wald hatten sie nicht mehr „und keine Märchen, denn die Märchen waren im Wald gewesen. (...) Sie hatten kein gutes und klares Wasser mehr und kein Träumen mehr, denn das hatte in den Forellenbächen geglitzert und im Seeuferschilf geraunt. Doch reich waren die Leute. Sie kauften Fleisch in Dosen, Lieder in Dosen, Brot, Träume und Trinkwasser in Dosen und begannen zu glauben, daß auch der Mensch in Dosen gekauft und verkauft werden kann. Das war, als ihre Hirne, gedankenleer, sich mehr und mehr füllten mit dem gelben Rauch der Verbrennung der Dosen." (BRĚZAN 1974, 21f.)

Insgesamt blieben solche kritischen Vorstöße gegenüber dem in der DDR dominanten Fortschritts- und Naturverständnis jedoch eher vereinzelt, genauer: schlug sich der programmatische Diskurs über das Natur- und Fortschrittsverständnis in der DDR nur selten in literarischen Veröffentlichungen nieder. Der Literaturkritiker Heinz PLAVIUS stellte in einem Fazit zur Literaturentwicklung in der DDR bis zur Mitte der 1970er Jahre jedenfalls fest, die Frage der Natur und der Stellung des Menschen in ihr sei eine der fehlenden Dominanten in der DDR-Prosa, und dies verhielte sich genau umgekehrt proportional zu der tatsächlichen Bedeutung dieser Problematik (PLAVIUS 1976, 35f.). Die Gründe für dieses Defizit lagen aber weniger in einem mangelnden Interesse der Schriftsteller an dieser Fragestellung als vielmehr in den engen Grenzen, die die staatliche Kulturpolitik gerade bei dieser Fragestellung setzte, denn eine grundsätzliche Infragestellung des industriegesellschaftlichen Entwicklungsweges, wie sie exemplarisch in den Studien des Club of Rome oder später in dem Buch von Wolfgang Harich „Kommunismus ohne Wachstum" formuliert worden war, wurde in der DDR als bürgerlicher Fortschrittspessimismus abgelehnt (HARICH 1975; KUHNERT 1980; TIMM 1985).

1.3 Exkurs: Naturerziehung im Kinderbuch

Nicht ganz so ausschließlich galt das Urteil von Plavius aus dem Jahre 1975 für jenen Bereich, der in der DDR oftmals größere Spielräume genoss als die Erwachsenenliteratur: die Kinderbuchproduktion. Dort deutete sich bereits zu einem relativ frühen Zeitpunkt an, dass die Selbstverständlichkeit, mit der in den 1950er und

1960er Jahren eine prinzipielle Harmonie zwischen Mensch und Natur im Sozialismus unterstellt worden war, abhanden gekommen war. In einem 1978 erschienenen Resumee zu diesem Thema stellte die Literaturkritikerin Edith George fest: „Eines ist ziemlich deutlich: Die Naivität im Umgang mit der Natur ist verlorengegangen. In einigen sowjetischen Kinderbüchern mag sie noch spontan anwesend sein, doch auch in dieser Literatur mehren sich die mahnenden Stimmen. (...) Der ‚unheilbare Riß' zwischen Mensch und Natur, den Marx bereits konstatierte, hat sich nicht schließen lassen. (...) Die Menschheit kann nicht ins Kindesalter zurückkehren: Pädagogik und Kinderliteratur setzen daher auch mit einer Naturerziehung ein, wie sie aus einer Reflexion gesellschaftlicher Erfordernisse hervorgegangen ist" (GEORGE 1978, 55).

In keiner anderen literarischen Sparte erschienen bis Ende der 1970er Jahre so viele Texte zum Thema Umwelt- und Naturschutz wie in der Kinder- und Jugendliteratur. Im Vordergrund stand dabei die pädagogische Absicht, auf einen haushälterischen, sorgsamen Umgang der Kinder mit der sie umgebenden Natur zu orientieren (vgl. DIE NATUR ERLEBT UND BEOBACHTET ... 1982); Befürchtungen gegenüber der politischen Brisanz der Umweltproblematik waren weitgehend überflüssig, wenn nicht Erwachsene, sondern Kinder die Leser waren. Manche Kinderbuchautoren hatten aber auch die Hoffnung, mit ihren Büchern dem entgegenzuwirken, was bei den Erwachsenen längst zum eingeschliffenen Verhalten zählte. Bernd Wolff, der mit Wolf Spillner zu den engagiertesten Autoren in diesem Bereich zählte, schrieb in einem Gedicht über seine Intentionen: „Geboren in einer Zeit,/da so viel Schönheit zerstört ward,/bin ich unablässig auf der Suche/nach Schönem./Will nicht, daß sie so werden:/Gedichte nicht hören im Lärm./ Wald nicht sehen vor Nutzholz,/Brot in Müllkübel werfen und Unrat in Flüsse,/ gleichgültig Schönheit zerstören-/schreibe/Buch um Buch ... (WOLFF 1979, 129).

Die meisten der Geschichten und Bücher für Kinder zum Thema Umwelt waren nach einem einfachen ethisch-moralischen Schema gebaut: Die Natur wurde bedroht, oftmals unmittelbar durch menschliche Achtlosigkeit, und nur durch den beherzten Eingriff eines Kindes, einer Hauptfigur oder einer jener häufig benutzten Identifikationsfiguren wie Förster, Naturschutzbeauftragter oder Forscher gelang es, sie noch zu retten. In Fred Rodrians „Schwalbenchristine" (RODRIAN 1962) ist es ein kleines Mädchen, das die Menschen für die Rettung der auf einer für den Abriss vorgesehenen Ruine lebenden Schwalben mobilisiert, und dankbar fliegen sie später um sie herum. In Wolf Spillners „Gänse überm Reiherberg" (SPILLNER 1977) reist eine Forschergruppe in ein neu geschaffenes Naturschutzgebiet und überzeugt die Bewohner in einem zähen Prozess, dass Maßnahmen zum Schutz der vom Aussterben bedrohten Graugänse keine bürokratische Schikane, sondern geradezu lebenswichtig sind. In einer Reihe weiterer Erzählungen und Bücher (HOLTZ-BAUMERT o.J., 152 ff.; BESELER 1975; WOLFF 1979; NEUTSCH 1972; PLUDRA 1959; SPILLNER 1976, 1979, 1982) ging es um Aufmerksamkeit für die bedrohte Natur, um Verständnis und Verantwortung, wobei dem erzieherischen Vorbild ein hervorragender Platz eingeräumt wurde. Ähnliche Texte sowie das Brecht-Gedicht „Die Vögel warten im Winter vor dem Fenster", in denen die Kinder um Hilfe für die Tierwelt gebeten werden, fanden sich auch in den Lesebüchern der DDR-Schulen (LESEBUCH 2, o.J., 37, 41, 86).

Stärker aus dem Rahmen dieser zuversichtlichen, pädagogisch geprägten Literatur, die – je nach Altersstufe – die Fragestellung mit unterschiedlicher Tiefe problematisierte, fielen nur einzelne Arbeiten wie der Roman „Die Linde vor Priebes Haus" von Horst Beseler, der den – tatsächlich in der DDR stattgefundenen – Kampf um eine alte Dorflinde schilderte, die einer neuen Verkehrsführung weichen sollte (BESELER 1970). Die Tragik der von den Modernisierungsprozessen auch im Sozialismus ausgelösten Konflikte wurde in dem Jugendroman „Insel der Schwäne" von Benno Pludra spürbar, der in einem Ostberliner Neubaugebiet spielte (PLUDRA 1980). Geradezu apokalyptische Züge trug das Kinderbuch „Der Klappwald" von Edith Anderson, das eine schreckliche Zukunft vorführt: Wie Gefangene sitzen ein vergrämter Mann und seine Familie in einer Mietskasernenwohnung einer im Schmutz erstickenden Horrorstadt, und selbst der hilflose Versuch, sich mit einem „Klappwald" aus Papier wenigstens die Illusion eines durchgrünten Waldes zu schaffen, geht im ersten Smog-Regen unter (ANDERSON 1978).

Dass die Kinderliteratur sich in besonderem Maße der Umweltproblematik annahm, löste auch unter Literaturkritikern Diskussionen aus. Einigkeit bestand darüber, dass die Erziehung zu einem richtigen Verhältnis zur Natur eine Aufgabe war, die „aufgerückt (ist) zu einem der elementaren, hochpolitischen Themen unserer Zeit"; kritisch wurde jedoch auch vermerkt, dass das literarisch eingefangene Verhältnis zwischen Mensch und Natur durch das pädagogisierende Grundschema die „Härte des täglich in der Natur stattfindenden Kampfes" vor den Adressaten verberge, weil die Konflikte am Ende immer noch einer guten Lösung zugeführt würden. Realistischer wären solche Geschichten, die nicht nur idealtypische Sonderfälle konstruierten, „mit denen die Norm zuweilen bemäntelt, aber keineswegs außer Kraft gesetzt wird" (GEORGE 1978, 54 ff.), denn es wäre fraglich, „ob diese in gewisser Weise naive Art der Darstellung der Mensch-Natur-Beziehung der tatsächlichen Kompliziertheit und Härte der Auseinandersetzung zwischen Mensch und Umwelt (…) in angemessenem Umfang gerecht wird" (JAUCH 1980, 61). Unklar blieb dabei allerdings, für welche Seite die Literaturkritiker bei einer Zuspitzung der Problematik das Engagement der Autoren erwarteten: für die menschlichen Sachzwänge oder für die geschundene Natur.

Unterschiedliche Positionen nahmen hier allem Anschein nach auch die Autoren ein: Während Joachim Nowotny in seinen frühen Jugendromanen keinen Zweifel daran ließ, dass die Natur dem menschlichen Wohlstandsbedürfnis nachgeben müsse, auch wenn dies hohe Verluste mit sich bringt, zeigte Benno Pludra in seinem Roman „Insel der Schwäne" oder in der Erzählung vom Bären, der vergeblich gegen die Überschwemmung seines Reviers durch einen Stausee rebelliert (PLUDRA 1967), seine Sympathien eher mit den Opfern des Fortschritts als mit seinen Verfechtern.

1.4 Zivilisationskritik in der DDR-Literatur seit Ende der 1970er Jahre

Mit den späten 1970er Jahren verstärkten sich auch in der Erwachsenenliteratur die kritischen Positionen zum wissenschaftlich-technischen Fortschritt und seinen Auswirkungen auf das Verhältnis zwischen Mensch und Natur. Einer Aufstellung des Schriftstellerverbandes zufolge erschienen zwischen 1980 und 1989 42 „Literarische Werke, die Fragen der Umwelt bzw. des wissenschaftlich-technischen Fortschritts behandeln (ohne Lyrik und Kinderliteratur)" sowie rund 150 „Gedichte, die die Sorge um die Umwelt ausdrücken"; nach 1987 expandierte das Stoffgeschehen sogar noch (PEITSCH 1989, 12 f.). Gleichzeitig widmeten sich nun auch häufiger Beiträge in den Literaturzeitschriften sowie Rezensionen diesem Thema und erkannten ausdrücklich seine zentrale Bedeutung für die sozialistische Gesellschaft an – beispielsweise nach dem Erscheinen des Romans von Tschingis Aitmatow „Der Tag zieht den Jahrhundertweg" in der DDR (AITMATOW 1982; FÜR UND WIDER ... 1982) oder in der Bilanz zur Literaturentwicklung in der DDR anlässlich des IX. Schriftstellerkongresses (WEIMARER BEITRÄGE 1983, 5-85, 260-367; DEUTSCHLAND ARCHIV 1983, 581 ff.). Schließlich ließ sich seit diesem Zeitpunkt auch in der politisch-philosophischen Umweltdiskussion der DDR eine größere Bereitschaft auffinden, immanente Ursachen der Umweltprobleme in den sozialistischen Staaten zu analysieren, ohne freilich in eine prinzipielle Kritik am technisch-ökonomischen Rationalitätsbegriff zu münden (TIMM 1985).

In den seit Ende der 1970er Jahre erschienenen literarischen Arbeiten, etwa von Hanns Cibulka, Claus B. Schröder, Marianne Bruns, Monika Maron, Joachim Nowottny, Irmtraud Morgner, Christa Wolf u.a.m., wurden die Diskussionslinien der 1960er und frühen 1970er Jahre fortgesetzt, doch die Akzente verschoben sich nunmehr deutlich: Der grundsätzliche Optimismus, mit dem früher auf einen verantwortungsvollen Umgang mit der Natur orientiert wurde, wurde selten, mehr und mehr geriet die ganze Zivilisation in das Kreuzfeuer von Kritik und Zweifel.

Nur der Kulturfunktionär Gerhardt Holtz-Baumert beschrieb als einer von wenigen in seiner Erzählung „Die Hecke" den Konflikt zwischen Mensch und Natur noch in den verharmlosenden und auf individuelles Fehlverhalten zielenden Kategorien von „unverantwortlichem Verhalten" und „Achtlosigkeit" (HOLTZ-BAUMERT 1981).

Deutlich wurde der Paradigmenwechsel z.B. in der Art und Weise, wie die Veränderungen in der Landwirtschaft nunmehr literarisch aufgearbeitet wurden. Der Konflikt um die Technisierung der Landwirtschaft erschien – so in dem Report von Claus B. Schröder über eine Schweinezuchtanlage in Mecklenburg (SCHRÖDER 1978) oder in den literarischen Protokollen von Gerti Tetzner (TETZNER 1985) und Gabriele Eckart (ECKART 1985) – nun nicht mehr in erster Linie als ein Problem der Menschen, die sich nicht an Traktoren und Massenviehzucht gewöhnen konnten, sondern als eines der Natur, die unter den neuen Bedingungen ihr Leben auszuhauchen drohte. Die ehemaligen Opfer waren zu Tätern geworden, die sich mit den neuen Produktionsmethoden längst abgefunden hatten und die Folgen ihrer Arbeit verdrängten, während nunmehr Außenstehende vor den industriellen Technologien und ihren ökologischen Auswirkungen erschraken. Autoren wie GILSENBACH (1982) oder DÖRFLER (1986) u.a.m. thematisierten vor diesem Hintergrund erneut das instrumentelle Naturverständnis in der Moderne.

Auch die Folgen industrieller Großproduktion wurden nunmehr schärfer gekennzeichnet und oftmals tragisch zugespitzt: In Monika Marons Roman „Flugasche" (MARON 1981) kommt ein Arbeiter ums Leben bei dem Versuch, die Schließung eines vollkommen veralteten Braunkohlekraftwerkes zu erreichen, und die junge Berliner Journalistin, die ihn dazu verleitet hatte, verliert ihre Anstellung, weil sie sich von ihrem Aufbegehren gegen die katastrophalen Umweltbedingungen in B.(itterfeld) nicht distanziert. In Joachim Nowotnys Arbeiten „Abschiedsdisco" und „Letzter Auftritt des Komparsen" (NOWOTNY 1980 und o.J.) raubt der Braunkohlebergbau als Synonym für technisch-ökonomische Rationalität den Menschen ihre natürliche und soziale Umwelt, sodass für Optimismus immer weniger Platz bleibt: Während in der ersten Erzählung noch ein alter Mann die Hoffnung ausstrahlt, auch nach der Vertreibung aus seinem Dorf eine sinnvolle Aufgabe zu finden, was einen Rezensenten zu dem Urteil führte, „Optimismus wird intendiert" (NEUBERT 1982, 129), stürzt sich in der vor ähnlichem Hintergrund spielenden neueren Novelle „Letzter Auftritt des Komparsen" ein vernachlässigter Junge vom Kirchturm zu Tode, weil ihn eben diese Entwurzelung seelisch überfordert. Über das, was der riesige Tagebaubagger hinterlässt, schreibt Nowotny: „Die Landschaft wurde unwirklicher mit jedem Schritt. Urgewalten hatten den Asphaltbelag der Straße zerfressen, zerquetscht, vom Schotter gerissen und beiseite geschleudert. Quer durch den hohen Kiefernbestand mochte ein stählerner Saurier seine Spur gezogen haben; die Randbäume standen zerschunden und nackt neben dem Gemisch aus Rinde, Nadelmulm und Spänen, das von ihren

Nachbarn übriggeblieben war. Die Vögel schwiegen, und die Sonne schien gleichgültig." (NOWOTNY o.J., 37)

Die literarische Auseinandersetzung mit den Folgen industrieller Großprojekte thematisierte nun nicht mehr nur deren lokale Folgen für Mensch und Umwelt, sondern äußerte generelle Zweifel an diesem technisch-ökonomischen Entwicklungspfad. Deutlich wird dies etwa in dem Familienroman „Das Erbe" von Helmut H. Schulz, in dem das alte Thema „Bau eines Großkraftwerkes" aufgegriffen wird, der Ingenieur Koblenz jetzt aber darüber reflektiert, wohin der steigende Energieverbrauch überhaupt führt: „Wofür wurden die Kohlelager geplündert? Für Industriestrom, für eine Millionenzahl kleiner Maschinen, und die Produktion all dieser Maschinen verursachte wiederum ein Anwachsen des Energieverbrauches; kaum einer machte sich noch darüber Gedanken, wenn er tagsüber in Gang setzte, was Strom fraß. (...) Großkraftwerke brachten mit ihrer Umweltbelastung neue, kaum noch lösbare Ökologiefragen mit sich. (...) Wo also lagen die  Wachstumsgrenzen dieses kleinen Landes? Schufen sie eine Industriesteppe, um eines recht zweifelhaften konsumtionellen Fortschritts willen? (...) Soviel wußten doch die Fachleute, ungestraft, ohne schwere Folgen, ließen sich die Bio-Systeme der Großräume nicht verändern. Die alte Formel aller Fortschrittsgläubigen, es gebe nichts, was sich mit den richtigen Mitteln und mit Zeit nicht lösen ließe, hatte längst an Wert eingebüßt. Herrschaft über die Natur? Gestörte Umwelten – die abtretende Generation überließ den Nachkommen unlösbare Aufgaben." (SCHULZ 1982, 340 f.)

Der Wandel der Auffassungen schlug sich besonders deutlich in einem grundlegend geänderten Verhältnis der Schriftsteller zu Wissenschaft und Technik nieder (vgl. FÖRTSCH 1984 und 1986), das das technisch-ökonomische Rationalitätsverständnis in der DDR zunehmend herausforderte und zu erregten Debatten mit den betroffenen Naturwissenschaftlern führte, ob der wissenschaftlich-technische Fortschritt überhaupt noch mit Humanität gleichzusetzen wäre. So unterschiedliche Autoren wie Jurij Brězan, Hanns Cibulka, Franz Fühmann, Erik Neutsch, Dieter Noll u.a. beschäftigten sich mit den Strukturen und potentiellen Gefahren des Wissenschaftsbetriebes, und zwar unabhängig von ihrer Nähe oder Distanz zum politischen System der DDR. Dabei ging es nicht nur um Beschreibungen der häufig irrationalen, jedenfalls nicht vorrangig an gesamtgesellschaftlicher „Vernunft" orientierten inneren Arbeitsweise der DDR-Wissenschaften, die schon für sich genommen den Wissenschaftsbegriff in der DDR seiner ideologischen Überhöhung beraubte, sondern vor allem um grundsätzliche Kritik an den Auswirkungen von Wissenschaft und Technik und ihrer Vorherrschaft über andere Formen von Wirklichkeitserfahrung.

Charakteristisch für die ökologische und wissenschaftskritische Diskussion in der DDR-Literatur war seit Ende der 1970er Jahre, dass sie immer weniger punktuelle Probleme der sozialistischen Industriegesellschaft thematisierte, sondern die Rationalität der industriellen Zivilisation insgesamt in Zweifel zog – und zwar unabhängig vom jeweiligen politischen System. Zu einer offenen Kontroverse über den systemübergreifenden Charakter der Umweltzerstörung kam es erstmals 1979 in der Literaturzeitschrift „Sinn und Form", weil Günter Kunert sich weigerte, in diesem Zusammenhang auf das Wörtchen „symmetrisch" zu verzichten. Über die Behauptung, dass der Fortschritt unter sozialistischen Bedingungen nicht gegen, sondern für den Menschen wirke, schrieb Kunert: „Daß dieses klare Ideologem den Wert einer Seifenblase hat, muß nicht besonders betont werden: Es ist durch eine Realität widerlegt worden, in welcher eine volkseigene Industrie, unabhängig von ihrer andersgearteten Organisationsform und Besitzgrundlage, ebenfalls kein reines Manna in die Flüsse und Seen leitet und nicht schieren Sauerstoff von sich gibt. Aus einem sozialistischen Automobil, so ist entgegen aller ‚wissenschaftlichen' Weltanschauung zu fürchten, kommt das gleiche Gift wie aus einem kapitalistischen, und es richtet sich überhaupt nicht danach, wer es fährt." (GIRNUS 1979, 850)

Die Ersetzung systemischer Kategorien durch Hinweise auf eine allgemeine fundamentale Krise des Industriesystems paarte sich in der DDR-Literatur der 1980er Jahre mit zunehmender Zukunftsangst und negativen Utopien: Angst vor der Rüstung, Angst vor der schleichenden Destruktion der Materie durch Umweltzerstörung. Eine geistige Verfassung war herangereift, die Hanns Cibulka exemplarisch in seinem Buch „Swantow" beschrieb, in dem ein Schriftsteller seine Gedanken notiert über die existenzielle Bedrohung des Menschen im ausgehenden 20. Jahrhundert. Über den spannungsgeladenen Zustand auf der Erde war in den Aufzeichnungen, die 1981 zunächst in „Sinn und Form" und 1982 in entschärfter Fassung als Buch erschienen, zu lesen: „Metallene Riesenvögel ziehen durch die Luft, Kampfhubschrauber fliegen in Kirchturmhöhe über das Land, vor der Küste liegen die Zerstörer. Die inneren Spannungen, die eine solche Umwelt auslöst, gehen an keinem Menschen spurlos vorbei, sie übertragen sich auf sein Denken, Fühlen und Handeln. (...) Steht die Menschheit vor ihrem eigenen Abgrund?" (CIBULKA 1982, 107)

Hinweise auf die Nähe dieses Abgrundes durchzogen die Überlegungen des Schriftstellers wie ein roter Faden: Umweltzerstörung, radioaktive Verseuchung, vergiftete Nahrungsmittel, Leiden an der Zivilisation, denen gegenüber die moderne Medizin machtlos ist. „Lagebericht" hieß ein Gedicht, das die Überlegungen des Schriftstellers verdichtet wiedergab: „Nicht musisch/lebt heute der Mensch,/berechnend/geht er durchs Leben./zeichnet Kegel, Kreise,/ Parallelogramme,/im Fadenkreuz/sucht er/den eigenen Standort./In seiner Hand/Graugestein/von einem anderen Planeten,/ausgewiesen/hat er die Engel,/Satellitenkiller,/ ein Resthimmel./nur noch für Stunden/geöffnet./Raketen/reißen Löcher/in die Schutzhülle der Erde./kometenhaft/zieht über den Himmel/das Wort: Fortschritt/ Erlaubt ist alles,/was dem Denken Freude macht,/doch in der Tat,/da liegen Tod und Leben/hautnah/beieinander". (ebenda 36 f.)

Auch Marianne BRUNS (1979) bettete in ihren Roman „Der grüne Zweig" Berichte über Anzeichen einer globalen ökologischen Katastrophe in die zur Parabel ausgebaute biblische Erzählung vom Untergang der Menschheit durch die Sintflut. Und Eberhard Panitz beschrieb in der Erzählung „Eiszeit" die unterschiedlichen Verhaltensweisen von Überlebenden einer atomaren Katastrophe, die von Wegsehen über Phrasendreschen bis zur unbeirrten Hoffnung reichen oder die Situation als „Rache der Natur" deuten: „Seiner Meinung nach müßte es der Menschheit ein Alarmzeichen sein, wie die Natur jetzt zurückgeschlagen habe. Man hätte ja überall Raubbau getrieben, ganze Wälder abgeholzt und weggebaggert, Fichten und Tannen sterben lassen, die Erde ausgehöhlt, Öl hochgepumpt und wer weiß was verpulvert und in die Luft geschossen. Aber ein Übel hätte jeweils ein viel größeres zur Folge, alles käme aus dem Lot, und das bißchen Flickwerk und die paar

Bäume, die er pflanze, nützten da längst nichts mehr. Schließlich gebe es eine Knall, keinen Krieg, sondern eine doppelte oder zehnfache Katastrophe wie die jetzige, dann sei wirklich alles aus." (PANITZ 1983, 15)

Die Reaktorkatastrophe von Tschernobyl im April 1986 wurde von vielen Schriftstellern als eine Bestätigung solcher Untergangsvorstellung begriffen. Welchen Stellenwert dieses Ereignis hatte, zeigte sich insbesondere in der 1987 erschienenen Erzählung „Störfall. Nachrichten eines Tages" von Christa Wolf, in der die Autorin – trotz der Tabuisierung des Themas „Atomenergie" in der DDR – die Reaktionen und Gedanken der Menschen auf die zur Wirklichkeit gewordene Negativ-Utopie beschreibt: „Am Sonnabend voriger Woche, um ein Uhr fünfundzwanzig Ortszeit, gab es einen Brand im Maschinenhaus des vierten Reaktorblocks. (…) Was nach Aussage der Physiker höchstens einmal in 10.000 Jahren hätte geschehen können, ist jetzt geschehen. Zehntausend Jahre sind eingeschmolzen auf diesen Tag. Das Gesetz der Wahrscheinlichkeit hat uns zu verstehen gegeben, daß es ernst genommen werden will." (WOLF 1987, 48)

Wurden die Arbeiten jüngerer Schriftsteller aus den frühen 1960er Jahren nach einer Erzählung von Brigitte Reimann als „Ankunftsliteratur" bezeichnet, in der die Erfahrung einer widersprüchlichen sozialistischen Wirklichkeit beschrieben wurde, konnte man in den 1980er Jahren im Gegenzug von einer Art „Endzeit-Literatur" sprechen, die mehr und mehr um fundamentale Probleme der menschlichen Existenz kreiste, auf die man sich durch die moderne Industriegesellschaft zurückgeworfen sah. Sowohl die Hinwendung der Schriftsteller zu mythologischen Stoffen (WOLF 1983) als auch das Fehlen von positiven Zukunftsvorstellungen gaben einer solchen Stimmungslage Ausdruck, in der Wirklichkeit, wenn sie zu Ende gedacht wird, in erster Linie bedrohlich wirkte. Vor die entleerte sozialistische Perspektive schob sich die negative Utopie wie in der Erzählung „Der Staunemann" von Jurij BRĚZAN (1980a), in der ein Mann stellvertretend für die Bevölkerung über Naturschönheiten staunen soll, weil diese in der entwickelten Industriegesellschaft dazu keine Zeit mehr hat – industrielle Arbeitsteilung auf die Spitze getrieben.

Dass eine *Frau* in der Geschichte von Jurij Brězan vom gewohnten Heimweg abweicht und verwundert die Schönheit und Einzigartigkeit von Blumen und Bäumen erfährt, stand für eine andere Tendenz der DDR-Literatur in den 1980er Jahren, die mit der zivilisatorischen Kritik verknüpft war: Die Destruktion der Materie durch Umweltzerstörung oder Aufrüstung erschien vielfach als maskulin verursacht, so dass ein anderer Umgang mit der Natur auch eine Stärkung femininer Verhaltensweisen erforderte, wie Christa Wolf oder Irmtraud Morgner meinten. In ihrem Roman „Amanda" schrieb Irmtraud Morgner: „Alleinherrschendes Eroberungsdenken in Gesellschaft, Wissenschaft und Technik hat die Erde an Abgründe geworfen. Eroberungsdenken von Männern – eine Kulturzüchtung, nicht Männernatur. Diese Züchtung wurde bis zur Perversion, die Selbstvernichtung einschließt, hochgetrieben. Nur wenn die andere Hälfte der Menschheit, die Frauen, bestimmte, bisher nur für private Zwecke entwickelte Fähigkeiten und Tugenden in die große Politik einbringt, können atomare und ökologische Katastrophen abgewendet werden. Nur wenn die Männer und die von Männern geführten progressiven Regierungen erkennen, daß sie die Probleme der Weltpolitik und Ökologie und ihre eigenen ohne gewisse Fähigkeiten und Tugenden der Frauen nicht bewältigen und entsprechend handeln, kann der Planet gerettet werden." (MORGNER 1983, 365)

Trotz der fundamentalistischen Wendung, die die Zivilisationskritik in der DDR-Literatur in den 1980er Jahren nahm, war sie nicht gegen die sozialistische Gesellschaft gerichtet, sondern unterstellte unausgesprochen deren Veränderungsfähigkeit: Die Schriftsteller verleiteten weder zur Resignation, noch forderten sie zur Veränderung der politischen und ökonomischen Strukturen im Wege eines politischen Umsturzes auf. Sie orientierten vielmehr auf eine sanfte Revolution des Bewusstseins und suchten Verständnis auch in den zu transformierenden Sektoren Wissenschaft, Politik und Ökonomie. Indem sie auf Defizite verwiesen, forderten sie dazu auf, eine neue zivilisatorische Formation zu entwickeln, die Wissenschaft und Poesie, Verstand und Gefühl, Sein und Haben, Weltbetrachtung und Selbstverwirklichung wieder zusammenbringt. Hanns Cibulka kennzeichnete die Therapie mit den Worten: „Die schwierigste aller Revolutionen steht uns immer noch bevor, die Revolution gegenüber uns selbst, gegen unsere eigene Trägheit, den Egoismus, den Machtinstinkt, eine Revolution, die uns lehrt, ganz anders über den Menschen zu denken als bisher." (CIBULKA 1981, 49)

Dass diese innere Revolution nicht in erster Linie Produkt einer rationalen Einsicht sein kann, sondern eine Veränderung von Wertorientierungen, moralischen Haltungen und emotionalen Bezügen verlangt, ist ein Problem, das 1983 auch auf dem IX. Schriftstellerkongress eine Rolle spielte. Gerade die Literatur sollte hier offenbar nach Ansicht mancher Autoren Funktionen wahrnehmen, die Wissenschaft nicht übernimmt oder übernehmen kann. Reimar Gilsenbach, Autor einer Art Anleitung zum ökologischen Umgang mit der natürlichen Umwelt, „Rund um die Natur" (1982), erklärte in seinem Referat: „Wir leisten Erkleckliches, um durch Argumente, Wissen, Erkenntnisse für einen rationalen Umgang mit der Natur zu werben; wir sind zurückhaltend, wenn es sich um die Erziehung der Gefühle handelt, um die Vermittlung von Wertungen, die sich aus dem Mensch-Natur-Verhältnis ergeben; wir sind Stümper, wenn es darum geht, diese Wertungen in Millionen von Menschen so zu verinnerlichen, daß sie zu moralischen Haltungen werden, zu einer sozialistischen Ethik, die das Sich-verantwortlich-

Fühlen für die Natur dieses Planeten zu einem Charakterzug des neuen Menschen macht." (GILSENBACH 1983, 88 f.)

Die Strategie einer evolutionären Veränderung, die auf die Transformation des Individuums setzt, war ebenso typisch für die DDR-interne kritische Umweltdiskussion wie ein Ausdruck der politischen Verhältnisse, die radikalen Protest oder Gegenbewegungen verboten. Dennoch konnten ihre Wirkungen durchaus gesamtgesellschaftlich bedeutsam werden, weil der Appell an Verantwortungsbewusstsein und Bürgerinitiative letztendlich auch die Entscheidungsstrukturen des politischen Systems berührte. Der industrielle Zentralismus hätte jedenfalls weniger reibungslos funktioniert, wenn jeder DDR-Bürger sich an die Verhaltensregeln von Gilsenbach gehalten hätte: „Was sollen wir tun? Nicht schweigen, sondern mitreden, wenn wir sehen, daß irgendwo die Natur gefährdet ist, ihre Schätze vergeudet, ihre Vielfalt verstümmelt werden. Sage nicht, das sei nur die Sorge einiger Umweltschützer und Naturschwärmer! (…) Jeder ist aufgefordert, sie zu verteidigen. (…) Fühl dich betroffen, misch dich ein, nimm deine Schuldigkeit auf dich." (GILSENBACH 1982, 7)

Eine Politisierung der Umweltdiskussion in diesem Sinne war bei vielen Schriftstellern, die sich vorher literarisch oder theoretisch dazu geäußert hatten, vor allem in der zweiten Hälfte der 1980er Jahre zu beobachten. Aber auch in den literarischen Arbeiten wurde nun der *politische* Charakter des Konfliktes stärker betont und dieser in der DDR-Gesellschaft konkret verortet, vorausgesetzt die Verlage akzeptierten eine solche Darstellung. „Hart prallen die Interessen aufeinander", hieß es im Klappentext des erst nach vielen Korrekturen erschienenen Romanes „Der stille Grund" von Lia Pirskawetz, in dem eine junge Frau als Ratssekretär darüber entscheiden muss, ob eine neue Werkhalle entgegen den Vorschriften in ein Landschaftsschutzgebiet gebaut werden soll oder nicht (PIRSKAWETZ 1985).

In diesem Sinne spielte die Umweltproblematik auch auf dem X. Schriftstellerkongress der DDR im November 1987 eine herausragende Rolle, ausgelöst vor allem durch eine Rede des sorbischen Schriftstellers Jurij Koch, dem der damalige Umweltminister der DDR, Hans Reichelt, persönlich antwortete. Koch prangerte in seiner Rede die zerstörerischen Folgen des Braunkohletagebaus an – insbesondere für die sorbische Minderheit, deren kulturelle Identität durch das Abtragen der Dörfer existenziell bedroht würde – und warnte vor einem drohenden ökologischen Untergang. Ausgehend von einer Meldung über die feierliche Eröffnung eines neuen Tagebaus erklärte Koch: „Beschädigung? Danach wird nicht gefragt, denn es ist nicht üblich, die andere Seite der dialektischen Einheit mitzudenken, geschweige sie öffentlich in Betracht zu ziehen. Danach frage *ich* hier und künftig, denn es gehört zur Ethik meines Berufes, die mir permanenten Zweifel auferlegt.

(...) Der Neuaufschluß eines Tagebaus (...) wird als Sieg gefeiert, mit dem stereotypen Pathos, das sich auf die größten Absetzer und Förderbrücken bisheriger Zeiten beruft, auf die freigelegte, also verfügbare Kohle, auf das kopfstehende Tertiär, übergehend den landesweiten, wenn nicht kontinentalen, vielleicht sogar planetaren Schaden versetzter Berge und Hügel, verlegter Flüsse, verfüllter Senken des Urstromtals, verschwundener Dörfer und angefressener Peripherien der Städte, der durch Staub und Schwefeldioxid verunreinigten Luft, des verlorenen nützlichen Bodens (...). Wieviel verlieren wir, wenn wir soviel gewinnen? Warum eigentlich verbrauchen wir weit mehr als das Doppelte an Energie als die Japaner? (...) Noch immer werden in der Zeit automatischer Apparate, der vielfältigsten thermostatischen Lösungen die Raumtemperaturen bei uns mit der Bewegung des Fensterflügels geregelt. (...) Wir berauschen uns an unseren gigantischen Maschinen, die sich energisch an die fossilen Energieträger machen, und verdrängen die unangenehmen leisen Ängste mit dem gewohnten gewöhnlichen Optimismus, daß unter sozialistischen Bedingungen der Schaden ausbleiben muß. Nein, er bleibt nicht aus." (KOCH 1988, 110 f.)

2. Die Realität der Umweltkrise im Spiegel der Literatur

Begreift man die Schriftsteller der DDR, ihre Diskussionen und literarischen Arbeiten als eine Arena gesellschaftlicher Problemartikulation in einem politischen System, das für die Thematisierung von Umweltproblemen ansonsten nur wenig Raum gewährte, dann bedeutet dies, dass die bislang skizzierten Entwicklungen nicht allein unter literaturwissenschaftlichen Aspekten analysiert werden können. Literatur drückt in diesem Verständnis in einem nicht genau zu fixierenden Umfang auch gesellschaftliche Bewusstseinslagen aus und kann somit als Indikator für die wachsende Relevanz zivilisationskritischer Stimmungen gelten, über die es sonst für den Bereich der DDR keine Erhebungen gab. Darüber hinaus geben die literarischen Texte eine Ansicht der Wirklichkeit, die in dieser Weise in anderen offiziellen Veröffentlichungen aus der DDR nicht zu finden war – was sie deshalb in besonderer Weise dazu geeignet machte, zeitgeschichtlichen Analysen als „alternative" Untersuchungsquelle zu dienen. Angesichts der beschränkten Analysemethoden und des geringen Materials, die beim Thema Umweltzerstörung bis zum Herbst 1989 für die DDR zur Verfügung standen, macht es Sinn, Literatur auch als Spiegel gesellschaftlicher Wirklichkeit zu nutzen.

Wie erlebten DDR-Schriftsteller die Zerstörung der Natur und die Veränderung der Lebensbedingungen im Zuge der Modernisierungsprozesse in der sozialistischen Industriegesellschaft?

2.1 Luftverschmutzung

„Die Stadt, kurz vor Herbst noch in Glut getaucht nach dem kühlen Regensommer dieses Jahres, atmete heftiger als sonst. Ihr Atem fuhr als geballter Rauch aus hundert Fabrikschornsteinen in den reinen Himmel, aber dann verließ ihn die Kraft, weiterzuziehen". Mit diesen Sätzen begann Christa Wolf ihren 1963 erschienenen Roman „Der geteilte Himmel", es war die Beschreibung der Industriestadt Halle. Weiter hieß es: „Jedes Kind konnte hier die Richtung des Windes nach dem vorherrschenden Geruch bestimmen: Chemie oder Malzkaffe oder Braunkohle. Über allem diese Dunstglocke, Industrieabgase, die sich schwer atmen. Die Himmelsrichtungen bestimmte man hier nach den Schornsteinsilhouetten der großen Chemiebetriebe, die wie Festungen im Vorfeld der Stadt lagen." (WOLF 1976, 7)

Ähnlich drastisch beschrieb auch die verstorbene Schriftstellerin Brigitte Reimann in ihrem fragmentarischen Roman „Franziska Linkerhand" die Fahrt durch Braunkohleabbaugebiete in das industrialisierte Halle: „,Passen Sie auf, Fräulein, jetzt kommen wir in das Gebiet des schwarzen Schnees.' Schwarzer Schnee. Das beeindruckte sie, es klang wie ein Romantitel und erweckte in ihr Vorstellungen von einem finstern schönen Land, (…) während ihre Augen nichts anderes sahen als gelbbraun verfärbte Baumskelette, die Tümpel toter Gruben, die graue Schmutzschicht, den fetten Kohlenstaub auf den Kippen, flachen, einsinkenden Hügeln – und ihre Nase, mißtrauisch schnüffelnd, einen stechenden Geruch wahrnahm, der durch die Ritzen der Abteilfenster drang und, als sich der Zug der Neustadt näherte, dicker, beinahe greifbar wurde, ein Höllengestank von Schwefel und faulen Eiern." (REIMANN 1978, 120 f.)

Schließlich findet sich auch in dem 1964 erschienenen Roman „Spur der Steine", der ähnlich wie die Arbeiten von Christa Wolf, Karl-Heinz Jakobs oder Brigitte Reimann aus dieser Zeit als wegweisendes Werk der sozialistischen Gegenwartsliteratur galt, die Beschreibung einer südlichen Industriestadt der DDR. Die staubige, giftige Luft gilt hier wie in den anderen zitierten Texten als prägendes Kennzeichen der Lebensbedingungen in dieser Region: „Sechzehn Schornsteine stützen den Himmel über der Stadt (…). Tag und Nacht wälzt sich der Qualm aus den sechzehn Essenschlünden, Tag und Nacht. Er schwärzt im Winter den Neuschnee auf den Äckern, rußt im Frühling über die weißen Blüten der Kirschbaumzeilen an den Chausseen, trübt sogar im Herbst noch die novemberdunklen Flüsse und umflort die heiße gelbe Sonne. Wenn der Wind von Westen herüberweht, was nicht selten geschieht, dann bringt er oft Regen mit, einen schmutzigen, klebrigen Regen, der den Ruß aufgesaugt hat und ihn auf das Pflaster, die Dächer, auf die Felder und die Baumkronen legt. (…) Der schwarze, zu Pulver gebrannte Staub auf den Straßen flattert in langen Fahnen hinter den Autos her, sickert in die Schuhe der Fußgänger, in jede Ritze der Kleidung, knirscht zwischen den Zähnen. Über allem zieht der Qualm, und die Luft ist geschwängert vom fauligen Geruch der Schwefelgase." (NEUTSCH 1967, 9 f.)

Dass sich am Zustand der schwer belasteten südlichen Industriereviere im Laufe der Jahre kaum etwas geändert hatte, war einer Beschreibung in dem 1981 erschienenen Roman „Flugasche" von Monika Maron zu entnehmen, mit der sie die von Halle kaum 40 Kilometer entfernt liegende Stadt B.(itterfeld) skizzierte. Wieder war es eine Frau, die betroffen ist von der Gewalttätigkeit der industriellen Großproduktion: „Diese Schornsteine, die wie Kanonenrohre in den Himmel zielen und ihre Dreckladung Tag für Tag und Nacht für Nacht auf die Stadt schießen, nicht mit Gedröhn, nein, sachte wie Schnee, der langsam und sanft fällt, der die Regenrinnen verstopft, die Dächer bedeckt. (...) Und diese Dünste, die als Wegweiser dienen könnten. Bitte gehen Sie geradeaus bis zum Ammoniak, dann links bis zur Salpetersäure. Wenn Sie einen stechenden Schmerz in Hals und Bronchien verspüren, kehren Sie um und rufen den Arzt, das war dann Schwefeldioxyd." (MARON 1981, 16) Von ähnlichen Erfahrungen berichtete 1989 der Schriftsteller und Kreistagsabgeordnete Matthias Körner aus dem Raum Cottbus: „Diese Brikettfabriken ähneln mehr technischen Denkmalen als Produktionsstätten einer dynamischen, modernen Industriegesellschaft. (...) Die Leute in der Umgebung (...) leben unter üblen Bedingungen. Am Morgen schichtweise Kohlenstaub, die wenigsten Straßen im Ort sind asphaltiert; man stelle sich vor: Autos, Trockenheit, Wind. Früher fuhr wenigstens ein Sprengwagen." (KÖRNER 1989, 34)

Zu den unmittelbaren Folgen der Luftverschmutzung gehörte neben Auswirkungen auf die Gesundheit des Menschen die Zerstörung der Waldbestände, die in der DDR enorme Ausmaße angenommen hatte, aber offiziell hartnäckig dementiert oder verharmlost wurde (vgl. HONECKER 1986). Einer der wenigen offiziell veröffentlichten Hinweise auf die Dramatik des Waldsterbens in den Mittelgebirgen der DDR findet sich in einer Erzählung von Armin Müller, die er 1985 veröffentlichte und die von einem Geigenbauer handelt, der kein Holz mehr zum Bau seiner Instrumente findet: „Der Alte zeigte auf den Hang gegenüber, auf die Schonung mit den Fichten, und sagte: Die werden nicht so alt. Ich wußte, wie sehr es ihm zu schaffen machte, daß nun auch junge Bäume, sieben- und achtjährige schon, unheilbar erkrankt waren. Ihre Zahl wuchs von Monat zu Monat, das sah er mit eigenen Augen. Er brauchte keinen Computer, um sich auszurechnen, wann die Wälder nur noch eine schöne Erinnerung sein würden. Auf Spaziergängen hatte er mir die rostroten Nadeln gezeigt, trockene Triebe in der Hand zerrieben und geseufzt: Was soll nur aus uns werden? Das Schicksal der Menschen war für ihn an das Schicksal der Bäume gekettet." (MÜLLER 1985, 17 f.)

2.2 Wasserverschmutzung

Neben der Luftverschmutzung, deren wichtigste Ursache die Braunkohleverbrennung und die Chemieindustrie waren, fanden sich in der DDR-Literatur immer wieder auch Hinweise auf die Verschmutzung der Gewässer. So schrieb Christa Wolf 1963 über den Hallenser Fluss, die Saale: „Der war, seit Manfred ihn als Kind verlassen hatte, nützlich und unfreundlicher geworden: er führte watteweißen Schaum mit sich, der übel roch und vom Chemiewerk bis weit hinter die Stadt den Fisch vergiftete. Die Kinder von heute konnten nicht daran denken, hier schwimmen zu lernen." (WOLF 1976, 29)

Auch Erik Neutsch beschrieb die Flüsse der südlichen Industriegebiete als „modrig" und „mit den Abwässern der Werke vollgepumpt", stieß sich am Namen des mit Industrieabwässern verseuchten Flusses „Weiße Elster". Der Literaturkritiker Steffen Peitsch erzählte, wie ein Volkskammerabgeordneter „in ein paar Seen der Eberswalder Umgebung gebadet und kurz danach seinen gewaltigen Körper ablichten lassen (hatte): Ausschlag, Pickel, Pustel, Rötungen allenthalben." (PEITSCH 1989, 15) Und Hanns Cibulka berichtete von der Ostsee, dass diese in der Bucht von Gdansk biologisch umgekippt sei, so dass das Baden und das Betreten des Strandes verboten werden mussten. „Die Natur schlägt zurück", schrieb er, „wer weiß, wie lange wir an der Ostküste unserer Insel noch baden können." (CIBULKA 1982, 64)

Um Wasserverschmutzung ging es auch in dem Roman „Der grüne Zweig" von Marianne Bruns, in dem ein – allerdings westlicher – Wasserwirtschaftler sagt: „Die DDR schickt uns ihre versalzene (durch die Kali-Werke versalzene) Werra ins Land, (…) wir sind eifrig und erfolgreich dabei, aus jedem Fluß und See eine Kloake zu machen. Ein Fluß nach dem andern, ein See nach dem andern kippt um. (…) Alle Pflanzen tot, alle Fische tot, kein Leben mehr, kein Sauerstoff mehr vorhanden." (BRUNS 1979, 80 f.)

Interessant wird es dann, als ein Verlagslektor dem entgegenhält, dass es auch Beispiele gebe, wo solche toten Gewässer wieder gereinigt und damit gerettet worden seien, denn ganz ähnlich hatte 1979 auch der Chefredakteur von „Sinn und Form" argumentiert in seiner Erwiderung auf den kritischen Brief von Günter Kunert: „Störungen im biologischen Haushalt der Natur können überwunden werden (…). Der Zürcher und der Vierwaldstätter See, die ich aus meiner frühesten Jugend noch als sehr oligotroph gekannt habe, waren dank Unwissen und Unvernunft eutroph oder mindestens mesotroph geworden. Dank menschlicher Vernunft gelangten sie auf den Weg der Heilung. Unsere Feldberger Seen haben ein ähnliches Schicksal erlebt: Hartnäckigkeit, Geduld, verbunden mit wissenschaftlicher

Einsicht, führen sie auf den gleichen Weg wie die Schweizer Seen – so dürfen wir hoffen." (GIRNUS 1979, 859)

Die Kontroverse in der Literaturzeitschrift „Sinn und Form" wurde nicht weitergeführt, und so blieb jene Erwiderung unausgesprochen, die der Wasserwirtschaftler dem fiktiven Verlagsdirektor bei Marianne Bruns entgegenhält: „Palic-See, wie? (ein gereinigter jugoslawischer See, von dem vorher die Rede war, H.K.) unterbrach Peters, habe ich auch gelesen. Fünf Quadratkilometer groß, vier Meter tief. Achthunderttausend Kubikmeter vergifteter Schlamm mußten herausgebaggert werden. Es hat vier Jahre gedauert, bis er wieder sauber war, und hat viele Millionen gekostet. (...) Aber wissen Sie, daß das Mittelmeer demnächst umkippt? Und das ist nicht nur fünf Quadratkilometer groß, sondern 300 Millionen, und nicht nur vier Meter tief, sondern bis zu 4400. Es sind schon jetzt mehr Gase drin als Sauerstoff. Und 12 Millionen Tonnen organischer Schmutz und andere unangenehme Zutaten (...). Oja, es geschieht manches. Bei uns zum Beispiel beginnen die Massen sich zu rühren, so daß einiges in Gang kommt. Nur zu langsam: Die Verschmutzung ist schneller als die Regeneration." (BRUNS 1979, 81 f.)

2.3 Die „Unwirtlichkeit der Städte"

Die moderne Industriegesellschaft hat auch die urbanen Lebensverhältnisse der Menschen in kurzer Zeit grundlegend revolutioniert: Wo vormals kleine überschaubare Städtchen wuchsen, wohnen heute Hunderttausende von Menschen auf engem Raum. Die ursprünglich zusammenhängenden Bereiche Wohnen, Arbeiten und Ernährung zerfielen in unabhängige und räumlich weit voneinander entfernte Sektoren, Bedürfnisse nach höherer Wohnqualität wurden mit den Mitteln des industriellen Massenwohnungsbaus durch standardisierte Neubauten rasch und massenhaft zu befriedigen versucht. Die geistige Haltung, die solch eine urbane Verstümmelung ermöglichte und in der Bundesrepublik ganze Stadtkerne bis zur Unkenntlichkeit veränderte, fand – unter sozialistischen Bedingungen – auch in der DDR ihre Entsprechung. Dorothea Kleine zitiert in ihrem Roman „eintreffe heute" eine junge FDJ-Funktionärin, die über die im Jugendstil erbaute Altstadt ihres Wohnortes urteilt: „Direkt schlecht sah das nicht aus, aber es war eben alles uneinheitlich und keine Spur sozialistisch, demnach nicht zeitgemäß. (...) Ich träumte davon, daß alles weggerissen würde, daß da helle hohe Häuser hinkämen mit Fernheizung und Müllschluckern und daß alles sauber und einheitlich würde. Meine Begeisterung floß in Referate, Vorlagen und Reden ein, und eigentlich wunderte ich mich, daß es einige gab, die mich nicht verstanden oder verstehen wollten." (KLEINE 1978, 17)

Die bedeutendste Kritik an dieser Form moderner Großstadt-Architektur, die in der DDR lange als „sozialistische Errungenschaft" gefeiert und erst in den 1980er Jahren von anderen architektonischen Vorstellungen zumindest relativiert worden war, findet sich in dem 600 Seiten starken Roman „Franziska Linkerhand" von Brigitte Reimann. Eine junge Architektin will bei ihrer Planung einer Neubau-Stadt, der Neustadt, ihre Vorstellungen von einer menschengerechten Architektur umsetzen, doch ohne Erfolg, wie ihr jeder Blick aus dem Fenster hoffnungslos deutlich macht. Brigitte Reimann schreibt: „Jetzt, gegen elf Uhr, glich die Asphaltbahn einem toten Flußarm zwischen Ufern, die niemals ein Mensch betreten hat. Die Lampen an Peitschenmasten schütteten aus ihren platten Eidechsenköpfen eine Flut von kaltem grünem Licht (…). ‚Was Sie hier sehen, meine junge Freundin, ist die Bankrotterklärung der Architektur. Häuser werden nicht mehr gebaut, sondern produziert wie eine beliebige Ware, und an die Stelle des Architekten ist der Ingenieur getreten. (…) Wir sind Funktionäre der Bauindustrie geworden, für die Gestaltungswille und Baugewinnung Fremdwörter sind, von Ästhetik ganz zu schweigen. Wir haben unseren Einfluß verloren, in dem Augenblick, als wir den Bauherrn verloren, den Auftraggeber, der einen Namen und ein Gesicht hatte." (REIMANN 1978, 150 f.)

Dass der Traum vom sozialistischen Massenwohnungsbau für die Betroffenen zum Alptraum werden konnte, erfuhr auch der Schüler Stefan Kolbe in dem Jugendbuch „Insel der Schwäne" von Benno Pludra, das Ulrich Plenzdorf und Herrmann Zschoche 1982 als Vorlage für einen Film benutzten. Wie eine Gefängniszelle erlebt der Junge, der aus einem idyllischen Landhaus in ein Neubaugebiet ziehen musste, das Zimmer einer Mitschülerin, das sich von seinem eigenen in kaum etwas unterscheidet: „Links ist der Wohnraum, mit Durchreiche genau wie bei Familie Kolbe: 14/06, und rechts ist ein Zimmer, das seinem eigenen Zimmer bis auf die gelbe Kringeltapete gleicht: Liege an der Wand, Bücher gegenüber, am Fenster ein weißer Tisch." (PLUDRA 1980, 115)

Stefans Vater, der selber als Baufacharbeiter an der Errichtung solcher Bauten beteiligt ist, gerät in das Kreuzfeuer der Kritik seiner Familie, obwohl er selber in diesem „Silo" nicht ganz glücklich zu sein scheint: „‚Hab dich noch nie gesehen', sagt er, als er einen Schulfreund seines Sohnes zufällig im Haus trifft. ‚Ich Sie auch nicht', sagt Hubert. ‚Das machen die Häuser, sagt Stefans Vater. ‚In diesen großen Häusern kann man Jahre wohnen und hat sich nie gesehen.'" Und als sie zu dritt über das angrenzende Baugelände gehen, heißt es: „‚Wenn wir hier fertig sind (…), bau'n wir da drüben bei dem alten Kasten weiter. Wir bau'n die ganze Insel voll. Zuletzt geht sie unter.' Er lächelt ein bißchen, und man weiß nicht, war es ein Scherz, oder ist er grimmig, weil sie so viele große Häuser auf die kleine Insel bau'n. (…) ‚Hier soll ein Spielplatz hin.' (…) Er mißt die Fläche mit den

Augen, dann blickt er zum Neubau hin, der nah und gewaltig aufragt, düster und schwer gegen den weichen Nachmittagshimmel. Er blickt eine ganze Weile so hin, dann auf den künftigen Spielplatz zurück. ‚Bißchen viel Schatten', sagt er. (...) ‚Der Brocken da (...) läßt an den Spielplatz keine Sonne ran'" (PLUDRA 1980, 136 f.).

Stefan Kolbe und seine Freunde ergreifen daraufhin die Initiative, wenigstens den Spielplatz phantasievoll, unkonventionell und mit einem hölzernen Flusspferd in der Mitte auszugestalten, doch sein Vater ist dagegen. Als dieser das Vorhaben als „halbgewalkten Kram" disqualifiziert und am Ende sogar den liebevoll gemalten Entwurf seines Sohnes zerreißt, ergreift auch die Mutter Partei: „‚Das Flußpferd', sagt sie, ‚ist nicht halbgewalkt. Es ist lustig, das können die Kinder vertragen. Überhaupt was anderes mal als eure ewig glatten Wände. Alles bloß viereckig, was ihr macht, draußen wie drinnen, da wird man zuletzt noch selber viereckig von'" (PLUDRA 1978, 248).

Dass die „Unwirtlichkeit der Städte" Anlass zu apokalyptischen Visionen sein kann, demonstriert nicht nur Edith Andersen mit ihrem Kinderbuch „Der Klappwald". Auch Monika Maron läßt die Journalistin Josefa Nadler in dieser Weise berichten, als sie von der Redaktionskonferenz wegen solcher „Anspielungen" gerügt wird: „Ich hatte einen Beitrag über den Alex(anderplatz in Ost-Berlin, H.K.) geschrieben und darin meinen Ärger über die zugigen, tristen Fußgängertunnel auf zehn Zeilen ausgebreitet, harmlos, ich hatte freiwillig darauf verzichtet, unsere Zukunft unter den gepanzerten Straßen auszumalen, obwohl ich meine Visionen, die sich zeigten, sobald ich die Augen schloß und meiner Phantasie das Thema Städte und Autos in Auftrag gab, für durchaus mitteilenswert hielt. Auf der Erde dreistöckige Straßenzüge, in kunstvoller Statik über- und untereinandergeleitet, Serpentinen um Hochhäuser, Parkplätze auf Korridoren, Autoschleusen, Autolifts, in den Fenstern der alten Häuser Luftfilter statt der Glasscheiben, die neuen Häuser fensterlos, an den Fahrbahnrändern kümmerliche Bäumchen, die jede Woche ausgewechselt werden, länger leben sie nicht. (...) Elli lächelte mir milde zu. ‚Josefa, sicher wären Rolltreppen schöner. Aber ob in diesem Zusammenhang wirklich von einer inhumanen Konzeption gesprochen werden kann?' Rolltreppen, wer spricht von Rolltreppen? Da krauchen die Menschen wie durch Madengänge von einer Straßenseite auf die andere, damit sie den Autos nicht vor den teuren Gürtelreifen herumspringen, und Elli Meske will nur darüber nachdenken, wie man sie bequemer in ihre Kriechtunnel befördern kann'" (MARON 1981, 45f.).

Dass auch der motorisierte Individualverkehr in der DDR zu einem zentralen Umweltproblem geworden war, darauf verweisen zahlreiche Hinweise auf lärmende Fahrzeuge und stickige Abgase, die sich immer wieder in Romanen und Erzählungen aus der DDR finden. Doch Kritik, die die ganze Entwicklung zur

Auto-Gesellschaft in Frage stellt, wurde in der Literatur nur selten geäußert. Zaghaft wägen etwa Gerhard HOLTZ-BAUMERT (1974, 14 ff.) und Claus B. Schröder das Für und Wider ab und schlussfolgern: „Trotzdem: Es ist ein Fortschritt." (SCHRÖDER 1978, 104 f.) Lediglich Günter Kunert prangerte schon in den 1970er Jahren die Folgen der anwachsenden Motorisierung auch in der sozialistischen Industriegesellschaft an: „Die Frühzeit der Motorisierung ließ nicht im mindesten erkennen, was diese rollende Blechbüchse der Pandora barg: Umweltvergiftung, bauliche Destruktion der Städte, Zersiedelung der Landschaft, Betonierung notwendigen Bodens, Hunderttausende Unfallopfer pro Anno und – gerade zum augenblicklichen Zeitpunkt entscheidend – die Vernichtung des nie wieder nachwachsenden Rohstoffs Erdöl statt seiner überlegten Verarbeitung für lebenswichtige Dinge." (GIRNUS 1979, 852)

2.4 Industriemäßige Landwirtschaft

Die Zeiten, da sozialistische Literatur die rasche Technisierung auf dem Lande als Zeichen des gesellschaftlichen Fortschritts feierte, waren in der DDR in den 1980er Jahren endgültig zu Ende gegangen; geradezu fassungslos steht etwa Claus B. Schröder vor dem, was auf Parteitagen „industriemäßige Landwirtschaft" genannt wurde. Wozu der wissenschaftlich-technische Fortschritt auf dem Lande geführt hatte, beschrieb er in seinem Buch „In meines Großvaters Kinderwald", das den Besuch einer riesigen Schweinezuchtanlage schildert, wo Schweinefleisch „am laufenden Band" erzeugt wird „wie längst schon Kühlschränke, Radios, Waschmaschinen" (SCHRÖDER 1978, Klappentext). Selbst die Fortpflanzung wurde dort „industriemäßig" organisiert, die Schweine im Stall hatten vergessen, „was Eicheln sind, (…) Kartoffeläcker im Herbst, Regen im Blattwerk. (…) Diese Vergeßlichkeit hat sie uns brauchbar gemacht. Sie leben hinter sicheren Betonwänden (…) und lassen ihr Fleisch wachsen" (ebenda 101).

Eine solch gewaltige Tierkonzentration, die auch dem habgierigen Wüstenstamm in Marianne Bruns Parabel „Der grüne Zweig" zum Problem wird (BRUNS 1979, 111 f.), bringt die natürlichen Regeln des ökologischen Gleichgewichts durcheinander, lässt zum Beispiel riesige Mengen Gülle entstehen, mit der man nicht weiß, wohin. Bei Schröder fließt die „braune, stinkende Flüssigkeit" einfach in einen nahen See, der obendrein unter Naturschutz steht, und der Autor, vor die Alternative gestellt: „Was wollen Sie? Besser leben? – Oder lieber hungern?", weiß auch nichts anderes, als so weiterzumachen wie bisher: „Wir werden uns also auch hier etwas einfallen lassen müssen, einen weiteren Mechanismus der Natur außer Kraft zu setzen, oder wenigstens ein Stück von uns wegzuschieben" (ebenda 96 f.). Dennoch ist Schröders Resümee eher nachdenklich: „Eigentlich wächst unsere Nahrung schon aus den Produkten der chemischen Industrie. Der Acker war schon fast zum bloßen mechanischen Halter geworden, etwas in dem sich die Wurzeln halten können, als wir plötzlich merkten, daß es doch nicht so einfach ist. Aber immerhin, vorläufig denken wir noch nicht an das Ende höherer Erträge, bei freilich immer höherem Aufwand. Wir benötigen schon Flugzeuge, um Brot zu machen, und Futter, das uns durch ein Schwein hindurch zu Fleisch verwandelt wird." (SCHRÖDER 1978, 59 f.)

Wie sehr das in der Landwirtschaft genutzte Flugzeug zum Alltag auf dem Lande in der DDR dazugehörte, geht auch aus den Aufzeichnungen von Hanns Cibulka hervor. Cibulka schreibt in „Swantow": „Ich sehe am Horizont eine kleine, gelbe Maschine, die kommt näher. Es ist das Sprühflugzeug der LPG. Die Maschine dreht ein, der Pilot läßt sie durchfallen, streicht niedrig über die Felder. Eine gelbe Giftwolke bleibt zurück, die langsam über die Halme niedergeht. (…) Aus den bescheidenen Anfängen der Chemie ist ein hydraköpfiges Ungeheuer geworden; künstliche Düngemittel, Herbizide, Vergiftungen der Luft und der Gewässer, radioaktiver Niederschlag, und das alles soll sich auf die Gesundheit eines Menschen nicht auswirken? (…) Wir leben in einem unsichtbaren Schützengraben, von allen Seiten liegen wir unter Beschuß: Wasser, Luft, Ernährung, Strahlungsfelder. (…) Warum haben wir nicht den Mut, uns gegen die eigenen Lebensgewohnheiten zu stellen? Die Natur hat gar nicht mehr die Kraft, all das zu erneuern, was wir täglich in uns und in unserer Umwelt zerstören. Der Mensch mordet sich selbst, allerdings ist es ein Mord auf Zeit." (CIBULKA 1981, 47 ff.)

Zu ähnlichen Auffassungen gelangte auch Günter Kunert, doch er äußerte nicht einmal mehr die Hoffnung auf Veränderungen, weil jene „industrialisierte Landwirtschaft, über welche unsere anhaltende Vergiftung sich vollzieht", den „metaphorischen Tiger" bilde, „von dem wir nicht mehr absteigen können. Im Klartext: Landwirtschaft heute kommt nicht ohne Insektizide und Pestizide aus, will sie nicht riesige Ernteerträge einbüßen, wobei eine zusätzliche Komponente die zunehmende Resistenz der Schädlinge selber darstellt, zu deren Vertilgung gesteigerte Dosierungen von Gift nötig sind. Die Alternative zu dieser latenten und permanenten Vergiftung heißt Unterernährung für noch mehr Menschen, Hungertod für ganze Völkerschaften. (…) Vor der Wahl: verhungern oder sich vergiften, scheint keine dritte Möglichkeit eines Auswegs gegeben." (GIRNUS 1979, 851)

Wie sehr die „Sachzwänge" technisch-ökonomischer Rationalität in das Handeln und Denken der in der Landwirtschaft Beschäftigten eingegangen waren und dabei zu erschreckenden Verformungen geführt hatten, ging auch aus den literarischen Reportagen von Gerti Tetzner und Gabriele Eckart hervor. In den „Protokollen aus dem ‚Havelobst'" berichtete die zwanzigjährige Traktoristin Lydia, dass selbst das Verspritzen von Gift nach Leistung bezahlt würde. „Du mußt am

Tag deine zweitausend Liter spritzen, also immer voll auf die Düse!, sonst schaffst du das nicht. Obwohl für den Fleck vielleicht ein Viertel von dem Gift reichen würde. Und das Gift geht in den Boden, ins Grundwasser, und dann schluckst du das selber. (...) Darüber macht sich in unserer Betriebsleitung keiner Gedanken. Hauptsache, die Menge ist weg!" (ECKART 1985, 65)

Aufschlussreich ist auch die Antwort, die der Leiter einer landwirtschaftlichen Genossenschaft auf die Frage gibt, ob die extensive Verwendung von Giften und das Umpflügen von Wegen und Buschgruppen nicht unerwünschte Folgen für Vögel und Wasserhaushalt hätten: ‚‚‚Ach, wissen Sie, da wird viel herumgeredet! Für welche Vögel – denn Lerchen waren nie auf Bäumen. Meisen oder Rotschwänzchen nisten im Dorf, Stare und Spatzen auch, die gehen sowieso nur an die Kirschbäume. Und was den Wasserhaushalt betrifft: Getreide verdunstet genauso viel Wasser wie Bäume. Im Vordergrund steht die Versorgung unserer Menschen, also die Erhöhung der Produktion und Produktivität.' (...) ‚Könnte es mal so kommen, daß nur noch um die Dörfer herum Bäume stehen – außer richtigen Wäldern?' ‚Ja. Es gibt genug Gärten. Die Scheunen und Stallungen werden sowieso mal abgerissen. Da kommen dann Gärten hin, und jedes Haus steht im Grünen.' (...) ‚Die Dörfer werden dann so ähnlich wie Vorstädte sein, nur etwas weiter entfernt?' ‚Ja, so kann man das sehen.' Und damit verwirklichen wir die schrittweise Angleichung an die Stadt'." (TETZNER 1985, 61 f.)

2.5 Entfremdete Arbeitsbedingungen

Dass die industrielle Produktionsweise eine Form der Arbeit hervorgebracht hat, die die Entfaltung einer allseitig entwickelten Persönlichkeit nicht begünstigt, ist ein Problem, das in der DDR-Literatur immer wieder aufgegriffen wurde. Doch während in früheren Perioden die Härte des Arbeitsalltags häufig als Erbe des Kapitalismus und als zu überwindende Schwierigkeiten beim Aufbau des Sozialismus interpretiert worden war, wurde in den 1980er Jahren – über 30 Jahre nach Gründung der DDR – in der Literatur zunehmend danach gefragt, weshalb die behaupteten Vorzüge des Sozialismus sich immer noch nicht in der Art und Weise des Produzierens niedergeschlagen hätten. In Gunter Preuß' Jugendbuch „Julia" wollen die Arbeiter wissen, „warum sie im Sozialismus noch schuften müssen wie im Kapitalismus", und ziemlich hilflos klingt die Antwort, „daß auch diese Arbeit noch getan werden muß, auch bei uns (...), daß sie heute dafür arbeiten, daß es morgen besser wird". Die Arbeiter, so heißt es weiter, hörten sich das ein- oder zweimal an, „und wenn man dann immer noch die Kästen schleppt, dann glaubt man bald nicht mehr daran" (PREUß 1976, 230).

Antworten auf die Frage, warum die sozialistischen Staaten keine Alternative zur kapitalistisch geformten Produktionsweise und ihren Technologien geschaffen hätten, wurden auch in der Literatur gesucht. Dorothea Kleine etwa lässt ihre Hauptfigur in dem Jugendbuch „eintreffe heute" sagen: „Die Rohseide läßt mich kalt, die Maschinen lassen mich kalt, sie sind von kapitalistischen Konstrukteuren erfunden, um kapitalistischen Profit zu machen, sie tragen in sich das Programm kapitalistischer Profitgier, wie kann ich ein Verhältnis zu etwas empfinden, wenn es gar nicht für mich ausgedacht worden ist?" (KLEINE 1978, 164; vgl. auch 127, 134 und 137)

Der Alltag in der Produktion wurde in der DDR-Literatur ziemlich drastisch und häufig als wenig angenehm geschildert – vor allem in jenem breiten Sektor der Betriebsliteratur, der die Hinwendung zum Leben der Arbeiterklasse demonstrieren sollte und ein gewisses Maß an Authentizität für sich in Anspruch nehmen konnte. Über die Herstellung von geschälten Kartoffeln schrieb zum Beispiel Gunter Preuß: „Sie liefen durch die düstere Kartoffelhalle in die angrenzende Schälerei. Hier war es sehr naß und warm. Von der niedrigen Decke tropfte es herunter. Maschinen lärmten. Ein Förderband trug Kartoffeln heran, die in die automatischen Schälmaschinen befördert werden. Nur drei Frauen bedienten eine Reihe von diesen Maschinen. Sie trugen Gummistiefel und Gummischürzen, und ihre Gesichter und Arme waren vom Wasserdampf gerötet". Und über die Arbeiterinnen im dahinterliegenden Raum – bezeichnenderweise werden in dieser Produktion nur Frauen eingesetzt – heißt es: „Die meisten schälten mit bloßen Händen. Die Hände sahen schrumpelig, rot und blau aus, da sie ständig die Kartoffeln ins Wasser tauchen mußten." (PREUß 1976, 102 ff.; vgl. 52, 230, 233 f.)

Ähnliche Passagen finden sich u.a. auch bei Dorothea Kleine, doch am deutlichsten artikulierte das Problem Monika Maron, die in ihrer klaren, kompromisslosen Sprache schrieb: „Mir reichte, was ich gesehen hatte, uralte Anlagen, zugige Hallen, schwere, schmutzige Arbeit, gebeugte Männer in Aschekammern, in denen nur Zwerge hätten stehen können, Frauen mit fünf Meter langen Feuerhaken vor den Öfen. (…) Seit sechs Jahren fahre ich durch Stahlwerke, Spinnereien, Chemiebetriebe, Maschinenkombinate, ohne mich an die Gewalttätigkeit industrieller Arbeit gewöhnen zu können, ohne das Entsetzen zu verlieren, das mich beim Anblick der Verkrüppelungen packt, die Arbeit den Menschen noch antut. Geschundene Wirbelsäulen, zerstandene Beine, taube Ohren, Auswüchse an den Knochen. Ganz zu schweigen von den unsichtbaren Deformationen durch ewiges und einziges Signal an das Gehirn. (…) Für mich wäre das ein langsamer, sehr langsamer Selbstmord." (MARON 1981, 49, 81 f.)

Wenn die Verlage in der DDR dem Thema Arbeitsbedingungen einen relativ großen Platz einräumten, dann auch deshalb, um auf diese Weise Verständnis für jene „jetzt noch nicht" lösbaren Probleme zu wecken, deren Beendigung gerade vom technisch-ökonomischen Fortschritt erwartet wurde. Zuweilen kam es – bei Respektierung dieser Grundintention – sogar zum offenen Protest wie in dem Jugendroman „eintreffe heute" von Dorothea Kleine oder zumindest zu der Einsicht, dass „es vielleicht doch besser (ist), nicht nur still die vorgesehene Arbeit zu tun, sondern das lautere ‚Hier' nicht zu vergessen." (SCHRÖDER 1978, 52)

Was in solchen und anderen Texten nur angerissen wird, denkt Josefa Nadler aus dem Roman „Flugasche" konsequent zu Ende: Sie entwirft einen Brief an den „Höchsten Rat" mit Vorschlägen, die auch in der sozialistischen Industriegesellschaft keine Chancen hatten, verwirklicht zu werden. In der Eingabe heißt es: „Ich versichere Ihnen, daß jahrelanges Sitzen, Stieren mit den Augen auf millimetergroße Teilchen, die mit ruhiger Hand gelötet werden müssen, eine verzehrende Leistung ist gegen die eigene Natur. (…) Doch schlägt die Leistung nicht zu Buche. (…) Ich, ungelernte Löterin Josefa Nadler, schlage vor: Für jede Arbeit gibt es gleichen Lohn, den Unterschied macht allein schlecht und gut. Für schlechte Arbeit gibt es wenig Lohn, für gute Arbeit gibt es mehr, gleich, ob es Mann ist oder Frau, Minister oder Postbriefträger. (…) Wer gerne hobelt, wird dann Tischler und nicht Dichter von Kinderliedern oder Lesebüchern, weil ihm kein Vorteil winkt für den Verzicht auf Freude und er nicht grimmig auf das neue Haus des Dichters starrt, der von den schlechten Versen besser lebt als er von guten Tischen. (…) Werte Herren, mir sind bekannt die technologischen Fesseln des Jahrhunderts, das mangelnde Geld für Investitionen und die Notwendigkeit solcher Verrichtung. Ich schlage darum vor: Jeder Bürger dieses Landes, ich betone jeder, trägt an diesem Zustand mit. Ein Jahr seines Lebens oder zwei übernimmt er solche Arbeit für vier Stunden jeden Tag; in der Zeit, die ihm bleibt, lernt er Sprachen oder Instrumente, um die Sinne zu erhalten und die Zeit zu nutzen. – Ihre Antwort erwarte ich mit Interesse." (MARON 1981, 178 ff.)

3. Der Umgang mit der Umweltkrise

Es würde den Rahmen dieser Arbeit sprengen, alle Aspekte der literarisch verbrämten Kritik an der sozialistischen Industriegesellschaft und ihren Folgen für Mensch und Natur darzustellen: Tourismus (CIBULKA 1971, 54 f. und 71 ff.), Naturzerstörung (GIRNUS 1979, 853 ff.; NOWOTNY 1969, 258), atomare Strahlung ziviler oder militärischer Art (CIBULKA 1971, 99 ff.; CIBULKA 1981, 39, 46 und 48) sowie globale Krisenmomente wie das Abschmelzen der Polkappen durch den „Treibhauseffekt" (BRUNS 1979, 216 f.; GIRNUS 1979, 851 f.) sind weitere Themen, die in die Literatur Eingang fanden. Statt dessen soll im Weiteren untersucht werden, in welcher Weise Staat und Bevölkerung – im Spiegel der Literatur – auf diese Phänomene reagierten, wie sie gesellschaftlich bearbeitet wurden, ob es Versuche direkter Partizipation gab und wie staatliche Stellen damit umgingen.

3.1 Gleichgültigkeit und Informationsmangel

Dass es in der DDR keine mit der Bundesrepublik vergleichbare gesellschaftliche Bewegung von Bürgerinitiativen und umweltbewussten Einzelpersonen gab, geht auch aus den Beschreibungen der Schriftsteller hervor. Für viele Literaten war dieser Umstand der eigentliche Anlass, sich mit dem Thema auseinanderzusetzen.

Wie aber reagierten die Betroffenen, wenn sie unmittelbar den Schadstoffen aus „volkseigener Produktion" ausgesetzt waren? Über das Verhalten der Einwohner der Industriestadt Bitterfeld schreibt Monika Maron in ihrem Roman „Flugasche": „Wie die Leute ihre Fenster putzen. Jede Woche, jeden Tag am besten. Sie tragen weiße Hemden, weiße Strümpfe die Kinder. Das mußt du dir vorstellen, mit weißen Strümpfen durch schwarzes, schmieriges Regenwasser. Weiße Pullover werden hier am liebsten gekauft, hat die Verkäuferin gesagt. (...) Die Leute in B. haben sich eingerichtet, haben sich gewöhnt, Einwohner von B. zu sein und vom Dreck berieselt zu werden." (MARON 1981, 16 und 34)

Zu den Gründen solcher Gewöhnung gehörte u.a. der durch restriktive staatliche Auflagen verursachte Informationsmangel, der von einigen Autoren auch offensiv kritisiert wurde. In Monika Marons Roman ist es selbst dem Generaldirektor des Betriebes mit dem größten Schadstoffausstoß verboten, gegenüber einheimischen Pressevertretern Stellungnahmen abzugeben; auch die Journalistin Josefa Nadler darf in ihrer Zeitung die Verhältnisse nicht so beschreiben, wie sie sind. Der zuständige „höhere Genosse" begründet dies mit dem lapidaren Satz: „Manchmal ist es klüger zu schweigen, wenn man noch viel zu sagen hat." Der Hinweis von Wilhelm Girnus in „Sinn und Form" auf „sehr viele und sehr gute Zeitschriften" zum Thema Umwelt- und Naturschutz in der DDR hinderte Günter Kunert darum auch nicht daran festzustellen, dass es im Unterschied zum „symmetrischen" zivilisationsgefährdenden Ergebnis jener in beiden Systemen herrschenden industriellen Produktionsweise „ein ‚assymetrisches' im Umfang der Informiertheit (gibt). Jenseits der Grenze ist man sich des Problems ziemlich bewußt, diesseits verdrängt man es, so gut oder so schlecht es geht. Unter uns: Es geht immer schlechter." (GIRNUS 1979, 850)

Literatur, die sich mit dem Thema „Umwelt" beschäftigte, hatte darum auch und besonders die Funktion, bestehende Informationsdefizite abzubauen. Nicht nur im Kinderbuch fanden sich beispielsweise „wissenschaftliche" Vorträge oder Erläuterungen darüber, was ein Naturschutzgebiet ist (WOLFF 1979, 100 ff. und

134 ff.; SPILLNER 1977, 59). Hanns Cibulka zitierte Passagen aus Fachliteratur zum Thema Kernenergie, Marianne Bruns bettete ihre Parabel von Noah und der Sintflut in eine Fülle von Zahlenmaterial, Zeitungsausschnitten und sogar Zitaten von sonst in der DDR nicht nachlesbaren westlichen Ökologen wie Pestel und Peccei (CIBULKA 1981, 39, 46 und 48; BRUNS 1979, 29, 178 f., 217). Lia Pirskawetz baute Berichte von historischen Umweltkatastrophen und ersten Naturschutzbestrebungen auf dem Gebiet der späteren DDR in ihrem Roman ein (PIRSKAWETZ 1985, 432).

Gleichwohl war der Mangel an Informationen nicht der Hauptgrund für die Gleichgültigkeit der Bevölkerung; wichtiger waren wohl das Fehlen von konkreten Handlungsmöglichkeiten und die schier unüberwindbaren Hindernisse eines autokratischen, nur auf ökonomischen Erfolg ausgerichteten Systems – im großen wie im kleinen. In der Erzählung „Die Hecke" von Gerhard Holtz-Baumert kämpft der Junge Just vergeblich darum, dass eine alte, verwilderte Hecke nicht von LPG-Bauern achtlos abgebrannt wird; sein Vater und der zufällig anwesende SED-Kreissekretär nehmen seine Aufregung nicht ernst. ,„Es war", so resümiert später der Chauffeur des Sekretärs die Episode, ,,,Faulheit, Trägheit und gedankenloses Handeln.' – ‚Vom Sekretär?' fragt Just. Der Fahrer lacht, wird ernst und antwortet: ‚Vielleicht auch das'" (HOLTZ-BAUMERT 1981, 73f.). Deutlicher wird dieser Grundkonflikt bei Monika Maron, deren Hauptfigur, die Journalistin Josefa Nadler, durch ihre offene Empörung über die miserablen Umweltbedingungen in B. schließlich ihren Posten verliert, nachdem sie zuvor vergeblich versucht hatte, die Betroffenen selbst zum Handeln zu veranlassen: ,„Warum wehren Sie sich nicht?' fragte ich, ‚Sie sind doch schließlich die herrschende Klasse? (…) Warum fordern Sie nicht die Stillegung (des Kraftwerkes, H.K.)?' (…) ‚Aber es kann sich doch nicht einfach einer von uns hinsetzen und an den Minister schreiben' sagte er. Ich wußte auch nicht, wie Hodriwitzka es machen sollte, was ich ihm in meiner Wut über diese dreckige Stadt vorgeschlagen hatte, ohne daß er konterrevolutionärer Umtriebe verdächtigt wurde. (…) Also sagte ich, diese Einladung an den Minister müsse die Gewerkschaft schicken. ‚Ach so', sagte Hodriwitzka ernüchtert. (…) ‚Ach so', sagte er noch einmal, ‚na, dann wird's nichts'" (MARON 1981, 50 ff.).

3.2 Der Vorrang der Ökonomie

Grund für die Umweltbelastungen und den Raubbau an der Natur war nicht allein staatliche Unbeweglichkeit; hinter der Unnachgiebigkeit lagen vielmehr handfeste ökonomische Interessen und Ziele, die über lang- und kurzfristige ökologische Folgen gestellt wurden. Weil aber die Ideologie den Anspruch vertrat, dass alle staatlichen Entscheidungen allein den „objektiven" Interessen der Gesellschaft dienten, also unter Berücksichtigung aller möglichen Faktoren „rational" waren, disqualifizierten sich Einwände oder Proteste gleichsam von selbst. Auf diese Weise war es leicht, wirtschaftliche Entscheidungen, die lediglich kurzfristige ökonomische Vorteile berücksichtigten, vor gesellschaftlicher Kritik in Schutz zu nehmen. „Lösungen erreicht man nicht von heute auf morgen, junge Frau", lautet eine jener Standardantworten, die bei Gunter Preuß den von einer qualmenden Esse betroffenen Anwohnern entgegengehalten wird; oder bei Monika Maron: „Es geht eben nicht alles auf einmal, historische Notwendigkeiten (...)". Wilhelm Girnus ergänzt dieses „Argument" um die geschichtliche Dimension: „Was aber hatten wir damals für Sorgen? Brot, Brot, Brot ... die Schäden eines verbrecherischen Krieges. (...) Es war gebieterisch notwendig, Prioritäten zu setzen, und wird es auch in Zukunft noch lange sein. Die Gründe für den gebieterischen Charakter dieser Prioritäten hier zu erläutern, würde zu weit führen." (GIRNUS 1979, 853)

Unter dieser Prämisse ist es nur folgerichtig, dass auch in der Literatur ein Aufbegehren der Betroffenen immer wieder an den behaupteten ökonomischen Notwendigkeiten scheiterte. So steht in Joachim Nowotnys Jugendroman „Der Riese im Paradies" nicht der Bau des neuen Kraftwerkes zur Disposition, sondern höchstens sein Standort sowie flankierende Maßnahmen, die seine Errichtung leichter durchführbar machen. Und als die junge FDJ-Funktionärin in Dorothea Kleines Buch „eintreffe heute" in einem qualvoll lärmenden Maschinenraum danach fragt, wieso man nicht leisere Maschinen erfinden und einbauen würde, bekommt sie zur Antwort: „Wieso erfinden (...), die sind erfunden, Kollegin. (...) Wir schreiben (jedoch) keine Maschine vor der Zeit ab. Von dem bißchen Lärm ist noch niemand umgekommen. (...) Vielleicht schenkt dir der Direktor eine Silenta-Leisetick zu Weihnachten." (KLEINE 1978, 130)

Der Typus des „Homo oeconomicus" war offenbar in der DDR der bedeutendste Gegenspieler einer Berücksichtigung ökologischer Gesichtspunkte, und seine häufig kritische Personifizierung in der Literatur dürfte u.a. ein Versuch gewesen sein, deutlich zu machen, dass die Risiken des wissenschaftlich-technischen Fortschritts nicht naturwüchsig über die Menschen hereinbrechen, sondern Resultat menschlicher Haltungen und Entscheidungen sind. Immer wieder findet deshalb der Kampf zwischen Ökonomie und Ökologie als Streit zwischen Personen statt – bei Lia PIRSKAWETZ (1985) zwischen dem technischen Direktor und dem Bürgermeister, bei Wolf SPILLNER (1977) zwischen dem LPG-Vorsitzenden und dem Naturschutzbeauftragten, bei Joachim NOWOTNY (1969) zwischen Bezirkssekretär und Förster. Spillner skizziert die Kontroverse so: „‚(...) Ich bin Landwirt, Ökonom, und muß dafür sorgen, daß nicht nur die Pfennige stimmen am Jahresende, verstehen Sie? Dann erst bin ich Tierfreund oder Vogelfreund oder was Sie wollen! Wenn zu viele Gänse zuviel Gras fressen, dann fehlt das unseren Kühen. Dann haben wir wenig Milch. Wir arbeiten nämlich für Butter. Nicht für wilde Gänse. Ganz einfach!' Jetzt hatte der Gänsedoktor eine krause Stirn. ‚So einfach ist das leider nicht. Butter oder Vögel', er sagte das spöttisch, ‚so wird der Unternehmer reden. Wir hätten gern Butter *und* Vögel!'" (SPILLNER 1977, 25).

Solche Überlegenheit des Umweltschützers ist in der Literatur jedoch selten. In der Regel ist *er* der Unterlegene, der sich den Entscheidungen des Ökonomen zu beugen hat: „Solange er dich mit roten Planziffern befeuert", resümiert der Förster in Joachim Nowotnys Roman „Der Riese im Paradies" ein erfolglos verlaufenes Gespräch in der Bezirksstadt, „wirst du bei dem nicht landen. Der sieht zuerst immer nur den Plan. Wieviel Stangenholz, wieviel Grubenholz, wieviel Langholz? Was, da fehlt noch allerhand? Und du, Kollege, sprichst von einer Sache, die gar nicht in deiner Verantwortung liegt. Du willst irgend so ein Schwarzes Lug bei euch zum Naturschutzgebiet erklären? Bring Holz, Kollege, Holz und immer wieder Holz und sorg dafür, daß es ordentlich nachwächst (...). Was willst du mit dem Schwarzen Lug, diesem Moorloch? Dort ist nichts zu holen." (NOWOTNY 1969, 310)

Resignation klingt auch bei dem Berufskollegen des Försters in Gerhard Holtz-Baumerts Erzählung „Die Hecke" an, als dieser die vielen abgerissenen Zweige findet, die ein Lastwagen heruntergerissen hatte: „‚Die machen alles nieder.' Der Förster sah Just wütend an, als wäre der Junge der Fahrer dieses Lastwagens gewesen. (...) ‚Sie wollten auch die alten Birken an der Mühle herunterholen. Jeden

Tümpel schütten sie zu, gute Nacht, schönes Land. (...) Sieh mal, da wird ja alles ärmer, mein Junge, die aber sagen: ein paar lumpige Birken, eine lausige, wild gewachsene Hecke ... Vom Gleichgewicht mal abgesehen, (...) doch was ist, wenn der Himmel still bleibt?' (...) Der Förster und Just hoben wie witternde Hunde das Gesicht nach oben. Lerchen sangen im hohen Blau. (...) ‚Und nun stell dir mal vor, da ist nichts mehr, kein einziger Vogel, unten und oben. Jämmerlich. (...) Ich bin nicht sentimental, aber genau das werfen sie einem vor, wenn man davon anfängt. Ökonomie, immer Ökonomie. Abgesehen mal davon, wie eisern die Natur sich rächt, unbarmherzig, sag' ich dir, außerdem trifft das auch ihre berühmte Ökonomien." (HOLTZ-BAUMERT 1981, 66 f.)

3.3 Offizielles Umweltengagement

Der Vorrang der Ökonomie in der sozialistischen Industriegesellschaft bedeutete jedoch nicht, dass es – vor allem seit Beginn der 1970er Jahre – nicht auch einen spezifischen staatlichen Bereich gibt, der sich dem Umwelt- und Naturschutz widmete. Viele Schriftsteller suchten sich gerade in diesem Sektor Figuren und Handlungsweisen, die die Notwendigkeit des ökologischen Engagements deutlich machten, dem Leser eine positive Identifikation ermöglichten und durch das politische System legitimiert waren. Da werden Flaschen und andere Altstoffe gesammelt (PLUDRA 1980, 240 ff.), was in der DDR mit nicht geringen Geldsummen honoriert wurde; da werden verdreckte Wälder von Flaschen, Zigaretten- und Stullenpapier befreit (ANDERSON 1978, 32), da erhält die „Jugendfreundin Oma" einen Orden, weil sie mit einer Gruppe von Pionieren in ihrem Dorf einen „Überraschungsgarten" aus Sträuchern, Rosen, Sonnenblumen usw. angelegt hat, der nun die Frei- und Grünflächen der Ortschaft verschönert. (HOLTZ-BAUMERT, o.J., 73 ff.) Ein besonders schönes Beispiel, wie schon jüngste Kinder angeregt werden sollten, sich für die Erhaltung der Natur einzusetzen, ist ein Vorschul-Bilderbuch, das – ohne Text – in farbigen Drucken zeigt, wie eine Gruppe von Kindern einen zum Müllabladeplatz verkommenen Hügel freiräumt, Bäume anpflanzt und schließlich eine idyllische Spielwiese gewinnt (MIRTSCHIN 1978).

In der Erwachsenenliteratur hatte die Bewusstseinsbildung notwendigerweise einen anderen Charakter; intellektuell und emotional sollte die Einsicht gestärkt werden, dass die Natur geschützt werden müsste, weil die Menschen von dieser abhingen. Claus B. Schröder schreibt: „Naturschutzgebiet. Schon das Wort hat etwas Beruhigendes – wie ein warmer Sommerabend. Am Weg das neue Schild, mit den Namen der bedrohten, also geschützten Vögel, mit der Bitte an den Besucher der Gegend, nicht vom Weg abzukommen, die Tiere nicht zu stören, daß sie in Frieden ihre Jungen ausbringen können, sich zwischen unserem menschlichen

Tun wohl fühlen, bei uns bleiben. (...) Unsere Freundlichkeit, daß wir es der Natur großzügig gestatten, innerhalb der Natur stattzufinden? Wir hängen in unserer elementaren Existenz total von ihr ab. Aber das bedenken wir vermutlich selten." (SCHRÖDER 1978, 13 ff.) Lange Zeit, so führt der Autor weiter aus, hätten wir unter Naturschutz verstanden, etwa einen besonders bunten oder singenden Vogel am Leben zu erhalten, weil wir den Gedanken nicht zu Unrecht als traurig empfunden hätten, er könnte plötzlich nicht mehr so reichlich oder auch gar nicht mehr umherfliegen und singen wie noch zur Zeit unserer Kindertage. Inzwischen wüssten wir aber, „daß es heute um mehr geht, daß wir damals wenig über die größeren Zusammenhänge in der Natur wußten und über unser Tun." (ebenda, 98)

Solche Überlegungen waren allerdings in der DDR zumindest in den 1970er Jahren offenbar noch wenig verbreitet. Schröder klagt an anderer Stelle: „Über Naturschutz läßt sich kaum noch etwas sagen, ohne daß man verdächtigt wird. Entweder als hoffnungsloser Optimist oder als hoffnungsloser Pessimist. (...) Gestern waren wir uns im Freundes- und Bekanntenkreis einig, daß es verwerflich sei, in einem langen Fernsehfilm (Daniel Druskat) einen Mann vom Naturschutz auftreten zu lassen, der wie ein Narr herzinfarktverdächtig dem ökonomischen Helden hinterherläuft, scheitert und dann nicht weiter vorkommt. Lächerlich tragisch, obwohl er sich auf staatliche Gesetze berief" (ebenda, 97).

3.4 Bürgerinitiativen und öffentlicher Protest

Dass es in der DDR auch Initiativen von Bürgern gab, die über den staatlich geförderten Umwelt- und Naturschutz hinausgingen, dafür finden sich in der Literatur – im Gegensatz zu anderen DDR-Publikationen – zumindest einzelne Beispiele. Betroffenheit konnte offenbar unter bestimmten Umständen auch in spontanen Protest umschlagen, der unter den restriktiven politischen Bedingungen in der DDR jedoch weder selbstverständlich noch einfach war. Der erfolgreiche Kampf um den Erhalt einer Linde, wie ihn Horst BESELER selbst erlebte und literarisch verarbeitete, dürfte jedenfalls noch in den 1970er Jahren eher eine Ausnahme gewesen sein. „Die Exekution", so berichtet der Autor in einer Selbstdarstellung, „war beschlossen. Wir begannen um den Baum zu kämpfen. Der Streit zog sich hin, wurde erbitterter, Bezirksbehörden griffen ein. Schließlich kam eine Lösung zustande, die sowohl den neuen Straßenlauf als auch die Bewahrung des Baumes ermöglichte." (FÜR KINDERN GESCHRIEBEN ... 1979, 16)

Welche Ängste und Konflikte eine im Grunde harmlose Protestaktion auslösen konnte, schildert Gunter Preuß in dem Jugendbuch „Julia", wo eine Art Bürgerinitiative entsteht, um Unterschriften gegen die qualmende Esse einer nahen Brauerei zu sammeln. Die Anwohnerin, Frau Saube, muss offenbar allen Mut zusammennehmen, um mit diesem Anliegen von Haus zu Haus zu gehen: „Sie hielt den Bogen in den Händen, als wäre er sehr heiß. ‚Was haben Sie denn da?' Mutter griff nach der Geldtasche. ‚Eine Sammelliste? Für Chile?' – ‚Nein, nein. Keine Sammelliste. Es ist … Es geht um die Brauerei.' Frau Saube stand auf, lief zum Fenster, deutete auf die zwei Schornsteine der Brauerei. ‚Sie verstänkern die ganze Gegend. Alle Leute aus unserem Wohnviertel schimpfen. Man kann ja überhaupt kein Fenster öffnen. Eine Zeitlang sieht man sich das ja mit an. Aber das ist doch kein Dauerzustand. Wir sind ja ohnehin nicht mit frischer Waldluft gesegnet …' (…) Frau Saube legte den Bogen Papier auf den Tisch. Sie sagte: ‚Wir, die Hausbewohner, haben eine Unterschriftenliste angefertigt, mit der wir um umgehende Veränderung dieses unhaltbaren Zustandes bitten. Andere Häuser haben ähnliche Listen aufgestellt.'"

Aufschlussreich ist die Reaktion der Angesprochenen auf diese Initiative, die sich aus einem solchen Konflikt lieber heraushalten möchte: „Julias Mutter sah zu ihrem Mann. Sie sagte zögernd: ‚Ja, und …? Uns gefällt dieser Zustand auch nicht. Aber mein Mann kann da auch nichts ändern. Er ist nicht die Betriebsleitung.' (…) Julias Vater saß, den Kopf in den Händen, über dem Bogen Papier gebeugt. Er las sich den Wortlaut und die Unterschriften immer wieder durch, er sagte: ‚Ich kann mich doch nicht gegen meinen eigenen Betrieb wenden.' (…) Er schob den Bogen Frau Saube zu und sagte entschieden: ‚Nein, ich kann das nicht unterschreiben! Das hieße meinem Betrieb eine unverdiente Ohrfeige geben!'" (PREUß 1976, 46 ff.).

Tatsächlich erhebt der Betriebsdirektor im weiteren Fortgang des Buches genau diesen Vorwurf gegenüber Julias Vater, weil seine Frau am Ende und gegen dessen Willen doch noch mit dem Namenszug der Familie unterzeichnet hat. Zu einem glücklichen Ende kommt die Angelegenheit nur deshalb, weil der Betrieb ohnehin eine Änderung des störenden Zustands geplant hatte. Die zentrale Frage der Geschichte, ob der Bürgerprotest tatsächlich der falsche Weg war, lässt der Autor, vielleicht um den Lesern Mut zu machen, am Ende aber immerhin so beantworten: „Durch die Liste konnten wir verstärkt beim Rat des Bezirkes unser gemeinsames Problem zur Sprache bringen – und wir haben die Baulizenz erhalten. Bald wird der neue Schornstein rauchen." (ebenda, 230)

Weniger glücklich geht dagegen die Initiative einer Schulklasse bei Benno Pludra aus, die mit viel Liebe einen alternativen Entwurf für den geplanten Spielplatz in ihrem Neubaugebiet zeichnet. Als offensichtlich wird, dass dieser keine Chance hat, die offizielle Bauplanung zu ersetzen, heftet einer der Bauarbeiter, ein Außenseiter mit langen Haaren, einen provokativen Zettel an das gewöhnlich ungenutzte rote Mitteilungsbrett des Hochhauses: „Eine Frage, bevor es zu spät ist: Soll das wirklich ein Spielplatz werden? Alles aus Beton? Da möchte man gratulieren, Kollege Schafskopf lebe hoch!" (PLUDRA 1980, 216) Binnen kurzem entfernt der Hausmeister das „Wischblatt", und als einer der Schüler, Stefan Kolbe, es ersetzen will, wird er von seinem Vater angeschrien: „Ach, so sieht das aus. Läßt mich hier reden (...) und dann liegt so ein Dinges da, ein Schuß ins Kreuz, eine glatte Gemeinheit, Vertrauen im Eimer." (ebenda, 230) Den Kindern bleibt nunmehr nur noch ein ohnmächtiges Aufbegehren: Sie zerstören die frisch gegossene Betonverschalung, und Stefan, die Hauptfigur des Buches, flüchtet aus der Großstadt.

Dass öffentlicher Protest schnell in den Verdacht der Staatsfeindlichkeit geraten konnte, gehörte zu den Tabus staatlicher Veröffentlichungspolitik und wurde in der DDR-Literatur deshalb nicht angesprochen. Lediglich in einem kurz vor der Ablösung der Honecker-Führung veröffentlichten Bericht des Schriftstellers und Abgeordneten Matthias Körner hieß es: „In Zerre, einem Ort unmittelbar neben dem Werk (dem Gaskombinat Schwarze Pumpe – H.K.), kritisierten Bürger in Vorbereitung der Wahlen unsere Umweltpolitik. Sie bezeichnete man uns Abgeordneten gegenüber kurzerhand als staatsfeindlich. (...) Und Ärzte, die kranken Bewohnern raten, wegzuziehen, sind politisch-ideologisch nicht klar." (KÖRNER 1989, 37) Dass Monika Maron diese Problematik in ihrem Roman „Flugasche" ohne Verbrämung ansprach, war einer der Gründe, dass er in der DDR nicht erscheinen konnte. Nicht nur die Journalistin Josefa Nadler wird in ihrer Redaktion mit Vorwürfen überhäuft und zur Selbstkritik aufgefordert, auch die Arbeiter des betroffenen Betriebes sind sich sehr bewusst, was passieren würde, wenn sie den zuständigen Minister auffordern würden, zu ihnen zu kommen und zu erklären, warum das giftige Kraftwerk nicht längst abgeschaltet wurde: „Den Minister darfste dir dann in der Zeitung angucken, und hier haste die Typen von der Sicherheit aufm Hals." (MARON 1981, 139)

4. Die literarische Zivilisationskritik als Streit zwischen unterschiedlichen Rationalitätsverständnissen

Eine Untersuchung der DDR-Literatur auf umwelt- oder zivilisationskritische Fragestellungen macht deutlich, dass die Risiken und negativen Folgeerscheinungen des Modernisierungsprozesses auch in der DDR kritisch reflektiert wurden. Der Versuch der sozialistischen Ideologie, die Kluft zwischen sozialer und technischer Rationalität durch die Behauptung außer Kraft zu setzen, dass der wissenschaftlich-technische Fortschritt unter sozialistischen Produktionsverhältnissen allein dem Menschen verpflichtet sei, hatte in den 1980er Jahren im literarischen Bereich seine Überzeugungskraft weitgehend verloren.

Nimmt man die besondere Funktion, die Literatur im politischen System der DDR übernahm, zum Ausgangspunkt, dann ist dieser Paradigmenwechsel nicht nur eine literarische Erscheinung. Die Schriftsteller als eine schmale, aber bewusstseinsbildende Gruppe von Intellektuellen spiegelten bestimmte, in der Gesamtgesellschaft vorhandene Geisteshaltungen, die sie zugleich selber wiederum beförderten. Sie ergänzten dabei keine politische Diskussion, sondern mussten sie gleichsam ersetzen und übernahmen dabei auch solche Aufgaben, die in westlich-demokratischen Staaten kritische Wissenschaftler, Journalisten und Umweltschützer ausüben. Sie thematisierten ein Unbehagen an der Zivilisation, das anderswo in dieser Form nicht zur Sprache gebracht werden konnte, und mussten häufig auch außerliterarische Aufgaben wahrnehmen, z.b. Informationen vermitteln, weil andere Instanzen dafür nicht zur Verfügung standen.

Literatur

Aitmatow, T.: Der Tag zieht den Jahrhundertweg, Berlin (Ost) 1982
Anderson, E.: Der Klappwald, Berlin (Ost) 1978
Antlitz der Klasse. Gespräche mit Schriftstellern, Neue Deutsche Literatur (1977) 4, 63 ff.
Autorenkollektiv: Geschichte der Literatur der Deutschen Demokratischen Republik, Berlin (Ost) 1977
Bathrick, D.: Die Zerstörung oder der Anfang von Vernunft? Lyrik und Naturbeherrschung in der DDR. In: Grimm, R. (Hg.): Natur und Natürlichkeit, Stationen des Grünen in der deutschen Literatur, Königstein/Taunus 1981
Beseler, H.: Die Linde vor Priebes Haus, Berlin (Ost) 1970
Beseler, H.: Tiefer blauer Schnee, Berlin (Ost) 1975
Braun, V.: Provokation für mich, Halle 1965
Braun, V.: Die Kipper, Halle 1966
Braun, V.: Es genügt nicht die einfache Wahrheit, Frankfurt/ M. 1976
Bredel, W.: 50 Tage, Berlin 1950
Brězan, J.: Geschichten von Menschen in der Menschenwelt. In: Neue Deutsche Literatur (1974) 4, 15 ff.
Brězan, J.: Der Staunemann. In: Der Brautschmuck und andere Geschichte, Berlin (Ost) 1980a
Brězan, J.: Krabat oder die Verwandlung der Welt, Berlin (Ost) 1980b
Brězan, J.: Bild des Vaters, Berlin (Ost) 1982
Brězan, J.: Der kleine Bach Satkula. In: Neue Deutsche Literatur (1989) 11, 8 ff.
Bruns, M.: Der grüne Zweig, Halle, Leipzig 1979
Cibulka, H.: Sanddornzeit. Tagebuchblätter von Hiddensee, Halle, Leipzig 1971
Cibulka, H.: Swantow. In: Neue deutsche Literatur (1981) 4, 23 ff.
Cibulka, H.: Swantow. Die Aufzeichnungen des Andreas Flemming, Halle, Leipzig 1982
Claudius, E.: Vom schweren Anfang, Berlin 1950
Damm, S.: Interview mit Gerhard Holtz-Baumert, Weimarer Beiträge (1979) 4, 85 ff.
Dichtung ist deine Welt: Selbstaussagen und Versuche zum Werk Georg Maurers, Halle 1973
Die Natur erlebt und beobachtet mit Vorschulkindern, Berlin (Ost) 1982
Dörfler, M. & E.: Zurück zur Natur? Leipzig, Jena, Berlin 1986
Ebersbach, V.: „Der Mensch in allem deutlich". Landschaftsbezogene sozialistische Gegenwartslyrik der DDR, Weimarer Beiträge (1973) 11, 83 ff.
Eckart, G.: Sturzacker: Gedichte 1980-1984, Berlin 1985
Endler, E.: Weitere Aufklärungen, Sinn und Form (1972) 4, 879 ff.
Förtsch, E.: Der Wandel der Gesellschaftswissenschaften in der DDR, Erlangen 1984

Förtsch, E. in Helwig, G. (Hg.): Die DDR-Gesellschaft im Spiegel der Literatur, Köln 1986
Für Kinder geschrieben. Autoren der DDR, Berlin (Ost) 1979
George, E.: Der Natur das Fell gerben? Bemerkungen zur Darstellung der Mensch-Natur-Beziehung im Kinderbuch der DDR, Beiträge zur Kinder- und Jugendliteratur 1978, 49 ff.
Gilsenbach, R.: Die Erde dürstet, Leipzig, Jena, Berlin 1961
Gilsenbach, R.: Schützt die Natur, Berlin (Ost) 1964
Gilsenbach, R.: Wasser – Probleme, Projekte, Perspektiven, Leipzig, Jena, Berlin 1971
Gilsenbach, R.: Rund um die Natur, Berlin (Ost) 1982
Gilsenbach, R.: Diskussionsbeitrag auf dem IX. Schriftstellerkongreß. In: Neue Deutsche Literatur (1983) 9, 88 ff.
Gilsenbach, R.: Der Minister blieb, die Grünen kommen. In: Knabe, H.: Aufbruch in eine andere DDR. Reformer und Oppositionelle zur Zukunft ihres Landes, Reinbek bei Hamburg 1989, S.107 ff.
Girnus, W.: Anläßlich Ritsos. Ein Briefwechsel zwischen Günter Kunert und Wilhelm Girnus. In: Sinn und Form (1979) 4, 850 ff.
Grimm, R. (Hg.): Natur und Natürlichkeit. Stationen des Grünen in der deutschen Literatur, Königsstein/Taunus 1981
Haase, H.: Walter Werner: Der Baum wächst durchs Gebirge. Die Widersprüchlichkeit unserer Zeit im dichterischen Bild der Natur, Weimarer Beiträge (1983) 1, 18 ff.
Harich, W.: Kommunismus ohne Wachstum? Babeuf und der „Club of Rome". Sechs Interviews mit Freimut Duve und Briefe an ihn, Reinbek bei Hamburg 1975
Hauptmann, H.: Das Geheimnis von Sosa, Berlin 1950
Hermlin, S.: Es geht um Kupfer, o.O., o.J.
Heukenkamp, U.: „Nichts bleibt natürlich ...", Wandel der Landschaften in der DDR-Lyrik, Neue Deutsche Literatur (1979) 8, 60 ff.
Heukenkamp, U.: Der Abschied von der schönen Natur. Natur in der DDR-Lyrik und ihre Veränderung. In: Tendenzen und Beispiele zur DDR-Literatur in den siebziger Jahren, Leipzig 1981
Höpcke, K.: Sicht auf Swantow – Überzeugendes und Bezweifelbares, Sinn und Form (1984) 1, 165 ff.
Holtz-Baumert, G.: Sieben und dreimal sieben Geschichte, Berlin (Ost), o.J.
Holtz-Baumert, G.: Die drei Frauen und ich, Berlin (Ost), o.J.
Holtz-Baumert, G.: Der Wunderpilz, Berlin (Ost) 1974
Holtz-Baumert, G.: Erscheinen Pflicht, Berlin (Ost) 1981
Jarmatz, K.: Natur in der Dichtung Erwin Strittmatters, Weimarer Beiträge (1974) 7, 29 ff.
Jarmatz, K.: Der alte Mann und die Würde, Neue Deutsche Literatur (1983) 5, 131 ff.
Jauch, Ch.: Wolf Spillner: „Der Bachstelzenorden", Beiträge zur Kinder- und Jugendliteratur 57 (1980), 34 ff.
Kleine, D.: eintreffe heute, Rostock 1978
Knabe, H.: Umweltkrise und Umweltpolitik in der DDR, Teil I und II, Hamburg 1980
Knabe, H.: Aufbruch in eine andere DDR. Reformer und Oppositionelle zur Zukunft ihres Landes, Reinbek bei Hamburg 1989
Koch, J.: Redebeitrag in: X.Schriftstellerkongress der DDR (24.-26. Nov. 1987), Berlin 1988
Körner, M.: Von den Schwierigkeiten der Praxis, Neue Deutsche Literatur (1989) 11, 34 ff.
Kuhnert, J.: Wirtschaftswachstum und Lebensweise. Diskussion um Prioritäten in West- und Osteuropa. In: Die DDR im Entspannungsprozeß. Lebensweise im realen Sozialismus, Edition Deutschland Archiv, Köln 1980, 34 ff.
Lesebuch 2, Berlin (Ost), o.J.
Marcuse, H.: Der eindimensionale Mensch. Studien zur Ideologie der fortgeschrittenen Industriegesellschaft, Neuwied, Berlin 1970
Maron, M.: Flugasche, Frankfurt/M. 1981
Marxismus und Naturbeherrschung. Beiträge zu den Ernst-Bloch-Tagen Tübingen 1978, Offenbach 1978
Mehte, W.: Ökologie und Marxismus. Ein Neuanfang zur Rekonstruktion der politischen Ökonomie unter ökologischen Krisenbedingungen, Hannover 1981
Mirtschin, J.: Auf dem Hügel ist was los, Berlin (Ost) 1978
Morgner, I.: Amanda. Ein Hexenroman, Berlin (Ost), Weimar 1983
Müller, A.: Der Holzwurm und der König, Halle, Leipzig 1985

Neubert, E.: Ansichten zur Poetologie Joachim Nowotnys, Beiträge zur Kinder- und Jugendliteratur 51 (1979), 16 ff.
Neubert, E.: Joachim Nowotnys Schaffen in den siebziger Jahren, Weimarer Beiträge (1982) 7, 117 ff.
Neubert, E.: Eine Woche der Margot Triebler. Zur Soziologie des „schönen Dorfes", Theologische Studienabteilung (Hg.): Außer der Reihe 4, Berlin (Ost) 1988 (hektografiert)
Neutsch, E.: Spur der Steine. Roman, 11. Auflage, Halle 1967
Neutsch, E.: Olaf und der gelbe Vogel, Berlin (Ost) 1972
Noll, D.: Kippenberg, Berlin (Ost), Weimar 1980
Nowotny, J.: Hochwasser im Dorf, Halle 1963
Nowotny, J.: Jagd in Kaupitz, Halle 1964
Nowotny, J.: Jakob läßt mich sitzen, Halle 1965
Nowotny, J.: Der Riese im Paradies, Halle 1969
Nowotny, J.: Ein gewisser Robel, Halle 1976
Nowotny, J.: Aktiv für die Umwelt, Neue Deutsche Literatur (1989) 11, 16 ff.
Nowotny, J.: Letzter Auftritt der Komparsen. Novelle, Halle, Leipzig, o.J.
Pirskawetz, L.: Der stille Grund, Berlin (Ost) 1985
Panitz, E.: Eiszeit, Neue Deutsche Literatur (1983) 7, 15 ff.
Pischel, J.: Martin Stade: Vetters fröhliche Fuhren, Weimarer Beiträge (1975) 5, 141 ff.
Pischel, J.: Das Verhältnis Mensch-Natur in der Selbstverständigung von Schriftstellern der DDR, Weimarer Beiträge (1976) 1, 74 ff.
Plavius, H.: Tendenzen und Probleme der Prosa, Neue Deutsche Literatur (1976) 1, 28 ff.
Pludra, B.: Bootsmann ohne Scholle, Berlin (Ost) 1959
Pludra, B.: Vom Bären, der nicht mehr schlafen konnte, Berlin (Ost) 1967
Pludra, B.: Insel der Schwäne, Berlin (Ost) 1980
Preuß, G.: Julia, Berlin (Ost) 1976
Produktivkraft Poesie. Gespräch zwischen Ewin Strittmatter und Heinz Plavius, Neue Deutsche Literatur (1973) 5, 5 ff.
Raddatz, F.J.: Traditionen und Tendenzen: Materialien zur Literatur der DDR, Frankfurt 1972
Reichelt, H.: Schlusswort auf der Gründungsversammlung der Gesellschaft für Natur und Umwelt. In: Kulturbund (Hg.): Natur und Umwelt 1981, 44 ff.
Reimann, B.: Franziska Linkerhand, München 1978
Rodrian, F.: Die Schwalbenchristine – Eine Bilderbuchgeschichte, Berlin 1962
Schröder, C.B.: In meines Großvaters Kinderwald. Ein Report, Halle, Leipzig 1978
Schulz, H.H.: Das Erbe. Roman einer Familie, 2. Aufl., Berlin 1982
VII. Schriftstellerkongreß der Deutschen Demokratischen Republik, Protokoll (Arbeitsgruppen), Berlin (Ost), o.J.
Spillner, W.: Die Vogelinsel, Berlin (Ost) 1976
Spillner, W.: Gänse überm Reiherberg, Berlin (Ost) 1977
Spillner, W.: Der Bachstelzenorden, Berlin (Ost) 1979
Spillner, W.: Die Vögel des alten Mannes, Neue Deutsche Literatur (1982) 2, 92 ff.
Stade, M.: Vetters fröhliche Fuhren, Berlin (Ost) 1973
Strittmatter, E.: Ole Bienkopp, Berlin (Ost) 1963
Strittmatter, E.: Stücke, Berlin, Weimar 1967
Strittmatter, E.: Pony Pedro, Berlin (Ost), o.J.
Strittmatter, E.: Tinko, Berlin (Ost), o.J.
Strittmatter, E.: ¾ hundert Kleingeschichten, Berlin (Ost), o.J.
Strittmatter, E.: Schulzenhofer Kramkalender, Berlin (Ost), Weimar 1966
Strittmatter, E.: Die blaue Nachtigall oder der Anfang von etwas, Berlin (Ost) 1972
Strittmatter, E.: Selbstermunterungen, Berlin (Ost), Weimar 1981
Strittmatter, E.: Grüner Juni. Eine Nachtigall-Geschichte, Berlin (Ost), Weimar 1985
Strittmatter, E.: Der Wundertäter (3 Bände), Berlin (Ost), Weimar 1987
Tetzner, G.: Karen W., Darmstadt 1979
Timm, G.: Die offizielle Ökologiedebatte in der DDR, Redaktion Deutschland Archiv (Hg.): Umweltprobleme und Umweltbewußtsein in der DDR, Köln 1985, 117 ff.

Wolf, Ch.: Nachdenken über Christa T., Berlin (Ost), Weimar 1968
Wolf, Ch.: Der geteilte Himmel, Leipzig 1976
Wolf, Ch.: Kassandra. Vier Vorlesungen. Eine Erzählung, Berlin, Weimar 1983
Wolf, Ch.: Störfall. Nachrichten eines Tages, Darmstadt, Neuwied 1987
Wolff, B.: Biberspur, Berlin (Ost) 1979
Wolff, B.: Vom Anliegen. In: Für Kinder geschrieben, 1979
X. Schriftstellerkongress der DDR (24.-26. November 1987), Berlin 1988
Zur Theorie des sozialistischen Realismus, Berlin (Ost) 1974

Werner Herrmann

Umweltpolitik am Beispiel des Bezirkes Potsdam

Vorbemerkung

Der Autor war exakt 20 Jahre, vom 01.07.1971 bis 30.06.1991, „Umweltschutzzuständiger" beim Rat des Bezirkes bzw. der Bezirksverwaltungsbehörde Potsdam. Zunächst mit Aufnahme dieses Arbeitsgebietes in die Leitungstätigkeit des Rates des Bezirkes, als Hauptreferent für sozialistische Landeskultur, nach Bildung eines eigenständigen Ratsbereiches Umweltschutz und Wasserwirtschaft als Arbeitsbereichsleiter Umweltschutz, danach als stellvertretender Abteilungsleiter Umweltschutz und Wasserwirtschaft; in der Bezirksverwaltungsbehörde als Bereichsleiter Umweltschutz.

Zugleich war er, von der Aufnahme der Fragen des Umweltschutzes in die Tätigkeit des Bezirkstages Potsdam bis zu dessen Auflösung, als Sekretär der für den Umweltschutz zuständigen Kommissionen tätig. Zuerst in der ständigen Kommission Gesundheitswesen, Sozialwesen, Landeskultur und ab 1974 in der eigenständigen Kommission Umweltschutz und Wasserwirtschaft.

Einführung

Als sich in den sechziger Jahren des vergangenen Jahrhunderts allgemein die Erkenntnis durchsetzte, dass die natürlichen Ressourcen nicht unendlich und beliebig zur Verfügung stehen, im Gegenteil bereits Fehlentwicklungen unter anderem in Form von ernstzunehmenden Luft- und Gewässerverunreinigungen und eines nicht beherrschten Abproduktenproblems erkennbar waren, wurden diese auch Gegenstand der Politik.

Die DDR reagierte auf diese Entwicklung mit dem Landeskulturgesetz von 1970. Sie machte mit diesem Gesetz die Lösung der Probleme, in komplexer Betrachtung, zu einem gesamtgesellschaftlichen Anliegen. Die Eigenverantwortung aller gesellschaftlichen Bereiche wurde festgeschrieben und die Mehrfachnutzung der Naturressourcen zum verbindlichen Prinzip erklärt. Die praktische Umsetzung wurde mit den Mitteln des demokratischen Zentralismus in Angriff genommen.

Das bedeutete, dass die sich aus dem Landeskulturgesetz ergebenen Aufgaben planmäßig auf den Ebenen Regierung, Bezirke, Kreise sowie Städte und Gemeinden zu erfüllen waren. Somit war die Umweltpolitik auf der Ebene eines Bezirkes in *erster* Linie immer der Versuch, zentrale Beschlüsse, Richtlinien und Aufgaben unter Beachtung der speziellen territorialen Bedingungen umzusetzen. Das bedeutete konkret, der nichtmaterielle Bereich Landeskultur/Umweltschutz hatte darauf Einfluss zu nehmen, dass in den materiellen Bereichen (Industrie, Landwirtschaft) die Einordnung notwendiger Umweltschutzmaßnahmen in die Volkswirtschaftspläne erfolgte.

In *zweiter* Linie unterstützte und koordinierte die bezirkliche Umweltpolitik die vielfältigen Initiativen auf allen Gebieten des Umweltschutzes, die durch gesellschaftliche Organisationen und ehrenamtliche Gruppen organisiert wurden. (Prämisse: „Der Staat muss führen!") Entsprechend den Prinzipien des demokratischen Zentralismus bestand eine *dritte* Seite der bezirklichen Umweltpolitik in der Anleitung und Kontrolle der Kreise und kreisfreien Städte.

Dieses Herangehen an die Lösung der Aufgaben der sozialistischen Landeskultur und des Umweltschutzes unterstellte ein kontinuierliches Wirtschaftswachstum, die planmäßig proportionale Entwicklung aller gesellschaftlichen Bereiche und die breite Unterstützung dieser Politik durch die Bevölkerung.

Die Leitung des Umweltschutzes

Mitte 1971 wurde die Planstelle eines Hauptreferenten für sozialistische Landeskultur geschaffen. Sie wurde dem Stellvertreter für Inneres, der für die Probleme von Ordnung und Sicherheit, Pass- und Meldewesen, Kirchenfragen, Vermessungswesen und anderes zuständig war, zugeordnet. Der oben genannte Hauptreferent war „Einzelkämpfer", er erhielt Anleitung und Orientierung entsprechend dem Prinzip der Doppelunterstellung nur von der beim Ministerrat der DDR bestehenden Arbeitsgruppe „sozialistische Landeskultur". Diese orientierte darauf, auch auf Bezirksebene eine „Ständige Arbeitsgruppe sozialistische Landeskultur" zu schaffen. Die daraufhin im Bezirk Potsdam gebildete Arbeitsgruppe, der formal der Stellvertreter für Inneres vorstand, berief Vertreter von Institutionen und Organisationen, die unmittelbar mit Problemen des Umweltschutzes konfrontiert waren, in ihre Reihen. Dazu gehörten Vertreter aus Bereichen des Rates des Bezirkes (Wirtschaft, Plankommissionen, Landwirtschaft, örtliche Versorgungswirtschaft, Erholungswesen), von Institutionen wie der Wasserwirtschaftsdirektion Oder/Havel, der Bezirkshygieneinspektion, der Bezirksstelle für Geologie, der Akademie für Staat und Recht und von Organisationen wie dem Kulturbund, der URANIA

und dem Bund der Architekten. Die ständige Arbeitsgruppe sozialistische Landeskultur bildete sieben Fachgruppen zur Bearbeitung konkreter bezirksspezifischer Probleme.
- Nutzung und Schutz des Bodens,
- Nutzung und Schutz der Wälder,
- Nutzung und Schutz des Wassers,
- Reinhaltung der Luft,
- Schutz vor Lärm,
- Nutzbarmachung und schadlose Beseitigung der Abprodukte,
- Schutz der Natur.

1973 wurde das Aufgabengebiet sozialistische Landeskultur/Umweltschutz dem Stellvertreterbereich Verkehrs- und Nachrichtenwesen angegliedert, weil es in diesem Bereich bereits eine drei Planstellen umfassende Arbeitsgruppe Wasserwirtschaft gab, die sich ganz spezifisch mit den Aufgaben der Trinkwasserver- und Abwasserentsorgung befasste. An der Arbeitssituation des Hauptreferenten für sozialistische Landeskultur änderte sich dadurch nichts.

Zwischenzeitlich waren jedoch die Umweltprobleme international und auch in der DDR weiter in den Mittelpunkt der öffentlichen Diskussion getreten. Der Club of Rome hatte seine alarmierenden Feststellungen getroffen. In der DDR nahm man den international gebräuchlichen Begriff „Umweltschutz" auf. Sowohl auf Regierungsebene als auch auf Bezirksebene, wenig später auch auf Kreisebene wurde die staatliche Leitung des Umweltschutzes deutlich gestärkt. Am 15.07.1974 entstand beim Rat des Bezirkes Potsdam der Ratsbereich Umweltschutz und Wasserwirtschaft, der schrittweise auf 10 Planstellen wuchs. Bei den Räten der Kreise wurden etwas später die Ratsbereiche Umweltschutz, Wasserwirtschaft und Erholungswesen geschaffen.

Nach den Spielregeln der sozialistischen Demokratie war der Rat des Bezirkes dem Bezirkstag rechenschaftspflichtig. In diesem Zusammenhang nahmen die ständigen Kommissionen des Bezirkstages Einfluss auf die Leitung der Fachbereiche und die dort zu lösenden Aufgaben. Dies galt auch für die Tätigkeit der ständigen Kommission Umweltschutz und Wasserwirtschaft über deren Tätigkeit noch berichtet wird.

Die Umsetzung der zentralen Aufgaben

Bei der praktischen Umsetzung der von „Partei und Regierung" beschlossenen Aufgaben ergaben sich erhebliche Widersprüche. Der hohe Anspruch der Aufgaben stand in einem krassen Missverhältnis zu dem aus Analysen (speziell der geheim gehaltenen Gefahrenanalyse) deutlich gewordenen Ist-Zustand der Umweltbedingungen. Auch im Bezirk Potsdam, der nicht als Schwerpunktbezirk galt, hatte die Gefahrenanalyse große Probleme in Industrie, Landwirtschaft und örtlicher Versorgungswirtschaft offenbart. Ihre schnelle Beseitigung hätte den Einsatz von Ressourcen erfordert, die bei der gegebenen Rang- und Reihenfolge (Landesverteidigung, RGW, Wohnungsbauprogramm, Berlin-Vorhaben usw.) nicht verfügbar waren. Daraus folgte, dass es zumeist ein vergebliches Bemühen war, reine Umweltvorhaben in die Volkswirtschaftspläne einzuordnen. Wenn es dennoch gelang, dann an hinteren Stellen der Vorhabenslisten mit großer Aussicht, im Verlauf des Planjahres gestrichen zu werden.

Nennenswerte Verbesserungen für den Umweltschutz konnten dann erzielt werden, wenn es im ökonomischen Interesse notwendig wurde, veraltete, marode Anlagen durch moderne, zumeist importierte Anlagen, zu ersetzen. So brachte der Bau der neuen Stahlwerke in Brandenburg an der Havel und Hennigsdorf eine spürbare Verbesserung der luft- und lärmhygienischen Situation in diesen Städten. Die moderne Walzstraße im Kaltwalzwerk Oranienburg sowie neue Produktionslinien im Chemisch-Pharmazeutischen Werk Oranienburg senkten die Gewässerbelastung der Havel. Die neue Gesenkschmiede in Wildau befreite die halbe Stadt von Lärm und Erschütterungen. Die Neuanlage zur Erzeugung von Aktivkohle in Premnitz und der Einbau wirksamer Filter im Rußwerk Oranienburg beseitigten Schwerpunkte der Luftverschmutzung.

Die vorgenannte Aufzählung ließe sich fortsetzen. Dennoch war eine allgemeine Verschlechterung der Umweltbedingungen nicht zu übersehen. Und die Frage, ob es im Bezirk Potsdam Gesundheitsgefährdungen durch Umweltverschmutzungen gab, musste mit ja beantwortet werden.

- Dies betraf die Luftverschmutzungen durch Schwefeldioxid (SO_2), Staub und Feinstaub, insbesondere nach der Energieträgerumstellung auf die heimische Braunkohle.
- Dies betraf die Nitratverseuchung des Grundwassers in ländlichen Gebieten, die noch keine zentrale Trinkwasserversorgung hatten, und das war im größten Teil des Bezirkes so.
- Dies betraf Abwasser- und Gülleeinleitungen in Fließgewässer und Seen, nicht selten aus Objekten der sowjetischen Armee, die Badeverbote für die betroffenen Gewässer nach sich zogen.
- Dies betraf auch die Ablagerung toxischer Abprodukte auf ungeschützten und ungeeigneten Deponien und das Vorhandensein vieler so genannter wilder Deponien.

- Und nicht zuletzt bedeutete die Errichtung von Kleingartenanlagen auf stillgelegten Rieselfeldern wegen der Schwermetallkonzentrationen im Boden ein Gesundheitsrisiko.

Der Versuch, die offizielle und somit auch bezirkliche Umweltpolitik mit der dominanten Landwirtschaftspolitik in Übereinstimmung zu bringen, erwies sich als ein sehr konfliktreiches Unterfangen.

Die auf weitgehende Eigenversorgung, in Teilbereichen sogar auf Export orientierten Produktionsformen der Pflanzen- und Tierproduktionen hatten als richtig und naturverträglich zu gelten. Auf diese Weise kam es, gestützt von Teilen der Landwirtschaftswissenschaft, die sich den Erwartungen von „Partei und Regierung" unterwarfen, zu teilweise kritischen Eingriffen in den Naturhaushalt. Grundsätze des Landeskulturgesetzes, wie zum Beispiel der von der Erhaltung des Charakters einer Landschaft oder das Prinzip der Nachhaltigkeit wurden außer acht gelassen. Zu den Fakten eines nicht nachhaltigen Umgangs mit den Ressourcen Landschaft, Boden, Wasser, Biotope gehören:
- Landschaftsveränderungen durch großflächige Meliorationen,
- Nitratverseuchungen des Bodens und des Grundwassers durch Gülleeintrag infolge überdimensionierter Tierhaltungsanlagen,
- zu hoher Einsatz von Mineraldünger und Pflanzenschutzmitteln mit negativen Auswirkungen auf Flora, Fauna und Grundwasser.

Dazu gehörten auch die Belastungen, die durch das Ausbringen von Fäkalien und schwermetallhaltigem Klärschlamm entstanden sowie die Umweltschäden, die die Agrochemischen Zentren verursachten, indem vielfach Mineraldünger auf unbefestigten Flächen gelagert wurde und Regenwasser von befestigten Flächen ungeklärt in die Vorfluter lief. Kritik an den Produktionsformen der Landwirtschaft wurde schroff zurückgewiesen und als „ideologisches Defizit" der „Umweltschützer" bewertet. So erstickte zum Beispiel der Sekretär für Landwirtschaftspolitik der Bezirksleitung der SED die Kritik von Bezirkstagabgeordneten an einer gravierenden Landschaftsveränderung mit der Frage: „Genossen, wollt ihr Brot?"

Ein Schwerpunktproblem, das sich schrittweise zuspitzte, war die schon erwähnte Energieträgerumstellung auf die heimische Braunkohle. Die damit verbundene Schwefeldioxid- und Staubbelastung erreichte in den Ballungsgebieten aber auch an Einzelstandorten unzumutbare Ausmaße. Insbesondere durch den hohen Schwefelgehalt der Kohle wurden Immissionen ausgelöst, die einen signifikanten Anstieg der Atemwegserkrankungen zur Folge hatten. Neben den Immissionen sorgte der Betrieb der zahlreichen Heizungsanlagen mit der Kohleanfuhr und -lagerung sowie der Ascheabfuhr für zusätzliche Staubbelastungen. Die vielen Heizhäuser, Heizwerke und Heizkraftwerke mit ihren mehr oder weniger hohen

Schornsteinen bewirkten Verschandelungen der Landschaft und der Stadt- und Dorfsilhouetten. Der Versuch, der hohen SO_2-Belastung mit Entschwefelungsanlagen nach dem Trockenverfahren zu begegnen, war ein einziges Fiasko. Zum einen war das Verfahren kompliziert und technisch unausgereift und zum anderen sollten entsprechende Anlagen über den bezirklichen Rationalisierungsmittelbau, der seine Hauptaufgabe, Produktionsanlagen zu erneuern bei weitem nicht erfüllen konnte, realisiert werden.

Ein weiteres diffiziles Problem der Umweltpolitik im Bezirk Potsdam war die schadlose Verwertung und Beseitigung schadstoffhaltiger und toxischer Abprodukte. Eine abproduktarme Produktion und Anstrengungen zur Wiederverwertung gab es nur in Ansätzen. Somit war der Staat gefordert, umweltverträgliche Lösungen zu finden. Unter den Bedingungen des demokratischen Zentralismus hieß das, jeder Bezirk musste für die auf seinem Territorium ansässigen und auch Abprodukte produzierenden Betriebe Lösungen zur gefahrlosen Ablagerung anbieten. Für den Bezirk Potsdam verschärfte sich dieses Problem noch, weil auch für die damalige Hauptstadt der DDR Berlin und für Westberlin Angebote vorgehalten werden mussten. Das Instrument zur Lösung dieser Aufgabe war die Bildung einer bezirklichen Schadstoffkommission. Im konstruktiven Zusammenwirken mit der Wasserwirtschaftsdirektion Oder/Havel, der Bezirkshygieneinspektion, der Bezirksstelle für Geologie und einem Vertreter des Stadtwirtschaftsbetriebes Berlin (Ost) wurden zunächst auf der Grundlage eines Vorschlages der Fachgruppe „Nutzbarmachung und schadlose Beseitigung der Abprodukte" geeignete Ablagerungsstandorte ausgewählt. In Frage kamen geologisch geeignete Lehm- und Tongruben und bestehende Siedlungsmülldeponien mit ausreichend dickem Müllpolster. Nach Bestätigung der geeignetsten Standorte, die zugleich Standorte für Havariegut waren, wurden durch den Rat des Bezirkes die Verursacherbetriebe veranlasst, Anträge auf schadlose Beseitigung ihrer Abprodukte zu stellen. In diesen Anträgen mussten sie eine Analyse ihrer Schadstoffe und der geplanten Maßnahmen zu ihrer Verwertung bzw. Vermeidung darlegen. Nach Beratung der Anträge in der Kommission gab es eine befristete zumeist mit Auflagen versehene Einweisung in eine Deponie. Die geschilderte Praxis erwies sich als ein gangbarer Weg, ein dringendes Umweltproblem einigermaßen umweltverträglich zu lösen, befriedigte aber hinsichtlich der schadlosen Beseitigung toxischer Abprodukte nicht. Die weiteren Anstrengungen waren deshalb darauf gerichtet, eine bezirkliche Schadstoffdeponie zu schaffen. Dies gelang an einem Standort, an dem ein sechs bis acht Meter dickes Altmüllpolster auf einer zehn bis fünfzehn Meter starken Geschiebemergelschicht lag; also die Gefahr der Versickerung toxischer Stoffe in das Grundwasser ausgeschlossen war. Die dort errichtete Schadstoffdeponie kann als ein sehr positives Ergebnis bezirklicher Umweltpolitik gewertet werden. Was die Probleme mit den Westberliner Abprodukten betraf, so waren diese zunächst besonderer Gegenstand der Politik auf Regierungsebene. Der Bezirk Potsdam war einbezogen, als es galt, geeignete Standorte für die Ablagerung von Bauschutt sowie Siedlungsabfall und die Errichtung einer Verbrennungsanlage für schadstoffhaltige und toxische Abprodukte in der Nähe zu Westberlin auszuweisen.

Das Zusammenwirken mit den gesellschaftlichen Kräften

Die Zusammenarbeit mit den gesellschaftlichen Organisationen auf dem Gebiet des Umwelt- und Naturschutzes gestaltete sich im Bezirk Potsdam positiv, vor allem mit dem Kulturbund und seiner Gesellschaft für Natur und Umwelt, der Kammer der Technik, der URANIA, dem Bund der Architekten und dem Deutschen Anglerverband. In diesen Organisationen fanden sich viele sehr engagierte, umweltbewusste Personen zusammen, die sich Einzelproblemen des Umwelt-, Natur- und Landschaftsschutzes zuwandten und dabei teilweise gegen erhebliche Widerstände anzukämpfen hatten. Ihre Aktivitäten galten dem Schutz und der Erhaltung von Tier- und Pflanzenarten, Biotopen, Naturdenkmalen, Alleen, Parks und Schutzgebieten. Sie kümmerten sich um technologische Lösungen, verbreiteten Umweltwissen, erarbeiteten Pflegepläne für Schutzgebiete und schlugen Objekte zur Unterschutzstellung vor. Diesen Bürgern den Rücken zu stärken und Anerkennung zu zollen, war, solange es nicht die offizielle, im Besonderen die Landwirtschaftspolitik, in Frage stellte, politisch gewollt und wurde jährlich auf einer repräsentativen Auszeichnungsveranstaltung, deren Träger die ständige Arbeitsgruppe sozialistische Landeskultur war, mit großer Öffentlichkeitswirksamkeit vollzogen. Die Ausgezeichneten erhielten eine Urkunde des Vorsitzenden des Rates des Bezirkes und eine Geldprämie.

Der breiten Förderung des Umweltbewusstseins dienten Veranstaltungen wie Landschaftstage, Landeskulturkonferenzen, Wochen der sozialistischen Landeskultur und Ausstellungen. Zunehmend wirksamer wurde der Weltumwelttag in das öffentliche Bewusstsein gerückt. Auch in den allgegenwärtigen Wettbewerb „Schöner unsere Städte und Gemeinden – mach mit" wurden Aufgaben des Umwelt-, Natur- und Landschaftsschutzes integriert.

Die Bereitschaft der Bürger, aktiv an der Erhaltung und Verbesserung der Umwelt teilzunehmen, erfuhr aber dort Rückschläge, wo materielle Mittel zur Erreichung der Ziele notwendig wurden. Konnten diese nicht bereit gestellt beziehungsweise „organisiert" werden („Organisieren" war das Finden von Mitteln und Möglichkeiten außerhalb der Pläne), hinterließ manche gut gemeinte Initiative letztlich enttäuschte Bürger.

Zu den positiven Erfahrungen bei der Einbeziehung gesellschaftlicher Kräfte in die staatliche Leitungstätigkeit gehörten Ergebnisse, die in den oben erwähnten Fachgruppen der ständigen Arbeitsgruppe sozialistische Landeskultur erzielt wurden. Solche Arbeitsergebnisse führten zu wichtigen Beschlüssen des Rates des Bezirkes. So konnte der Rat des Bezirkes für die 383 über 1 ha großen Seen die Vorrangnutzung und Nebennutzungen beschließen. Dieser Beschluss beendete eine Vielzahl von Auseinandersetzungen zur Nutzung von Seen. Oftmals hatten sich Ansprüche der wirtschaftlichen Nutzung (Binnenfischerei, Geflügelhaltung) sowie Ansprüche des Erholungswesens und des Naturschutzes massiv gegenüber gestanden. Ein anderer Beschluss des Rates des Bezirkes, der in der Fachgruppe Nutzung und Schutz der Gewässer vorbereitet worden war, führte zur Unterschutzstellung der Forellenbäche des Bezirkes. Dieser Beschluss war dringend erforderlich geworden, weil die Flurmelioration (gestützt von weitreichenden politischen Beschlüssen) die mit Gehölzen bewachsenen, in Mäandern durch die Landschaft fließenden Klarwasserbäche, durch geradlinige Gräben ersetzen wollte. Ein drittes Beispiel einer sinnvollen Fachgruppenarbeit war die Ermittlung geeigneter Standorte für die schadlose Ablagerung nicht nutzbarer Abprodukte. Auch dieses Arbeitsergebnis führte zu einem für den Umweltschutz wichtigen Beschluss des Rates des Bezirkes.

Die Anleitung und Kontrolle der Kreise

Die Anleitung und Kontrolle der vierzehn Kreise (Neuruppin, Pritzwalk, Kyritz, Wittstock, Gransee, Oranienburg, Rathenow, Brandenburg-Land, Potsdam-Land, Zossen, Königs Wusterhausen, Belzig, Luckenwalde und Jüterbog) und zwei kreisfreien Städte (Potsdam und Brandenburg) ergab sich aus dem Prinzip des demokratischen Zentralismus und der daraus resultierenden doppelten Unterstellung. So wie das Mitglied des Rates des Bezirkes für Umweltschutz und Wasserwirtschaft dem Vorsitzenden des Rates des Bezirkes und dem Stellvertreter des Vorsitzenden des Ministerrates und Minister für Umweltschutz und Wasserwirtschaft unterstellt war, war das Mitglied des Rates für Umweltschutz, Wasserwirtschaft und Erholungswesen dem Vorsitzenden des Rates des Kreises und dem Mitglied des Rates des Bezirkes für Umweltschutz und Wasserwirtschaft unterstellt. Aus dieser Konstellation ergab sich ein erheblicher bürokratischer Aufwand und ein krasses Missverhältnis zwischen dem, was die Kreise an Aufgaben lösen sollten und dem, was an personeller Kapazität zur Verfügung stand. In fast allen Flächenkreisen waren das ein Ratsmitglied sowie nur je ein Sachbearbeiter für Umweltschutz, Wasserwirtschaft und Erholungswesen und eine Sekretärin. Umfangreiche

Aufgaben, zum Beispiel des Umweltschutzes, die von der Regierung in Berlin abgeschickt wurden, sollten letztlich von einer Person an der Basis umgesetzt werden! Daraus resultierten Widersprüche, die auch im engen Zusammenwirken von Bezirk und Kreis nicht gelöst werden konnten. Das Ergebnis war, dass an vielen hochgestochenen Forderungen erhebliche Abstriche gemacht werden mussten und vieles dem Selbstlauf überlassen blieb. Daran änderte auch die regelmäßige Anleitung sowie Aufsicht und Kontrolle wenig. Dass aber in den Kreisen dennoch anerkennenswerte Leistungen bei der Bewältigung von territorialen Schwerpunktaufgaben vollbracht wurden, hatte vorwiegend subjektive Ursachen, war dem außerordentlichen persönlichen Engagement von Mitarbeitern zu danken. Das Prinzip der doppelten Unterstellung stürzte sowohl die Umweltverantwortlichen beim Rat des Bezirkes als auch bei den Räten der Kreise und kreisfreien Städte immer wieder in Konflikte. Im Bezirk sollten die Forderungen des Ministeriums, im Kreis die Forderungen des Bezirkes erfüllt werden. Doch weder die bezirklichen noch kreislichen materiellen und finanziellen Möglichkeiten reichten für die gestellten Forderungen aus. In mühseligen Abstimmungsprozessen mit den jeweiligen Plankommissionen konnten höchstens unabdingbare Forderungen, zum Beispiel wenn es um akute Gesundheitsgefährdungen ging, Aufnahme in die Pläne finden. Die Aufnahme eines Vorhabens in den Plan besagte aber noch nicht, dass es auch realisiert wurde.

Die Tätigkeit des Bezirkstages Potsdam

In der Tätigkeit des Bezirkstages Potsdam wurde den Fragen der sozialistischen Landeskultur und des Umweltschutzes die Bedeutung beigemessen, die sich aus den Dokumenten von Partei und Regierung ergab. Diese Orientierungen gaben anfangs Grund zu großem Optimismus, denn mit dem Landeskulturgesetz galt ein Dokument, auf dessen Grundlage alle Probleme lösbar schienen. Und so verabschiedete der Bezirkstag schon am 19.10.1972 das „Programm zur planmäßigen Gestaltung der sozialistischen Landeskultur im Bezirk Potsdam".

Dieses Programm, das sich eng an das Landeskulturgesetz anlehnte, bestimmte die Aufgaben für die örtlichen Volksvertretungen, Kombinate, Betriebe, Genossenschaften und Einrichtungen und regelte das Zusammenwirken der Volksvertretungen und ihrer Räte mit den anderen gesellschaftlichen Kräften. Ferner wurden die Einzelaufgaben bei der Gestaltung der Landschaft, zum Schutz des Bodens, zum Schutz des Wassers, zum Schutz des Waldes, der Reinhaltung der Luft, dem Schutz vor Lärm und der Nutzbarmachung und schadlosen Beseitigung der Abprodukte festgelegt.

Als sehr wichtig erwies sich später, dass auch eine Summe von 10.000 M für die jährliche Anerkennung besonderer Leistungen auf dem Gebiet der sozialistischen Landeskultur und des Umweltschutzes beschlossen wurde. Weiterhin enthielt der Beschluss Anlagen, mit denen die Naturschutzgebiete, Landschaftsschutzgebiete, Feuchtgebiete und Trinkwasserschutzgebiete gesichert wurden. Mit diesem Programm und in Erwartung planmäßiger Zuwächse des Nationaleinkommens schien die Gewähr gegeben, die Aufgaben des Umweltschutzes schrittweise zu erfüllen. Doch schon der erste Bericht zur Erfüllung des Programms im Jahre 1975 kann als schöngefärbt gelten und vermag eine Stagnation in der Entwicklung kaum zu verbergen. Weitere komplexe Berichte wurden nicht mehr erarbeitet. Nur zu Einzelfragen, wie zum Beispiel der Trinkwasserver- und Abwasserentsorgung, wurde der Bezirkstag noch informiert.

Der Einfluss der Abgeordneten vollzog sich vorwiegend über die Tätigkeit der ständigen Kommission. Die ständige Kommission Umweltschutz und Wasserwirtschaft, in die auch die kompetentesten Fachleute auf den einzelnen Fachgebieten des Umweltschutzes berufen wurden, war jährlich vier bis sechs Mal aktiv. Zumeist wurden vor Ort Probleme zur Kenntnis genommen, in Protokollen festgehalten, um dann oft erfahren zu müssen, dass es für wirksame Veränderungen keine materiellen Voraussetzungen gab. Immer öfter konnten auch dringende Vorhaben des Umweltschutzes nicht in die Pläne aufgenommen werden. Wurden sie aufgenommen, landeten sie unter Einhaltung der politisch festgelegten Rang- und Reihenfolge auf hinteren Plätzen, mit einer geringen Chance realisiert zu werden. Diese teilweise frustrierenden Fakten ließ bei nicht wenigen Abgeordneten und berufenen Mitgliedern die Erkenntnis reifen, im Bezirkstag nichts bewegen zu können. Sie empfanden den Bezirkstag und die Tätigkeit seiner Kommissionen immer mehr als scheindemokratische Fassade.

Die Probleme der 1980er Jahre

In den 1980er Jahren verschärften sich die Widersprüche in der DDR zwischen dem, was sein sollte und dem, was war. Das galt allgemein für das gesamte gesellschaftliche Leben, im Besonderen aber für den Umweltschutz. Deutlich wurde das besonders an dem Anstieg der Bevölkerungseingaben, die nicht nur in der Anzahl wesentlich mehr, sondern auch im Ton fordernder wurden, nicht selten verbunden mit der Drohung, den Staat verlassen zu wollen. Die in den Eingaben angesprochenen Probleme betrafen vorrangig die Luftreinhaltung, auch die Wasser- und Gewässerverunreinigungen, Geruchs- und Lärmbelästigungen sowie irreparable Eingriffe in den Naturhaushalt z.B. bei Meliorationsmaßnahmen. Gestärkt wurde die kritische Bevölkerungsmeinung durch den 1988 unter dem Titel „Unsere gemeinsame Zukunft" veröffentlichten Bericht der Weltkommission für Umwelt und Entwicklung (Brundtland-Bericht), der eine nüchterne Analyse der sich allgemein weltweit verschlechternden Umweltbedingungen gab. Die DDR hatte den Bericht zunächst offiziell ignoriert und wähnte sich außerhalb der getroffenen Einschätzungen, ihn dann aber doch den Räten der Bezirke und Kreise zur Kenntnis gegeben. Um diesen Bericht und seine Gültigkeit entfaltete sich eine heftige Diskussion, insbesondere in der Gesellschaft für Natur und Umwelt (GNU) des Kulturbundes. Aber auch erste, sich außerhalb der GNU bildende Umweltgruppen griffen in die Diskussion ein und forderten den Bericht. Die offizielle Argumentation von der Überlegenheit des Sozialismus, die Umweltprozesse zu beherrschen und im Rahmen einer planmäßig proportionalen Entwicklung gesunde Umweltbedingungen zu garantieren, fiel in sich zusammen. Die zunehmend offener geäußerten Vorwürfe der Bevölkerung betrafen, gerichtet auf die Umweltpolitik, Schönfärberei, ideologische Befangenheit und mangelnde Offenheit.

In der Wendezeit gelangten Fakten in die Öffentlichkeit, die bislang streng unter Verschluss gehalten worden waren. Insbesondere hohe Werte der Luftbelastung, der Wasser- und Gewässerbelastung und die Gefahren, die von einzelnen Deponien für das Trinkwasser ausgingen, empörten die Bürger. Diese Empörung machte sich in stark besuchten Veranstaltungen Luft, in denen Vertreter des Rates des Bezirkes, der Räte der Kreise und der Kontroll- und Aufsichtsorgane Rede und Antwort stehen mussten. Nicht selten ging in diesen Veranstaltungen jede Sachlichkeit verloren. Zwar hatte die DDR auf die Ende der achtziger Jahre offen zutage tretenden Umweltprobleme mit der Schaffung der staatlichen Umweltinspektion reagiert. Diese sollte, zentralistisch aufgebaut, als staatliches Kontrollorgan dafür sorgen, dass kritische Fragen und Probleme rechtzeitig erkannt und durch geeignete Maßnahmen geklärt bzw. positiv verändert werden. Doch stellte sich schon bald heraus, dass mit der Bildung der staatlichen Umweltinspektion lediglich eine Ausweitung der Bürokratie verbunden war. Der Mangel an materiellen und finanziellen Fonds machte auch hier gut gemeinte Anstrengungen zunichte.

Zusammenfassung

Voran steht die Feststellung, dass der Bezirk Potsdam Teil eines zentralistisch geführten Staates war. Was im Schlechten wie im Guten für die DDR gilt, gilt auch für den Bezirk Potsdam und trifft so auch für seine Umweltpolitik zu.

Positiv sind die oben genannten Verbesserungen des Umweltschutzes, die im Zusammenhang mit der Errichtung und Verbesserung moderner Produktionsanlagen stehen, zu sehen. Auch die Leistungen der vielen ehrenamtlich tätigen Bürger bei der Verschönerung der Umwelt, dem Arten- und Biotopschutz und der Landschaftspflege sind hervorzuheben. Wenn nach der Wende vom „Tafelsilber der deutschen Einheit" die Rede war, dann hat auch der Bezirk Potsdam seinen Anteil daran. Negativ bleibt festzustellen, dass die allgemeine Verschlechterung der Umweltbedingungen nicht nur nicht gestoppt werden konnte, sondern weiterging und hingenommen wurde. Der Stellenwert des Umweltschutzes in der Politik hatte in der Zeit von der Verabschiedung des Landeskulturgesetzes bis zur Wende stetig abgenommen. Das oft zitierte „gesunde Verhältnis von Ökonomie zu Ökologie" war immer von einer deutlichen Dominanz der Ökonomie gekennzeichnet. Zuletzt ging es vor allem um Schadensbegrenzung sowohl was die Umweltbedingungen als auch die Bewusstseinsverfassung der Bevölkerung anlangte. Deprimierend war, dass sich, nüchtern betrachtet, kein Ausweg abzeichnete.

Hermann Behrens

Umweltprobleme eines Agrarbezirks im Spiegel von „Landschaftstagen" – Beispiel Bezirk Neubrandenburg

1. Einleitung

Landschaftstage wurden in der Deutschen Demokratischen Republik (DDR) von 1966 bis 1990 durchgeführt. An einem oder mehreren Tagen diskutierten Natur- und Umweltschützer mit Vertretern von Verwaltungen und Betrieben über Entwicklungsprobleme bestimmter Landschaften. Landschaftstage sollten dazu dienen, Landschaften komplex und einheitlich zu betrachten, die Kooperation „gesellschaftlicher und staatlicher Organe" und die Öffentlichkeitsarbeit auf dem Gebiet der „Landeskultur" zu fördern, „verdiente Mitarbeiter und Helfer" auszuzeichnen und „neue gesellschaftliche Initiativen durch Erfahrungsaustausch" auszulösen (RÄDEL 1977, 30-32). Der Begriff „Landeskultur" hatte in der DDR dabei eine andere Bedeutung als in der Bundesrepublik Deutschland (BRD). In der DDR beinhaltete er alle gesellschaftlichen „Maßnahmen zur sinnvollen Nutzung und zum wirksamen Schutz der Umwelt (Umweltschutz) durch Verbindung von Produktionsaufgaben mit ökologischen, kulturell-sozialen und ästhetischen Anforderungen" (BI-HANDLEXIKON 1984). Naturschutz war seit Erlass des Landeskulturgesetzes 1970 Teil der „sozialistischen Landeskultur". In der BRD war Landeskultur der Oberbegriff für Maßnahmen zur Bodenerhaltung, Bodenverbesserung, Neulandgewinnung und Flurbereinigung in der Landwirtschaft (BROCKHAUS-ENZYKLOPÄDIE 1990).

Der 1. Landschaftstag in der DDR fand vom 22. bis 25. September 1966 in Neubrandenburg statt. Er wurde von den Natur- und Heimatfreunden im Deutschen Kulturbund initiiert, die fortan an der Vorbereitung und Durchführung aller dann folgenden, zahlreichen Landschaftstage auf LSG- sowie Kreis- und Bezirksebene und an der inhaltlichen Arbeit zwischen den Landschaftstagen maßgeblich beteiligt waren. Bis in die 1970er Jahre hinein wurden zunächst für größere Landschaftsschutzgebiete bzw. bestimmte „Landschaften" und Probleme Landschaftstage oder aber landeskulturelle Tagungen durchgeführt, später war der territoriale Bezugsrahmen der Landschaftstage häufiger der Bezirk oder der Kreis.

Vorläufer der Landschaftstage waren die „landschaftsgebundenen Tagungen", die seit 1954 unter der Regie der Zentralen Kommission Natur und Heimat des Kulturbundes zur demokratischen Erneuerung Deutschlands (KB)[1] und unter Betreuung des Instituts für Landesforschung und Naturschutz (ILN) der Deutschen Akademie der Landwirtschaftswissenschaften der DDR (DAL) durchgeführt wurden. Auch in den folgenden „Wochen des Naturschutzes", später „... und des Waldes" wurden häufig auf ganze Landschaften und deren komplexe Entwicklungsprobleme bezogen – in der Regel handelte es sich um die stark frequentierten Erholungslandschaften der DDR – Schutz-, Pflege- und Entwicklungsprobleme diskutiert.

Die ersten Landschaftstage fanden ebenfalls zu Problemen des Landschaftsschutzes in den traditionellen Erholungslandschaften statt. Neben dem 1. Landschaftstag in Neubrandenburg, der sich überwiegend mit dem Müritz-Seen-Gebiet beschäftigte, sind zu nennen die ersten Landschaftstage „Thüringer Wald" (1968), „Harz" (1970), „Zittauer Gebirge" (1975) oder „Senftenberger See" (1975). Diese Landschaftstage widmeten sich folglich Nutzungskonflikten zwischen Landschaftsschutz auf der einen und Erholungsansprüchen bzw. auch Wirtschaftsansprüchen (insbesondere Land-, Forst- und Fischereiwirtschaft) auf der anderen Seite. Das Themenspektrum von Landschaftstagen wurde vor allem seit Mitte der 1970er Jahre breiter und umfasste alle klassischen Umweltprobleme: Nitrat-Belastung in Trinkwasserschutzgebieten, Entstehung von und Umgang mit Siedlungsabfällen, Gefährdung und Erhaltung von Mooren, Beziehungen zwischen Wohnen und Landschaft, Siedlungsentwicklung und Freiflächenschutz, Probleme der Seeuferbebauung, Landwirtschaft und Umwelt, ökologische Probleme des Talsperrenbaus, Immissionsprobleme in der Forstwirtschaft, Erholungswesen und Umweltschutz und viele Themen mehr.

In den 1980er Jahren ist in fast allen Kreisen der DDR mindestens ein Landschaftstag oder landeskultureller Tag durchgeführt worden. Dies hatte mehrere Ursachen:
1. das Ziel der Popularisierung und Problematisierung des Landeskulturgesetzes (LKG), das 1970 in Kraft trat;
2. die Veränderung der gesamtwirtschaftlichen Lage der DDR mit ihren ökologischen (und sozialen) Folgen sowie Reflexion einzelner politischer Fehlentwicklungen.

Der Beitrag der Landschaftstage und der dort häufig verabschiedeten Landschaftspflegepläne zur Durchsetzung von Belangen des Naturschutzes, der Landschafts-

---

[1] Der Kulturbund hieß von seiner Gründung 1945 bis 1958 „Kulturbund zur demokratischen Erneuerung Deutschlands", von 1958 bis 1974 „Deutscher Kulturbund" und von 1974 bis 1990 „Kulturbund der DDR"; seit 1990 ist der Kulturbund ein eingetragener Verein („Kulturbund e.V.").

pflege und -planung sowie der Erholungsvorsorge und des Umweltschutzes scheint regional unterschiedlich gewesen zu sein. Entsprechend unterschiedlich werden sie bewertet: Krummsdorf (Rostock) schätzte z.b. ein, dass die Landschaftspflegepläne „oft einem prinzipienlosen Anpassen der jeweiligen landschaftspflegerischen Lage an zweckgerichtetes Handeln der Produktion gleichkamen" und dann „auf Landschaftstagen abgesegnet werden mußten" (KRUMMSDORF 1994, 110). Für Stein (Dresden) hingegen haben die Landschaftstage, die sich seit 1977 mit der Sächsischen Schweiz beschäftigten, entscheidend zu einer Aufwertung des Landschaftsschutzgedankens in der Öffentlichkeit beigetragen (STEIN 1991, 13).

Die Chancen, Natur- und Umweltschutzbelange zu stärken, waren nicht nur abhängig von der personellen und argumentativen Stärke der ehrenamtlich und beruflich tätigen Natur- und Umweltschützer vor Ort, sondern insbesondere von der Kooperationsbereitschaft und Flexibilität der Vertreter staatlicher Stellen bzw. der Vertreter der SED sowie der von wichtigen Betrieben: die einen unterstützten aus Interesse oder Einsicht Umweltschutz-, Landschaftspflege- und -entwicklungsziele, die anderen versuchten Kritik und Protest zu kanalisieren (vgl. HOPFMANN 1993, 92-101). So verwundert es nicht, dass die Wirksamkeit der Landschaftstage sehr unterschiedlich bewertet wird.

Dass aus der Sicht des Natur- und Umweltschutzes besonders dort Niederlagen stattfanden oder sich kaum überwindbare Barrieren zeigten – die auch mit Landschaftstagen nicht verhindert werden konnten –, wo die ökonomischen (und ökologischen) Probleme in der DDR am größten waren, zeigen die Gebiete, in denen seit Mitte der 1970er Jahre als Folge des „Ölpreisschocks" die „Rohstoffwende" zurück zur Braunkohleförderung und -verwertung praktiziert wurde und dies auf der Basis einer in hohem Maße verschlissenen Industrie.

In solchen Territorien, in denen noch Produktlinien (z.B. die Karbidproduktion) verfolgt wurden bzw. um den Preis der „Selbstaufgabe" aufrecht erhalten werden mussten, die in anderen Ländern aus ökonomischen und ökologischen Gründen eingestellt worden waren und für den größten Beitrag zur Umweltverschmutzung und Flächen"vernutzung" in den industriellen Problemregionen der DDR verantwortlich waren, war die Chance, Natur- und Umweltschutzbelange einzubringen, gering. Ähnlich war es in agrarindustriell genutzten Landschaften.

Die Entwicklung der Themenstellungen der Landschaftstage spiegelte gleichwohl die Entwicklung der regional spezifischen Umweltprobleme und die diesbezügliche Diskussion wider. Dies wird anhand der Landschaftstage im ehemaligen Bezirk Neubrandenburg dargestellt, der in hohem Maße durch die industrielle Land-, Forst- und Fischereiwirtschaft geprägt war.

2. Die Landschaftstage im ehemaligen Bezirk Neubrandenburg

2.1 Der 1. Landschaftstag 1966

2.1.1 Vorgeschichte

Der 1. Landschaftstag fand zu „Fragen der Landschaftspflege, des Naturschutzes und der kulturpolitischen Arbeit in Erholungsgebieten – verbunden mit der XI. Tagung für Dendrologie und Gartenarchitektur" vom 22. bis 25. September 1966 im Neubrandenburger Haus der Kultur und Bildung statt. Hauptziel der Initiatoren, der Natur- und Heimatfreunde im Kulturbund, war es, die Entwicklung des seit Jahren geforderten „Müritz-Seen-Parks" voranzutreiben und als beispielhaft für andere Erholungsgebiete darzustellen.

Der „Müritz-Seen-Park" war ursprünglich als „Nationalpark" mit Vorrang für Naturschutzziele, eigener Verwaltung und eigenem Haushalt ähnlich den Nationalparken in anderen Ländern geplant. Die Idee dafür wurde 1958 von Kurt Kretschmann, dem damaligen Leiter (und Begründer) der Zentralen Lehrstätte für Naturschutz der DDR in Müritzhof, in einem Brief an den damaligen stellvertretenden Vorsitzenden des Rates des Bezirks (RdB) Neubrandenburg und Hochschullehrer, Prof. Dr. Otto Rühle, der auch Mitglied der Fraktion der Liberaldemokratischen Partei Deutschlands (LDPD) in der Volkskammer war, geäußert. Kretschmann bezog sich dabei auf entsprechende Erfahrungen in anderen sozialistischen Staaten wie der ČSSR und der VR Polen.[2] Zuvor hatten unabhängig voneinander Kretschmann und Reimar Gilsenbach, Redakteur der Zeitschrift „Natur und Heimat" sowie der sächsische Landesplaner Kurt Wiedemann bereits den (1954 gescheiterten) Versuch gestartet, das Elbsandsteingebirge zu einem Nationalpark zu machen (GILSENBACH 1998, 533-546; RÖSLER 1998, 547-560).

Rühle kam seinerzeit für drei Tage nach Müritzhof und formulierte dort aus Kretschmanns Vorschlag eine „volkskammerreife" Vorlage, die zwei Grundgedanken enthielt:
1. „Schaffung einer Zentralen Leitung zur Koordinierung aller Maßnahmen,

---

[2] Vorausgegangen waren auch Besprechungen und Begegnungen zwischen dem Ehepaar Kretschmann und Naturschützern aus der BRD wie Karl Duve, im Hamburger Senat für Naturschutz zuständig, und Alfred Toepfer vom Verein Natur(schutz)park Lüneburger Heide. Im Dezember 1957 war eine Delegation des Kulturbundes, der u.a. die Kretschmanns und Reimar Gilsenbach angehörten, auf Einladung von Alfred Toepfer nach Wilsede in die Lüneburger Heide gereist (mdl. Auskunft Erna Kretschmann vom 19.1.2000). Die Kontakte stießen bei Vertretern der Zentralen Naturschutzverwaltung und des Rates des Bezirkes Neubrandenburg nicht nur auf Gegenliebe. – Vgl. hierzu Bundesarchiv, DK 1, 10290, Bl. 89.

2. vorrangige Nutzung und Pflege des ‚Gebietstypischen' für die Erholung, wobei Wald, Wasser und Tierwelt in der Landschaft eine besondere Bedeutung zukommen." (SCHMIDT 1967, 82)[3]

Die Volkskammer folgte Kretschmanns und Rühles Nationalpark-Idee nicht, sondern erkannte dem Müritz-Seen-Gebiet lediglich den Status eines Landschaftsschutzgebietes zu.[4] Das Gebiet wurde in den Siebenjahrplan (1959-1966, 1963 abgebrochen) aufgenommen (Gbl. DDR Nr. 56/1960, 729 und 375). Geplant war, das Müritz-Seen-Gebiet zu einer Erholungslandschaft auszubauen. Rühle teilte Kretschmann in einem Brief vom 25.2.1959 mit, dass ein Komitee „Müritz-Seen-Park" gebildet und von der Deutschen Bauakademie (verantwortlicher Planer: Landschaftsarchitekt Frank-Erich Carl) in Zusammenarbeit mit dem Entwurfsbüro für Hochbau Neubrandenburg im Sommer 1959 eine Planungsstudie „Müritz-Gebiet" in Angriff genommen werden sollte.[5] Ebenfalls im Jahre 1959 wurde der „Müritz-Seen-Park" im Ergebnis entsprechender Beratungen im Rahmen der III. Naturschutzwoche der DDR dann als Vorhaben der Erholungsplanung auch in den „Perspektivplan des Bezirkes Neubrandenburg" aufgenommen. Eine große Zahl von Ferienplätzen sollte durch den Neubau „von zweckmäßigen standardisierten Erholungseinrichtungen" geschaffen werden. Es war vorgesehen, bis zum Jahre 1961 eine FDGB-Urlaubersiedlung am Müritz-See (Klink) zu errichten und ein großes Erholungsheim in Waren zu bauen. Das Gebiet sollte „entsprechend der Bedeutung der Groß-Seenplatte für die gesamte Republik" als „wichtigstes Erholungsgebiet des Bezirkes vorrangig" entwickelt werden.[6] Und ebenfalls noch im Jahr 1959, am 2. Dezember, stellte die damalige Zweigstelle Greifswald des Instituts für Landesforschung und Naturschutz bei den Räten der Kreise Waren, Röbel und Neustrelitz den Antrag auf Erklärung eines Landschaftsschutzgebietes „Müritz-Seenpark" (KLAFS & SCHMIDT 1965, 62).

In den folgenden Jahren gab es viele Bemühungen von Natur- und Heimatfreunden, dem Landschaftsschutz gegenüber der Erholung Vorrang zuzuschreiben. Statt eines Nationalparks wurde – begrifflich unverfänglicher – ein Naturpark gefordert. Gilsenbach widmete dem Gebiet ein spezielles „Müritz-Heft" der „Natur und Heimat" zur IV. Naturschutzwoche der DDR (22. bis 29.5.1960) mit mehreren Beiträgen zum Thema Müritz-Seen-Park (Natur und Heimat 8 (1960) 5). Geplant war dieser „Naturpark" als Kombination von Landschaftsschutzgebieten und

---

[3] Vgl. auch StUG, Bestand Kretschmann, Kretschmann, Kurt: Vorschlag zur planerischen Bearbeitung des Müritz-Seen-Parks, Bad Freienwalde, 22.11.1958.
[4] Mdl. Mitteilung Kretschmann, 19.12.1999. – In Waren soll es, so Kretschmann, seit 1959 einen Mitarbeiter in der Kreisverwaltung gegeben haben, der für das Gebiet zuständig gewesen war.
[5] Vgl. StUG, Bestand Kretschmann: Brief Prof. Dr. Otto Rühle an Kurt Kretschmann vom 25.2.1959.
[6] Vgl. Mitteilungsblatt des Bezirkstages und des Rates des Bezirkes Neubrandenburg, Nr. 22, Juni 1962, Beschluß Nr. X-5-10/62 zur Entwicklung des Erholungswesens im Bezirk Neubrandenburg, 2.

Naturschutzgebieten und mit „strengen Schutzbestimmungen für eine Anzahl von Pflanzen, Tieren und Landschaften [...] Beim weiteren Ausbau des Landschaftsschutzgebietes zum Naturpark muß als Grundsatz gelten, daß im gesamten Gebiet der Naturschutz als Prinzip angewandt wird. Das heißt, bei den Naturschutzgebieten und Naturdenkmälern als streng konservierender Naturschutz, im übrigen Park im Sinne einer vorbildlichen Landeskultur, beziehungsweise Landschaftspflege. Dabei spielt es gar keine Rolle, ob es sich um Bauvorhaben, Meliorationen oder Änderungen der Nutzung handelt. Alles muß dem gesunden Landschaftshaushalt dienen. Zur Lösung dieser umfangreichen Aufgaben dürfte eine Parkverwaltung mit etwa zehn bis zwanzig hauptamtlichen Kräften unumgänglich sein; sie muß von einem wissenschaftlich-technischen Beirat unterstützt werden." Ergänzt wurden diese Vorschläge um solche der Hinzuziehung ehrenamtlicher Helfer, der Lärm-, Müll- und Abwässervermeidung, der Planung eines Netzes von Freizeiteinrichtungen, von Wanderwegen usw. „Es sind dies Vorschläge, die sich in der Praxis der schon bestehenden Naturparke Volkspolens und der ČSR bewährt haben." (JESCHKE 1960, 209 und 211)

Am 16. Juni 1960 beriet die Sektion Landeskultur und Naturschutz der Deutschen Akademie der Landwirtschaftswissenschaften über den Müritz-Seen-Park und unterstützte den Plan und im Septemberheft der „Natur und Heimat" befürworteten Prominente wie der Volkskammerpräsident Prof. Dr. Johannes Dieckmann und der Präsident der DAL Prof. Dr. Hans Stubbe das Projekt Naturpark Müritz-Seen-Park (NATUR UND HEIMAT 8 (1960) 9).

Eine 1961 gegründete „Zeitweilige Kommission für Erholungswesen beim Bezirkstag" Neubrandenburg wurde beauftragt, eine Arbeitsgruppe zur Entwicklung und Koordinierung des Erholungswesens im gesamten Müritz-Seen-Park einzurichten, deren Leitung Erich Hobusch, Direktor des Müritz-Museums Waren, übernahm. Am 19. Juni 1961 fand in Waren eine Aussprache zu Problemen der Steuerung des Urlauberverkehrs im Bereich des Müritz-Seen-Parks statt, an der Vertreter der Räte der drei Kreise Waren, Neustrelitz und Röbel, Vertreter des ILN Greifswald, des Kulturbundes, des Freien Deutschen Gewerkschaftsbundes (FDGB), des Rates des Bezirks und einige Wissenschaftler teilnahmen.

Bereits vor dieser Tagung war vom „Entwurfsbüro für Gebiets-, Stadt- und Dorfplanung" (gegründet 1.4.1959) beim Bezirksbauamt Neubrandenburg durch den Landschaftsarchitekten Olaf Festersen mit der Erarbeitung einer Erholungsplanung begonnen worden, die ursprünglich dazu gedacht war, Standorte für Ferienobjekte des FDGB, des staatlichen Reisebüros und großer volkseigener Betriebe herauszufinden.[7] Festersen maß im Verlauf der Planungsarbeit aber dem

---

[7] Mdl. Mitteilung Festersen, 7.12.1999. – So heißt es auch in einem „Arbeitsbericht über die Naturschutzarbeit im Kreis Waren 1960" unter Punkt 6. „Müritz-Seen-Park: a) Ausarbeitung eines Entwur-

Schutz und der Pflege der „natürlichen Gegebenheiten" eine zentrale Bedeutung bei.[8] Hintergrund dafür waren nicht nur ausgezeichnete Ortskenntnisse, sondern auch persönliche Erfahrungen, denn Festersen, der in einem Gartenbaubetrieb in Blankensee bei Burg Stargard aufgewachsen war, hatte nicht nur einige mit der schrittweisen Kollektivierung und Industrialisierung der Landwirtschaft seit Mitte der 1950er Jahre einhergehenden Moden (z.B. die Haltung dafür ungeeigneter Rinderrassen in Rinderoffenställen) und Veränderungen der Dorfbilder (durch den Geschosswohnungsbau auf dem Lande) miterlebt, sondern auch die Landschaftsveränderungen durch Meliorationen und Flurneuordnungen.

Festersen sah in seiner in mehreren Etappen erarbeiteten Erholungskonzeption im Müritz-Seen-Gebiet die zielgruppenspezifische (Erwachsene, Jugendliche, Kinder, Nah- und Ferntouristen usw.) Abgrenzung von Erholungstypen und die daran ausgerichtete Einrichtung von Erholungszonen und -zentren, Erholungseignungsbereiche verschiedener Kategorien und ein System der Standorte touristischer Einrichtungen vor. Die Planungen zielten vor allem auf die Schaffung eines Systems von „Ruhezonen" (einschließlich von NSG und LSG) und „Erholungszentren" ab.

Im Juni 1962 wurde dem Gebiet durch Beschluss des RdB Neubrandenburg der Status eines Landschaftsschutzgebietes einschließlich der Ausscheidung großräumiger Erholungszonen gegeben (Beschluss Nr. X-5-10/62). Festersens Planung und der LSG-Status hatten insofern eine große Bedeutung, als erstmals versucht wurde, im Sinne einer „Mehrfachnutzung" (bzw. „Mehrzwecknutzung") die Belange von Landschaftsschutz und Erholungswesen zu harmonisieren. Landschaftsentwicklungsprobleme, die aus der Land- und Forstwirtschaft entstanden, spielten zum damaligen Zeitpunkt – anders als später – noch keine besondere Rolle.

In der Folgezeit wurden einige weitere Beschlüsse des RdB zum Erholungswesen im Bezirk gefasst, mit denen versucht werden sollte, der seit 1960 explodierenden Besucherzahlen Herr zu werden. 1960 waren im Bezirk ca. 20.000, im Jahre 1963 bereits ca. 160.000 und 1964 sogar 300.000 Besucher gezählt worden, die vor allem die Infrastruktur der Müritz-Region völlig überforderten.[9]

---

fes über die zukünftige Bebauung und Nutzung des Müritz-Seen-Parkes in Zusammenarbeit mit dem Entwurfsbüro für Gebiets-, Stadt- und Dorfplanung (Gartenarchitekt Festersen verantwortlich)". – Bundesarchiv, DK 1, 20291, Bl. 134.

[8] Vgl. „Die Konzeption der Territorialgliederung und Standortbildung im Müritzgebiet zur Entwicklung eines Erholungsgebietes (auf Grund der natürlichen Gegebenheiten), Neubrandenburg 1963/64; Notiz StUG, Bestand Brinkmann, Analyse über das Erholungsgebiet „Müritz-Seen-Park" aus der Sicht unserer Organisation im Bezirk Neubrandenburg, Manuskript, o.O., o.J. (Neubrandenburg, Juli 1966), 3.

[9] Vgl. Beschluss Nr. 88-12/65 „Grundsatzregelung zur Sicherung einer planmäßigen Entwicklung der Erholungsgebiete", Informatorischer Bericht über den Stand der Entwicklung des Erholungswesens im Bezirk Neubrandenburg und Erläuterung zum Beschluß über Grundsatzregelungen zur Sicherung einer planmäßigen perspektivischen Entwicklung der Erholungsgebiete, 6 und Festersen 1965, 52.

Zum LSG wurden im damaligen Bezirk Neubrandenburg aufgrund des genannten Beschlusses auch die Klein-Seenplatte (Neustrelitz-Feldberg-Templin), Mecklenburger Schweiz (Teterow-Malchin), Haffküste (Ueckermünde), Tollensebecken (Neubrandenburg) und Uecker-Seen (Prenzlau) erklärt. Der Status LSG war nach dem Naturschutzgesetz der DDR von 1954 vor allem für solche Gebiete vorgesehen, die „besondere nationale Bedeutung haben oder die besondere Eigenarten oder Schönheiten aufweisen und deshalb geeignet sind, der werktätigen Bevölkerung als Erholungsgebiete und Wanderziele zu dienen."[10]

Es gelang den Natur- und Heimatfreunden nicht, das Ziel, dem Landschaftsschutz gegenüber Erholungsansprüchen Vorrang zuzuweisen, zu verwirklichen. Der Lenkung des ansteigenden Besucherstroms dienten in den folgenden Jahren verschiedene weitere Initiativen der Natur- und Heimatfreunde, z.B. Tagungen zu Fragen der Wanderwegemarkierung und die Gründung eines „Bezirksaktivs Wegemarkierung". Die Gründung eines Bezirksfachausschusses „Wandern-Touristik" misslang.[11]

Aus der Zeitweiligen Kommission Erholungswesen beim Bezirkstag wurde 1964 eine Ständige Kommission. Sie konnte die spontane und sprunghafte Entwicklung des Erholungswesens jedoch nicht verhindern, die aus Sicht von Natur- und Landschaftsschützern durch wilde Bebauung an den Seeufern (Bootsstege, Bootshäuser, Bungalows, Wochenendhäuser), wildes Zelten, Überforderung der Infrastruktur u. Ä. zu massiven schädigenden Eingriffen in die Umwelt führte. Zusätzliche Probleme ergaben sich aus der Nutzung einiger Seen für die Entenzucht, für die Karpfenintensivhaltung oder zur Entsorgung von Gülle und Abwässern. Das infrastrukturell unerschlossene Müritz-Gebiet hatte in der damaligen DDR deshalb eine so große Bedeutung, weil es die touristisch völlig überlastete Ostsee entlasten sollte.

1964 machten Mitglieder der Bezirkskommission Natur und Heimat im Kulturbund zusammen mit der Zweigstelle Greifswald des ILN (wiederum) den Vorschlag, zur Koordinierung der Aufgaben bei der Erschließung des LSG Müritz-Seen-Park für den Zeitraum bis 1970 einen wissenschaftlich-technischen Beirat zu bilden, dem Vertreter aus Betrieben, Verwaltung und gesellschaftlichen Organisationen angehören sollten. Ziel war es, den Vorlauf für einen Wirtschaftszweig „Erholungswesen" mit eigener Verwaltung und Direktion zu schaffen.[12]

---

[10] Gesetz zur Erhaltung und Pflege der heimatlichen Natur (Naturschutzgesetz) vom 4. August 1954, GBl. DDR S. 695, § 2 (1).

[11] Vgl. StUG, Bestand Brinkmann, Analyse über das Erholungsgebiet „Müritz-Seen-Park" aus der Sicht unserer Organisation im Bezirk Neubrandenburg, Manuskript, o.O., o.J. (Neubrandenburg, Juli 1966), 14.

[12] Vgl. ebenda, 7.

Im Heft 2/3 des Jahres 1965 der Zeitschrift „Naturschutzarbeit in Mecklenburg" wurde deutlich Kritik an der spontanen Entwicklung geübt (KLAFS & SCHMIDT 1965) und am 19.5.1965 befasste sich auf einer eigens nach Neubrandenburg einberufenen Sitzung der vom Hallenser ILN-Mitarbeiter Hugo Weinitschke geleitete Zentrale Fachausschusses Landeskultur und Naturschutz der Natur- und Heimatfreunde im DKB mit der Entwicklung der Müritz-Seen-Park-Idee. „Nur auf Weisung von zentralen Stellen wird in der Sache Müritz-Seen-Park etwas erreicht" und „Ohne wirkliches Interesse der zentralen und bezirklichen Stellen wird diese Arbeit nicht zu schaffen sein", heißt es im Sitzungsprotokoll.[13]

Festersen, der mittlerweile im Büro für Territorialplanung (BfT) Neubrandenburg (Gründung: 21.11.1964) arbeitete, berichtete, wie planlos und unkontrolliert sich die Entwicklung hin zum Erholungsgebiet trotz vorliegender Beschlüsse und Konzepte vollzog: „Wie sollen wir ein ökonomisches Problem entwickeln, wo das Erholungswesen überhaupt nicht existiert. Jeder Zweig plant für sich. Es wurde mit Ökonomen gesprochen und herausgestellt, bevor das Erholungswesen nicht als Zweig auftritt, kann gar nichts unternommen werden. [...] Außerdem wurde von seiten des Rates des Bezirkes nicht geklärt, wo gebaut werden soll, wo die einzelnen Standorte errichtet werden. Durch die wilde Bebauung dieses Gebietes wurden Millionen MDN (Mark Deutscher Notenbank, H.B.) verschleudert. Unter vernünftigen Verhältnissen hätte man mehrere Standorte mit weit geringeren Mitteln errichten und finanzieren können. Dieses ist mit der wichtigste Punkt im Beschluß (des RdB von 1964, H.B.). Der Beschluß wurde bisher nicht realisiert. [...] Das Erholungswesen kann diese Dinge niemals alleine lösen. Es war bisher nicht möglich, die Fachabteilungen zusammenzufassen. Die Disproportionen wachsen ständig. Man betreibt aber trotzdem eine Werbung, um mehr Urlauber heranzuziehen und die anderen Gebiete zu entlasten. Genau diese ganze Seite der staatlichen Leitungstätigkeit wird nicht wahrgenommen. Es existieren nicht einmal Aufträge und die ganze Arbeit geht im wesentlichen zurück auf das Entwurfsbüro. Die Aufgaben des Büros zur Koordinierung der Investitionen sind erst jetzt in Gang gekommen. Die gesamte gebietsplanerische Arbeit wird unterschätzt."[14]

Die Bemühungen schienen zu fruchten, denn 1965 beschloss der Bezirkstag Neubrandenburg „eine Grundsatzregelung zur Sicherung einer planmäßigen Entwicklung der Erholungsgebiete", in der Festersens Ausarbeitungen als Grundlage für die weitere Arbeit auf dem Gebiet des Erholungswesens beschlossen und dem Beschluss als Anlage beigefügt wurden, ebenso damals geltende gesetzliche Be-

---

[13] StUG, Bestand Brinkmann: Deutscher Kulturbund Neubrandenburg/Zentraler Fachausschuß Naturschutz und Landeskultur, Protokoll über die Sitzung des Zentralen Fachausschusses Naturschutz und Landeskultur und anschließende Beratung über Müritz-Seen-Park, Neubrandenburg, 19.5.65, 7 u. 13.
[14] Ebenda, 7f.

stimmungen zur Regelung des Siedlungswesens und von Standortgenehmigungen.[15]

Es tat sich allerdings auch in der Folge nichts, um die spontane Entwicklung „in den Griff" zu bekommen. Nur bei den Natur- und Heimatfreunden im Kulturbund und beim ILN war ein ernsthaftes Bemühen zu erkennen. So standen Probleme des Erholungswesens im Mittelpunkt der 10. Naturschutzwoche in der DDR vom 15. bis 22. Mai 1966, mit der die Öffentlichkeit für Aufgaben, die im Zusammenhang mit der Nutzung, dem Schutz und der Pflege (Gestaltung) in „Erholungslandschaften" entstanden, sensibilisiert werden sollte. Interessant liest sich aus umweltphilosophischer Sicht in diesem Zusammenhang die Begründung der Ausweisung großräumiger Landschaftsschutzgebiete: „Das Erhalten vorindustrieller Landschaftsteile ist unmittelbar oder mittelbar eine Maßnahme des Gesundheitsschutzes für die Bevölkerung, denn alle Eingriffe des Menschen in die Natur stellen meist radikale Veränderungen der natürlichen Lebensgemeinschaften dar, die oftmals zu einer völligen Störung des biologischen Gleichgewichtes in der Natur führen und damit auch Gefahren für die Gesundheit des Menschen sind. Da der zukünftige Lebensstandard entscheidend von der Industrialisierung abhängt, muß also eine Synthese – eine Vereinigung zweier gegensätzlicher Begriffe in einem dritten – gefunden werden, nämlich die Verbindung von Industrialisierung und Erhaltung ausreichender natürlicher Potenzen."[16]

Eine weitere Initiative der Natur- und Heimatfreunde war die Gründung eines (Bezirks-)Arbeitskreises „Erholungslandschaft Müritz-Seen-Park" am 2.8.1966, dem die „Bundesfreunde" Ruthenberg (Neubrandenburg), Schröder (Waren), LUBS (Neustrelitz), Krägenow (Röbel) und Festersen (Neubrandenburg) angehörten, zu denen aber auch andere Kulturbund-Mitglieder wie Schumacher, Bork und Dr. Siefke eingeladen wurden. Wie skeptisch Natur- und Heimatfreunde die Entwicklung im Müritz-Seen-Gebiet sahen, macht ein Brief des Arbeitskreis-Mitglieds Heinz Bork (Pastor in Demmin) deutlich:

1. „Seit dreieinhalb Jahrzehnten kenne ich das Gebiet um Waren, habe es oft bereist, Urlaub im Naturschutzgebiet Ostufer der Müritz verbracht und stets engen Kontakt mit dem Warener Museum gehabt. Aus eigener Kenntnis weiß ich daher, wie schon vor dem 2. Weltkrieg das Gebiet um Waren Reiseziel vieler war. Nun ist nach dem Krieg das Bedürfnis nach Erschließung von Erholungsmöglichkeiten zwar erheblich gestiegen, die Möglichkeiten eines Ausbaus im Gebiet selbst haben jedoch mit den Bedürfnissen keineswegs Schritt gehalten.

---

[15] Vgl. Quellenangabe in Fußnote 9.
[16] StUG, Bestand Brinkmann, Bezirkskommission Natur und Heimat, Bezirksfachausschuss Landeskultur-Naturschutz, Information Naturschutz und Volksgesundheit, anlässlich der 10. Naturschutzwoche vom 15.-22.5.66, o.O., o.J. (Neubrandenburg, März 1966), 1

2. Auslandsreisen nach Ungarn und in die CSSR zeigten mir und vielen Fachleuten aus unserem Bezirk, wie unter sicherlich oft schwierigen, wirtschaftlichen Bedingungen <u>dort Ungeheueres geleistet wurde</u>, wogegen die Entwicklung neuer Erholungsgebiete bei uns im Bezirk <u>weit</u> zurückgeblieben ist. Dazu ein Artikel aus der Nationalzeitung vom 6.8.1966. Ich beziehe mich dabei nicht nur auf Erfahrungen in so bekannten Reisegebieten wie ‚Hohe Tatra' und ‚Balaton-See'. Die Entwicklung des Erholungswesens um <u>Prag</u> und in <u>Ungarn im Matragebirge</u> machten den Unterschied zwischen dem sozialistischen Ausland und unserem Bezirk noch deutlicher.
3. Eine eifrige Propaganda hat sich zwar des Plans ‚Müritz-Seen-Park' allzu rührig angenommen, wobei die Einsicht in die Notwendigkeit neuer Erholungsgebiete wohl den Ausschlag gab. Leider entspricht das bisher Geschaffene nicht den Tatsachen, noch viel weniger den gegebenen Notwendigkeiten.
4. Es hat in der Angelegenheit ‚Müritz-Seen-Park' nicht an der Mitarbeit gesellschaftlich tätiger Kreise gefehlt, wohl aber an einer rechten <u>Nutzung</u> dieser Kräfte <u>durch staatliche Organe</u>. Es wären außer den bisherigen Kreisen vor allen Dingen etwa auch Kreise der <u>Gewerkschaft</u> und <u>Industrieunternehmen</u> zu interessieren, letztere mit den ihnen gegebenen finanziellen Möglichkeiten."[17]

Die dargestellten Konflikte zwischen Erholungsansprüchen und Naturschutzbelangen im Müritz-Gebiet, aber auch in anderen Erholungsgebieten der DDR, waren ein wesentliches Motiv für die Durchführung des 1. Landschaftstages, zu dem die Zentrale Kommission Natur und Heimat des DKB (Berlin) einlud. Im Bezirk Neubrandenburg bildete die Nationale Front (NF) das „institutionelle Dach" für den ersten und die folgenden Landschaftstage, sie „segnete Vorlagen des Kulturbundes bzw. der Natur- und Heimatfreunde ab, legte Referenten fest usw."[18] Die Organisation und Durchführung der Landschaftstage oblag dagegen den Natur- und Heimatfreunden im Kulturbund.

Der 1. Landschaftstag wurde von der Zentralen Kommission der Natur- und Heimatfreunde in einen Zusammenhang mit der Verkürzung der Arbeitszeit und Einführung der 5-Tage-Woche (nach Ablauf von jeweils 14 Tagen) in der DDR ab dem 1. April 1966 gestellt, weil dadurch eine noch stärkere Inanspruchnahme der traditionellen Erholungsgebiete erwartet wurde. Gleichzeitig sollte der Landschaftstag an zentrale landeskulturelle Tagungen der 1950er Jahre anknüpfen. Seit 1958 hatte eine solche zentrale Tagung zu Problemen der Landeskultur und des Naturschutzes einschließlich der Erholungsproblematik nicht mehr stattgefunden.

---

[17] StUG, Bestand Brinkmann, Abschrift Brief Heinz Bork, Demmin, Gedanken zu dem Aufgabengebiet „Müritz-Seen-Park", o.O., o.J. (Demmin, August 1966); Hervorhebung durch Bork.

[18] Mdl. Mitteilung Brinkmann, 28.1.2003.

Sämtliche Bezirkskommissionen Natur und Heimat in der DDR wurden aufgefordert, zu diesem Thema in Neubrandenburg „beste Beispiele" vorzustellen.

2.1.2 Der 1. Landschaftstag 1966 in Neubrandenburg und seine Folgen

Der 1. Landschaftstag 1966 war also die erste zentrale, d.h. DDR-weit ausgerichtete Tagung der Natur- und Heimatfreunde seit 1958. Vom Charakter her war der Landschaftstag eine Fachtagung, organisiert als Vortragsveranstaltung in Verbindung mit Exkursionen. In einzelnen Beiträgen, vor allem in dem von Weinitschke, Vorsitzender des Zentralen Fachausschusses Landeskultur und Naturschutz der Natur- und Heimatfreunde im DKB und Mitarbeiter – später Direktor – des ILN Halle, wurde deutlich, dass die Diskussion über die Erholungsproblematik auch dem allgemeinen „umweltpolitischen" Ziel dienen sollte, unter den Natur- und Heimatfreunden einen Bewusstseinswandel über „Strategie" und Aufgabenstellung des Naturschutzes zu befördern:

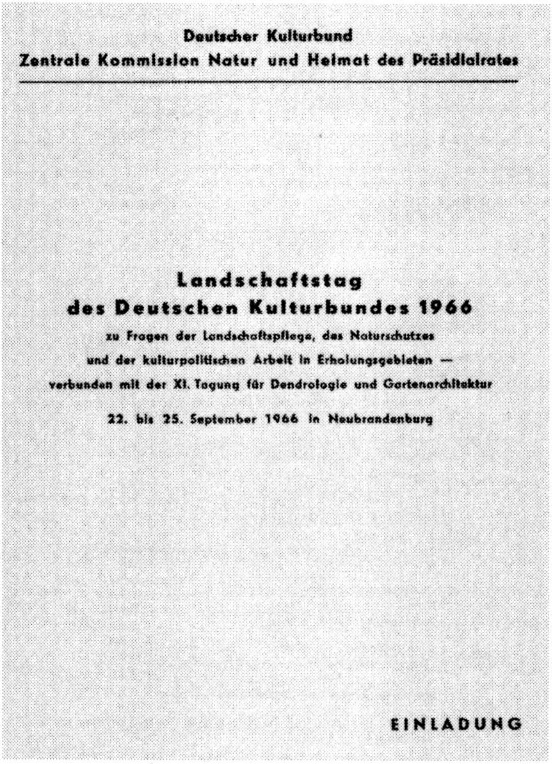

Deutscher Kulturbund
Zentrale Kommission Natur und Heimat des Präsidialrates

Landschaftstag
des Deutschen Kulturbundes 1966
zu Fragen der Landschaftspflege, des Naturschutzes
und der kulturpolitischen Arbeit in Erholungsgebieten –
verbunden mit der XI. Tagung für Dendrologie und Gartenarchitektur

22. bis 25. September 1966 in Neubrandenburg

EINLADUNG

Abbildung 1: Einladungskarte zum 1. Landschaftstag 1966.
Quelle: StUG, Bestand Brinkmann

„Heute ist jedem Naturschützer klar, daß Naturschutz in unserem Staate nicht nur der Erhaltung von Einzelobjekten dienen kann, sondern daß Naturschutz die umfassende Sorge um den Lebensraum, die Umgebung des Menschen bedeutet, daß Naturschutz das Mühen um die Erhaltung der natürlichen Lebensgrundlagen ebenso bedeutet wie die Sorge um das menschliche Leben selbst. Der Schutz der Natur vor dem Menschen ist zum Schutz der Natur für den Menschen geworden. … Eine solche Breite der Aufgaben erfordert auch eine entsprechende Breite der Mitwirkenden. Und so tragen wir unsere Vorschläge zur Mitarbeit in neue Bereiche – in die Wasserwirtschaft, den Bergbau, das Verkehrswesen, die Industrie, in die Planung und ins Bauwesen. Noch kommen wir mahnend und warnend, aber unser Ziel ist, diese genannten Institutionen neben anderen zu unseren Mitarbeitern zu zählen. Wir wollen den Naturschutz nicht gegen unsere Wirtschaft, sondern mit ihr gemeinsam betreiben, letztlich im Interesse der Wirtschaft." (WEINITSCHKE 1967, 14) Durch seine Vorschläge zur Einbeziehung von Natur- und Heimatfreunden in jegliche Planungs-, Entwicklungs-, Pflege- und Schutzaufgaben in Erholungsgebieten versuchte Weinitschke, für die in Richtung „sozialistische Landeskultur" erweiterte Aufgabenstellung des Naturschutzes zu werben.

Gilsenbach war es vorbehalten, an die ursprüngliche Idee für den „Müritz-Seen-Park" – „Nationalpark" mit Vorrang für Naturschutzziele, eigener Verwaltung und eigenem Haushalt – zu erinnern:

„Eine großräumige Erholungslandschaft wird auf Dauer nur dann wirksamen Schutz finden, wenn einige rechtliche und administrative Bedingungen erfüllt sind. Für unerläßlich halte ich:
1. die rechtliche Sicherung, angefangen von einem allgemeinen nationalen Gesetz bis zu einem Statut für jedes einzelne Gebiet, in dem festgelegt wird, worauf sich der Schutz erstreckt und wie das Gebiet zu behandeln ist;
2. eine Verwaltung für jedes Gebiet, die über ausreichende Fachkräfte verfügt und mit den erforderlichen Befugnissen ausgestattet ist;
3. einen wissenschaftlichen Beirat;
4. eine enge Zusammenarbeit mit den Naturschutz- und Touristenorganisationen, die in dem jeweiligen Gebiet vertreten sind;
5. die Ausarbeitung eines Generalplanes für jedes Gebiet, in dem seine künftige Entwicklung, Pflege und Gestaltung verbindlich festgelegt werden."
(GILSENBACH 1967, 65)

Notwendig sei darüber hinaus eine zentrale Leitung des Erholungswesens in der DDR, eine Forderung, die auf der Tagung von mehreren Referenten erhoben wurde. Gilsenbach ging umfassend auf die Nationalpark- bzw. die Naturparkentwicklung in den USA, in Großbritannien, in Finnland, der BRD und den sozialistischen Ländern sowie auf die Behandlung dieser Schutzgebietskategorie durch UNESCO oder IUCN ein und forderte einen ähnlichen Status für einige großräumige Landschaftsschutzgebiete in der DDR. Die in der DDR für eigentlich nationalpark- oder naturparkwürdige Landschaften gebräuchliche Bezeichnung Landschaftsschutzgebiet hielt er für „international nicht anwendbar". „Ich selbst werde ... immer die Begriffe gebrauchen, die in den jeweiligen Staaten oder internationalen

Organisationen üblich sind, das werden in der Regel die Begriffe National- oder Naturpark sein." (GILSENBACH 1967, 64)

Im Veranstaltungsprogramm und im Tagungsband findet sich Gilsenbachs Beitrag unter dem Titel: „Was ist ein Erholungspark?" Gilsenbach schrieb 1998 rückblickend dazu: „Neubrandenburg, 23. September 1966, der Deutsche Kulturbund veranstaltet den ersten großen Landschaftstag der DDR. Was Rang und Namen hat im Naturschutz, ist zugegen. Dem Vortrag, den ich als Mitglied der Zentralen Kommission Natur und Heimat halten soll, habe ich den provokanten Titel gegeben: ‚Braucht die DDR Nationalparke?' Im Tagungsprogramm steht statt dessen eine entschärfte Version: ‚Was ist ein Erholungspark?' Kurz bevor ich ans Rednerpult gehe, tritt die Parteigruppe zusammen – es war üblich, solch eine Gruppe bei Tagungen und anderen Anlässen zu bilden –, und ich erhalte die strikte Weisung, ja keine Nationalparke für die DDR zu fordern. [...] Ich nenne ein mysteriöses Dilemma: ‚Wie es heißt, gibt es eine etwas geheimnisvolle zentrale Absprache, nach der die Begriffe Nationalpark und Naturpark nicht diskutiert werden sollen. Leider ist sie nie veröffentlicht und begründet worden, so daß es schwer fällt, sich mit ihr auseinanderzusetzen.' [...] Sätze, die sich heute ziemlich harmlos lesen, waren damals geradezu ein Sakrileg: ‚Ich halte es für dringend erforderlich, daß wir im Landschaftsschutz die internationale Entwicklung aufmerksam verfolgen, um Nutzen aus den Erfahrungen zu ziehen, die in anderen Ländern gemacht worden sind. Es gibt auch auf diesem Gebiet so etwas wie einen Welthöchststand, und wir liegen nicht gerade an der Spitze. Wer im Wettstreit der Völker, ihre schönsten Landschaften gut zu pflegen und zu gestalten, einen vorderen Platz erringt, hat einen schöneren und dauerhafteren Gewinn als olympisches Gold erzielt.' Und das in der DDR, dem Gernegroßstaat, der Unsummen verpulverte, um zum drittgrößten olympischen Medaillensammler der Welt aufzusteigen! Ich stellte die ketzerische Frage: ‚Reicht das Naturschutzgesetz der DDR aus?', und ich verneinte sie. Mein Vortrag war ein leidenschaftliches Plädoyer für Nationalparke in aller Welt, nur für die DDR vermied ich den Begriff. Am Schluß sagte ich: ‚Minuten, bevor ich hier das Wort erhielt, bin ich vergattert worden, ja keine Nationalparke für die DDR zu fordern.' Dies öffentlich zu machen, es alle Zuhörer wissen zu lassen, widersprach jeder Regel. Ich setzte noch eins drauf: ‚Wer aufmerksam zugehört hat, wird zugeben müssen, ich habe es wirklich nicht getan.' (Gelächter, Zustimmung.) ‚Landschaftsschutzgebiete von nationaler Bedeutung jedoch, wie das Naturschutzgesetz sie vorsieht, ja fordert, die sollten wir unverzüglich einrichten und sie zumindest mit ebensolcher Achtung, ebensolcher Liebe schützen wie andere Staaten ihre Nationalparke.' (Starker Beifall.)

Hat es jene ‚geheimnisvolle zentrale Absprache, nach der die Begriffe Nationalpark und Naturpark nicht diskutiert werden sollen' wirklich gegeben? Ich vermute nein. Mag sein, sie ist in der ‚zentralen Naturschutzbehörde' getroffen worden. Ein förmlicher Politbürobeschluß, es dürfe in der DDR keine Nationalparke geben, ist dagegen nie gefaßt worden. Und ich bin mir ziemlich sicher, daß hochrangige Naturschützer der DDR nie den Versuch gemacht haben, mit Walter Ulbricht oder Erich Honecker über diese Idee zu sprechen. Wie es auch sei, Nationalparke hatten in der DDR keine Chance mehr." (GILSENBACH 1998, 540 f.)

Aus den 1967 im Tagungsband des 1. Landschaftstages veröffentlichten Auszügen aus Gilsenbachs Referat ist allerdings unmissverständlich die Forderung nach Nationalparken bzw. Naturparken in der DDR herauszulesen (GILSENBACH 1967, 62). Es heißt dort u.a. mit Verweis auf den bilateral von der VR Polen und der CSSR eingerichteten Nationalpark Hohe Tatra: „Was in der Hohen Tatra erreicht worden ist, sollte für das Elbsandsteingebirge Anregung und Vorbild sein." Und an anderer Stelle ist zu lesen: „Einige (Landschaftsschutzgebiete) aber sind von so hervorragender Bedeutung für das gesamte Staatsgebiet, ja, in ihrer natürlichen Eigenart einmalig für Europa, daß sie meiner Ansicht nach eine Stellung verdienen, die denen der Nationalparke in unseren sozialistischen Bruderländern entspricht." (GILSENBACH 1967, 70 und 72)

Harry SCHMIDT vom ILN Greifswald unterbreitete Vorschläge zur Entwicklung des Müritz-Seen-Parks wie die Erarbeitung eines Landschaftspflegeplans, Schaffung einer Planstelle als Keimzelle einer künftigen Parkverwaltung, Öffentlichkeitsarbeit durch den RdB, Berufungeines wissenschaftlich-technischen Beirats und Entwurf eines eigenen Symbols. Außerdem forderte er, die „Hauptnutznießer" des LSG zur Finanzierung von Pflegemaßnahmen heranzuziehen (SCHMIDT 1967, 87-90). Auch Schmidt forderte die Einrichtung einer zentralen Stelle für „Erholungswesen und Fremdenverkehr" beim Ministerrat der DDR, da die Bezirke und Kreise mit dieser Aufgabe allein überfordert waren.

Die Referate von Gästen aus dem (sozialistischen) Ausland dienten schließlich vor allem dazu, die Idee des Nationalparks in der DDR „salonfähig" zu machen (vgl. DZIEDZIC 1967; KLAPKA 1967; TOSCHKOY 1967). „Nebenbei" wurden die Vorstellungen zur Erholungsplanung im Müritz-Seen-Gebiet, die Festersen mit Kollegen entwickelt hatte, in einer Ausstellung gezeigt. Der Kulturbund forderte die Umsetzung der Planung, wenngleich nur wenige Naturschützer Interesse für Probleme und Methodik der Landschaftsplanung zeigten. Das lag daran, dass die weitaus meisten Naturschützer sich dem „speziellen Naturschutz" widmeten, insbesondere der Erfassung und Kartierung von bestimmten Arten und ihren Biotopen.[19]

---

[19] Mdl. Mitteilung Festersen, 7.12.1999 und 27.1.2000.

Nicht nur in den Dokumenten des 1. Landschaftstages, sondern auch in Protokollen nachfolgender Sitzungen des Arbeitsausschusses Müritz-Seen-Park des Bezirkstages Neubrandenburg oder des Arbeitskreises Erholungslandschaft Müritz-Seen-Park beim Deutschen Kulturbund findet sich zunächst weiterhin nicht nur die Idee eines Naturparks, sondern auch noch die ursprüngliche Idee eines Nationalparks mit eigenständiger Verwaltung.[20] Als Konsequenz des Landschaftstags sahen die Mitglieder des Arbeitskreises in einer Sitzung vom 29. Oktober 1966 die „zukünftige Hauptaufgabe" darin, „die staatliche Leitung qualitativ und quantitativ besser zu besetzen. Insbesondere die Aktivs der Ständigen Kommission Erholungswesen müssen aktiviert werden (Planung und Erholungsbauten und Zeltplatzwesen). Seit 1965 hat keines der beiden Aktive gearbeitet. Es müßte gelingen, in diese Aktive erfahrene und interessierte Aktive zu gewinnen." Hinzu kommen sollte eine verstärkte Öffentlichkeitsarbeit. „Alle Maßnahmen müssen jedoch dazu führen, daß sich die Staatlichen Organe der Verantwortung bewußt werden, wie sich unsere Landschaft entwickeln soll. Es ist verantwortungslos, daß die Seen für die Entenzucht genutzt werden. Es werden durch die Wälder Straßen und Eisenbahnlinien gebaut, anstatt die herrlichen Landschaftsgebiete für die Erholung zu erschließen und zu nutzen."[21]

1966/1967 gründete die Idee eines Müritz-Seen-Parks mit Nationalparkcharakter also bereits auf einem soliden theoretischen und planerischen Fundament. Neben den schon genannten Konzepten der Zonierung der Erholungslandschaft in Ruhezonen und Erholungszentren waren Untersuchungen zur Bewertung der Landschaft sowie einer verträglichen Belastung durch Erholungssuchende vorhanden. Die Idee harrte „nur" der Umsetzung. Auf der Grundlage der Empfehlungen des 1. Landschaftstages wurde zwar vom Bezirkstag Neubrandenburg am 27.12.1966 der Beschluss gefasst, mit Wirkung vom 1.1.1967 das bisherige „Hauptreferat Erholungswesen/Naturschutz" in eine eigenständige „Abteilung Erholungswesen und Naturschutz" mit erweiterter Aufgabenstellung umzubilden und

---

[20] Vgl. StUG, Bestand Brinkmann, Protokoll der Arbeitsausschusssitzung vom 15.3.67 in Waren, Weinbergschloss, 7: „Die im sozialistischen Ausland bestehenden Nationalparks werden zentral geleitet. Die Leitung stimmt die Belange der Land- und Forstwirtschaft, Fischerei, des Erholungswesens aufeinander ab. Gleiches müßte für den ‚Müritz-Seen-Park' erreicht werden." – Vgl. auch StUG, Bestand Brinkmann, Konzeption des Arbeitskreises Müritz-Seen-Park der Bezirksleitung des Deutschen Kulturbundes vom 23.2.1967, Zielstellung und Konzeption: „Auf Grund der Empfehlungen des Landschaftstages des Deutschen Kulturbundes 1966 in Neubrandenburg und entsprechend den Beschlüssen der Bezirksleitung des Deutschen Kulturbundes wird die langfristige Entwicklung des Müritzgebietes zum Seen-Nationalpark zu einer Schwerpunktaufgabe erklärt." Die Worte „Müritzgebietes zum Seen-Nationalpark" sind im Dokument handschriftlich ersetzt durch „Landschaftsschutzgebietes Müritz-Seen-Park mit naturnaher …" (Rest unleserlich)

[21] StUG, Bestand Brinkmann, Protokoll der Arbeitsberatung des Arbeitskreises „Müritz-Seen-Park" vom 29. Oktober 1966.

bis zum 15.4.1967 einen wissenschaftlich-technischen Beirat für die Einrichtung eines „Müritz-Seen-Parks" einzurichten, der Grundlagenforschung, Planung und Ausführung begleiten und vorantreiben sollte.[22] Dem Beirat sollten ca. 30 Vertreter wissenschaftlicher und staatlicher Institutionen sowie gesellschaftlicher Organisationen angehören.

Es wurde aber sonst fast nichts getan, um im LSG die Probleme des wilden Bauens oder der Gewässerbelastungen durch Landwirtschaftsbetriebe zu lösen, obwohl in der rückblickenden Einschätzung der Urlaubersaison 1966 auf diese Probleme nachdrücklich hingewiesen wurde.[23]

In einem Brief an den Vorsitzenden des Rates des Bezirks forderten Vertreter der Natur- und Heimatfreunde bzw. der Bezirksleitung des Kulturbundes am 14.7.1967 nachdrücklich, die Beschlüsse endlich umzusetzen und den Beirat einzusetzen, wobei nochmals auf die Unterstützung der Müritz-Seen-Park-Idee durch Persönlichkeiten wie den Volkskammer-Präsidenten Dieckmann oder den DAL-Präsidenten Stubbe hingewiesen wurde.[24]

Schließlich wurde der Beirat mit dem Beschluss des RdB vom 24.10.1967 über „Maßnahmen zur Entwicklung des „Müritz-Seen-Parkes" eingerichtet, blieb in der Folgezeit aber ein „Papiertiger". Gleichzeitig wurde beschlossen, eine Planstelle bei der Abteilung Erholungswesen für die Erholungsplanung und die Funktion eines Sekretärs des wissenschaftlich-technischen Beirates einzurichten und einen Landschaftspflegeplan durch das BfT ausarbeiten zu lassen. In dem Beschluss wird als Zielstellung die Weiterentwicklung des „Müritz-Seen-Parks" zum „Naturpark" genannt.[25]

Es gab zwar noch einen weiteren Bezirkstagsbeschluss vom 16.7.1968 über ein „Programm zur Entwicklung des Erholungswesens im Bezirk Neubrandenburg"[26],

---

[22] Vgl. StUG, Bestand Brinkmann, Beschluss des RdB Neubrandenburg vom 27.12.1966 (Beschluss Nr. 197-29/66) „über die Vorbereitung und Durchführung der Urlaubersaison 1967 im Bezirk Neubrandenburg".

[23] Vgl. StUG, Bestand Brinkmann, Rat des Bezirkes Neubrandenburg, Neustrelitz, d. 27.12.1966, Einschätzung der Urlaubersaison 1966 im Bezirk Neubrandenburg, 8-10. – Sowohl auf dem 1. Landschaftstag als auch in dieser Einschätzung wurde ein Einzelfall hervorgehoben, der offenbar als Beispiel für die Tatkraft des RdB herhalten mußte. Dem „Bürger Gothe" wurde auferlegt, ein illegal errichtetes Wochenendhaus wieder abzureißen. In derselben Einschätzung wird allein von weiteren 6 illegal errichteten Anlagen und einer fehlenden Übersicht des Kreises Neustrelitz über die festen Erholungsbauten berichtet.

[24] Vgl. StUG, Bestand Brinkmann, Schreiben der Bezirksleitung Neubrandenburg des Kulturbundes (Dr. Möwius, Gerda Jäsch) und des Vors. der Bezirkskommission Natur und Heimat (Dr. Siefke) an den Vorsitzenden des Rates des Bezirkes Neubrandenburg vom 14.7.1967.

[25] Vgl. StUG, Bestand Brinkmann, Beschluss des RdB Neubrandenburg vom 24.10.1967 (Beschluss Nr. 180-23/67) über „Maßnahmen zur Entwicklung des „Müritz-Seen-Parkes"

[26] Beschluss des RdB Neubrandenburg vom 16.7.1968 „Programm zur Entwicklung des Erholungswesens im Bezirk Neubrandenburg".

auch sollten „perspektivische, komplexe Programme" auf Kreisebene erarbeitet und Grundsätze der „territorialen Konzeptionen" mit dem Büro für Territorialplanung abgestimmt werden, nach denen es den Kreisen möglich war, die für die abgestimmten Erholungskategorien typischen Landschaftsteile zu sichern und zu nutzen.[27] Es wurde auch ein Emblem für den Müritz-Seen-Park gefunden, das der Maler und Grafiker Werner Schinko schuf (*Abbildung 2*). Jedoch war unter Schutz- und Pflegegesichtspunkten und gemessen am ursprünglichen Anspruch das praktische Ergebnis aller Aktivitäten gleich Null. Plan und Wirklichkeit im Erholungswesen klafften in der Praxis weit auseinander, umgesetzt wurde von den Vorstellungen der Natur- und Heimatfreunde oder des Landschaftsarchitekten Festersen nichts: „Bisher war es so, daß die Fragen Naturschutz und Erholung, die vom Rat des Bezirkes verabschiedet wurden, meistens von der BK (Bezirkskommission Natur und Heimat, H.B.) ausgearbeitet bzw. zugearbeitet wurden, (sie) dann aber vom Rat des Bezirkes u.a. staatl. Organen nicht realisiert wurden. Es fehlt außerdem eine straffe Kontrolle in der staatl. Leitung auf allen Ebenen."[28]

Abbildung 2: Symbol für den Müritz-Seen-Park. Grafiker: Werner Schinko

Verstanden wurde die Zielstellung „Weiterentwicklung zum Naturpark" oder „Entwicklung des Erholungswesens" nie als Vorrangfestlegung für Landschaftsschutzbelange, im Gegenteil, Weiterentwicklung sollte dann in der Praxis heißen: Weitere Erschließung als Erholungsgebiet bei gleichzeitiger weiterer Erschließung von Teilen des Müritz-Seen-Gebietes, inbesondere im Raum Röbel, für die industriemäßige Landwirtschaft unter dem Schlagwort „Mehrfachnutzung der Landschaft". Dabei hatte die Land- und Fischwirtschaft noch Vorrang vor dem Erholungswesen. „Die Landwirtschaft genoss Narrenfreiheit. Mit Vorliebe wählten Landwirt-

---

[27] Vgl. StUG, Bestand Brinkmann, Rat des Bezirkes, Abt. Erholungswesen, Referat Gen. Grundmann beim Bezirksvorstand Deutscher Kulturbund, 10.12.1969 zum Entwurf des Gesetzes über die sozialistische Landeskultur (Landeskulturgesetz), 2f.
[28] StUG, Bestand Brinkmann, Kurzprotokoll der Beratung der Bezirkskommission Natur und Heimat am 5.2.1969 in Neubrandenburg.

schaftsbetriebe Produktionstandorte (z.b. Rinder- und Schweineställe) an Seeufern, wahrscheinlich wegen der bequemen Jaucheentsorgung".[29] Naturschutzbelange konnten in die Landnutzungsentwicklung lediglich durch Vereinbarungen mit einzelnen kooperationswilligen staatlichen Forstwirtschaftsbetrieben eingebracht werden.

Der 1. Landschaftstag und die skizzierten Ereignisse des Jahres 1967 bedeuteten gleichzeitig den Höhepunkt und das vorläufige Ende einer sehr kritischen, offenen und von Zeitzeugen (Festersen, Brinkmann) als *progressiv* empfundenen Diskussion über eine umweltverträgliche Entwicklung des Erholungswesens, aber auch der Landwirtschaft, der Fischereiwirtschaft und des Siedlungswesens in den Erholungsgebieten des Bezirks, insbesondere im Müritz-Seen-Gebiet.[30]

2.2 Der 2. Landschaftstag 1978

2.2.1 Vorgeschichte

Die Entwicklungen in der Landwirtschaft

Das Ende der progressiven, wenngleich auch erfolglosen Bemühungen um einen in die Landnutzung integrierten Landschaftsschutz fällt zusammen mit einigen Entwicklungen in der Landwirtschaft der DDR und des Bezirks, die maßgeblich vom damaligen Mitglied des Politbüros des ZK der SED, Gerhard Grüneberg, herbeigeführt wurden, der in Drewitz, Kreis Waren, am Rande des heutigen Naturparks Nossentiner-Schwinzer Heide seine Jagdhütte hatte. „Als Grüneberg kam mit seinen Komplexmeliorationen, wurde mir gesagt: ‚Kannst nach Hause gehen! Hier regiert jetzt die Landwirtschaft!'" – so schildert Festersen rückblickend das Ende der Bemühungen um einen in die Nutzung integrierten Natur- und Landschaftsschutz im Bezirk Neubrandenburg.[31]

Mit dem Namen Grüneberg sind nicht nur einige Entwicklungen in der Landwirtschaft der DDR wie die genannten „Komplexmeliorationen"[32] verbunden,

---

[29] Mdl. Mitteilung Festersen, 7.12.1999.
[30] Vgl. mdl. Mitteilung Festersen, 7.12.1999: Zu den Gepflogenheiten von Planern im Büro für Territorialplanung gehörten bis Ende der 1960er Jahre Veranstaltungen, in denen jeder seine Planungen zu verteidigen hatte und z.T. scharfe Kritik ertragen musste. Auch Festersen erlebte harte Kritik an seiner selbst entwickelten Methodik der Erholungsplanung im Müritz-Seen-Gebiet, die letztlich zur Weiterentwicklung der wissenschaftlichen Qualität der Planung beitrug.
[31] Mdl. Mitteilung Festersen, 7.12.1999.
[32] Komplexmelioration hieß, dass für die landwirtschaftliche Großraumproduktion nicht nur entwässert wurde, sondern die Melioration die Erschließung, Flurgestaltung (Schaffung maschinengerechter rie-

sondern auch die rigorose Trennung der Tier- und Pflanzenproduktion mit Riesenbetrieben und die Schlagworte „Spezialisierung, Kooperation und industriemäßige Produktion", die seit dem VI. Parteitag der SED 1963 die Landbewirtschaftung grundlegend verändern sollten.

Grünes Licht für die Trennung der Tier- und Pflanzenproduktion und für gigantische Produktionseinheiten gab der VII. Parteitag der SED im April 1967, auf dem bekannt gegeben wurde, dass sich „die ersten Kooperativen Abteilungen Pflanzenproduktion (KAP)" gebildet hätten und „Kooperationsverbände (Landwirtschaftsbetrieb und Verarbeitung) entstanden seien". (KRENZ 1996, 92) Im Februar 1968 fasste das Sekretariat des Zentralkomitees der SED den Beschluss, „industriemäßige" Anlagen der Tierproduktion zu errichten. Eine „Pilotanlage" im Bereich der Milchviehwirtschaft war die „2000er Milchviehanlage" in Dedelow, Kreis Prenzlau, die 1967 beschlossen und deren Bau 1968 begonnen wurde. 1969 begann die erste Belegung dieser Anlage für 2.000 Milchkühe. Zu dieser Anlage gehörte vor allem aus Entsorgungsgründen eine Gülleberegnungsfläche von 1.200 Hektar und – sowohl aus Ver- als auch Entsorgungsgründen – die Pflanzenproduktion auf 6.690 Hektar, einer Fläche, die zuvor von sieben LPG und einer VEG bewirtschaftet wurden (KRENZ 1996, 102 f.).[33] Diese Betriebe schlossen sich zu einer Kooperativen Abteilung Pflanzenproduktion (KAP) zusammen. Bis 1970 bildeten sich weitere KAP. Der „verhängnisvolle Prozeß der Trennung von Tier- und Pflanzenproduktion konnte ... als eingeleitet gelten." (KRENZ 1996, 105)

Im gleichen Zeitraum wurden weitere große Anlagen der Tierproduktion gebaut. Sogar bereits etwas früher als in Dedelow entstand nach Abschluss der seit 1958 laufenden Komplexmeliorationen in der „Friedländer Großen Wiese"[34] in Ferdinandshof ebenfalls eine „Pilotanlage", „ein Rindermaststall mit Vollspaltenboden in Gruppenbuchten und mit arbeitssparender Befütterung aus Hochsilos. Diese Anlage war aus Großbritannien importiert" und 1966 errichtet worden. „Ab

---

siger Schläge) und -neuordnung, landeskulturelle, betriebliche sowie infrastrukturelle Maßnahmen nach der Melioration einschloss.

[33] Am Beispiel Dolgen (dort begann die Trennung der Tier- und Pflanzenproduktion 1972) beschreibt Krenz die Gefühle von Landwirten angesichts der neuen Entwicklungen: „Im Frühjahr erreichten auch Dolgen die Signale, die die Trennung von Tier- und Pflanzenproduktion nun unumgänglich erscheinen ließen. Es konnte einem Angst werden bei dem Gedanken, Probleme von sieben LPG unter einen Hut zu bringen." (120f.)

[34] Die ökologischen Folgen der Komplexmeliorationen in der Friedländer Großen Wiese mit dem Galenbecker See waren bereits 1957 Gegenstand einer Beratung zwischen der Bezirksnaturschutzverwaltung beim RdB Neubrandenburg und der Zentralen Naturschutzverwaltung in Berlin (damaliger Referent im MLF der DDR war Fritz Wernicke). Es wurde darauf hingewiesen, dass durch die Meliorationen das Naturschutzgebiet Galenbecker See, das das einzige Schwanenbrutgebiet der DDR sei, vernichtet würde. – Vgl. Bundesarchiv, DK 1, 10290, Bl. 82, Bericht F. Wernicke über die Dienstreise zum Galenbecker See und zur Lehrstätte für Naturschutz Müritzhof am 29. und 30.8.1957.

1967 entstanden dann in Regie des VEB Kombinat industrielle Mast mit den Betrieben Ferdinandshof, Mariawerth, Rohrkrug, Fleethof und Geflügelfarm Rothemühl weitere Anlagen der Rindermast und der Aufzucht. Bis 1969 bezirklich unterstellt, wechselte der VEB Kombinat industrielle Mast Ferdinandshof zur Vereinigung Volkseigener Betriebe (VVB) industrielle Tierproduktion über. Die Kurzbezeichnung für ‚Kombinat industrielle Mast' war KIM, das gleichzeitig als Markenzeichen galt: KÖSTLICH IMMER MARKTFRISCH." Aus dem KIM entstanden nach dem 1.1.1970 dann drei selbständige Betriebe, VEB Rindermast Ferdinandshof, VEB Friedländer Große Wiese und KAP Ferdinandshof. Mit dieser Aufteilung setzte ein permanenter „Verteilungskampf um Futter und Gülleflächen ein, ..." (KRENZ 1996, 107 f.)

Die Zeit der Komplexmeliorationen hatte im Bezirk bereits 1958 mit dem „Jugendobjekt Friedländer Große Wiese" begonnen, das auch ein „Pilotvorhaben" war. Nun folgte ein weiteres: Am 16.11.1967 fand die erste „Meliorationskonferenz" des Bezirks Neubrandenburg in Klink/Waren statt. Der damalige 1. Sekretär der Bezirksleitung Neubrandenburg der SED, Johannes Chemnitzer, stellte dort fest, dass sich der Bezirk die Aufgabe gestellt habe, „in den nächsten 10 bis 12 Jahren die landwirtschaftliche Produktion zu verdoppeln (!). Also sei der Investitionsschwerpunkt der kommenden Jahre eindeutig der Boden. Da komme der Beschluß des 3. Plenums des ZK der SED gerade zur rechten Zeit, in den Kreisen Waren und Röbel ein komplexes Meliorationsvorhaben zu verwirklichen und mit diesem Vorhaben ein Beispiel der sozialistischen Intensivierung für die ganze DDR zu schaffen." (KRENZ 1996, 109) Im Raum Röbel führten die Komplexmeliorationen zur radikalen Ausräumung der Feldflur, d.h. zur Beseitigung von Gehölzen, Söllen, alten Feldwegen und -rainen, ja sogar von Einzelgehöften. Festersen berichtet von einer sechs Quadratkilometer (!) großen ausgeräumten Fläche ohne jegliche „Hindernisse" – und dies in einem Landschaftsschutzgebiet.[35]

Forciert wurde der Prozess der „sozialistischen Intensivierung" nach dem VIII. Parteitag der SED 1971 mit dem Machtantritt HONECKERS und der Orientierung auf die „Hauptaufgabe" im Fünfjahrplan 1971/75. Der Plan sah als „Hauptaufgabe" die „Erhöhung des materiellen und kulturellen Lebensniveaus des Volkes auf der Grundlage eines hohen Entwicklungstempos der sozialistischen Produktion, der Erhöhung der Effektivität, des wissenschaftlich-technischen Fortschritts und des Wachstums der Arbeitsproduktivität" vor. Sozialistische Intensivierung in der Landwirtschaft sollte heißen: „Chemisierung, Mechanisierung, Melioration, technische Trocknung und Wissenschaftlich-technischer Fortschritt (WTF). Industriemäßige Produktion auf dem Wege der Kooperation sollte entwickelt werden."

---

[35] Mdl. Mitteilung Festersen, 27.1.2000.

(KRENZ 1996, 114) Im Ergebnis beschleunigte sich die Gründung von selbständigen spezialisierten Riesenbetrieben der Tier- und Pflanzenproduktion und zwischenbetrieblichen bzw. -genossenschaftlichen Einrichtungen (ZBE), die zu einer Spezialisierung im landwirtschaftlichen Reparatur- und Bauwesen führen sollten. Agrochemische Zentren (ACZ) wurden gegründet und Kreisbetriebe für Landtechnik (KfL) ausgebaut.

Bis 1976 entstanden im Bezirk Neubrandenburg 121 KAP, die 1970 statistisch noch gar nicht ausgewiesen waren. Gleichzeitig wurden in der ersten Hälfte der 1970er Jahre neue Anlagen der Tierproduktion gebaut: Schweinemastanlagen in Staven (Inbetriebnahme 9.2.1972), Stavenhagen (9.12.1973) oder Dolgen (3.10.1975), die Rindermastanlagen in Hohen Wangelin (12.12.1975), eine Jungviehanlage in Schönwerder (7.10.1972) und eine Lämmermastanlage in Klockow (30.6.1970). Bis 1977 entstanden im Bezirk sechs weitere „2000er"-Milchviehanlagen: Dedelow wurde 1974 „gedoppelt". Weitere Anlagen entstanden in Göritz, Anklam, Sandhagen, Burow und Wolkow. Die Großanlagen beanspruchten den größten Teil des zur Verfügung stehenden Investitionsvolumens, 1974 allein 85 Prozent; in vielen „Altanlagen" aus der Zeit der Kollektivierung, die nicht einmal 10 Jahre alt waren, fehlten in diesen und in den Folgejahren Investitionsmittel. Unterstützt wurde diese bauliche Entwicklung auf dem Dorfe durch rechtliche Rahmenbedingungen wie die neue „Landbauordnung" vom 12.5.1967, die festlegte, dass LPG und VEG selbständig entscheiden konnten, wann sie was bauen wollten und die das Standortgenehmigungsverfahren vereinfachte. Großflächige Beregnungsanlagen zur Entsorgung der anfallenden Gülle aus den Tierpro-

Abbildung 3: Das Dorf der Zukunft? Quelle: Müller 1981

duktionsanlagen entstanden nicht nur in Ferdinandshof (Inbetriebnahme 1.10.1966) und Dedelow (7.10.1970), sondern auch in Satow-Kogel (Dezember 1970), Kotelow (1.12.1972), Schwenzin-Jabel (9.12.1973) und Hohen Wangelin (3.5.1975) (vgl. zu den Angaben RAT DES BEZIRKES NEUBRANDENBURG, BEZIRKSBAUAMT (Hg.) 1979, 88-96) – „Hier regiert jetzt die Landwirtschaft" – dieser Sachverhalt wurde in den 1970er Jahren denen, die sich im Bezirk mit dem Schutz und der Pflege der Landschaft befassten, überdeutlich. Die Veränderungen in der landwirtschaftlichen Betriebsorganisation, später auch in der forstwirtschaftlichen, und die Komplexmeliorationen führten zu gravierenden Veränderungen in der Landschaft.

Die Reaktion von Umweltschützern auf die Entwicklungen in der Landwirtschaft

Die geschilderte Entwicklung führte seit Ende der 1960er Jahre zu einer Verschärfung und Ausweitung des Problem- und damit des Themenspektrums, mit dem sich die Natur- und Landschaftsschützer auf ihren Veranstaltungen befassen mussten. Sie führte jedoch auch zu wachsender Ohnmacht und Hilflosigkeit, wenngleich der 1969 vorgelegte „Entwurf des Gesetzes über die sozialistische Landeskultur (Landeskulturgesetz)" Gelegenheit zu kritischen Äußerungen an der Landschaftsentwicklung bot. Einige Beispiele aus der Grundsatzdiskussion über den Entwurf des LKG, zu der die Bezirksleitung des DKB, der Rat des Bezirkes und der Bezirksausschuss der Nationalen Front am 10.12.1969 Bezirkstagsabgeordnete, Kreis- und Gemeindevertreter, Natur- und Heimatfreunde, Vertreter des BfT, der Wasserwirtschaftsdirektion, der Forstwirtschaft, des Erholungswesens und des Naturschutzes eingeladen hatten, verdeutlichen dies[36]:

„Wenn wir unsere uckermärkische Heimat betrachten, so gibt es meines Erachtens viele Möglichkeiten einer sinnvollen Gestaltung der natürlichen Umwelt. Wir wollen aber auch nicht vergessen, daß in den vergangenen Jahrzehnten, besonders unter kapitalistischen Bedingungen, fast gar nichts gemacht worden ist, so daß viele Seen, besonders die an Dörfern liegen, total verseucht sind. Das beste Beispiel ist der Angermünder Stadtsee, der heute einer stinkenden Brühe gleicht. So muß man auch sagen, daß unser Kantorsee heute schon eine 5 bis 8 m dicke Sumpfschicht hat. Die Ursache ist gleich gesagt, alles was von der Straße, aus Haushalten und Betrieben an Wasser anfällt, fließt in den See. Deshalb können wir es als Volksvertretung nicht verstehen, wenn bei uns in den nächsten Jahren eine

---

[36] Diese Veranstaltung bildete den Auftakt für die Diskussion dieses Gesetzesentwurfes in der ganzen DDR.

Abbildung 4: Flurformenwandel 1953-2000, Luftbild der Flur um das Dorf Peckatel, LK Mecklenburg-Strelitz, Mecklenburg-Vorpommern, Aufnahme von 1953: Das Luftbild zeigt noch die kleinteilig strukturierte „Bodenreformlandschaft" – © Landesvermessungsamt Mecklenburg-Vorpom-mern, Datengrundlage: Luftbilder, Wiedergabe mit Genehmigung Nr. LB/09/2005

Abbildung 5: Flurformenwandel 1953-2000, Luftbild der Flur um das Dorf Peckatel, LK Mecklenburg-Strelitz, Mecklenburg-Vorpommern, Aufnahme von 2000: Das Luftbild zeigt die „industrielle Großraumlandwirtschaft" in Form der kapitalistischen Farmwirtschaft. Die Flurformen haben sich im Vergleich mit der „LPG (P)-Wirtschaft" bis 1990 kaum geändert; verändert hat sich allerdings das Fruchtfolgesystem – © Landesvermessungsamt Mecklenburg-Vorpommern, Datengrundlage: Luftbilder, Wiedergabe mit Genehmigung Nr. LB/09/2005

Bewässerung gebaut wird, keine Entwässerung gleichzeitig mitgebaut wird. Diese Beispiele ließen sich noch weiter fortführen."[37]

Einige Natur- und Heimatfreunde äußerten sich in Briefen zum Entwurf des LKG. Am Glambecker See bestehe „die Gefahr der Verschmutzung durch die öligen Abwässer der Autowaschanlage der Roten Armee, die sich am Seeufer befindet. Aus diesem Grunde gehen viele Familien mit ihren Kindern an den Zierker See zum ehemaligen Strandbad. Hier ist noch die große, wenn auch ungepflegte Rasenfläche mit dem schmalen Sandstreifen vorhanden, auf dem sich die Familien in Licht und Sonne tummeln können. Leider verführt aber das Wasser immer wieder die Menschen, in dem verseuchten Wasser zu baden. […]

Auf einer Besprechung bezüglich Naherholung des Kreises Neustrelitz wurde vorgetragen, daß im Landschaftsschutzgebiet Pankower Ort ein Erholungszentrum geschaffen werden soll mit Bungalows und Angelgelegenheit für die Angehörigen der Polizei. Der Pankower Ort ist eine Halbinsel, die von dem großen Fürstenseer See umschlossen wird. Der Bezirksdenkmalpfleger Schoknecht hat dieses Gebiet als ur- und frühgeschichtliches Siedlungsgebiet unter Schutz gestellt. Es ist unverständlich, daß der Rat des Kreises und die Bezirksnaturschutzverwaltung hier einer Bebauung und Sperrung des Ufergeländes zugestimmt haben, da die Seeufer laut Gesetz der gesamten Bevölkerung zugänglich bleiben müssen. Außerdem ist der Bestand an seltenen Pflanzen in diesem Landschaftsschutzgebiet stark gefährdet." Handschriftlich wurde der Brief ergänzt von A. Wagner aus dem Karbe-Wagner-Archiv (KWA) Neustrelitz: „Liebe Frau Jänsch (Bezirkssekretärin Natur und Heimat im DKB, H.B.), obiger Beitrag ist von m. Mitarbeiterin im KWA und mir zus. aufgesetzt. Es wäre gut, wenn dem Rat der Stadt dringende Hinweise zur Verbesserung der Naherholung von Ihrer Kommission gegeben würden. Wir hier haben kein Gewicht mit Vorschlägen."[38]

Die Diskussion über das Landeskulturgesetz bildete auch den inhaltlichen Schwerpunkt während eines Bezirkstreffens, das von der Bezirkskommission Natur und Heimat im DKB aus Anlass der Woche des Waldes und der Naturschutzwoche am 22.5.1970 in Waren veranstaltet wurde. Einige Teilnehmer hofften auf das LKG als ein wirksames Instrument, um Gewässerbelastungen, das wilde Bauen an den Seeufern im Bezirk sowie das verbreitete Zuschütten von Söllen durch

---

[37] StUG, Bestand Brinkmann, Grundsatzdiskussion vom 10.12.1969 zum Entwurf des LKG, Redemanuskript zum Entwurf des Landeskulturgesetzes, ohne Autor (handschriftlich: Frau Mohr, Gramzow), o.J. (Dezember 1969) – Ähnlich äußerte sich z.B. der Vertreter der Bezirksplankommission. Diese kritischen Äußerungen Frau Mohrs finden sich in einem Bericht der Nr. 302 der „Freien Erde" vom 20. Dezember 1969 nicht. – Vgl. Freie Erde, Nr. 302 v. 20.12.1969: „Die Umwelt – Teil der Kultur unseres Staates".

[38] StUG, Bestand Brinkmann, Brief Reddin an den Rat des Bezirkes Neubrandenburg betr. Gesetz über die planmäßige Gestaltung der sozialistischen Landeskultur, Neustrelitz, 12.12.1969.

Landwirtschaftliche Produktionsgenossenschaften zu verhindern. Andere befürchteten, dass z.B. die im § 4 des LKG vorgesehene Zuständigkeit der „örtlichen Organe" für die Umsetzung der Bestimmungen des Gesetzes erst recht dazu beitrügen, Eingriffe in den Naturhaushalt zu verstärken, da Bürgermeister und LPG-Vorsitzende nunmehr freie Hand erhielten.[39]

Das Bezirkstreffen ist ein Beispiel dafür, wie ideologisiert die „Umweltfrage" bei mangelhafter Selbstkritik zuweilen war. So prangerte der Leiter der Prognosegruppe bei der Bezirksleitung der SED in seinem Referat ausführlich Umweltprobleme in der BRD an und führte sie auf die Profitorientierung der Monopole zurück. Ausführlich kritisierte er auch die nachweislich verheerende Umweltkriegsführung der USA in Vietnam, nachdem er sich ebenso ausführlich einer theoretischen Auseinandersetzung gewidmet hatte („erstens zur Gegenstandsbestimmung der sozialistischen Landeskultur zur Eingliederung der sozialistischen Landeskultur in das gesellschaftliche Gesamtsystem des Sozialismus und zweitens ... zum Verhältnis Mensch-Natur, unter dem besonderen Gesichtspunkt, daß sich das Verhältnis zwischen Mensch und Natur unterschiedlich gestaltet in unterschiedlichen Gesellschaftsformationen"). Die Umweltprobleme im Sozialismus jedoch werden äußerst kurz abgehandelt und als Erbe des Kapitalismus, als Folge eines noch zu geringen Verantwortungsbewusstseins der Bürger, Betriebe und Kollektive der Werktätigen, als Problem des „sich ständig verschärfenden Klassenkampfes sowie als Folge zu geringen Wissens über Ursache-Wirkungs-Beziehungen" gekennzeichnet. In der Diskussion musste er sich von Einzelnen dann fragen lassen, warum die DDR nach wie vor die Produktion großer Mengen des Pflanzenbehandlungsmittels DDT zulasse oder warum zu wenig getan werde, um zu Verbesserungen im deutsch-deutschen Dialog über die Lösung grenzüberschreitender Umweltprobleme zu kommen.[40]

In den 1970er Jahren standen *mehr und mehr Umweltprobleme im weitesten Sinne im Mittelpunkt der Diskussionen,* entsprechend dem Inhalt des Begriffs Landeskultur, der – siehe Einleitung – in der DDR anders verstanden wurde als in der BRD. Insbesondere die Gewässerbelastung durch Landwirtschaft, Fischwirtschaft und kommunale Abwässer wurde angeprangert.

Die „Wochen der sozialistischen Landeskultur" vom Mai 1972 und Mai 1973 führten auf der Grundlage des LKG zu einigen Maßnahmen im Erholungswesen und in der Landwirtschaft:

---

[39] Vgl. StUG, Bestand Brinkmann, Mitschrift der Redebeiträge zum Bezirkstreffen der Natur- und Heimatfreunde aus Anlass der Woche des Waldes und des Naturschutzes am 22.5.1970 in Waren.
[40] Ebenda.

- Wildes, unkontrolliertes Bauen von Erholungseinrichtungen wurde verboten, Betriebe mussten sich zu „Interessengemeinschaften" zusammenschließen und gemeinsam Festlegungen z.B. zu Standort und Abwasserbeseitigung treffen.
- Im Kreis Neustrelitz wurden einige Seen für den Motorboot-Verkehr gesperrt.
- Meliorationsprojekte mussten von der Abteilung Landeskultur und Erholung (vormals Erholung und Naturschutz) beim RdB bestätigt werden.
- Vor Beseitigung von Bäumen bzw. Feldgehölzen musste ein Nachweis geführt werden, dass als Ersatz Anpflanzungen erfolgten.
- Standorte neuer Tierproduktionsanlagen mussten nun ebenfalls von der Abteilung Landeskultur und Erholung bestätigt werden. Siedlungsgebiete und Erholungslandschaften waren nunmehr für die Errichtung solcher Anlagen tabu.[41]

Diese Regelungen führten zwar zu einer Formalisierung des Standortfestlegungs-Verfahrens, verhinderten jedoch nicht die genannten negativen Erscheinungen. Natur- und Heimatfreunde oder Landschaftsarchitekten wurden erst einbezogen, als Entscheidungen über das Ob und Wo von Anlagen bereits gefallen waren.

Eine kritische Haltung zur Gewässerproblematik[42] nahm die seit 1955 existierende hydrologisch-biologische Arbeitsgruppe BONITO aus Feldberg ein, die eigentlich im Bezirk Magdeburg ansässig werden wollte, was dort jedoch abgelehnt wurde. Sie kontrollierte ständig die Gewässerqualität der Feldberger Seen und wies für einige dieser Seen eine Ende der 1960er/Anfang der 1970er Jahre, also in wenigen Jahren, erfolgte drastische negative Veränderung nach.[43] Ursachen dafür waren Stoffeinträge durch Land- und besonders auch durch die Fischwirtschaft.

Der Übergang zur industriellen Großraumlandwirtschaft war der Hintergrund für mehrjährige Untersuchungen, die die ehrenamtliche Natur- und Umweltschützer 1974 in den Kreisen Teterow und Waren auf Kulturflächen begannen, die durch Meliorationsmaßnahmen und Gülleausbringung gefährdet waren.[44]

Die Großraumlandwirtschaft führte nicht nur zu weiteren Umweltproblemen, sondern auch zu Einschränkungen für das Erholungswesen insgesamt. Sie führte

---

[41] Vgl. zu den Angaben „Eine Buche erzeugt den Sauerstoff für 50-70 Menschen". In: „Demokrat" vom 19./20.5.1973.

[42] Die Gewässergüte im Bezirk wurde seinerzeit wie folgt eingeschätzt. Güteklasse I (sauberes Wasser): 1,6 %; Güteklasse II (mäßig verunreinigt): 65,7 %; Güteklasse III (verunreinigt): 26,9 %; Güteklasse 4 (unzulässig verunreinigt): 5,8 %; von den 52 Seen mit einer Seenfläche über 1 km^2 wurden 49 in die Güteklasse I und II eingeordnet, der Teterower See, der Haussee bei Feldberg sowie der Zierker See bei Neustrelitz in die Güteklasse III und IV. – Vgl. StUG, Bestand Brinkmann, Redemanuskript Weber, Mitarbeiter der Wasserwirtschaftsdirektion, 3

[43] Vgl. z.B. StUG, Bestand Brinkmann, 1. Bezirkstreffen der Natur- und Heimatfreunde verbunden mit der 4. Vortragstagung des Naturschutzes im Kreis Neustrelitz am 20.10.1973 in Neustrelitz zu Fragen der sozialistischen Landeskultur.

[44] Vgl. StUG, Bestand Brinkmann, Kulturbund der DDR, Bezirksleitung Neubrandenburg, Jahresanalyse 1974 Bereich Natur und Heimat vom 13.1.1975.

dazu, dass Gebiete aufgrund der Veränderungen in der Flur aus der Erholungsplanung herausgenommen werden mussten, da sie als nicht mehr erholungswürdig eingestuft werden konnten. Alte Feldwege und Fußsteige fielen dem Pflug zum Opfer. Darüber hinaus gingen Badeseen für die Erholung verloren. Neu angelegte Wege dienten allein landwirtschaftlichen Zwecken. 1975 wurde in der Jahresanalyse der Natur- und Heimatfreunde vermerkt, dass die Wandererbewegung „besonders schwach" entwickelt sei.[45]

Letztlich blieben Kritik und Widerstand von Umweltschützern gegen die „sozialistische Intensivierung" aus oder waren kaum zu spüren. Das lag zum einen daran, dass sich die Umweltschützer überwiegend den Aufgaben des „speziellen Naturschutzes" in Schutzgebieten widmeten, zum anderen auch an organisatorischen Schwierigkeiten. Anfang der 1970er Jahre hatten die Natur- und Heimatfreunde erhebliche „Kaderprobleme" zu lösen, ein „Generationswechsel" war zu bewältigen. Etliche „Führungspersonen" standen in hohem Alter. Bis 1977 finden sich in den Jahresberichten der Bezirkskommission der Natur- und Heimatfreunde immer wieder Hinweise auf Probleme bei der Anleitung der Fachgruppen.[46]

Die Entwicklungen in der Landwirtschaft des Bezirkes in den 1970er Jahren hatten allerdings zur Folge, dass sich die Natur- und Heimatfreunde nicht nur einem ausgeweiteten Problemzusammenhang widmen, sondern sich mehr als vorher mit den politisch-planerischen Rahmenbedingungen der „sozialistischen Landeskultur" auseinandersetzen mussten. Der Landschaftsarchitekt Festersen erfuhr dies anhand des wachsenden Interesses an seinen Landschaftsplanungen im Erholungsgebiet Feldberger Seenlandschaft (Landschaftsplan Feldberg), die er in den 1970er Jahren begann. Vor Beginn der Komplexmeliorationen hätten die „klassischen" Naturschützer, die sich hauptsächlich mit der Erfassung, Inventarisierung und dem (praktischen) Schutz einzelner Tier- und Pflanzenarten beschäftigten, also mit dem „speziellen Naturschutz", wenig Interesse an seinen Plänen gehabt. Diese „komplexe" Planung, die raumbezogen alle wichtigen landeskulturellen Aspekte einer Landschaft auch als Grundlage oder Voraussetzung für die Ausweisung und den Schutz kleiner Naturschutzgebiete analysieren und bewerten musste, erschien vielen dieser klassischen Naturschützer als zu abstrakt oder als „Quadratur des Kreises". Nun – so Festersen – änderte sich dies. Sichtbar wurde die (aller-

---

[45] Vgl. StUG, Bestand Brinkmann, Kulturbund der DDR, Bezirksleitung Neubrandenburg, Jahresanalyse 1975 Bereich Natur und Heimat.
[46] Vgl. StUG, Bestand Brinkmann, Kulturbund der DDR, Bezirksleitung Neubrandenburg, Jahresanalyse 1976 Bereich Natur und Heimat: „Im Vordergrund der Arbeit stand die Aktivierung der Bezirkskommission. Gleichzeitig sollte die Überalterung der Leitungsorgane überwunden werden. Dieser komplizierte Prozeß wurde nun abgeschlossen. Die schon im Rentenalter stehenden Bundesfreunde wurden als Ehrenmitglieder der Bezirkskommission berufen." Leitungsprobleme finden sich aber auch im Jahresbericht 1977.

dings nur theoretische) Bedeutungszunahme der Landschaftsplanung am Umgang mit dem Landschaftsplan Feldberg (siehe dazu die Erläuterungen im folgenden Abschnitt).[47]

Es gab in den 1970er Jahren nicht nur Ärger mit den ökologischen Folgen der „sozialistischen Intensivierung", es gab auch einige erfreuliche Entwicklungen für den Naturschutz: In einigen Bezirken der DDR wurden in dieser Zeit Naturschutzstationen ins Leben gerufen, die der Naturschutzweiterbildung, der Erforschung und Betreuung von Schutzgebieten (als Zuarbeit zum ILN) und der Durchführung praktischer Naturschutzarbeit in NSG und LSG sowie FND dienten. Dabei spielte der Bezirk Neubrandenburg eine Vorreiterrolle. Hauptinitiator für die Einrichtung solcher Stationen war der Bezirksnaturschutzbeauftragte Horst Ruthenberg.

Naturschutzstationen wurden im Lauf der Zeit hauptamtlich betreut. Dies verbesserte die personelle Situation im Naturschutz spürbar. Im Bezirk Neubrandenburg gab es 1985 fünf Naturschutzstationen (Serrahn, Galenbecker See, Nonnenhof, Putzar und Kamp) mit insgesamt 18 hauptamtlichen Mitarbeitern (6 Frauen, 12 Männer) (RUTHENBERG 1985, 61-65).[48]

Daneben gab es in nahezu jedem Kreis Stationen Junger Naturforscher (und Techniker), die zum Teil von den Mitarbeitern der Naturschutzstationen angeleitet und unterstützt wurden und die ein gelungenes Beispiel für die Kinder- und Jugendarbeit im Naturschutz in der DDR waren. Diese Stationen gab es in Folge einer entsprechenden Anordnung schon seit 1953. Diese Naturschutzstationen und Stationen Junger Naturforscher und Techniker ergänzten die bereits seit längerem vorhandenen, überregional bedeutsamen Naturschutzeinrichtungen wie die Zentrale Lehrstätte für Naturschutz der DDR in Müritzhof (seit 1954) oder die Biologische Station in Serrahn (Mecklenburg. Sie bearbeitete vorwiegend Fragen der angewandten Ornithologie).

Alles in allem war der Bezirk Neubrandenburg durch die Vielzahl und Größe von Schutzgebieten, Naturschutzstationen und Stationen Junger Naturforscher und Techniker Vorbild für andere Bezirke in der DDR – trotz aller geschilderten Probleme.

2.2.2 Der 2. Landschaftstag 1978 und seine Folgen

Dass Landschaftstage vorrangig dazu dienen sollten, allgemeine Probleme der Landeskultur öffentlich mit den wichtigsten Landnutzern zu diskutieren und ggf. Maßnahmen festzulegen, geht aus einem Beschluss der Zentralen Konferenz des Präsidialrates des Kulturbundes hervor, die vom 28. und 29. April 1976 in Waren-

---

[47] Mdl. Mitteilung Festersen, 7.12.1999 und 27.1.2000.
[48] Zu „staatsjagdbedingten" Veränderungen des Standorts von Naturschutzstationen vgl. weiter unten.

Klink stattfand. Landschaftstage wurden darin als Instrument benannt, umwelt- und naturschutzbezogene sowie (orts- und landschafts-)gestalterische Aufgaben in ihrer ganzen Breite darzustellen und zu diskutieren und eine verstärkte „Mitarbeit des Kulturbundes an den langfristigen volkswirtschaftlichen Planungen, den territorialen Entwicklungskonzeptionen und Landschaftsplänen"[49] zu erreichen (vgl. RÄDEL 1977. 30-32).

Die Tagung in Klink wurde maßgeblich von den Natur- und Heimatfreunden des Bezirks Neubrandenburg vorbereitet. Ein weiteres wichtiges Ereignis war 1976 für die Natur- und Heimatfreunde im Bezirk Neubrandenburg das Leitungsseminar des Zentralen Fachausschusses Botanik zum Thema „Erhaltung der floristischen Mannigfaltigkeit unter den Bedingungen der intensiv genutzten Landschaft in der DDR" vom 8. bis 11. April 1976 in Wesenberg.[50] Beide Tagungen versuchten eine Erweiterung der Ziel- und Aufgabenbestimmung des Naturschutzes und beide Male wurde ausdrücklich der Übergang zur industriellen Großraumlandwirtschaft als Anlass dafür benannt. Beide Tagungen forcierten auch die Vorbereitungen eines zweiten Landschaftstages, z.B. durch Ortsbegehungen und Gespräche zwischen Natur- und Heimatfreunden, Verantwortlichen des RdB, Betriebsleitern sowie Kreis- und Gemeindevertretern (zunächst in den Kreisen Demmin, Ueckermünde, Templin, Strasburg und Neustrelitz).

Über die Durchführung eines zweiten Landschaftstages wurde bereits seit 1974 unter Natur- und Heimatfreunden diskutiert, ein erstes „Problemgespräch" gab es bereits vor den genannten beiden zentralen Tagungen am 12.12.1975[51], ein weiteres folgte am 13.3.1976. Der 2. Landschaftstag war eigentlich für den 20. bis 22.5.1977 vorgesehen, wurde dann aber um ein Jahr verschoben, da vorher auf Kreisebene ein Landeskulturtag durchgeführt werden sollte, der gewissermaßen als „Test" für den bezirksweiten Landschaftstag dienen sollte.[52] Als Beispiel diente der Landeskulturtag des Kreises Neustrelitz in Feldberg, der am 21. und 22. Mai 1977 stattfand. Neben einem „Rechenschaftsbericht" des Vorsitzenden des Rates des Kreises (RdK) Neustrelitz und einer Ausstellung des Landschaftsplanes Feldberg gab es einige Exkursionen. Der Landschaftsplan Feldberg enthielt ein Zonie-

---

[49] Kulturbund der DDR, Sekretariat des Präsidiums, Information 9/76: „Aufgaben des Kulturbundes auf dem Gebiet der sozialistischen Landeskultur", Beschluß der Zentralen Konferenz des Präsidialrates vom 28. und 29. April 1976 in Waren-Klink, 6.

[50] Im Bezirk Neubrandenburg wurden seitens der Natur- und Heimatfreunde im Kulturbund Aufgaben der Landeskultur und des Naturschutzes vor allem durch den Bezirksfachausschuss (BFA) Botanik und Dendrologie sowie durch die Ornithologen wahrgenommen.

[51] Vgl. StUG, Bestand Brinkmann, Kulturbund der DDR, Bezirksleitung Neubrandenburg, Jahresanalyse 1975 Bereich Natur und Heimat.

[52] Vgl. StUG, Bestand Brinkmann, Konzeption für die Veranstaltungen zum 2. Landschaftstag im Bezirk Neubrandenburg, 20. bis 22.5.1977, Neubrandenburg, 12.3.1976.

rungskonzept, mit dem die Ansprüche des Erholungswesens, der Wasserwirtschaft, Landwirtschaft und Ortsgestaltung an den Raum berücksichtigt und geordnet werden sollten. Kernbestandteil war die Ausweisung von Schutzzonen I. und II. Ordnung um die Klarwasserseen im Raum Feldberg.

Die Exkursionen führten zu Problem-Standorten der Ortsgestaltung, Denkmalpflege, Landschaftsgestaltung, Parkgestaltung, des Erholungswesens sowie des Umweltschutzes und der Wasserwirtschaft. Das zuletzt genannte Thema wurde anhand negativer Beispiele wie „Lagerplätze mineralischer Düngemittel, Gülleverwertung in LSG, Abwasserüberleitung Schlicht, Jaucheeinleitung Carwitzer See vom Kuhstall und Jaucheeinleitung in Lüttensee vom Schweinestall Tornowhof, Möglichkeiten der Haussee-Sanierung" diskutiert.[53] Der ausgestellte Landschaftsplan Feldberg wurde zwar durch den Rat des Bezirkes beschlossen, jedoch letztlich nicht umgesetzt, trotz einzelner örtlicher Bemühungen.

1978 folgten Landeskulturtage in fast allen übrigen Kreisen des Bezirks Neubrandenburg. Auf allen Landeskulturtagen wurde die Gewässerbelastung durch Agrarindustrie und Kommunen als wichtigstes Problem genannt. Auf dem Landeskulturtag des Kreises Altentreptow wurde die Forderung nach Schutzzonen für die Gewässer (500 Meter) erhoben, in denen weder Handels- noch Wirtschaftsdünger ausgebracht werden sollten. Weitere Probleme waren fehlende Düngepläne und fehlende Wandermöglichkeiten.[54] Zwischen den Zeilen ist in den Dokumenten auch Kritik an fehlenden wirksamen Durchführungsverordnungen für die Bestimmungen des LKG zu finden.

Im Zusammenhang mit den Landeskulturtagen bilanzierte die Bezirksleitung des Kulturbundes über 200 Vorträge, 17 Foren und Klubgespräche, 68 Ortsbegehungen und 43 Exkursionen zu landeskulturellen Problemen.[55] Alle Landeskulturtage liefen nach dem gleichen „Strickmuster" ab. Die Vorsitzenden der RdK hielten Rechenschaftsberichte (sie sollten „abrechnen, was in der Vergangenheit getan wurde […], andererseits neue Impulse auslösen." (Wochenpost, Nr. 6/1978). Es folgten einige Wortbeiträge von Funktionsträgern und Exkursionen.

---

[53] Vgl. StUG, Bestand Brinkmann, Der Rat der Stadt Feldberg, Brief an den Kulturbund der DDR, Kreisleitung Neustrelitz vom 26.4.1977, Vorschlag für Exkursionsgruppen zum Landeskulturtag.

[54] „Wo kann in unserem Flachland in der Umgebung von Städten noch gewandert werden? Die Fernstraßen sind wegen des Autoverkehrs nicht zu brauchen, die alten Feldwege und Fußsteige sind durch die Großraumwirtschaft vielfach übergepflügt und damit beseitigt worden." - Vgl. hierzu „Wanderfreuden heute ein Problem. Bericht vom 2. Landschaftstag", Freie Erde vom 23.6.1978. Zitiert wurde von der Redakteurin eine Äußerung von Paul Friedrich Brinkmann, Bezirkssekretär im Bereich Natur und Heimat des Kulturbundes.

[55] Vgl. StUG, Bestand Brinkmann, Kulturbund der DDR, Bezirksleitung Neubrandenburg, Jahresanalyse 1978 Bereich Natur und Heimat.

Ähnlich verlief dann der 2. Landschaftstag „Mecklenburgisch-Brandenburgische Seenplatte der Bezirke Schwerin, Potsdam, Neubrandenburg 16. und 17. Juni 1978", dem das Motto „Nutzung, Schutz und planmässige Gestaltung der Landschaft zur ständigen Verbesserung sozialistischer Arbeits- und Lebensbedingungen" vorangestellt worden war. Dieser 2. Landschaftstag, zu dem Vertreter der drei „Anrainerbezirke" der „M-B-S" (Mecklenburgisch-Brandenburgische Seenplatte) eingeladen worden waren, wurde als Beispiel für einen Landschaftstag charakterisiert, der sich auf ein *überregionales* Erholungsgebiet bezog, während sich die Landeskulturtage dagegen auf *regionale* und *lokale* Erholungsgebiete beziehen sollten (Beispiel: Feldberger Seengebiet). Die Dokumente des 2. Landschaftstages spiegeln den genannten Bezug zu einer konkreten Landschaft jedoch nicht wider, behandelt wurden allgemeine Umwelt(schutz)probleme aller drei Bezirke, schwerpunktmäßig des Bezirks Neubrandenburg.

Der Landschaftstag wurde am 16. Juni 1978 in den „gastgebenden Kreisen" Waren, Neuruppin, Templin und Neubrandenburg eröffnet und endete mit der zentralen Veranstaltung in Neubrandenburg am 17. Juni 1978. Auf dieser legte – wie es zuvor auf den Landeskulturtagen die RdK-Vorsitzenden taten – nun der Vorsitzende des RdB Neubrandenburg einen „Rechenschaftsbericht" vor. Es folgten kurze Stellungnahmen der Ratsmitglieder für Umweltschutz und Wasserwirtschaft der Bezirke Potsdam und Schwerin – auch dort hatten 1978 insgesamt 12 Landeskulturtage auf Kreisebene stattgefunden –, einer Vertreterin der Ständigen Kommission für Wasserwirtschaft der Stadtverordnetenversammlung Neubrandenburg, der Vorsitzenden der Kreisleitung Neuruppin des Kulturbundes der DDR, des KNB Templin, des Umweltschutzbeauftragten der VEG Pflanzenproduktion Hohen Wangelin, Kreis Waren und ein Schlusswort. Es überwogen in allen Beiträgen allgemeine Ausführungen, es gab keine fachlichen Auseinandersetzungen, es gab keine öffentlich vorgetragene Kritik, es wurden keine konkreten Maßnahmen verabredet. Insofern drängt sich

Abbildung 6: Signet für den 2. Landschaftstag
Grafiker: Werner Schinko

letztlich schon dadurch der Eindruck auf, dass es sich um eine Veranstaltung mit „Akklamationscharakter", um eine „Alibiveranstaltung" gehandelt hat.

In den Redebeiträgen finden sich nur vereinzelt kritische Stellungnahmen. Sogar von Naturschutzbeauftragten wurde betont, dass Prozesse wie der Übergang zur industriemäßigen Großraumlandwirtschaft „objektiv notwendig" seien und dass es gelte, „alle Intensivierungsfaktoren, die wichtigsten sind die Chemisierung, die Melioration und die komplexe Mechanisierung, voll durchzusetzen, um jedem Hektar landwirtschaftlicher Nutzfläche Hocherträge abzuringen. Zur Erhöhung der Bodenfruchtbarkeit waren und sind umfangreiche Meliorationsmaßnahmen notwendig. Die Entwässerung von Grün- und Ackerland sowie die Regulierung des gesamten Wasserhaushaltes sind wichtige Maßnahmen, die zur ständigen Steigerung der Hektarerträge beitragen. Weiterhin war es erforderlich, mit dem Einsatz moderner Technikkomplexe große Schlageinheiten zu schaffen. Bei der Einteilung großer Schläge ist es nicht zu umgehen, einige Feldraine und Wegbewachsungen verschwinden zu lassen. Von sehr wenigen Ausnahmen abgesehen, geschah das immer unter gewissenhafter Beachtung der Erfordernisse der Landeskultur. Planmäßig werden vor Bauausführung Meliorationsmaßnahmen zwischen der Abt. Landwirtschaft und der Abt. UWE des Rates des Kreises abgestimmt. Ein Schwerpunkt ist die Güllewirtschaft. Es ist objektiv notwendig, von der Stallmistwirtschaft zur Güllewirtschaft überzugehen."[56]

Die Probleme, die durch den Übergang zur industriemäßigen Landwirtschaft in den Jahren zuvor entstanden waren, wurden allerdings auch durch solche Wortbeiträge deutlich. Einige weitere Beispiele:

„Unerlaubtes Einleiten von Abwasser in stehende und fließende Gewässer ist nicht mehr zu dulden. [...] Bei der Schaffung großer Schläge wurde so mancher Feldrain, manche Hecke oder anderes Flurgehölz entfernt, das als Neupflanzung des Flurholzanbaus wieder ersetzt werden muß.[57] [...] Es gilt, mit mehr Konsequenz die noch entstehenden Schäden durch Wind- und Wassererosionen kontinuierlich abzubauen. [...] Kontrollen haben ergeben, daß in 18 ACZ[58] unseres Bezirkes keine ordnungsgemäße Behandlung der Abwässer, insbesondere der Waschwässer zum Reinigen der Ausbringungstechnik für Pflanzenschutzmittel, erfolgt und durch die Ableitung dieser chemisch belasteten Abwässer in die Kanalisation oder direkt in die Oberflächengewässer eine akute Gefahr für die Nutzung des

---

[56] Natur und Umwelt im Bezirk Neubrandenburg 3/1979, 2. Landschaftstag „Mecklenburgisch-Brandenburgische Seenplatte" der Bezirke Schwerin, Potsdam, Neubrandenburg, 16. und 17. Juni 1978, Redebeitrag Dr. Wilhelm Gerhardt, Kreisnaturschutzbeauftragter Templin, 30.

[57] In die zweite Hälfte der 1960er und die erste Hälfte der 1970er Jahre fielen groß angelegte Komplexmeliorationen, z.B. in der Friedländer Großen Wiese, im Raum Röbel (Bezirk Neubrandenburg) und im Rhinluch (Bezirk Potsdam).

[58] ACZ = Agrochemische Zentren. Davon gab es 27 im Bezirk Neubrandenburg.

Grund- und Oberflächenwassers besteht. [...] ...durch die weitere Konzentration der Tierproduktion und die damit verbundene Tierhaltung (hat sich) in den letzten Jahren der Gülleanfall sprunghaft erhöht."[59]

In der Schlusserklärung des 2. Landschaftstages finden sich nur allgemeine Empfehlungen, die Öffentlichkeitsarbeit zu verstärken, Landschaftspläne nach dem Vorbild des Landschaftsplans Feldberg zu erarbeiten oder die Bestimmungen des LKG in den Betrieben durchzusetzen. Ein weiterer (3.) Landschaftstag sollte 1980 stattfinden.[60]

Im Gegensatz zum 1. Landschaftstag kann der 2. wie folgt charakterisiert werden: Auf dem 1. Landschaftstag 1966 wurde ein Konfliktfeld (Konflikt Erholung – Naturschutz) in einem begrenzten Raum („Müritz-Seen-Gebiet") diskutiert. Die Redebeiträge enthielten damals z.T. scharfe Kritik. Offen wurden Fehlentwicklungen angeprangert. In Vorbereitung auf den 1. Landschaftstag waren zudem in den Bezirken der DDR von den Natur- und Heimatfreunden konkrete Maßnahmepläne für Erholungsgebiete erarbeitet worden.

Abbildung 7: Postkartenmotiv zum 2. Landschaftstag. Grafiker: Werner Schinko

Ganz anders der 2. Landschaftstag: Thematisch wurden sämtliche Problemfelder der Landeskultur behandelt. Der Raumbezug („Mecklenburgisch-Brandenburgische Seenplatte") war aus Sicht der meisten Teilnehmer zu groß und mit Blick auf die Themen und Raumbezüge der mit dem Landschaftstag korrespondierenden Kreis-Landeskulturtage, die nicht auf die Seenplatte begrenzt waren, nicht mehr erkennbar. Aus Sicht der Territorial- und Landschaftsplanung war der

---

[59] Natur und Umwelt im Bezirk Neubrandenburg 3/1979, 2. Landschaftstag „Mecklenburgisch-Brandenburgische Seenplatte" der Bezirke Schwerin, Potsdam, Neubrandenburg, 16. und 17. Juni 1978, Redebeitrag Heinz Simkowski, Vorsitzender des Rates des Bezirkes Neubrandenburg, 8 und 10.

[60] Vgl. Natur und Umwelt im Bezirk Neubrandenburg 3/1979, 2. Landschaftstag „Mecklenburgisch-Brandenburgische Seenplatte" der Bezirke Schwerin, Potsdam, Neubrandenburg, 16. und 17. Juni 1978, Erklärung, 45f.

Raumbezug Mecklenburgisch-Brandenburgische Seenplatte – auch als geografischer Begriff – hingegen sinnvoll, da die Probleme der Landschaftsentwicklung dort überall ähnlich waren. Der Raumbezug entsprach auch den unter Geografen und Ökonomen der staatlichen Plankommission damals diskutierten sog. „Wirtschaftsgebieten".

Fast alle Redner und Rednerinnen versuchten nicht durch offene Kritik, durch mehr oder weniger deutliche Anprangerung von Missständen, sondern durch Verweis auf positive Beispiele der Zusammenarbeit zwischen Natur- und Umweltschutz einerseits sowie Land- und Forstwirtschaft, Wasserwirtschaft oder Erholungswesen andererseits zur „Nachahmung" anzuregen. Stets wurde lobend auf die vorbildhafte Arbeit der Natur- und Heimatfreunde, von Lehrern, Förstern usw. hingewiesen. Die realen Prozesse in Land-, Fischerei- und Forstwirtschaft (auch dort wurde zur industriemäßigen Holzproduktion übergegangen, vgl. hierzu LENKAT 2000) oder im Erholungswesen wurden offenbar als unabänderlich hingenommen oder als objektiv notwendig unterstützt. Hervorzuheben ist allerdings, dass als Reaktion auf die unübersehbaren Eingriffe in den Naturhaushalt, die vor allem der Übergang zur Großraumlandwirtschaft mit sich brachte, in den 1970er Jahren die Bestellung von Umweltschutzbeauftragten in Betrieben begann. Es arbeiteten schließlich ca. 200 betriebliche Umweltschutzbeauftragte im Bezirk Neubrandenburg.

Die Landschaftstage bzw. Landeskulturtage endeten mit allgemeinen Empfehlungen. Konkrete Maßnahmen wurden nicht vereinbart, abgesehen vom Landeskulturtag Feldberg, in dessen Zusammenhang der Landschaftsplan Feldberg verabschiedet wurde. Möglicherweise haben die Landschaftstage/Landeskulturtage aber generell zu einer größeren Sensibilisierung und einer komplexeren Betrachtungsweise gegenüber den ökologischen Problemen der „sozialistischen Intensivierung" in den Agrarlandschaften der drei Nordbezirke geführt; dies ist anhand der Unterlagen jedoch nicht überprüfbar.

2.3 Der 3. Landschaftstag 1986

2.3.1 *Vorgeschichte*

Veränderungen der politischen Lage in der DDR

Der 3. Landschaftstag fand nicht, wie geplant, im Jahre 1980, sondern erst 1986 statt. Er fiel bereits in die „Niedergangsphase" der DDR. Diese war nicht nur mit den bereits dargestellten Ressourcenproblemen verbunden, die die DDR nicht lösen konnte, sondern auch mit einigen politischen Ereignissen und materiellen

Rahmenbedingungen Ende der 1970er/Anfang der 1980er Jahre, die an dieser Stelle stichwortartig in Erinnerung gerufen werden sollen um Entwicklungen im Natur- und Umweltschutz in der DDR verstehen zu können:
- Die NATO verabschiedete ihren „Doppelbeschluss", der die Stationierung von Pershing II-Atomraketen als angebliche Antwort auf die Stationierung sowjetischer SS 20-Atomraketen nach sich zog.
- Die Sowjetunion marschierte in Afghanistan ein.
- In der VR Polen wurde der Kriegszustand verhängt als Versuch die Solidarnosc-Streikbewegung zu brechen.
- Die Energiekrise in der DDR (s.o.) dauerte fort und verschärfte sich noch, mit gravierenden ökologischen Folgen, die den Aufschwung der oppositionellen Umweltbewegung verursachten; Bürgerinitiativbewegung, die Partei „Die Grünen" und Medien der BRD gewannen zunehmend Einfluss auf die Umweltschutzdiskussionen in der DDR.

Die politischen Ereignisse trugen zur Polarisierung (Verschärfung des „Klassenkampfes nach innen") bei und hatten somit unmittelbaren Einfluss auf das innenpolitische Klima in der DDR, es wurde zunehmend nur noch hinter vorgehaltener Hand kritisiert, offene Diskussionen zu Fehlentwicklungen und Missständen erstarben, Resignation und Zynismus griffen um sich. Gleichzeitig führte die Energiekrise, die sich bereits seit Mitte der 1970er Jahre auch in der Landwirtschaft der DDR abzeichnete, dazu, dass die Zeit der „Experimente" vorbei war. Dies wurde beispielsweise schon auf dem IX. Parteitag der SED 1976 daran deutlich, dass aufgrund der zunehmenden Material- bzw. Energieknappheit die „sozialistische Intensivierung" in der Landwirtschaft neu interpretiert wurde. Unter dem Begriff wurde nicht mehr nur die Chemisierung, Mechanisierung, Melioration und technische Trocknung, sondern auch die „Rationalisierung und Rekonstruktion" verstanden. Dies führte z.B. dazu, dass bereits in den 1970er Jahren die Zahl der kurz zuvor gegründeten Zwischenbetrieblichen Einrichtungen drastisch abnahm und in den LPG und VEG wieder eigene Baubrigaden entstanden, die sich auch der Rekonstruktion älterer Wirtschaftsgebäude widmeten, wenngleich die Kapazitäten dafür kaum vorhanden waren.

Zu einigen Entwicklungen in der Land-, Forst- und Fischereiwirtschaft im Bezirk Neubrandenburg

Die Trennung der Tier- und Pflanzenproduktion war im Bezirk Neubrandenburg 1980 im Wesentlichen vollzogen und auf eine neue rechtliche Basis gestellt (spezialisierte LPG (T) und (P)). Für „spektakuläre Aktionen" fehlten in der Landwirtschaft in den 1980er Jahren dann jedoch die wirtschaftlichen Mittel (vgl. KRENZ

1996, 165 und 167). Auf dem X. und XI. Parteitag der SED 1981 und 1986 wurden sogar vorsichtige Korrekturen in der Landwirtschaftspolitik eingeleitet, die bis zu seinem Tode 1981 maßgeblich durch die gigantomanischen Vorstellungen Gerhard Grünebergs geprägt war. So wurde auf dem XI. Parteitag festgestellt, dass die Trennung der Tier- und Pflanzenproduktion zu überwinden sei. Es sollten dazu geeignete Organisationsformen (Kooperationsräte) entstehen. Diese Orientierung blieb allerdings erfolglos (zu den Gründen vgl. KRENZ 1996, 168). Auch wurde auf beiden Parteitagen die ökonomische Bedeutung der Ende der 1940er Jahre zur Zeit der Deutschen Wirtschaftskommission gegründeten „Vereinigung der gegenseitigen Bauernhilfe" und der persönlichen Hauswirtschaft der Genossenschaftsbauern „wieder entdeckt" (KRENZ 1996, 168). Darüber hinaus wurde auf Stabilisierung der landwirtschaftlichen Organisationsformen und Strukturen sowie einen haushälterischen Umgang mit den weniger werdenden Mitteln orientiert. Es kam „Ruhe in die Schlageinteilung und deren Einordnung in Fruchtfolgen. […] EDV-Düngungsempfehlungen wurden flächendeckend angewandt. ‚Schlagbezogene Höchstertragskonzeptionen (HEK)' sollten, bezogen auf ‚jeden m^2 Boden', differenzierte Maßnahmen festlegen, […] Es war auch eine gewisse Stabilität der Anbaustruktur erreicht worden. […] Auch in der Tierproduktion des Bezirkes Neubrandenburg deutete sich eine gewisse Stabilisierung an. […] Außer für die Erweiterung der Schafbestände wurden Neubauten in der Tierproduktion seit 1980 so gut wie nicht mehr errichtet." (KRENZ 1996, 172 f.)

In der Tierproduktion kam es nur noch zum Bau eines neuen Riesenbetriebes. Am 26.8.1979 wurde das erste „Modul" der auf vier Module ausgelegten Schweinemastanlage Haßleben im Kreis Templin in Betrieb genommen. Diese Anlage, die „in Modulen (‚Bausteinen') oder als Ganzes zum Verkauf angeboten werden" (KRENZ 1996, 160) sollte, war bereits 1974 geplant worden. Auch sie stellte wieder ein „Pilotvorhaben" dar, mit dem „Erfahrungen für eine neue Generation von Großställen" gesammelt werden sollten. Im November 1975 erfolgte der erste Spatenstich und bis 1986 wurde in Haßleben gebaut. Die Anlage war für 170.000 Schweine ausgelegt (zu den Ver- und Entsorgungsproblemen, die bei dieser Anlage entstanden, vgl. KRENZ 1996, 160-164).

In der Pflanzenproduktion gab es lediglich organisatorische Veränderungen. Anfang der 1980er Jahre war im Bezirk Neubrandenburg die auf dem IX. Parteitag der SED induzierte und auf zentralen Konferenzen 1977 rechtlich abgesicherte Umwandlung der Kooperativen Abteilungen Pflanzenproduktion (KAP) in spezialisierte LPG Pflanzenproduktion – LPG (P) – abgeschlossen. 1980 gab es davon im Bezirk 89, 1981: 111 und 1982: 113 Betriebe (KRENZ 1996, 147).

In die hier betrachtete Zeit fällt eigentlich nur noch ein „Experiment" in der Landwirtschaft, das allerdings hauptsächlich die Organisation der Kooperation zwischen Betrieben im vor- und nachgelagerten und im produzierenden Bereich der Landwirtschaft betraf und nicht mehr zu neuerlichen grundlegenden Veränderungen in der Landschaft selbst führte: Das Politbüro der SED hatte Ende der 1970er Jahre grünes Licht gegeben, „in acht Bezirken, darunter auch im Bezirk

Abbildung 8: Entenmast auf einem See im Bezirk Neubrandenburg. Quelle: StUG, Bestand Archiv BfT Neubrandenburg, Diasammlung

Neubrandenburg, je eine Agrar-Industrie-Vereinigung Pflanzenproduktion (AIV) einzurichten. Das sollte ‚eine entwickelte Form der Kooperation zwischen LPG und VEG Pflanzenproduktion, Agrochemischem Zentrum, Kreisbetrieben für Landtechnik und Meliorationsbaubetrieben' sein, die ‚unter einheitlicher Leitung koordiniert zusammenwirken'. Auch die Mitgliedschaft von Betrieben der ‚Be-

und Verarbeitung von Erzeugnissen der Pflanzenproduktion' war vorgesehen. Die Agrar-Industrie-Vereinigung des Bezirkes Neubrandenburg entstand mit Sitz in Friedland, Kreis Neubrandenburg, unter Einbeziehung von Pflanzenproduktionsbetrieben der Kreise Neubrandenburg, Ueckermünde und Anklam und der Stärkefabrik in Friedland." Die AIV sollte ein Baustein auf dem Weg zum „volkswirtschaftlichen Agrarindustriekomplex" sein (KRENZ 1996, 146 f.).

Umweltprobleme der Land-, Forst- und Fischereiwirtschaft

Ein Hauptproblem blieb auch in den 1980er Jahren die Gewässerproblematik durch Stoffeinträge aus der Land- und Fischereiwirtschaft. Dabei wurde neben der Entenzucht (*Abbildung 8*) besonders die fischwirtschaftliche (Über)nutzung von Seen kritisiert, wenngleich diese Kritik vor allem vor Ort, jedoch nicht öffentlich, geäußert wurde. Im Bezirk Neubrandenburg wurden in den 1980er Jahren von insgesamt 1.412 Seen und Teichen über 1 Hektar Größe immerhin 350 (ca. 55.000 Hektar) fischwirtschaftlich genutzt. Öffentliche Kritik war schon deshalb schwierig, weil Gewässer-Umweltdaten bereits seit Anfang der 1980er Jahre nicht mehr veröffentlicht wurden und dadurch die empirische Grundlage für einen kritischen Umgang mit der Gewässernutzung fehlte. Offiziell wurde die Gewässersituation verharmlost. „Standardsprüche" waren: „Die Daten wurden verbessert" oder: „Die Daten konnten gehalten werden".[61]

Schon in den 1970er Jahren war das Verfüllen von Söllen bereits ein Ärgernis für die Natur- und Heimatfreunde. Im Kreis Demmin war dieses Verfüllen der „Augen der Landschaft" mit abgeholzten Hecken, Müll, Bauschutt usw. eine typische Erscheinung in den 1980er Jahren.

2.3.2 Der 3. Landschaftstag 1986 und seine Folgen

Für den einzelnen Natur- und Umweltschützer ging sein oft mühseliges und aufopferungsvolles „Alltagsgeschäft" nach dem 2. Landschaftstag 1978 nicht nur wie gewohnt weiter, sondern wurde mehr und mehr zum Hauptinhalt seiner Tätigkeit: Im Mittelpunkt standen artenspezifische Bestandserhebungen und Kartierungen sowie praktische(r) Biotopschutz und -pflege.[62]

Die Veränderungen der politischen Lage und die materiellen Engpässe spiegelten sich in einer Beschränkung der Arbeitsmöglichkeiten der Natur- und Heimat-

---

[61] Mdl. Mitteilung Brinkmann, 28.1.2000.
[62] Vgl. beispielhaft die Arbeit der Naturschutz-Fachgruppen im Kreis Waren, StUG, Bestand Naturschutz, Fachgruppe Botanik, Waren, Jahresberichte 1976-1989 und StUG, Bestand Dr. Jost, Waren, Schriftverkehr 1974-1989.

freunde und in der „umweltpolitischen Kultur" wider. 1980 wurde im Kulturbund die „Gesellschaft für Natur und Umwelt" (GNU) gegründet (Vgl. zur Gründung der GNU BEHRENS; BENKERT; HOPFMANN & MAECHLER 1993). Etwa zeitgleich begann im Aufgabenbereich *Jagd und Naturschutz* auf Bezirks- und Kreisebene die „Auswechslung von Kadern": Funktionsträger, die bislang nicht Mitglied der SED waren, wurden ausgewechselt. Daneben gab es bis in die 1980er Jahre hinein den Aufgabenbereich UWE – Umweltschutz, Wasserwirtschaft und Erholung. Im Aufgabenbereich Umweltschutz und Wasserwirtschaft waren die Funktionsträger in der Regel Mitglieder der „befreundeten Parteien" CDU, DBD oder LDPD; sie hatten bei Entscheidungen kaum Stimmrecht, mussten jedoch für Fehlentwicklungen „gerade stehen". Die Stellvertreter der jeweiligen Funktionsträger waren immer SED-Mitglieder. Der Aufgabenbereich Erholung wurde „abgehängt". Die Funktionsträger in diesem Bereich, in dem jährlich saisonale Konferenzen stattfanden, waren allesamt SED-Mitglieder.[63]

Die Arbeitsmöglichkeiten der GNU verschlechterten sich sowohl in finanzieller wie in räumlicher Hinsicht. Finanzielle Mittel wurden auf einige Großveranstaltungen konzentriert, z.B. auf die Arbeiterfestspiele der DDR, die 1982 im Bezirk Neubrandenburg stattfanden. Das Papierkontingent für Veröffentlichungen verringerte sich drastisch.[64] In räumlicher Hinsicht kam es ebenfalls zu einer Einengung der Arbeitsgebiete: Zum einen wurden in Folge des NATO-„Doppelbeschlusses" militärische Übungsplätze vergrößert (z.B. Torgelow, Altentreptow, Kratzeburg, Warenshof, Nossentiner Heide); zum anderen wurden Staatsjagdgebiete (z.B. Groß Dölln, Nossentiner Heide) ausgeweitet, insbesondere nach Erlass des Jagdgesetzes der DDR 1984, in dem personengebundene Staatsjagdgebiete, Sonderstaatsjagdgebiete, „normale" Staatsjagdgebiete und die Arbeit von Jagdgesellschaften geregelt waren.[65] In diesem Zusammenhang gingen zunächst einzelne Naturschutzstationen verloren, z.B. Gehren/Georgenthal im Staatsjagdgebiet Rothemühl oder Serrahn. „Wer nicht Jäger war, kam gar nicht mehr hinein", so beschreibt Paul-Friedrich Brinkmann die Einschränkungen der Arbeitsmöglichkeiten

---

[63] Mdl. Mitteilung Brinkmann, 28.1.2000. Die Nationale Front beschäftigte sich seit 1980 zunehmend nur noch mit Problemen der Ortsgestaltung und nicht mehr mit Problemen des Erholungswesens einschließlich des Natur- und Umweltschutzes.

[64] Im Bezirk Neubrandenburg gab es drei „bezirksweite" Naturschutzveröffentlichungen: Den „Botanischen Rundbrief des Bezirks Neubrandenburg", den „Zoologischen Rundbrief ..." und den „Naturkundlichen Rundbrief ..." (heute: LABUS); hinzu kam das Periodikum „Natur und Umwelt im Bezirk Neubrandenburg".

[65] Vgl. zu Staatsjagdgebieten im Bezirk Neubrandenburg am Beispiel des Staatsjagdgebietes Rothemühl Lenkat 2000. Im Bezirk Neubrandenburg jagten die Politbüromitglieder Kleiber, Herrmann, Honecker, Stoph und Grüneberg.

für Naturschützer in Staatsjagdgebieten.[66] Später wurde vereinzelt Ersatz für die verlorengegangenen Stationen geschaffen, z.B. durch die Naturschutzstation Nonnenmühle als Ersatz für Serrahn, Kamp am Greifswalder Bodden oder das Zentrum für Landschaftspflege in Neu-Meiershof am Tollensesee, das aber erst nach dem 3. Landschaftstag eröffnet wurde.

Weitere Einschränkungen der Arbeitsmöglichkeiten gab es durch verschiedene Sperrgebiete, z.B. im Brölliner Wald (Kreis Pasewalk, große Funkstation der Deutschen Post), Bornmühle und Teschendorf (Erholungsobjekte des MfS), durch das ohne Genehmigung errichtete NVA-Ferienheim in Boizenburg sowie durch Bungalows und Wanderwege für Funktionäre des Bezirks (z.B. am Wanzkaer See).

Kritik an der staatlichen Umweltpolitik wurde in den 1980er Jahren nur noch in persönlichen Gesprächen oder anhand konkreter Probleme vor Ort geäußert. Eine öffentliche Kritik fand nicht statt, weder in Referaten, noch in schriftlichen Berichten noch in der Presse.

Im Vergleich mit anderen Bezirken in der DDR konnte sich zumindest der Naturschutz als Teil der „sozialistischen Landeskultur" im Bezirk Neubrandenburg noch „sehen lassen", er war trotz aller Probleme ein Vorbild für andere Bezirke, z.B. beim Anteil von Schutzgebieten, bei der Zahl hauptamtlicher Arbeitskräfte in Biologischen Stationen oder Naturschutzstationen, bei Vereinbarungen zwischen Naturschutz und Forstwirtschaft usw.

Abbildung 9: Motiv für den 3. Landschaftstag. Grafiker: Werner Schinko

Landeskulturtage und andere Veranstaltungen in den 1980er Jahren

Auf Kreisebene fanden bis zum bezirksweiten 3. Landschaftstag zahlreiche weitere Landeskulturtage statt (*vgl. Anhang, Tabelle 1*). Sie blieben Ereignisse, die über die tägliche Kleinarbeit hinausgingen. Zu solchen Ereignissen gehörten darüber hinaus auch einzelne überregional bedeutsame Tagungen. So veranstaltete beispielsweise der Kulturbund am 16. November 1979 im Kreiskulturhaus Waren eine Vortragstagung zum 30-jährigen Bestehen des Naturschutzgebietes „Ostufer der Müritz".

---

[66] Mdl. Mitteilung Brinkmann, 28.1.2000. – Kritisiert wurde von den Naturschützern generell der Überbesatz an jagdbarem Wild in einzelnen Staatsjagdgebieten.

Der 3. Landschaftstag „Mecklenburgisch-Brandenburgische Seenplatte" fand erst am 13. September 1986 in Neubrandenburg statt, ohne Beteiligung der Bezirke Potsdam und Schwerin. Er war verbunden mit einer Ausstellung eines weiteren wichtigen Landschaftsplanes, des Landschaftsplanes „Südkreise", der von Festersen und dem Geografen Relling erarbeitet wurde. Dieser Plan war das Ergebnis der Umsetzung des RdB-Beschlusses Nr. 0176 vom 14.12.1977 „Konzeption zur Entwicklung des Erholungswesens bis 1990". Darin war festgelegt worden, dass für die „Erholungsgebiete mit überbezirklicher Bedeutung" „Territoriale Entwicklungskonzeptionen – Landschaftspläne" (TEK-LP) nach dem Beispiel des „TEK-LP Feldberg" unter Verantwortung des RdB erarbeitet werden sollten.

Der Landschaftsplan „Südkreise" wurde auf dem 3. Landschaftstag durch das Ministerium für Umweltschutz und Wasserwirtschaft der DDR abgenommen und der RdB sollte in einem entsprechenden Beschluss die Umsetzung des Planes einleiten. Diese Umsetzung und Weiterführung des Planes wurde vom Rat des Bezirkes allerdings boykottiert. Festersen erarbeitete bis zur „Wende" ca. 10 Beschlussvorlagen, die allesamt ohne Ergebnis blieben.

Hauptziel des Landschaftsplanes war es, „Regelungen zur langfristigen Mehrfachnutzung der natürlichen Ressourcen durch die verschiedenen Volkswirtschaftszweige zu treffen." Insgesamt sollten „ökologische Zusammenhänge (Gratiswirkung der Produktivkraft Natur)" mehr berücksichtigt werden als bisher. In den Planunterlagen werden die Probleme in den Südkreisen wie Gewässerbelastungen durch Land- und Fischwirtschaft, Erholungswesen bzw. kommunale Abwässer, negative Folgen der Meliorationen, Überdüngung und Strukturschäden an Böden, forstwirtschaftliche Monokulturen, besonders auf Sanderflächen oder fehlende bzw. mangelhafte Abstimmung zwischen den einzelnen Volkswirtschaftszweigen deutlich beschrieben.[67] Der Landschaftsplan „Südkreise" sollte diesen Problemen u.a. mit einem abgestimmten System von Ruhe- und Nutzungszonen und zahlreichen Vorschlägen für die einzelnen Volkswirtschaftszweige begegnen. Umgesetzt wurde er – wie gesagt – nicht.

In den Referaten und Diskussionen auf dem 3. Landschaftstag wurden u.a. Probleme der Forellenmast, der Karpfenintensivhaltung und der Entenzucht diskutiert. Zu den Empfehlungen des 3. Landschaftstages gehörte die Forderung nach einem neuen Naturschutzgesetz, das die Trennung von Jagd und Naturschutz vorsehen sollte. Ein 4. Landschaftstag sollte 1990 durchgeführt werden.[68]

Nach dem 3. Landschaftstag fanden im Bezirk und in den Kreisen nur noch wenige überörtliche Veranstaltungen oder Aktivitäten statt. Vom 24. Februar 1989

---

[67] Vgl. StUG, Bestand Festersen, Informationsmaterial zum Landschaftsplan Südkreise (Stand 1984).
[68] StUG, Bestand Brinkmann, 3. Landschaftstag „Mecklenburgisch-Brandenburgische Seenplatte des Bezirkes Neubrandenburg am 13. September 1986, Empfehlung.

datiert die letzte Bezirkskonferenz zum Thema „Nutzung und Schutz der Umwelt im Bezirk Neubrandenburg", auf der wie in den Jahren zuvor vor allem die Gewässerreinhaltung als zentrales Problem diskutiert wurde. „Die Klassifizierung von über 80% der Gewässerflächen macht deutlich, daß in den letzten 10-15 Jahren durch den verstärkten Eintrag von organischen Stoffen wie Stickstoff und Phosphorverbindungen die Eutrophierungserscheinungen deutlich zugenommen haben. Der diffuse Eintrag von Mineraldüngern, Pflanzenschutzmitteln sowie Gülle, Jauche und Sickerwässer von Dunglegen sind die wesentlichsten Ursachen". (MESTERKNECHT 1989, 7) 1987 wurden 75 % der Seen in die Güteklasse I bis III und 25 % in die Güteklassen IV bis V eingeordnet. 87 Erholungsseen (bis Güteklasse III) mussten seit Mitte der 1970er Jahre um eine Güteklasse abgestuft werden. (WEBER 1989, 35)

Neben der Gewässerproblematik wurden u.a. die Beseitigung von Söllen („Noch immer werden solche komplexen Lebensräume beseitigt, was keine Pflegemaßnahme der Landschaft darstellt", KRAUß 1989, 20), ungesetzliches Bauen in Landschaftsschutzgebieten,[69] Müllprobleme, betrieblicher Umweltschutz in der Landwirtschaft, die Arbeit der GNU, philosophische Probleme des Umweltschutzes sowie der Stand der Naturschutzarbeit diskutiert.

Erfolge im Naturschutz, speziell dem Arten- und Biotopschutz, sah Dieter Martin, seinerzeit Leiter der Zentralen Lehrstätte für Naturschutz Müritzhof, begrenzt auf die waldbestockten, seenreichen Regionen im Süden und Südwesten des Bezirks: „Leider muß man bis heute einschätzen, daß diese guten Erfolge fast ausschließlich Arten der Wälder, Heiden und Moore bzw. Seenlandschaften betreffen, während bei den an die agrarisch genutzte Landschaft gebundenen Arten ... die negativen Tendenzen weiter anhalten. Bei den Pflanzenarten sind die Ergebnisse analog." (MARTIN 1989, 25)

---

[69] „Die Naturschutzverordnung verlangt, daß für LSG durch die Räte der Bezirke Landschaftspflegepläne zu beschließen sind. In Anlehnung an die Behandlungsrichtlinien der NSG könnte man sie auch als Behandlungsrichtlinien für LSG bezeichnen. In diesen Pflegeplänen wird den Rechtsträgern und Nutzern vorgeschrieben, wie die Landschaft landschaftstypisch zu bewirtschaften und damit zu pflegen ist. Zum Inhalt der Landschaftspflegepläne gehört auch die Einarbeitung und Durchsetzung des Absatz 2 des § 9 der Naturschutzverordnung. Dort heißt es klar formuliert: ‚Landschaftsverändernde Maßnahmen in Landschaftsschutzgebieten außerhalb der Ortslage, insbesondere Hoch- und Tiefbau, Reliefveränderung und Abbaumaßnahmen bedürfen der Zustimmung der zuständigen örtlichen Räte.' Hier liegt eine große Verantwortung für die Räte der Gemeinden und Kreise, denn diese Festlegung wurde und wird immer noch recht großzügig gehandhabt. Stichwörter sind z.B. Uferbebauung, die eigentlich durch ein generelles Bauverbot und Verbot der Einzäunung gemäß §14 (4) LKG nicht stattfinden dürfte, weiterhin die Ausdehnung der Orte über ihre Grenzen hinaus, aber auch der massenhafte Bau von Ferienhäusern und Bungalows, die unsere Landschaft nicht immer nur zieren. Schlechte Beispiele sind unter anderem Wustrow am Tollense-See und Gorschendorf am Westufer des Kummerower Sees. Leider gereicht auch nicht jede neu angelegte VKSK-Sparte unserer Landschaft zur Zierde."
– Krauß 1989, 19.

In der agrarischen Bodennutzung wurden allerdings im Zusammenhang mit dem Übergang zu „schlagbezogenen Höchstertragskonzeptionen (HEK)" entscheidende Verbesserungen der Bearbeitungsverfahren eingeleitet, die diese Bilanz mittelfristig möglicherweise hätten verbessern können. Seit Mitte der 1980er Jahre wurde eine „Schlagkarte – Bodenführung – in Verbindung mit den Grundlagenkarten Landwirtschaft verschiedener Maßstäbe einschließlich ihrer Gestaltung zu thematischen Karten Bodenfruchtbarkeit" eingeführt. Damit wurde versucht, eine schlagbezogene Optimierung von Düngung und Pflanzenbehandlung zu erreichen. Dabei verringerten sich auch die Schlaggrößen von durchschnittlich 53,1 Hektar/Schlag im Jahre 1984 auf 44,5 Hektar/Schlag 1987 (RATZKE 1989, 26 f.).

2.4 Landschaftstage nach 1990

Die Fachhochschule (heute: Hochschule) Neubrandenburg veranstaltete am 10. April 1999 den ersten Landschaftstag nach der „Wende" für die Region „Mecklenburgische Seenplatte", d.h. einen Teil des ehemaligen Bezirkes Neubrandenburg. Der Name wurde als Erinnerung an die Vergangenheit gewählt. Er sollte zwar nicht beanspruchen, die Tradition der Landschaftstage fortzuführen, sollte aber verdeutlichen, dass nach der ersten Gebiets- und Verwaltungsreform nach der Vereinigung der beiden deutschen Staaten und der damit verbundenen Auflösung des Bezirks 1991 keine „zentralen" Treffen zum Thema Natur- und Umweltschutz mehr stattgefunden hatten. Der Landschaftstag war eine Vortragsveranstaltung zu einigen aktuellen Problemen des Naturschutzes und der Landschaftspflege in der Planungsregion „Mecklenburgische Seenplatte".

Seit der „Wende" haben einige der „Vor-Wende-Probleme" abgenommen, z.B. die Gewässerbelastung (durch Verbesserung der kommunalen Infrastruktur sowie durch den Rückgang der Intensität der fischwirtschaftlichen Nutzung von Seen). In besonderen Fällen, ein Beispiel ist der Galenbecker See, trägt der Rückgang der Fischerei allerdings durch einen Überbesatz an Friedfischen auch zur stofflichen Belastung des Gewässers bei.

Auf dem Landschaftstag wurde zu einem der wichtigsten „neuen" Probleme, der „stürmischen" Siedlungsentwicklung, die seit 1990 zu einer drastisch ansteigenden Zersiedelung der Landschaft führt, vorgetragen. Diskutiert wurden auch Probleme und Problemlösungsansätze der Landschaftsplanung in den Großschutzgebieten und großräumigen unzerschnittenen, störungsarmen Landschaftsräumen der Region, die durch verkehrs- bzw. siedlungsbedingte Zerschneidungen und Störungen zunehmend gefährdet sind. Als Erfolg für den Naturschutz wurden von den Teilnehmern und Teilnehmerinnen trotz aller Umsetzungsprobleme die Verabschiedung des Nationalparkprogramms der DDR 1990 und die damit verbundene

Einrichtung der heutigen Großschutzgebiete gewertet. Die Großschutzgebiete, die Einrichtung des Staatlichen Amtes für Umwelt und Natur oder der Unteren Naturschutzbehörden haben die personelle Situation im hauptamtlichen Natur- und Umweltschutz einerseits verbessert. Andererseits sind wichtige „Promotoren" aus der Zeit der DDR verloren gegangen. Einige machten sich selbständig und beschäftigen sich beruflich weiterhin mit „landeskulturellen" Problemen, können sich aber kaum „natur- und umweltschutzpolitisch" betätigen. Andere sind heute Rentner und nicht mehr aktiv. Naturschutzstationen mit hauptamtlichen Arbeitskräften und Naturschutzbeauftragte sind heute in der Region nicht mehr vorhanden. Die (Umweltbildungs-)Stationen Junger Naturforscher und Techniker sind bis auf eine Einrichtung in Anklam, Salow und Neubrandenburg ebenfalls verschwunden. Als Gewinn kann im Bereich der umweltbezogenen Aus- und Weiterbildung sowie anwendungsorientierten Umweltforschung allerdings die Ansiedlung eines Studiengangs Landschaftsarchitektur und Umweltplanung an der Hochschule Neubrandenburg gewertet werden.

Auch die heutige immer noch wichtige Rolle, aber zahlenmäßig wie politisch geringe Bedeutung des *ehrenamtlichen* Natur- und Umweltschutzes war ein Diskussionsthema. Eine regionsweite Naturschutz- oder Umweltschutzorganisation von nennenswerter politischer Bedeutung gibt es nicht. Ehrenamtliche schaffen zwar nach wie vor wichtige floristische und faunistische Datengrundlagen für den Naturschutz, haben aber ihre geringe politische Bedeutung nicht verbessern können.

Nicht diskutiert wurden die Probleme der agrarisch weiterhin intensiv genutzten Landschaftsteile im Norden und Nordosten der Region.[70] Weitere nicht diskutierte Probleme waren der im Vergleich zur Situation in der DDR „explodierende" motorisierte Individualverkehr, auch auf den Gewässern der Region, sowie die „Vermüllung" der Landschaft (BEHRENS 2000).

Weitere (teilregionale) Landschaftstage fanden 2002 und 2004 in Feldberg statt. Es handelte sich um Vortragsveranstaltungen mit Diskussion und Exkursionen. Themen der Vorträge waren der Gewässerschutz und die Entwicklung touristischer Angebote im Naturpark Feldberger Seenlandschaft. Auch 2006 soll dort ein Landschaftstag stattfinden.

---

[70] In der nach wie vor intensiv für die Bullenmast genutzten Friedländer Großen Wiese mit dem Galenbecker See gab es seit 2000 mehrere Veranstaltungen, die von ihrem Charakter her einem Landschaftstag ähnelten.

3. Die Umweltdiskussion im Bezirk Neubrandenburg und das Ministerium für Staatssicherheit

Im Agrarbezirk Neubrandenburg führten die genannten Umweltprobleme, die sich in den 1980er Jahren verschärften, bis zum Ende der DDR nicht zu solchen Auseinandersetzungen zwischen „Umweltbewegten" und „Staatsmacht", die andernorts von offenem Widerstand und staatlichen Repressionen geprägt waren. Der Bezirk war in dieser Hinsicht entweder „unter Kontrolle" oder es gab zu Wenige, die durch Umweltprobleme „herausgefordert" wurden. Diese Einschätzung ergibt sich jedenfalls nach Sichtung der verfügbaren Unterlagen im BStU-Archiv (Archiv der Bundesbeauftragten für die Unterlagen des Staatssicherheitsdienstes der ehemaligen Deutschen Demokratischen Republik) der Außenstelle Neubrandenburg. Diese (wenigen) Unterlagen beschränken sich zeitlich auf die 1980er Jahre.

Für die Kontrolltätigkeit setzte das MfS eine erhebliche Zahl Inoffizieller Mitarbeiter verschiedenster Kategorien ein,[71] für die z.B. 1986 folgende Teilaufgaben zum „Komplexauftrag zur Sicherung des Bereiches Natur- und Umweltschutz" gehörten:

- „Bearbeitung von Hinweisen des Angriffs gegen die Landwirtschaftspolitik durch den Gegner unter Ausnutzung des Natur- und Umweltschutzes", dabei:
  - Hinweise zu „operativ interessanten Personen",
  - Hinweise „zum Aufbau und zur Organisierung von Gruppierungen",
  - Hinweise „zu gemeinsamen Aktivitäten von Umwelt- und Naturschützern mit Vertretern der Kirche",
- „Erarbeitung von Informationen zu Personen aus dem NSW" (Nicht Sozialistisches Wirtschaftsgebiet, H.B.)
- „Erarbeitung von Informationen zu Personen, die Schäden verursachen oder für Schäden in der Landwirtschaft im Sinne des Natur- und Umweltschutzes verantwortlich sind und deren Reaktionen auf notwendige Maßnahmen zur Beseitigung von Ursachen und begünstigenden Bedingungen",
- „Durchsetzung von staatlichen Maßnahmen zur Realisierung des Umwelt- und Naturschutzes in Ihrem Verantwortungsbereich",
- „Ständige Analyse der Eingabentätigkeit und Meldung von Verstößen in Umwelt- und Naturschutz, die zu Unruhen in der Bevölkerung (Eingaben) führen können",

---

[71] Eingesetzte IM waren zwischen 1985 und 1989 allein in zwei der 15 Landkreise IME „Fritz Wiese", IMB „Falke", IMB „Steffen", IMS „Herbert Falke", IMS „Fred Mai", IMS „Hans Habicht", IMS „Reiher", IMB „Bernd Siegel", IMS „Gerda", IMS „Paul Rose", FIM „Manfred Schütze", IME „Paul Schneider", IMS/KW „Lorenz", IMS „Jan", GMS „Willi", GMS „Buch", GMS „Udo", IM/GMS „Georg Müller", IM/GMS „Gustav Georg" und IM/GMS „Rolf".

- „Informationen über Eingaben, die bis zum XI. Parteitag nicht abgearbeitet werden können (Sachverhalt, Ursache, Stand der Bearbeitung)",
- „Erarbeitung von Hinweisen zu den Reaktionen unter Umwelt- und Naturschützern auf die Beschlüsse des XI. Parteitages."[72]

Es gab in den 1980er Jahren einige Konflikte, über die beim MfS Aktenvermerke angelegt wurden. Hierbei handelte es sich einerseits um Konflikte, die sich zwischen der Bezirksnaturschutzverwaltung des Bezirks Neubrandenburg, der GNU oder Mitarbeitern von Naturschutzeinrichtungen entwickelt hatten. Konfliktpunkte waren hier die Schließung bzw. Verlagerung der Naturschutzstationen Gehren-Georgenthal und Serrahn und die von Mitarbeitern der Biologischen Station Serrahn erarbeitete Behandlungsrichtlinie für das dortige Naturschutzgebiet. In Serrahn war 1986 das Gerücht aufgekommen, dass das NSG Staatsjagdgebiet für das Mitglied des Politbüros der SED, Egon Krenz, werden sollte. Diskussionen darüber seien „durch die inkonsequente Haltung" der Bezirksnaturschutzverwaltung, insbesondere des Bezirksnaturschutzbeauftragten, unterstützt worden.[73]

Darüber hinaus war in Serrahn Unmut über Vorgaben des Ministeriums für Land-, Forst- und Nahrungsgüterwirtschaft entstanden. Durch Schreiben der Hauptabteilung Forstwirtschaft im MLFN an den RdB vom 10.12.1985 wurde die Verkürzung des Umtriebsalters für Buchenreinbestände auf 150 Jahre, die Verkleinerung der Totalreservatsflächen und eine Klärung des Ersatzes bzw. Ausgleiches für Nutzungsbeschränkungen für die Landwirtschaft gefordert und bemängelt, dass die vorliegenden NSG-Behandlungsrichtlinien „nicht das erforderliche Niveau haben".[74] Diese Forderungen hatten Widerstand von Mitarbeitern der Biologischen Station Serrahn zur Folge, der sich auch wie folgt äußerte:

„Durch die Wissenschaftler der Biologischen Station Serrahn wurde am 30.9.1986 unter Leitung von ... der Entwurf einer Behandlungsrichtlinie für das NSG Serrahn erarbeitet, ohne dabei die vom Ministerium für Land, Forst- und Nahrungsgüterwirtschaft geforderte Reduzierung des Totalreservats zu berücksichtigen. Inoffiziell wird eingeschätzt, daß dieser Entwurf so aufgebaut wurde, daß die Entwicklung eines Staatsjagdgebietes in Serrahn ausgeschlossen ist."[75]

1986 und 1987 wurden andererseits neben diesen Konflikten eine verstärkte Eingabentätigkeit gegen Luft- und Gewässerverunreinigungen und lokale Umweltprobleme wie die emissionsbedingte Schädigung von 80 Hektar Nadelholzbeständen im Umfeld der Schweinemastanlage (SZM) Haßleben (vgl. Abschnitt

---

[72] BStU-Archiv der Außenstelle Neubrandenburg, BV Nbg., Abt. XVIII, Nr. 196, Bl. 000009.
[73] BStU-Archiv der Außenstelle Neubrandenburg, BV Nbg., Abt. XVIII, Nr. 196, Bl. 000011.
[74] BStU-Archiv der Außenstelle Neubrandenburg, BV Nbg., Abt. XVIII, Nr.368, Bl. 000008 und 000041.
[75] BStU-Archiv der Außenstelle Neubrandenburg, BV Nbg., Abt. XVIII, Nr. 368, Ergänzung der Operativinformation zur Lage im Naturschutzgebiet (NSG) Serrahn, Neubrandenburg, 27.1.1987.

2.3.1) registriert, sodass in einer „Information über die Wirksamkeit der politisch-operativen Arbeit bei der Durchdringung und vorbeugenden Sicherung des Schwerpunktbereiches Natur und Umweltschutz im Bezirk Neubrandenburg" der Abt. XX/ Abt. XVIII des MfS Neubrandenburg vom 8.12.1987 in „Resignation, gehäufte(r) Eingabentätigkeit und öffentliche(n) Anfragen" ein „sichtbarer Ausdruck wachsender Unzufriedenheit" und „lagedestabilisierende Faktoren" erkannt wurden.

Unter anderem durch den Einsatz von IM blieben die Konflikte beherrschbar; so heißt es in der genannten „Information": „Es kam nicht dazu, daß sich sogenannte Öko- und Umweltgruppen außerhalb des staatlichen Einflusses etablierten. Die Gesamtlage im Bereich des Natur- und Umweltschutzes hat sich positiv verändert und deutlich stabilisiert. ... Es kann eingeschätzt werden, daß die Lage im Bereich Natur- und Umweltschutz gegenwärtig keinen Konfliktstoff mehr im Rahmen der gesellschaftlichen Entwicklung des Bezirkes darstellt. Die Lage in diesem Bereich wird beherrscht und ist durch unser Organ beeinflußbar."[76]

Dabei zielte die Berichterstattung einzelner IM auf eine Verbesserung der Umweltsituation ab. So heißt es in einer „Auswertung des Jahresemissionsberichtes 1988 der Staatlichen Umweltinspektion beim Rat des Bezirkes Neubrandenburg" vom 13.4.1989 zu Emissionsproblemen in den Städten und an Industrieanlagen: „IM in Schlüsselposition schätzen ein, daß trotz der insgesamt als positiv bewerteten Entwicklung darauf hingewiesen werden muß, daß die Planung und Durchführung der notwendigen Maßnahmen zu langsam verläuft und teilweise nicht bis zu Ende geführt werden. Die konsequente Anwendung der Rechtsinstrumente zur Durchsetzung der Gesetze zur Reinhaltung der Luft muß deshalb das bestimmende Mittel zur Verbesserung des Planungs- und Leitungsprozesses werden. Eingaben der Bürger in diese Richtung erweisen sich zumeist als berechtigt. IM schätzen ein, daß ausgehend von einem stärkeren Umweltbewußtsein der Bürger erkannte Probleme und Mängel nicht zügig verändert werden und damit häufig erneut im Mittelpunkt der Kritik stehen. Insgesamt wurden in diesem Bereich des Umweltschutzes bisher keine Hinweise erarbeitet, daß feindlich-negative Kräfte vorhandene Emissionsprobleme mißbrauchen."[77]

Aus dem „Wendejahr" 1989 existieren im BStU-Archiv Neubrandenburg einige Einschätzungen auf Kreis- und Bezirksebene zur Situation im Umweltschutz, z.B. für den Kreis Templin (Uckermark). Als Problemschwerpunkte wurden dort von der Kreisdienststelle des MfS in einer Lageeinschätzung vom 18.8.1989 folgende gesehen:
- SZM Haßleben (Gülle);

---

[76] BStU-Archiv der Außenstelle Neubrandenburg, BV Nbg., Abt. XVIII, Nr.368, Bl. 000037-000040.
[77] BStU-Archiv der Außenstelle Neubrandenburg, BV Nbg., Abt. XVIII, Nr. 196, Bl. 000021.

- weitere Verschlechterung der Gewässergüteanforderungen (Fischsterben im Netzowsee im Juni 1989, Einleitung kommunaler Abwässer aus Haushalten insbesondere in Lychen (steigender Wasserverbrauch, fehlende Klär- und Güllebeseitigungsmittel);
- Verregnungen von landwirtschaftlichen Abprodukten, Silagesäften auf Ackerflächen;
- Einsatz von Pflanzenbehandlungsmitteln im VEB Obstbau und in LPG (P)-Betrieben;
- Entenmast in Ruthenberg;
- Beibehaltung des Produktionsumfangs der Forellenmast in der Anlage Küstrinchen durch die Binnenfischerei;
- Abfließen von Abprodukten/Gülle aus den Tierproduktionseinrichtungen/ Dunganlagen über die Sölle.

Die „Operative Lage" wurde wie folgt eingeschätzt:

„Feindangriffe, die gegen die Umweltschutzpolitik von Partei und Regierung gerichtet sind, wurden nicht festgestellt. Operativ bedeutsame Hinweise sind nachgenannte Probleme und Sachverhalte:
- Teilnahme von 2 Mitgliedern des Templiner Friedens- und Ökokreises der evang. Berlin-Brandenburgischen Kirche im Waldhof an der 1. Vollversammlung des grünökol. Netzwerkes „arche", deren Hauptinhalt Fragen der weiteren Koordinierung der einzelnen Friedens- und Ökokreise der Republik bildeten. Eine Person ist im Netzwerk „arche" Leiter der Projektgruppe Massentierhaltung Templin.
- Versuche der Mitwirkung an Umweltschutzproblemen in der IG ‚Mellensee' und in der Naturschutzstation Knehdener Moor durch Personen mit einer negativen Grundeinstellung zur DDR.
- Aktivitäten zur Durchsetzung eigenständiger Untersuchungen zu Umweltproblemen unter Umgehung staatlicher und gesellschaftlicher Organe und unter Mißbrauch kirchlicher Einrichtungen innerhalb der IG ‚Mellensee'.
- Durchführung einer Unterschriftensammlung der Gemeindeschwester aus Thomsdorf Schilling gegen die Anstauung des Mellensees zur Schaffung einer Wasserreserve für das SZM Haßleben. Sch. ist in der kirchlichen Forschungseinrichtung Wittenberg als Konsultationspartner für Fragen des Natur- und Umweltschutzes registriert und durch den Templiner Friedens- und Ökokreis empfohlen worden.
- Gründung einer IG ‚Mellensee' beim Kulturbund und der GNU des Kreises. Einflußnahme und Kontrolle der Aktivitäten im Zusammenhang mit der Anstauung des Mellensees.

- Aktivitäten des Templiner Friedens- und Ökokreises der evang. Kirche (OPK ‚Sympathie') ..."[78]

In einer „Kurzeinschätzung" beschreibt schließlich ein Mitarbeiter der Abt. XVIII des MfS Neubrandenburg am 30.11.1989, nach der Öffnung der deutsch-deutschen Grenze, die Lage im Bezirk Neubrandenburg im Umweltschutz so: „Vom Leiter STUI (Staatliche Umweltinspektion, H.B.) existieren konkrete Vorstellungen, wie zukünftig der Umweltschutz organisiert werden sollte. Errichtung einer umfassenden Umweltdatei möglich, aber schlecht realisierbar, da Mittel und Möglichkeiten fehlen. Mittel und Möglichkeiten fehlen auch in der STUI, um operative Inspekteurtätigkeit vorzunehmen (techn. Ausrüstung, Pkw u.a.). Schlechte Zusammenarbeit zwischen STUI und RdB, Abt. UWE (Arbeit der STUI wird durch RdB, Abt. UWE gebremst). Formierung neuer Umweltschutzgruppen bekannt, namentlich sind jedoch die Personen nicht bekannt. Hinweise auf Sabotage, neofasch. Tendenzen u. dgl. nicht bekannt. Inoffizielle Kräfte des Natur- und Umweltschutzes haben Bereitschaft bekundet, weiter mit dem Organ zusammenzuarbeiten."[79]

Einzelne Personen wurden mehrere Jahre gezielt beobachtet. Eine davon schrieb Beiträge für die vom Kirchlichen Forschungsheim Wittenberg herausgegebenen „Briefe zur Orientierung im Konflikt Mensch-Erde", eine andere (Pfarrer) hatte eine Eingabe an den Staatsrat der DDR gegen die Stationierung von SS 20-Raketen der Sowjetunion im Raum Röbel und Waren verfasst.[80]

In den Unterlagen der BStU-Außenstelle Neubrandenburg fand sich (bislang) lediglich ein Zeugnis einer öffentlichen umweltpolitisch motivierten „Protestaktion" im Bezirk Neubrandenburg. Unbekannte hatten am 24.1.1989 um 02.05 Uhr an einer Hochstraße in Neubrandenburg ein Transparent angebracht. Über diese Aktion wurde nun das Ministerium für Staatssicherheit in Berlin informiert: „wie/womit: an der aussenseite des begrenzungsgelaenders wurde ein stofftransparent angebracht. Abmessung 3,75 x 1,05 m, material: mehrere geschirrhandtuecher, handtuecher und bettwaesche wurden mit der hand zusammengenaeht. Aufschrift: ‚umwelt schuetzen, dir selber nuetzen' in druckbuchstaben, grossgeschrieben, mit gruener farbe, vemutlich mit pinsel, groesse der buchstaben: 33-35 cm, stichbreite 35-60mm. Befestigung: mit 8 aus gleichem material bestehenden stoffbaendern am gelaender befestigt, zusaetzlich ein befestigungsband aus schwarzem stoff. Warum: nicht bekannt. Was veranlasst: gegenstaendliche sicherung des transparentes, kriminaltechnische untersuchung ..."[81]

---

[78] BStU-Archiv der Außenstelle Neubrandenburg, BV Nbg., KD Templin, Nr. 13.
[79] BStU-Archiv der Außenstelle Neubrandenburg, BV Nbg., Abt. XVIII, Nr. 196, Bl. 000028.
[80] BStU-Archiv der Außenstelle Neubrandenburg, BV Nbg., Abt. XVIII, Nr. 196, Bl. 000004-000006.
[81] BStU-Archiv der Außenstelle Neubrandenburg, BV Nbg., Abt. XX, Nr. 211, Bl. 000120.

4. Zusammenfassung

In der heutigen Planungsregion Mecklenburgische Seenplatte kann auf zahlreiche Landeskulturtage in den (früheren) Landkreisen und auf insgesamt vier bezirks- bzw. regionsweite Landschaftstage zurückgeblickt werden. Begonnen hat die Tradition der Landschaftstage und Landeskulturtage als Versuch des offenen und kritischen Austausches über Probleme der Landschaftsentwicklung und über Strategien des Naturschutzes in (bestimmten) Erholungsgebieten, als neuartiges Instrument einer kooperations- und kommunikationsorientierten Suche nach Problemlösungen und für die Verabschiedung eines Handlungsprogramms. Der 1. (zentrale) Landschaftstag 1966 spiegelte seinerzeit noch die Hoffnung auf die progressiven Wirkungen der neuen Staats- und Gesellschaftsordnung wider.

Der 2. und 3. Landschaftstag 1978 bzw. 1986 im ehemaligen Bezirk Neubrandenburg war wie andernorts in der DDR gekennzeichnet durch eine umweltpolitische Ausweitung der Problem- und Themenfelder. Den Hintergrund dafür bildeten im (Agrar-)Bezirk Neubrandenburg die grundlegenden Veränderungen der Agrar- und Landschaftsstruktur im Zuge der „sozialistischen Intensivierung". Die Natur- und Umweltschützer standen dem gravierenden Landschaftswandel hilflos gegenüber. Eine offene und kritische Reflexion der Entwicklungen in der Agrarlandschaft findet sich in den Dokumenten des 2. und 3. Landschaftstages nicht. Zudem fehlten konkrete Maßnahmekataloge bzw. Handlungsprogramme, es dominierten allgemeine Empfehlungen, die die Hoffnung auf „ökologischen" Bewusstseinswandel und darauf aufbauende freiwillige Schutz- und Pflegemaßnahmen der wichtigsten Landnutzer widerspiegelten. Ohnmacht und Resignation nahmen in der Zeit zwischen dem 2. und 3. Landschaftstag vor dem Hintergrund eines allgemeinen politischen Wandels und der Ressourcenprobleme in der DDR zu.

Der 4. Landschaftstag 1999 und die teilregionalen Landschaftstage 2002 und 2004 hatten, auch aufgrund der veränderten gesellschaftlichen Rahmenbedingungen, mit den anderen Landschaftstagen nur noch wenig gemein.

Die Landschaftstage und Landeskulturtage in der DDR bleiben ein untersuchenswertes Beispiel für Ansätze der Auseinandersetzung über Probleme im Mensch-Natur-Verhältnis in einer gänzlich anders strukturierten Gesellschaft als der heutigen Bundesrepublik Deutschland. Sie sind ein frühes Beispiel für den Versuch, am „Runden Tisch" zu Problemlösungen zu kommen. „Echte" Problemlösungen sind theoretisch nur dann zu erwarten, wenn an diesem „Runden Tisch" prinzipiell alle Akteure *tatsächlich* gleichberechtigt sind und die Problemlösungen eine nachvollziehbare Interessenabwägung widerspiegeln. Sie sind dann nicht zu erwarten, wenn eigentumsrechtlich, ökonomisch oder politisch den Interessen Einzelner oder einzelner Nutzergruppen wie der Landwirtschaft Vorrang gewährt wird. Hier zeigten, mit Blick auf Umweltprobleme, die beiden Gesellschaftssysteme mehr Gemeinsamkeiten als Unterschiede.

Danksagung

Ich danke Olaf Festersen und Paul Friedrich Brinkmann (beide Neubrandenburg) für die Gespräche und die kritische Durchsicht des Manuskripts.

Literatur

Auster, R.: Landschaftstage. Kooperative Planungsverfahren in der Landschaftsentwicklung – Erfahrungen aus der DDR, Institut für Umweltgeschichte und Regionalentwicklung e.V. (Hg.), Marburg 1996

Bauch, W. : Zum Planungsrahmen für die Landschafts- und Flurplanung. In: Deutsche Gartenarchitektur, 2 (1961) 3

Behrens, H. (Hg.): Landschaftsentwicklung und Landschaftsplanung in der Region „Mecklenburgische Seenplatte", Neubrandenburg 2000

Behrens, H.: Von der Landesplanung zur Territorialplanung. Zur Entwicklung der räumlichen Planung in der SBZ/DDR von 1945 bis Anfang der 60er Jahre, Marburg 1997

Behrens, H.; Benkert, U.; Hopfmann, J. & Maechler, U.: Wurzeln der Umweltbewegung. Die Gesellschaft für Natur und Umwelt im Kulturbund der DDR, Marburg 1993

Deutscher Bundestag, 13. Wahlperiode, Enquete-Kommission „Überwindung der Folgen der SED-Diktatur im Prozeß der deutschen Einheit, Protokoll der 33. Sitzung am Montag, dem 12. Mai 1997 in Schwerin, Stellungnahme des Sachverständigen Sebastian Pflugbeil im Rahmen der Öffentlichen Anhörung zu dem Thema: „Bilanz der ökologischen Hinterlassenschaften der DDR und ihre Bewältigung", Schwerin 1997

Deutscher Kulturbund, Zentrale Kommission Natur und Heimat des Präsidialrates, Fachausschuß Landeskultur und Naturschutz (Hg.): Landschaft, Erholung und Naturschutz, Auswahl von Referaten des 1. Landschaftstages 1966 in Neubrandenburg, Berlin 1967

Dziedzic, J.: Aufgaben und Ergebnisse der Tätigkeit der polnischen Naturschutzliga in Erholungsgebieten der VR Polen. In: Deutscher Kulturbund, Zentrale Kommission Natur und Heimat des Präsidialrates, Fachausschuß Landeskultur und Naturschutz (Hg.): Landschaft, Erholung und Naturschutz, Auswahl von Referaten des 1. Landschaftstages 1966 in Neubrandenburg, Berlin 1967

Festersen, O.: Probleme der Erschließung von Landschaftsschutz- und Erholungsgebieten im Bezirk Neubrandenburg. In: Naturschutzarbeit in Mecklenburg 8 (1965) 2/3

Gesetz zur Erhaltung und Pflege der heimatlichen Natur (Naturschutzgesetz) vom 4. August 1954 und Übersicht über weitere gesetzliche Bestimmungen zu Naturschutz und Landschaftspflege, Sonderdruck aus Bauer, L. & Weinitschke, H. (Hg.): Landschaftspflege und Naturschutz, Jena 1967

Gilsenbach, Reimar: Die größte DDR der Welt – ein Staat ohne Nationalparke. Des Merkens Würdiges aus meiner grünen Donquichotterie. In: Institut für Umweltgeschichte und Regionalentwicklung (Hg.): Naturschutz in den neuen Bundesländern – Ein Rückblick, Marburg 1998, 533-546

Gilsenbach, Reimar: Was ist ein Erholungspark? (Auszug). In: Deutscher Kulturbund, Zentrale Kommission Natur und Heimat des Präsidialrates, Fachausschuß Landeskultur und Naturschutz (Hg.): Landschaft, Erholung und Naturschutz, Auswahl von Referaten des 1. Landschaftstages 1966 in Neubrandenburg, Berlin 1967

Hopfmann, J.: Der Natur- und Umweltschutz vor und nach der Wende in der DDR im Landkreis Templin der Uckermark (Brandenburg). In: IUGR (Hg.): Umweltgeschichte und Umweltzukunft. Schwerpunkt: Umweltbewegungs- und Umweltforschungsgeschichte, Marburg 1993

Institut für Umweltgeschichte und Regionalentwicklung (Hg.): Naturschutz in den neuen Bundesländern – Ein Rückblick, 2 Halbbände, Redaktion: Auster, R. & Behrens, H., Marburg 1998

Jeschke, L.: Der Wert der Müritzlandschaft für Volkserholung und Naturschutz. In: Natur und Heimat 8 (1960) 5

Klafs, G. & Schmidt, H.: Wie steht es um den Müritz-Seenpark? In: Naturschutzarbeit in Mecklenburg, 8 (1965) 2/3

Klafs, G.: Die Arbeitsgruppe Greifswald des Institutes für Landschaftsforschung und Naturschutz. In: Institut für Umweltgeschichte und Regionalentwicklung (Hg.): Naturschutz in den neuen Bundesländern – Ein Rückblick, Marburg 1998, 325-348

Klapka, M.: Naturschutz im Riesengebirge. In: Deutscher Kulturbund, Zentrale Kommission Natur und Heimat des Präsidialrates, Fachausschuß Landeskultur und Naturschutz (Hg.): Landschaft, Erholung und Naturschutz, Auswahl von Referaten des 1. Landschaftstages 1966 in Neubrandenburg, Berlin 1967

Krauß, N.: Zum Schutz und zur Pflege der Landschaft. In: Nutzung und Schutz der Umwelt im Bezirk Neubrandenburg, Vorträge und Schlusswort der Umweltkonferenz vom 24.02.1989, Referentenmaterial, hrsg. vom Rat des Bezirkes, Bezirksvorstand Neubrandenburg der URANIA, Bezirksvorstand Neubrandenburg der Gesellschaft für Natur und Umwelt im Kulturbund der DDR

Krenz, G.: Notizen zur Landwirtschaftsentwicklung in den Jahren 1945-1990. Erinnerungen und Bekenntnisse eines Zeitzeugen aus dem Bezirk Neubrandenburg, hrsg. vom Ministerium für Landwirtschaft und Naturschutz des Landes Mecklenburg-Vorpommern, Schwerin 1996

Kretschmer, K.: Braunkohle und Umwelt. Zur Geschichte des nordwestsächsischen Kohlenreviers (1900-1945), Frankfurt am Main 1998

Krummsdorf, A.: Über die Entwicklungswege von Landschaftsgestaltung und Flurholzanbau auf dem Gebiet der neuen Bundesländer. In: Behrens, H. & Paucke, H. (Hg.): Umweltgeschichte: Wissenschaft und Praxis, Marburg 1994

Kulturbund der DDR, Sekretariat des Präsidiums, Information 9/76: „Aufgaben des Kulturbundes auf dem Gebiet der sozialistischen Landeskultur", Beschluß der Zentralen Konferenz des Präsidialrates vom 28. und 29. April 1976 in Waren-Klink

Lenkat, H.: „Im Dienste der Staatsjagd", Milow 2000

Martin, D.: Stand und Aufgaben der Naturschutzarbeit. In: Nutzung und Schutz der Umwelt im Bezirk Neubrandenburg, Vorträge und Schlusswort der Umweltkonferenz vom 24.02.1989, Referentenmaterial, hrsg. vom Rat des Bezirkes, Bezirksvorstand Neubrandenburg der URANIA, Bezirksvorstand Neubrandenburg der Gesellschaft für Natur und Umwelt im Kulturbund der DDR

Mesterknecht, M.: Die Umweltpolitik unseres Staates und die Aufgaben des Bezirks Neubrandenburg. In: Nutzung und Schutz der Umwelt im Bezirk Neubrandenburg, Vorträge und Schlusswort der Umweltkonferenz vom 24.02.1989, Referentenmaterial, hrsg. vom Rat des Bezirkes, Bezirksvorstand Neubrandenburg der URANIA, Bezirksvorstand Neubrandenburg der Gesellschaft für Natur und Umwelt im Kulturbund der DDR

Müller, H.: Das Dorf – gestern und heute, Berlin 1981

Rat des Bezirkes Neubrandenburg, Bezirksbauamt (Hg.): Bauen im Bezirk Neubrandenburg 1949-1979, Neubrandenburg 1979

Ratzke, U.: Nutzung und Schutz des Bodens. In: Nutzung und Schutz der Umwelt im Bezirk Neubrandenburg, Vorträge und Schlusswort der Umweltkonferenz vom 24.02.1989, Referentenmaterial, hrsg. vom Rat des Bezirkes, Bezirksvorstand Neubrandenburg der URANIA, Bezirksvorstand Neubrandenburg der Gesellschaft für Natur und Umwelt im Kulturbund der DDR

Rösler, M.: Nationalparkinitiativen in der DDR bis zur Wende 1989. In: Institut für Umweltgeschichte und Regionalentwicklung (Hg.): Naturschutz in den neuen Bundesländern – Ein Rückblick, Redaktion: Regine Auster u. Hermann Behrens, Marburg 1998, 547-560

Ruthenberg, H.: Zu Aufgabenstellungen und Ergebnissen der Naturschutzstationen im Bezirk Neubrandenburg. In: Naturschutzarbeit in Mecklenburg, 28 (1985) 2, 61-65

Schmidt, H.: Die Entwicklung des Landschaftsschutzgebietes Müritz-Seen-Park im Bezirk Neubrandenburg. In: Deutscher Kulturbund, Zentrale Kommission Natur und Heimat des Präsidialrates, Fachausschuß Landeskultur und Naturschutz (Hg.): Landschaft, Erholung und Naturschutz, Auswahl von Referaten des 1. Landschaftstages 1966 in Neubrandenburg, Berlin 1967

Stein, J.: Nationalpark Sächsische Schweiz – von der Idee zur Wirklichkeit. In: Nationalpark Sächsische Schweiz, Sonderheft zur Eröffnung, Königstein 1991

Toschkov, M.: Waldschutzgebiete in Bulgarien. In: Deutscher Kulturbund, Zentrale Kommission Natur und Heimat des Präsidialrates, Fachausschuß Landeskultur und Naturschutz (Hg.): Landschaft, Erholung und Naturschutz, Auswahl von Referaten des 1. Landschaftstages 1966 in Neubrandenburg, Berlin 1967

Weber, J.: Nutzung und Schutz der Gewässer. In: Nutzung und Schutz der Umwelt im Bezirk Neubrandenburg, Vorträge und Schlusswort der Umweltkonferenz vom 24.02.1989, Referentenmaterial, hrsg. vom Rat des Bezirkes, Bezirksvorstand Neubrandenburg der URANIA, Bezirksvorstand Neubrandenburg der Gesellschaft für Natur und Umwelt im Kulturbund der DDR

Weber, R.: Der Zentrale Fachausschuß Botanik im Kulturbund - sein Werden, Wachsen und Wirken. In: Institut für Umweltgeschichte und Regionalentwicklung (Hrsg.): Naturschutz in den neuen Bundesländern - Ein Rückblick, Redaktion: Regine Auster und Hermann Behrens, Marburg 1998, 147-166

Wegener, U.: Naturschutzstationen und Naturschutzwarte in der DDR zur Koordinierung der ehrenamtlichen Arbeit. In: Institut für Umweltgeschichte und Regionalentwicklung (Hg.): Naturschutz in den neuen Bundesländern – Ein Rückblick, Redaktion: Regine Auster und Hermann Behrens, Marburg 1998, 407-424

Weinitschke, H.: Die Mitwirkung der Natur- und Heimatfreunde bei der Erschließung und Pflege von Erholungsgebieten. In: Deutscher Kulturbund, Zentrale Kommission Natur und Heimat des Präsidialrates, Fachausschuß Landeskultur und Naturschutz (Hg.): Landschaft, Erholung und Naturschutz, Auswahl von Referaten des 1. Landschaftstages 1966 in Neubrandenburg, Berlin 1967

Weinitschke, Hugo: Naturschutz gestern – heute – morgen, Leipzig, Jena, Berlin 1980

Wenzel, S.: Plan und Wirklichkeit. Zur DDR-Ökonomie, Dokumentation und Erinnerungen, St. Katharinen 1998

Quellen

Studienarchiv Umweltgeschichte, Bestände Paul-Friedrich Brinkmann, Neubrandenburg; Kurt Kretschmann, Bad Freienwalde; Dr. Sabine Jost, Waren und Fachgruppe Botanik Waren

Bestände Bundesarchiv Berlin-Lichterfelde, DK 1, ehemaliges Ministerium für Land und Forst der DDR

Gespräche mit Paul Friedrich Brinkmann (Neubrandenburg), Erna (✝) und Kurt Kretschmann (Bad Freienwalde) sowie Olaf Festersen (Neubrandenburg)

Abbildungsnachweis

Dank gilt dem Landesvermessungsamt Mecklenburg-Vorpommern für die Abdruckgenehmigung der Luftbilder in Abbildungen 5 und 6: © Landesvermessungsamt Mecklenburg-Vorpommern, Datengrundlage: Luftbilder, Wiedergabe mit Genehmigung Nr. LB/09/2005

Anhang

Abbildung 10: Die Gesellschaft für Natur und Umwelt im Bezirk Neubrandenburg ca. Mitte der 1980er ca. Mitt der 1980er Jahre

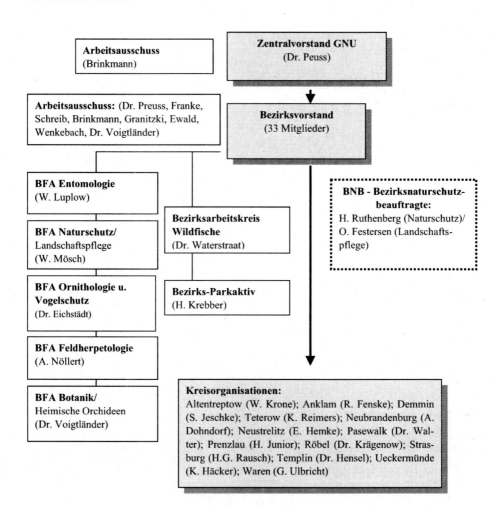

Eig. Darstellung nach Aufzeichnungen Brinkmann 2000

Tabelle 1:
Landeskulturtage, Landschaftstage und weitere landeskulturelle Tagungen/Ereignisse im Bezirk Neubrandenburg 1977–1990 (Auswahl)

Jahr	Ort	Ereignis
22. bis 25.9.1966	Neubrandenburg	1. (Zentraler) Landschaftstag des Deutschen Kulturbundes
Mai 1972	Bezirk	„Woche der sozialistischen Landeskultur"
16.5.1973	Altentreptow	Naturschutztagung des Kreises Altentreptow
20. bis 26.5.1973	Bezirk	„Woche der sozialistischen Landeskultur"
8.2.1974	Altentreptow	Naturschutztagung des Kreises Altentreptow
6.11.1974	Georgenthal	Bezirks-Naturschutzkonferenz
17.5.1975	Feldberg	Tagung der AG BONITO
2. bis 7.10.1975	CSSR	Reise in die CSSR wg. Vereinbarung Aktion Baltic
6. bis 7.12.1975	Müritzhof	Bezirkstagung Entomologie
15.11.1975	Neubrandenburg	Bezirkstagung zum Thema Wanderwege
28.4.1976	Klink	Zentrale Konferenz des Kulturbundes zum Thema Landeskultur
19. bis 20.2.1977	Müritzhof	Bezirkstreffen Entomologie
20. bis 22.5.1977	Feldberg	1. Landeskulturtag des Kreises Neustrelitz
11.6.1977	Feldberg	Tagung der AG BONITO
18.11.1977	Georgenthal	Bezirks-Naturschutztagung
20.5.1978	Siedenbollentin	1. Landeskulturtag des Kreises Altentreptow
3.6.1978	Holzendorf	1. Landeskulturtag des Kreises Strasburg
7.6.1978	Demmin	1. Landeskulturtag des Kreises Demmin
15.6.1978	Neubrandenburg	Eröffnung der Ausstellung zum 2. Landschaftstag Mecklenburgisch-Brandenburgischen Seenplatte
16.6.1978	Waren	1. Landeskulturtag des Kreises Waren
16.6.1978	Templin	1. Landeskulturtag des Kreises Templin
16.6.1978	Burg Stargard	1. Landeskulturtag des Kreises Neubrandenburg
16. bis 17.6.1978	Neubrandenburg	2. Landschaftstag Mecklenburgisch-Brandenburgische Seenplatte
8.7.1978	Prenzlau	1. Landeskulturtag des Kreises Prenzlau
20. bis 21.10.1978	Neubrandenburg	Tagung der Biologischen Gesellschaft der DDR
6.4.1979	Georgenthal	Bezirks-Naturschutzkonferenz
24.8.1979	Neubrandenburg	Gründung Fördergemeinschaft 3. Landschaftstag M-B-S: Bezirke Potsdam und Schwerin sagen ab

13.10.1979	Neustrelitz	10 Jahre AG Naturschutz „Walter Gotsmann"
16. bis 17.11.1979	Waren	Tagung „30 Jahre NSG Ostufer der Müritz"
9.2.1980	Feldberg	Festveranstaltung 25 Jahre AG BONITO
15.2.1980	Neubrandenburg	1. Naturschutztagung des Kreises Neubrandenburg
18.4.1980	Neubrandenburg	Bezirks-Umweltschutzkonferenz
27.5.1980	Neubrandenburg	Gründung der Gesellschaft für Natur und Umwelt
11.6.1980	Friedland	2. Landeskulturtag des Kreises Neubrandenburg
12.6.1980	Prenzlau	2. Landeskulturtag des Kreises Prenzlau
19.6.1980	Templin	2. Landeskulturtag des Kreises Templin
21.6.1980	Malchin	2. Landeskulturtag des Kreises Malchin
8.10.1980	Georgenthal	Bezirks-Naturschutztagung
29.11.1980	Neubrandenburg	2. Naturschutztagung des Kreises Neubrandenburg
17.12.1980	Teterow	2. Landeskulturtag des Kreises Teterow
4.4.1981	Neubrandenburg	3. Naturschutztagung des Kreises Neubrandenburg
26.6.1981	Georgenthal	Beratung des Zentralvorstandes und Arbeitsausschusses der GNU
16.10.1981	Neubrandenburg	Bezirks-Umweltschutzkonferenz
6.11.1981	Georgenthal	Bezirks-Naturschutztagung
14.11.1981	Neubrandenburg	Treffen der Naturschutzhelfer des Kreises
15.5.1982	Tützpatz	3. Landeskulturtag des Kreises Altentreptow
5.6.1982	Anklam	2. Landeskulturtag des Kreises Anklam
18.9.1982	Demmin	2. Landeskulturtag des Kreises Demmin
18.9.1982	Malchin	3. Landeskulturtag des Kreises Malchin
21.10.1982	Neubrandenburg	2. Landeskulturtag des Kreises Neubrandenburg
22.10.1982	Waren	Landeskulturtag des Kreises Waren
19.3.1983	Neubrandenburg	4. Naturschutztagung des Kreises Neubrandenburg
9.12.1983	Anklam	Bezirks-Naturschutzkonferenz
18.2.1984	Bezirk	Bezirkstreffen Ornithologie und Vogelschutz
25.2.1984	Bezirk	Bezirkstreffen Botanik
22.6.1984	Neubrandenburg	3. Landeskulturtag des Kreises Neubrandenburg
15.9.1984	Müritzhof	30 Jahre Zentrale Lehrstätte für Naturschutz
26.9.1984	Gnoien	3. Landeskulturtag des Kreises Teterow
27.9.1984	Neubrandenburg	Bezirkstreffen zum Thema „Umweltschutz-Wasserwirtschaft-Landeskultur" mit Ausstellung
18.10.1984	Demmin	3. Landeskulturtag des Kreises Demmin

7.11.1984	Templin	3. Landeskulturtag des Kreises Templin
2.3.1985	Bezirk	30 Jahre Bezirksfachausschuss Botanik
7.7.1985	Carwitz	Eröffnung Naturlehrpfad Carwitz
12.10.1985	Feldberg	30 Jahre AG BONITO
18.10.1985	Anklam	Naturschutzkonferenz des Kreises Anklam
13.9.1986	Neubrandenburg	3. Landschaftstag Mecklenburgisch-Brandenburgische Seenplatte
10.12.1986	Anklam	Naturschutzkonferenz des Kreises Anklam
9.1.1987	Neubrandenburg	Beginn von regelmäßigen Treffen KB mit den Abteilungsleitern Forstwirtschaft, Umweltschutz und Wasserwirtschaft, Erholung usw. des RdB
19.2.1987	Neubrandenburg	Bezirks-Naturschutzkonferenz
18.5.1987	Ueckermünde	5. Landeskulturtag des Kreises Ueckermünde
29.5.1987	Menzlin	4. Landeskulturtag des Kreises Anklam
3.6.1987	Waren	Naturschutztagung des Kreises Waren
5.6.1987	Murchin	Tagung zum NSG Moore
15.10.1987	Mirow	Landeskulturtag des Kreises Neustrelitz
30.10. bis 1.11.1987	Feldberg	Tagung der AG BONITO
24.2.1989	Neubrandenburg	Umweltschutzkonferenz des Bezirks

Quelle:
StUG, Bestand Brinkmann, Aufzeichnungen Paul-Friedrich Brinkmann Heft „Plannotizen"

Anmerkung: Es handelt sich um eine unvollständige Auflistung der Landeskulturtage bzw. landeskulturell bedeutsamen Veranstaltungen im Bezirk, die sich an den persönlichen Notizen Paul Friedrich Brinkmanns zum Bereich Natur und Heimat im Kulturbund orientieren. Sie beginnen 1972. In den Jahren 1988-1990 gibt es kaum noch Eintragungen. Der letzte Arbeitstag Paul Friedrich Brinkmanns als Sekretär der GNU war der 31. Mai 1990.

Anmerkung 2: Eine wichtige und auch international bedeutsame Aktivität von Naturschützern aus dem Bezirk Neubrandenburg war die Teilnahme an der Aktion Baltic, in der es um die Erforschung des Vogelzugs ging.

Tabelle 2:
Pflege denkmalgeschützter bzw. ländlicher Parkanlagen im Bezirk Neubrandenburg

Jahr	Ort	Ereignis/Tätigkeit
23.9.1960	Siedenbollentin	Gründung eines Ortsparkaktivs
7.-9.11.1960	Siedenbollentin	1. Parkfest anlässlich des 150. Geburtstages Fritz Reuters; Beginn jährlicher Parkfeste im „Fritz-Reuter-Park" Siedenbollentin
15.10.1972	Blücherhof	Dendrologische Exkursion BFA Botanik/Dendrologie
26.3.1972	Pragsdorf	Erfahrungsaustausch der Nationalen Front für die Ortsparkaktiv-Vorsitzenden
3.10.1973	Groß Miltzow	Vorstellung der Parkkonzeption des BfT Neubrandenburg
1973	Bezirk NB	Beginn der Erfassung ländlicher Parkanlagen
6.7.1973	Ivenack	Beschluss der Gemeindevertretung zum Landschaftsplan Ivenack
10.3.1974	Janow/Neuendorf	Aktion „1000 neue Bäume"
26.9.1975	Siedenbollentin	Ausstellung der Erfassungsergebnisse der Kreise Altentreptow/ Demmin
21.1.1976	Bezirk	Gründung des Bezirks-Parkaktivs (BPA) in der Abteilung Natur und Heimat des Kulturbundes, zus. mit der Nationalen Front und staatlichen Einrichtungen
14.6.1976	Varchentin	1. Beratung des BPA
25.9.1976	Rothenklempenow	Ausstellung der Erfassungsergebnisse des Kreises Pasewalk
26.10.1977	Neetzow	1. Parkseminar des Bezirks (Thema: Wegeführung im Park)
24.11.1978	Hohenzieritz	2. Parkseminar des Bezirks (Thema: Denkmale im Park)
2.8.1979	Varchentin/Kittendorf/Burg Schlitz	Wissenschaftliche Beratung des Instituts für Denkmalpflege Berlin/Schwerin
28.9.1979	Dargun/Remplin	Zusammenarbeit mit der Gesellschaft für Denkmalpflege
12.10.1979	Burg Schlitz	3. Parkseminar des Bezirks (Thema: Bäume in Park und Landschaft)
1980	Bezirk	Veröffentlichung einer Park-Broschüre (Erfassung und Anleitung); Natur und Umwelt im Bezirk Neubrandenburg Heft 2/1980
23.10.1981	Janow/Neuendorf	4. Parkseminar des Bezirks (Thema: Auswertung der Aktion „1000 Bäume")
25.2.1982	Kittendorf	Anleitung örtlicher Einsatzkräfte im Park
24.4.1983	Wolfshagen	5. Parkseminar des Bezirks (Neue Kunst im Park)
31.5.1983	Altwigshagen	Erfahrungsaustausch der Kreise Ueckermünde und Pasewalk
25.-27.10.1984	Hohenzieritz	Zentrales Parkseminar des Zentralen Fachausschusses Dendrologie und Gartenarchitektur der Gesellschaft für Natur und Umwelt
28.2. und 1.3.1985	Blücherhof	6. Parkseminar des Bezirks (Thema: dendrologische Besonderheiten im Park)
20.9.1985	Sarow	7. Parkseminar des Bezirks (Thema: Schaffung eines neuen Parks)

19.-21.2.1986	Prillwitz		Arbeitseinsatz Beseitung von Sturmschäden und Müll
16.-19.10.1986	Basedow		8. Parkseminar des Bezirks (Thema: Lenné – Gestalter einer Landschaft)
25.-27.2.1987	Prillwitz		9. Parkseminar des Bezirks (Thema: Urgeschichtliches Denkmal im Park)
23.10.1987	Boitzenburg		Erfahrungsaustausch zum Thema Erholungsheim und Denkmalschutz (betr. das NVA-Erholungsheim)
25.-27.2.1988	Boitzenburg		10. Parkseminar des Bezirks (Thema: Park-Denkmalpflege und Forstwirtschaft)
28.4.1988	Basedow		Vorbereitung Lenné-Ehrung
21./22.10.1988	Varchentin		11. Parkseminar des Bezirks (Thema: Grünfläche und Sichtschneisen im Park)
27.2.1989	Basedow		Vorbereitung Lenné-Ehrung
12./13.5.1989	Neustrelitz/Basedow		Zentrale Konferenz des Kulturbundes mit Ehrung zum 200. Geburtstag Lennés
31.5.1990	Hohenzieritz		RdB/KB: Kolloquium 200 Jahre Schloss und Park Hohenzieritz

Quelle: StUG, Bestand Brinkmann, Aufzeichnungen Paul-Friedrich Brinkmann

„Alles im Griff". Aktion Garten ohne Gift. Gestalter, Jahr, Ort unbekannt. Quelle: Plakatsammlung im Studienarchiv Umweltgeschichte des Instituts für Umweltgeschichte und Regionalentwicklung e.V. an der Hochschule Neubrandenburg

Grafiker für das Motiv des Einbandes

Werner Schinko, Diplom-Grafiker, geb. 1929. 1950 bis 1955 Studium an der Kunsthochschule Berlin-Weißensee; seit 1955 freischaffender Künstler in Röbel (Mecklenburg). Der Liebe zu der mecklenburgischen Landschaft, ihrer Natur- und Tierwelt hat er in einer fast unübersehbaren Schaffensfülle künstlerischen Ausdruck verliehen. Werner Schinko beherrscht alle grafischen Techniken, vom Zeichnen mit der Feder bis zum Holz- und Linolschnitt. Seine Bildideen und Motive sind einfach: Landschaft, Pflanzen, Tier- und vor allem Vogelwelt, Kinder in ihrem Spiel, Menschen in ihrem Arbeitsalltag und immer wieder Märchen- und Fabelwesen. Werner Schinko fordert – teils mit hintersinnigem Witz – dazu auf, über die täglich sichtbaren Dinge und ihre Bedeutung nachzudenken. Er war Mitglied des Verbandes Bildender Künstler der DDR (bis 1990) und des Künstlerbundes Mecklenburg und Vorpommern e.v. im Bundesverband Bildender Künstler (1990 bis 2004).

Die Autorinnen und Autoren

Prof. Dr. Hermann Behrens, geb. 1955. Schule in Dickel und Diepholz (Niedersachsen); Studium der Landschaftsplanung TU Berlin, 1983 bis 1990 wiss. Mitarbeiter am Institut für Landschaftsökonomie der TU Berlin, 1990 Referent des „Bundes für Natur und Umwelt e.v.", der aus der „Gesellschaft für Natur und Umwelt im Kulturbund der DDR" hervorging, 1991 bis 1994 Lehrer und Projektentwickler im Berufsfortbildungswerk des DGB, 1991 Gründungsmitglied Institut für Umweltgeschichte und Regionalentwicklung e.v. (IUGR), 1994 bis 1997 wiss. Mitarb. im IUGR e.v.; seit April 1997 Professor für Landschaftsplanung/Planung im ländlichen Raum an der Hochschule Neubrandenburg, Studiengang Landschaftsarchitektur und Umweltplanung. Seit 1991 ehrenamtlicher Geschäftsführer des IUGR e.V.

Werner Herrmann, geb. 1938. Grundschule in Elsholz im Kreis Potsdam, Ausbildung zum Forstfacharbeiter; danach praktische Tätigkeit im Wald, Besuch der Forstfachschule Rabensteinfeld mit Abschluss als Forstingenieur, Dienst in der Nationalen Volksarmee und Tätigkeit als Revierförster im Revier Ribbeck des Staatlichen Forstwirtschaftsbetriebes Rathenow; ab 1965 Forstwirtschaftliches Institut Potsdam, Aufgabengebiet im Bereich Wissenschaft und Technik. Nach 1971 Tätigkeit beim Rat des Bezirkes Potsdam und Bezirksverwaltungsbehörde. 1971 bis 1976 Fernstudium an der Sektion Forstwirtschaft der TU Dresden mit Abschluss als Diplom-Forstingenieur. Bis zu seinem Eintritt in den Ruhestand Referatsleiter in der Abteilung Immissionsschutz des Landesumweltamtes Brandenburg.

Prof. Dr. phil. habil. Dr. h.c. Herbert Hörz, geb. 1933. Wissenschaftsphilosoph und -historiker; 1952 bis 1956 Studium der Philosophie und Physik in Jena und Berlin; Promotion (1960) und Habilitation (1962) an der Humboldt-Universität (HUB). Professor mit Lehrauftrag für philosophische Probleme der Naturwissenschaften (1965) am Philosophischen Institut der HUB. 1968 ord. Professor. 1966 Prodekan und 1967/68 Dekan der Philosophischen Fakultät der HUB. 1968 bis 1972 Direktor der Sektion Philosophie an der HUB. 1972 Gastprofessur in Moskau. 1972 bis 1989 Bereichsleiter für Wissenschaftsphilosophie am Zentralinstitut für Philosophie der AdW der DDR. 1989 bis 1992 Vizepräsident für Plenum und Klassen der AdW der DDR. 1992 bis 1995 wissenschaftlicher Mitarbeiter der KAI, später Berlin-Brandenburgische Akademie der Wissenschaften (Helmholtz-Editionen). Mehrere Gastprofessuren an der Universität Graz. Seit 1998 ehrenamtlicher Präsident der Leibniz-Sozietät. Ausgewählte Buchpublikationen: Werner Heisenberg und die Philosophie (1966); Marxistische Philosophie und Naturwissenschaften (1974); Zufall (1980); Was kann Philosophie? (1986), Philosophie der Zeit (1989); Selbstorganisation sozialer Systeme (1993); Helmholtz-Editionen (1994, 1997, 2000).

Jens Hoffmann, Dipl.-Ing. Stadt- und Regionalplanung, geb. 1972. 1993 bis 1998 Studium am Institut für Stadt- und Regionalplanung der Technischen Universität Berlin, seit 1999 Arbeit als freier Stadt- und Regionalplaner (Schwerpunkt: Regionalentwicklung, insbesondere Leitbildprozesse, Regionale Entwicklungskonzepte, Regionalmanagement), seit 2001 ehrenamtlicher 2. Geschäftsführer des Instituts für Umweltgeschichte und Regionalentwicklung e.V., 2002 bis 2004 wissenschaftlicher Mitarbeiter am Institut für Umweltgeschichte und Regionalentwicklung e.V., seit 2004 wissenschaftlicher Mitarbeiter an der Hochschule Neubrandenburg (Schwerpunkt: Indikatoren für ein Integriertes Küstenzonenmanagement)

Dr. Hubertus Knabe, geb. 1959. Direktor der Gedenkstätte Berlin-Hohenschönhausen im ehemaligen zentralen Untersuchungsgefängnis des DDR-Staatssicherheitsdienstes. Von 1992 bis 2000 war er wissenschaftlicher Mitarbeiter beim Bundesbeauftragten für die Unterlagen des Staatssicherheitsdienstes der ehemaligen DDR. Er ist Autor mehrerer Standardwerke zur deutschen Nachkriegsgeschichte, darunter „Die unterwanderte Republik. Stasi im Westen" (Propyläen 1999), „Der diskrete Charme der DDR. Stasi und Westmedien" (Propyläen 2001), 17. Juni 1953. Ein deutscher Aufstand" (Propyläen 2003) und „Tag der Befreiung? Das Kriegsende in Ostdeutschland" (Propyläen 2005).

Prof. em. Dr. agrar. habil. Albrecht Krummsdorf, geb. 1926. Studium Landwirtschaft und Gartenbau, 1952 bis 1966 wissenschaftlicher Assistent/Oberassistent im Institut für Landschaftsgestaltung an der Karl-Marx-Universität Leipzig, 1966 bis 1976 tätig in der Braunkohlentagebau-Rekultivierung im Wissenschaftlich-Technischen Institut/Braunkohlenkombinat Regis, 1976 bis 1991 Lehrstuhl für Landeskultur und Umweltschutz an der Universität Rostock. Langjährig ehrenamtlich tätig bei den Natur- und Heimatfreunden sowie der Gesellschaft für Natur und Umwelt im Kulturbund der DDR, u.a. BFA Landeskultur und Naturschutz Leipzig, 1980 bis 1990 Vorsitzender des Bezirksvorstandes der GNU Rostock; Mitarbeit in zahlreichen Fachgremien der Fachgebiete Landeskultur und Umweltschutz, z.B. AG Ingenieurbiologische Bauweisen sowie AG Bodenschutz und Abproduktnutzung der Kammer der Technik. Ab 1980 Mitglied der Sektion Landeskultur und Naturschutz der ADL und ihrer Fachgremien; ab 1960 Landschaftsarchitekt BdA/DDR, ab 1980 Mitglied Nationalkomitee der DDR für das UNESCO-Programm Man and Biosphere (MAB).

Prof. i. R. Dr. sc. phil. Rolf Löther, geb. 1933. Spezialgebiet: Philosophie und Geschichte der Biologie und Medizin. 1953 bis 1958 Studium der Philosophie und Biologie an der Karl-Marx-Universität Leipzig. 1959 bis 1968 wiss. Aspirant und Oberassistent am Lehrstuhl für philosophische Probleme der Naturwissenschaften des Philosophischen Instituts der Humboldt-Universität zu Berlin. 1968 bis 1981 Abteilungsleiter und ord. Professor für Philosophie an der Akademie für Ärztliche Fortbildung der DDR in Berlin, 1981 bis 1991 Forschungsgruppenleiter für philosophische Fragen der Biologie und wiss. Mitarbeiter am Zentralinstitut für Philosophie der Akademie der Wissenschaften der DDR. Seit 1992 Altersübergangsgeld vom Arbeitsamt, seit 1995 Rentner. 1980 bis 1989 Mitglied des Arbeitsausschusses des Zentralvorstands der Gesellschaft für Natur und Umwelt im Kulturbund der DDR. Seit 1997 Mitglied der Leibniz-Sozietät e.V.; Veröffentlichungen u.a.: Die Beherrschung der Mannigfaltigkeit. Philosophische Grundlagen der Taxonomie (1972); Das Werden des Lebendigen. Wie die Evolution erkannt wird (1983); Mit der Natur in die Zukunft. Die natürlichen Bedingungen des gesellschaftlichen Lebens (1985); Wegbereiter der Genetik: Gregor Johann Mendel und August Weismann (1989); Der unvollkommene Mensch. Philosophische Anthropologie und biologische Evolutionstheorie (1992). Mitherausgeber und Mitautor u.a. von Philosophie und Naturwissenschaften. Wörterbuch (1991, Nachdruck 1997), Geschichte der Biologie (1998, Sonderausgaben 2000, 2002, 2004).

Prof. Dr. jur. habil. Ellenor Oehler, geb. 1927, gest. 2005. Rechtspflegerin, Jurastudium, Notarin, ab 1959 wissenschaftliche Laufbahn: 1962 Promotion (Bodenrecht), 1968 Habilitation (Umweltrecht); 1969 ord. Prof. mit Lehrstuhl für Bodenrecht und Umweltrecht an der Akademie für Staats- und Rechtswissenschaft Potsdam-Babelsberg, daneben Lehraufträge der Humboldt-Universität zu Berlin und der TU

Dresden; 1988 Emeritierung nach Erreichen der Altersgrenze; 1990 Gastprofessorin beim Institut für Umwelt- und Technikrecht an der Universität Trier. 1962 bis 1989 umfangreiche Vortrags-, Publikations- und Beratertätigkeit, Mitarbeit in zahlreichen zentralen und bezirklichen Gremien, Gesetzgebungskommissionen und wissenschaftlichen Räten, umfangreiche internationale Wissenschaftskooperation; Leiterin des Arbeitskreises „Umwelt- und Bodenrecht" des Rates für staats- und rechtswissenschaftliche Forschung der Akademie der Wissenschaften der DDR. Ab November 1989 Unterstützung der Landesgesetzgebung in den neuen Bundesländern, Vorlesungen in Weiterbildungs- und Umschulungskursen und mit Lehrauftrag an der TU Dresden; Beiträge zu wissenschaftlichen Veranstaltungen; umfangreiche Publikationstätigkeit zum Umweltrecht.

Dr. Horst Tammer, geb.1940. Oberschule „Berlinisches Gymnasium zum Grauen Kloster" (1954/58), Studium an der Technischen Universität Ilmenau, Betriebsingenieur (1958/64), Abschluss: Diplom-Ingenieurökonom, Wissenschaftlicher Assistent am Institut für Produktionsorganisation, Promotion zum Dr. Ing.: Zur Kostenplanung neuer technologischer Prozesse (Dünnfilmhybridtechnik) (1964/68). Praktische Tätigkeit: VVB Hochspannungsgeräte (1968/70), Ministerium für Wissenschaft und Technik der DDR – Forschungsstelle und Zentraler Parteiapparat der SED – Industrieforschung (1971/90), Industriebürsten Berlin GmbH (1990/91) und Deutex Textil GmbH (1991/2001). Tätigkeit in allen aufgeführten Arbeitsstellen in der Planung/Rechnungswesen, Hauptgebiet: Planung und sämtliche ökonomische Fragen der neuen Technik in der Industrie. Veröffentlichungen u.a.: Zum ökonomischen Nutzeffekt neuer Technikentwicklungen, zur Messung der Arbeitsproduktivität, zur Gebrauchswert-Kosten-Analyse und zur Planung neuer Erzeugnisse. Seit März 2004 Rentner, Vorsitzender der Volkssolidarität Mühlenbeck und kommunaler Abgeordneter.

Prof. Dr. Karl Hermann Tjaden, geb. 1935. Emeritierter Professor für Politische Ökonomie und Wirtschaftssoziologie an der Universität Kassel, Arbeitsgebiete: Materialistische Theorie der Gesellschaft, Regional-, Umwelt- und Technikfolgenforschung. Mitglied des erweiterten Bundesvorstandes des Bundes demokratischer Wissenschaftlerinnen und Wissenschaftler.

STUDIENARCHIV UMWELTGESCHICHTE

 Umwelt hat Geschichte!

Archiv und Bibliothek

Wir sammeln Archivalien (Akten, Aufzeichnungen u.Ä.), Dias, Fotos, Schriftgut jeglicher Art (Bücher, Zeitschriften), Musealien (Abzeichen, Plaketten, usw.) zu den Bereichen:

- Bürgerliche und proletarische Heimat-, Naturschutz- und Wanderbewegung vor 1945
- Naturschutz, Umweltpolitik in der SBZ und DDR,
- Natur- und Umweltschutzbewegung (Natur- und Heimatfreunde, Gesellschaft für Natur und Umwelt im Kulturbund der DDR, kirchliche und oppositionelle Umwelt- und Naturschutzgruppen),
- Umwelt- und Naturschutzbewegung seit 1990 in den neuen Bundesländern.

Wenn Sie Quellen und Dokumente zu den genannten Themen haben und sie nicht mehr benötigen und die Zeugnisse Ihrer wissenschaftlichen, beruflichen oder ehrenamtlichen Natur- und Umweltschutzarbeit am richtigen Ort wissen wollen, dann …
Werfen Sie nichts weg und regeln Sie, wo Zeugnisse Ihrer Tätigkeit bleiben sollen.
Rufen Sie uns an oder schreiben Sie uns !

 **Institut für Umweltgeschichte und Regionalentwicklung e.V.**
an der Hochschule Neubrandenburg

Brodaer Str. 2, 17033 Neubrandenburg
Tel.: 0395-5693 224 oder -255, Fax: 0395-5693 299
Internet: www.iugr.net Email: info@iugr.net

Nachhaltigkeit A–Z

G wie Generationenbilanz

Die Bevölkerung schrumpft, die Arbeitslosigkeit wächst, der demografische Wandel droht unsere Gesellschaft zu spalten. Und Deutschland? Steht wie paralysiert vor der Zukunft, anstatt sie zu gestalten. „Unterm Strich" analysiert die Erblasten Deutschlands und zeigt, welche Erbschaften unser Land stark machen – eine Generationenbilanz, die endlich Lösungen für unsere Zukunft entwickelt.

V. Hauff, G. Bachmann (Hrsg.)
Unterm Strich
Erbschaften und Erblasten für das Deutschland von morgen. Eine Generationenbilanz.
oekom verlag, München 2006, 132 Seiten, 14,80 EUR
ISBN 10: 3-86581-041-1, ISBN 13: 978-3-86581-041-0

A wie Alternativer Nobelpreis

Ausbeutung, blinder Konsum und Wachstumswahn – der Zustand des Welthandels ist beklagenswert. Doch jammern hilft nicht. Geseko von Lüpke und Peter Erlenwein setzen der globalen Ungerechtigkeit die geballte Kreativität von zwölf Preisträger(inne)n des Alternativen Nobelpreises entgegen. Die engagierten Pioniere zeigen, dass eine gerechtere Welt möglich ist – wir müssen nur anfangen.

G. v. Lüpke, P. Erlenwein
Projekte der Hoffnung
Der Alternative Nobelpreis: Ausblicke auf eine andere Globalisierung
oekom verlag, München 2006, 221 Seiten, 19,80 EUR
ISBN 10: 3-86581-006-3, ISBN 13: 978-3-86581-006-9

Erhältlich bei
www.oekom.de | oekom@rhenus.de | Fax +49/(0)81 91/970 00-405